本书由中央民族大学管理学院出版经费支持

每个人的治理

公共治理的社会建构研究

Meigeren De Zhili

Gonggong Zhili De Shehui Jiangou Yanjiu

何修良 著

中共民族大学出版社
China Minzu University Press

图书在版编目（CIP）数据

每个人的治理：公共治理的社会建构研究 / 何修良著 . -- 北京：中央民族大学出版社 , 2024.7. -- ISBN 978-7-5660-2402-2

Ⅰ. D035-0

中国国家版本馆 CIP 数据核字第 2024WP2310 号

每个人的治理 —— 公共治理的社会建构研究

MEIGEREN DE ZHILI —— GONGGONG ZHILI DE SHEHUI JIANGOU YANJIU

著　　者	何修良
策划编辑	赵秀琴
责任编辑	买买提江·艾山　高明富
封面设计	舒刚卫
出版发行	中央民族大学出版社
	北京市海淀区中关村南大街 27 号　　邮编：100081
	电话：（010）68472815（发行部）　传真：（010）68933757（发行部）
	（010）68932218（总编室）　　　（010）68932447（办公室）
经 销 者	全国各地新华书店
印 刷 厂	北京鑫宇图源印刷科技有限公司
开　　本	787×1092　1/16　印张：22.25
字　　数	340 千字
版　　次	2024 年 7 月第 1 版　2024 年 7 月第 1 次印刷
书　　号	ISBN 978-7-5660-2402-2
定　　价	110.00 元

版权所有　翻印必究

回到个体：公共治理的生活场景与日常维度（序）

公共治理一般指通过政府、社会组织以及其他治理主体之间的有效合作，来实现对公共事务管理的目的。在这一过程中，公共与个体始终是人类在社会中生存时所面对的两种场景，并往往相伴而生。随着社会复杂程度的日益提升，"治理"（governance）逐渐取代"管理"（management）成为具有主导性的控制模式，并在此过程中逐步促成多元行动主体之间的互动，进而使各种治理主体之间的合作更为丰富、全面，公共事务也更被大众所接受，最终达到"天下善治"的目标。当然，这一目标的实现，必须超越对于公共治理的一般化理解，而系统地认识全球、国家与社会所在的具体人文——生态特质，从而获得对公共治理"时空"的全面认知。

随着我们对治理理解的深入，公共治理场景中的个体，也逐渐超出了被匿名化的、无特征的"工具人"角色，而具有了与所处国家与社会相关的独特性，从而越发获得其思想层面的意义。钱穆先生在《中国思想史》一书中曾这样看待中国思想的独特性，他说："中国思想，在与西方态度极相异处，乃在其不主离开人生界而向外觅理，而认真理即内在于人生界之本身，仅指其在人生界中之普遍共同者而言。此可谓之向内觅理……中国思想，则认为天地中有万物，万物中有人类，人类中有我。由我而言，我不啻人类之中心，人类不啻天地万物之中心，而我之与人群与物与天，则寻本而言，浑然一体，既非相对，亦非绝对。最大者在最外围，最小者占最中心。天地虽大，中心在我。然此绝非个人主义。个人主义乃由分离个人与天、物、人群相对立而产生。然亦绝非抹杀个人，因每一个人，皆各自成为天、物、人群之中心。个人乃包裹于天、物、人群之中，而为其运转之枢纽。中心虽小，却能运转得此大全体。再深入一层言之，则所谓中心者，实不能成一体，因其不能无四围而单有一中心至独立存在。故就体言，四周是实，中心是虚。就用言，四围运转，中心可以依然静定。中心运转，四围必随之而全体运转。此为中国思想之大道观。"他在这段话中给我们呈现了中国思想结构中个体与群体之间的彼此关系，以及在中国情境下超越个人主义的个人能动性对社会具有的积极意义。正是在重新发现"个体"及其治理特质的基础上，我们对于公共治理的理解与实践也将变得更有思想性与主体性，也将更加契合中国的历史与传统，并在此基础上实现与当下及未来的无缝衔接。

中华文明与中华民族共同体在中国这片土地上共同成长，这一场景决定了公共治理实践及其空间的内在多样性，也让我们得以着力去发现广袤边疆地区所具有的公共治理场景与实践逻辑，从而为公共治理理论提供了呈现新命题与新路径所必需的时空与生态场景，也将在历史、当下与未来的文明延续中，为中国的公共治理理论下去发展出新的、更具原创性与解释力的概念工具。

修良的这部新书，着力于发现公共治理中的"个体"，在其中提出了具有启发意义的"每个人的治理"的命题。随着当代世界在现代和后现代场域下的交织，治理的范围变得多元而复杂，"每个人的治理"在某种程度上将成为理解世界、国家与社会复杂场景的一个重要维度，它既涉及单一社会与文化内部的治理实践，同时也关涉跨社会结构下的个人及其相联系的广阔生态地域的治理实践问题。在实践"第二个结合"的道路上，这种新尝试值得期待，我们也期待着通过这本书，看到"每个人的治理"在认识和阐释具有广袤边疆地域的中国的公共治理中所呈现的新可能。

袁剑
中央民族大学民族学与社会学学院教授
国家安全研究院研究员
2023年11月于北京肖家河协一阁寓所

前言　公共治理让生活更美好

公共治理作为人类最古老的社会管理方式，有着自身特殊的逻辑，寄托着人们对美好生活的期许与向往。然而，公共治理一直处于变动之中。

新时期，公共治理如何让生活更美好，不仅是一个学术问题，也是一个实践问题。公共治理是公共生活更美好的架构设计，其本身如何更美好就成为先验性问题。

一、公共治理知识与真实世界

反观我国公共治理的知识谱系，受西方现代化发展以及现代性理论影响较多。按照西方学者理解，现代化发展会带来三重"现代性后果"。

一是"脱魅"[①]。"脱魅"使得人们从崇拜神灵中走出，人们不再相信"天谴""神恩""报应"等神秘的"附魅"观念力量能够拯救自身，而更多相信科学与技术等理性力量、知识功效和实用观念来发展自我。现代化过程是社会日益理性化的过程，但负面影响是个体日益原子化，以至于带来群己失衡和信仰真空等社会性问题。

二是"脱嵌"[②]。随着资本主义市场经济体系的建立，市场日益从社会中"脱嵌"出来，同时社会关系被嵌入经济体系之中，社会运转日益市场化，受市场逻辑的支配和钳制。"脱嵌"的市场脱离乃至凌驾于社会之上，

---

① [德]马克斯·韦伯.学术与政治[M].钱永祥，译.桂林：广西师范大学出版社，2010.
② [英]卡尔·波兰尼.巨变：当代政治与经济的起源[M].黄树民，译.北京：社会科学文献出版社，2013.

"社会整体的市场化"使得社会日益呈现"去价值化"特征，容易导致有机共同体的削弱乃至解体。

三是"脱域"①。现代性条件下的时空分离和"时空压缩"是现代性激进扩张的动力。现代化把社会关系从彼此互动的地域性依赖关联中脱离出来，"脱域"打破与重组了传统社会网络与组织，使社会与群体行为日益碎片化和弥散化。

现代性危机的"脱魅""脱嵌"和"脱域"给人类社会发展带来了巨大压力，社会无序化端倪明显，亟须通过公共理性建构新秩序。

公共治理研究随时代而变。大数据的出现在重新定义了公共治理内容的同时，也重新呼唤生成真正的新公共治理范式，这也构成了本研究的一个重要面向，即治理逻辑与治理技术之间的社会性考量与设计。随着公共治理已进入"棘手"问题丛生的"乌卡"时代（VUCA），其易变性、不确定性、复杂性和模糊性使政府价值层面"应该做什么"和路径层面"怎么做"的问题都面临困境②，需求、言说、行动、技术、协商、合作、民主等多层面的多元公共价值相互交织，使公共治理进入高复杂性、高风险性、高度不确定性的社会阶段。

二、公共治理知识生产的反思

新时期，中国公共治理在实践和理论上需要进一步地追问和反思：在学科发展上，公共治理的基础价值思维是否存在问题、存在什么问题、为什么存在这样的问题？在有效性上，为什么公共治理在长期发展中所构建的大量知识、理论、方法、技术、经验不能有效地解决现实的社会问题？在学术拓展上，公共治理的"科学性"价值到底体现在哪里？现今应该如

---

① [英]安东尼·吉登斯.现代性的后果[M].田禾，译.南京：译林出版社，2000.
② 所谓"乌卡"（简写为 VUCA）问题是指"棘手问题"，主要特征包括在"乌卡"环境中事件的发生或发展过程是易变的，行动的后果是不确定的，现状和问题的性质是难以理解的，问题背后的因果关系和相关因素是矛盾或未知的。(具体参考：杨黎婧.从单数公共价值到复数公共价值："乌卡"时代的治理视角转换[J].中国行政管理，2021（2）：107–115.)

何再定义公共治理的内涵和界定其边界？当下的公共治理处在何种社会结构和社会秩序之中？公共治理如何在国内外两个大局发展中担当起治理社会的重任，如何实现善治目标？在方法论上，究竟是用抽象化的概念与理论体系，还是用贴近现实、立足实践的生活过程哲学的具体建构来衡量中国公共治理功能的正当与否和评价社会秩序的可欲与否，抑或是让两者互补互充？在服务对象上，公民需要怎样的幸福公共生活，并且政府如何在体制和制度上保证公民生活质量的实现？公共治理如何树立以人民为中心，进而满足人民日益增长的对物质、精神、文明的追求？在范式演变上，公共治理如何结合中国本土化的建构，确立自身的发展典范，在完善工具理性和补足价值理性的前提下，为中国政治、经济、文化发展与繁荣注入动力？在政治层面上，公共治理现代化体系科学性体现在哪些方面？提升治理现代化能力包括什么以及如何实现？这样的发问、设问和针对性的回答，能够更清晰地理解我国公共治理价值的演进、研究的发展与服务质量的提升。我们需要根据新时期发展环境，立足中国本土的具体实践，作出中国式的正确回答和实践。

三、公共治理知识生产的追问

公共治理研究需要有继承发展的历史感，也需要有勇往直前的未来感。公共行政学的存在意义，正在于它是我们探讨美好社会必不可少的重要一环。任何一个国家，要想使自己的公民生活得更美好，就必须要有好的治理；要有好的治理，就必须发展好公共行政学[①]。从理论本身的发展规律来看，社会对理论本身的汲取和适应决定了社会良好运行程度，不区分公共行政学本体在中国所指差异，则会使得大量讨论陷入似是而非的讨论之中……认真面对而非随口断言知识本体中的所指与所不能指，是公共行政理论重构的重要一步。公共行政学的特殊不仅体现在其学科本身的特殊性，更体现在我们所处的时代。

---

① 颜昌武.公共行政学是一门科学吗？[J].中国行政管理，2020（4）：64-69.

在现代性的视域中,有质量的公共治理成为现代民族国家发展的"元叙事"。当然,公共治理是一个整体或总体性的概念,它的发展与经济社会和精神文化发展相适应、相协调,与整体的制度变革、体系的重构、视界的转换及融合和心智模式的改变与跃迁等,与自身学科知识的丰富和充盈密切相关,没有这些物质、精神的外在发展和内在进步,公共治理生活和公共治理理论都无法发展。尤其是随着技术治理时代的到来,公共治理理念与治理的技艺构成了我们理解高质量内容的两个重要面向,毕竟以"大智移云"(大数据、人工智能、移动通信、云计算)为代表的新兴数字技术的快速发展和广泛应用为公共治理注入了技术支撑和变革动力,这些技术层面的实践既极大地改变了人类社会的经济活动、社会交往和公共生活,重新界定了公共管理的问题域与方法论,也支撑了公共治理的科学探索路径和形态,扩展了公共管理研究的视域与途径。以往,科技革命与公共管理研究范式呈现弱连接状态。进入数字时代,数据成为公共管理研究的基础单元,推动数字革命与公共管理研究范式变革之间建立了强连接。一方面,数据驱动的新模式系统地改变了经济社会运行方式,重新定义了公共管理需要回应的治理难题。另一方面,数据贯通了公共管理的实践场域、治理工具和分析方法,凸显了基于数据和算法的研究工作流模式在公共治理工具选取和公共管理知识增长中的优先地位。[1] 技术治理正在日益改变我们的生活,技术不仅是手段,更是一种解蔽的方式。倘若我们注意到这一点,那么就会有一个完全不同的适合于技术之本质的领域向我们开启过来。此乃解蔽之领域,亦即真理之领域。[2] 这取决于我们理解与利用技术的能力与方法,公共治理已经开始利用技术所显现的特有优势。笔者认为,有质量的公共治理理论是两者的结合,是有尊严、有个性、有质量导向的公共生活和经得起实践检验与符合学科未来趋势的理论。

美好生活的实现,需要高质量的公共治理。高质量的公共治理有着丰

---

[1] 郁建兴,高翔,王诗宗,等.数字时代的公共管理研究范式革命[J].管理世界,2023(1):104-115.

[2] 向玉琼.论技术治理的民主化:基于对风险治理技术化的反思[J].学术界,2020(12):88-96.

富的内涵，至少包括：（1）所关注的不仅仅是重新展现和理解当下所面临问题的复杂性、风险性以及与此相伴的特殊性和长期性，而更为重要的是，反思既有的公共治理理念和方式以及探寻一条从当下角度来看更为正当的秩序形成和全面的能力形塑。（2）所关注的不仅仅是发现或解读那些对发展起了或起着作用的有序规则与制度，更为重要的是，立足本土化的叙述进行可能性的创新和探索理论体系、学科体系、话语体系的成熟。（3）通过技术力量赋能重塑治理绩效。数据驱动阐释了公共治理新层面、新逻辑与社会现象的网状交织关系将成为驱动发展的新动力时，催生出的公共治理层面包含宏观、中观及微观的全景式能量，进而消除了主体主观认知模糊性与离散性，将确定的、精确的、基于数据的方式为社会合作提供可能，利用数据与技术驱动提升治理质量，赋予美好生活更多想象。（4）不仅仅在于借助技术赋能的力量提升政府治理的效能，不仅仅是人们心灵认知模式和价值导向的引领和改变，更重要的是，要建设一种新的自治社群和公共领域，赋予行动者主体更为广泛的主体内涵，重视通过协商、互动、信任、互惠等软性的方法，求同存异，尊重同异，增同化异，促进公共治理新意义的生成，走向批判与反思的具有行动意义的公共治理方向。（5）不仅仅是把公共治理视作一种技术或实践工具，而是努力把公共治理从中立技术的观念之中解放出来，并努力阐明公共治理不仅仅是一种治理工具，满足即时化的社会需求，同时也要做到工具理性和价值理性的统一，进而要求公共治理的主体就如何使用这种工具与方法进行选择，作出决断，使公共治理为民众提供一种共享的更有德性、更有生机、更有品格和更令人满意的治理质量体系和服务标准。（6）不仅仅要弥补公共治理理论研究的不足，更要适应公共生活良好发展的广阔社会性的思维和话语系统的重新构建，在合法性框架下，藉此提高公共人员的人文精神素养和强烈自我意识，自觉担当起公共利益践行人、创新者。每一个人都是治理者，每一个人都是自身治理的函数，提高民众整体社会认知能力，使其具有良好的公民品性和社会公共意识，让公共治理充满人文关怀与公共精神。（7）所关注的不只是用公共治理制度与治理绩效所承诺的价值目标来评价具体的公共治理，不仅仅是用公共治理所发挥功能的社会效果来评价公共治理，也不是用先于或超然于公共治理终极性图景来评价现实中的公共治理。（8）不仅仅是回应新时期社会主要矛盾对政府的治理现代化能力提出的要求，更要建立和维持政府和社会的可持续发展的能力及两者之间的良好互动与发展的愿景，形成社会自我良性发展，进而实现政治、行政与社会的和谐共治。（9）所关注的不仅仅是捍卫或保障新时期发展格局下的各种物质性状态，更是探寻在现代化的进程中树立"主体性公共治理"之观念，用新的安全格局保障新的发展格局。（10）不仅仅是通过公共治理职能和实现方式的发挥，使得多元互动的主体能够在稳定的预期之下获得相互信任和稳定的治理预期，更是能够在新时期社会背景下促进人们在内在精神方面形成自由的秩序。

公共治理，让生活更美好。未来的适合中国的公共治理，必将是一个高质量的公共治理，是根据其对中国现实情势的处理和考量，寻找和解决公共治理的时代问题的公共治理。公共行政不应按照自身的要求而进行行政建构，应当根据社会的要求而进行社会建构[①]。在这样的社会背景与学术指向下，我们试图从民众日常的公共生活出发，呼唤公共治理走进社会，走进每一个人的世界中，关注互动、协商、合作与共治。放在公共治理知识论生产的脉络中，就是采取和弘扬公共治理的行动主义理念，立足新时期社会发展之需，以此发展起一种符合当下情势，具有历史感和未来感的有关中国社会秩序之合法与特色的前瞻性的中国主体性公共治理，继而通过公共治理让生活更加美好。

[①] 张乾友.朝向他在性：公共行政的演进逻辑[J].中国人民大学学报，2013（6）：107-114.

目 录

第一章 转向与价值 ··· 1

第一节 公共治理的想象力 ································· 1
第二节 公共治理社会建构理论的阐释 ··············· 8
一、公共治理发展的多元谱系 ···························· 9
二、行动主义对理性建构的僭越 ······················· 13
三、行动主义的方兴未艾 ································ 16

第三节 行动理论的内容与特征 ························ 25
一、理论内涵 ·· 25
二、理论前提 ·· 31
三、理论内容 ·· 33

第四节 公共治理的行动理论内容 ···················· 36
一、公共治理的话语体系演变 ·························· 36
二、公共治理行动主义研究综述 ······················· 37
三、公共治理的行动主义理论的基础 ················ 41
四、"每个人的治理"的内容与特征 ················· 43

第二章 治理与社会 ··· 73

第一节 公共治理与社会 ································· 73
第二节 公共治理与治理者 ····························· 80
一、公共治理者自主性的演变 ·························· 84
二、公共治理者：反思与批判的行动者 ············· 90

第三节 公共治理与公民 ································· 99
一、公民：公共精神的践行者 ·························· 99

二、主体间性：他者之我 …………………………………………… 102

第三章　设计与模式 …………………………………………………… 107

第一节　行动设计的内涵 …………………………………………… 107
　　一、公共治理的隐喻阐释 …………………………………………… 107
　　二、行动设计的内涵 ………………………………………………… 110
　　三、行动设计的特征 ………………………………………………… 114
　　四、行动设计的愿景 ………………………………………………… 116

第二节　行动设计的内容 …………………………………………… 117
　　一、行动设计的具体化 ……………………………………………… 117
　　二、行动设计的内容 ………………………………………………… 119

第三节　行动设计的类型与生成 …………………………………… 127
　　一、物理空间与社会空间的模式 …………………………………… 127
　　二、虚拟场域的模式 ………………………………………………… 130
　　三、行动设计的特征 ………………………………………………… 131
　　四、"调适性均衡"：行动主义生成 ………………………………… 132

第四节　行动设计的政府模式 ……………………………………… 135
　　一、"促进式政府"的含义 ………………………………………… 135
　　二、"促进式政府"的内容 ………………………………………… 136

第四章　组织与自我 …………………………………………………… 148

第一节　治理与自我 ………………………………………………… 148
第二节　自我与自我建构 …………………………………………… 150
　　一、官僚制下的自我建构 …………………………………………… 152
　　二、行动设计下的自我建构 ………………………………………… 154

第三节　情境与自我 ………………………………………………… 156
第四节　个体、组织与社会 ………………………………………… 164
第五节　找回生活：日常公共生活治理的勃兴与发展 …………… 168

第五章 行动过程（一）：权利与话语 …… 176

第一节 权力的内涵与实现 …… 176
一、行动主义的权力观 …… 176
二、权利实现的逻辑 …… 183

第二节 话语理论的内容与形成 …… 194
一、话语的含义及阐释 …… 194
二、话语真实的型构过程 …… 197

第三节 行动理论的内容与形成 …… 203
一、公共治理的行动内涵 …… 203
二、公共治理的行动特征 …… 207
三、公共治理的行动主义内容 …… 210

第六章 行动过程（二）：知识与自治 …… 217

第一节 公共治理的地方知识 …… 217
一、公共治理的在地化 …… 218
二、行动主义的治理分权 …… 220

第二节 社会力量与基层自治 …… 222
一、社会组织的兴起 …… 222
二、社会自治的过程 …… 223
三、基层民主和社区自治 …… 226

第三节 行动理论与社会资本 …… 235
一、参与与合作治理 …… 235
二、信任与民主治理 …… 237
三、秩序与参与网络 …… 239

第七章 行动过程（三）：伦理与责任 …… 242

第一节 行动中的伦理困境 …… 243
一、个人伦理与组织伦理的冲突 …… 244

二、公共治理者个体伦理的冲突 …………………………… 245
第二节　行动理论过程的伦理内容 ………………………… 246
一、传统的责任认知 …………………………………………… 247
二、行动主义治理的责任内容 ………………………………… 248
三、自我伦理责任的建构过程 ………………………………… 251
第三节　公共治理与责任伦理 ……………………………… 254
第四节　公共精神与主体美德 ……………………………… 256

第八章　公共治理行动理论的实践 …………………………… 260
第一节　公共治理行动理论的适用性 ……………………… 260
一、平衡多元社会价值的诉求 ………………………………… 260
二、实现国家治理现代化的需要 ……………………………… 261
三、满足社会利益的需求 ……………………………………… 262
第二节　公共治理行动理论的实践命题 …………………… 264
一、一个案例探索：官员直播行为的行动分析 ……………… 264
二、公共治理行动主义的实践化特征 ………………………… 280

第九章　公共治理行动理论的发展 …………………………… 294
第一节　公共治理实践与发展 ……………………………… 294
一、公共治理实践的特征 ……………………………………… 294
二、公共治理实践的表现 ……………………………………… 297
三、公共治理的发展 …………………………………………… 299
第二节　公共治理行动理论的演替 ………………………… 303

余　论 …………………………………………………………… 305

参考文献 ………………………………………………………… 310

后　记 …………………………………………………………… 337

第一章 转向与价值

第一节 公共治理的想象力

作为社会中的一分子，我们的日常生活与公共治理密不可分，或者说，公共治理塑造了我们的生活，也塑造了我们每一个人，两者是双向奔赴的。"不管是就最近的物质层面还是最远的精神层面而言，行政都是人们生活的一个重要方面"，"我们的福利、幸福以及个人生活在很大程度上都依赖于围绕和支持我们的行政工作的好坏。在当代社会中，从食物和住房的重要问题到我们的思想活动，行政的质量与我们的日常生活息息相关"[1]。日常生活的社会与公共治理研究的内在联系提醒我们，公共治理必须重视社会，重视社会过程中的各类行动、各类人群及其所承担的责任和义务。与此同时，公共治理的知识生产，则需要理论的指导并需要与我们日常生活实践相结合，产生合适的情境化的治理理论。实践与理论两者的张力要求我们，在探索理论研究的道路上，尤其是社会科学的公共治理，则需要更为丰富的想象力。

在社会科学中，社会学想象力的概念人所共知。米尔斯认为，"他们需要的以及他们感到需要的，是一种心智的品质，这种品质可帮助他们利用信息增进理性，从而使他们能看清世事，以及或许就发生在他们之间事情的全貌。我想要描述的正是这种品质，它可能会被记者和学者，艺术家

---

[1] WALDO, D.The study of public administration[M]. New York: Random House, 1955: 70.

和公众，科学家和编辑们所逐渐期待，可以称之为社会学的想象力"[1]。社会学构成了思维的一种品质，这种品质成为不同人群认识社会学的特征，社会学想象力所指向的心智是一种视角的转换能力，把个人生活与更广阔的社会整体相联系的能力，把个人命运和社会历史进程相联系的能力，这种能力能够更好地认识周边的世界与世界中的人与事，进而构建更为可欲的社会之需。社会学的想象力构成了"社会学之思"，从而能够"像社会学一样的思考"，形成了理解个人经历及其背后社会结构互动关系的重要心智品质。如果社会研究者具备了这种想象力，他们就能够捕捉到那些看似没有任何联系的事件之间实质上存在的重要联系，就能够超越具体的、细小的事件和事实，看清更广阔的历史舞台，理解历史和个人的生活历程以及在每个社会中这两者之间的关系，就能够在杂乱无章的日常经历中看清世界的全貌和本质，看清世事，看清人们常常是如何错误地认识自己和他人，以及如何错误地认识各种关系与结构[2]。没有社会学的想象力就不可能理解个人生活历程与历史、社会结构之间的互动关系。换言之，社会学的想象力主张人与社会的统一以及看到个体问题在社会中存在的原委与解决之道，分析问题需要把该问题放到更为宏大的社会背景、社会形态与社会结构中分析才具有解释力与有效性。

借用社会学概念，公共治理也需要这样的思维模式和能力来拓宽公共治理的研究，进而达到"像公共治理一样的思考"，更好地理解公共治理与社会结构、背景、过程和个人经历、智识之间的联系，运用整体观和历史观的思维方式推进对公共治理具体情境的研究，关注社会生活背景下的公共治理何去何从，克服传统的"理性—制度"模式下的公共治理研究弊端。

追究词源，"想象"这个词在此意指后现代性的一个基本特征，这一特征是对韦伯的官僚结构的理性主义模式的核心特征的一种纠偏。理性

---

[1] [美]C.赖特·米尔斯.社会学的想象力[M].陈强，张永强，译.上海：生活·读书·新知三联书店.2005：3.

[2] [美]C.赖特·米尔斯.社会学的想象力[M].陈强，张永强，译.上海：生活·读书·新知三联书店.2005：3-6.

的官僚体制是排斥想象的,"想象总会令合理性感到不舒服"①。现代公共治理在一定程度上是对官僚体制的扬弃,是张扬想象并注重培养公共治理的想象力过程来构建公共治理的模式。法默尔说:"想象是一种行政精神,它依赖的不仅仅是理性——当然也完全不同于非理性的依赖,因为非理性和无理性不是一回事。现代性的理性化,运用的是工具理性,即意在产生最佳结果的手段——目的的一般化。关于想象在公共治理实践中的表现,法默尔的设想是:"在现代主义的情境中,理性化对于管理者既是内部的又是外部的。管理者在官僚制内部并借助官僚制来扩展理性。当然,也有许多特例……但一般的规则都是依据他们的理性来对行动加以判断,理性地采取行动,并把下属管理者和工作人员引向理性的行动。在新的情境中,领导者和管理者极力想运用想象进行管理,把想象放在首位;他们把激发下属和其他人的想象作为自己的责任。思考者甚至可以对想象做更深入的思考。"②公共治理的想象力通过透视公共治理背后的运作逻辑,克服宏大理论的抽象和对具体问题的研究的脱离,摒弃抽象经验主义、形形色色的实用性的研究,突出行动的重要性,发现和阐述公共治理与个人生活历程与历史和社会结构之间的互动关系。具体情势的研究、过程研究和细节研究能够洞察社会结构下的行动选择和行为意义,"细节研究所选择的情境应与具体结构意义的问题相一致。我们将从环境中分离和观测'变量',应该是那些我们对结构的考察之后所发现的重要变量"③,通过除去先前之外的变量的考察,就可以从这些变量发现社会的变化,我们感知到,想象都不是脱离现实生活的遐想,而是在现实生活的基础上展开的现实的世界,特别是它的新的变动趋势,是"一个持久的有效性的基础,一个不言而喻的一劳永逸的源泉"④。公共治理对这些新变化的反应的

---

① [美]戴维·约翰·法默尔.公共治理的语言:官僚制、现代性和后现代性[M].吴琼,译.北京:中国人民大学出版社,2005:219.

② [美]戴维·约翰·法默尔.公共治理的语言:官僚制、现代性和后现代性[M].吴琼,译.北京:中国人民大学出版社,2005:231.

③ [美]C.赖特·米尔斯.社会学的想象力[M].陈强,张永强,译.上海:生活·读书·新知三联书店,2005:72.

④ 胡塞尔.生活世界现象学[M].上海:上海译文出版社,2002:258.

研究和兑现，既成为公共治理理论新的生长点，也能够使得公共治理理论不至于滞后实践，成为探索公共治理真实世界的有效技艺。

同时，还需要不断地面向未来，做出前瞻性的思考，进行探索和打开畅想之门。想象是应付不确定性的重要力量，即使从思维方法的角度看，也如费耶阿本德所说的"为了发现我们认为我们所居住的实在的世界（也许它恰好是另一个梦境世界）的特点，我们需要一个梦境的世界"[①]。我们要理解每一个人的变化和立场，就需要置身他们所处的社会背景和结构中，在不同的情境中捕捉到他们之间的关系，从而更好地理解他们的感受、理解和需求。这就需要不同的看待问题的方式，转换公共治理视角，走出独白式的政策制定和解读，理解民众的社会需求，真正全面理解社会现象和社会问题，发挥社会群体功能，促进公共治理更好地服务社会，继而避免"许多个人的不安未被表达准确；许多公众的心神不安和具有重大的结构关联意义的决策从未成为公众论题"[②]。虽然社会发展过程本身能够遗忘，但是公共治理发展与探索中不应该遗忘落实社会公众议题、防止公共治理的异化。按照法默尔理解，对于后现代公共治理而言，想象作为一种思维方式具有主导性的价值。"想象在后现代性中所起的催化作用有如韦伯描述的理性化在现代性中的作用。随着各个自足的领域的爆炸，想象的主导不再局限于美学的领域，想象有望在科学和规范的领域发挥更大的作用。不仅在科学发现的语境，而且在论证的语境，想象都将扮演更重要的角色。在现代性中，想象扮演着次要的角色；在后现代性中，理性化仍然扮演着一定的角色，但向诗意的方面的转变已经发生。单一阐释视角将被破除"[③]。在复杂多变的社会中，创造是源泉，而创新的根基是丰富的想象力。公共治理需要清楚地认识到自身危机，并充分利用自身的想象力发挥社会作用，进而构建自己的理论体系。

---

① 王治河.扑朔迷离的游戏[M].北京：社会科学文献出版社，1998：235.

② [美]C.赖特·米尔斯.社会学的想象力[M].陈强，张永强，译.上海：生活·读书·新知三联书店.2005：10-11.

③ [美]戴维·约翰·法默尔.公共治理的语言：官僚制、现代性和后现代性[M].吴琼，译.北京：中国人民大学出版社，2005：238.

治理需要唤起和激发应有的学术想象力，形成公共治理研究的想象力。具有这种想象力，研究者就能够非常富于洞见地看到那些似乎没有联系的事件之间非常紧密而且重要的联系；能够在一个更加广阔的历史舞台上重新审视，敏锐地意识到当时正在发生的事件与历史事件之间或明或暗的联系；能够洞察幽微，穿透现实世界五彩斑斓的外表，以及纷繁复杂的现象，深刻地揭示隐藏在事物背后的另外一面；能够在纷繁复杂甚至看似杂乱无章的经验事实中寻找到严谨的关系和秩序，将各种零星的现象整合起来，构建一个帮助我们理解公共行政实践的理论；能够超越主流的理论或学说，乃至摆脱学科既定的研究范式，探索新的知识和理论[1]。公共治理的想象力既是历史的（穿透历史的迷雾寻找公共治理"从何处来"），也是当下的，需要从问题出发，从社会本身出发，寻找解决真实世界问题的钥匙。公共治理的想象力更是实践的，想象力源于具体问题，源于社会实践化的过程，而实践过程又重塑了想象力丰富的内涵，进而建构丰富化的适用理论内容。公共治理的想象力又是未来的、创新的，需要通过想象力推动学科发展，进而建立新的知识体系与学科范式。总之，公共治理想象力是认识公共治理历史、当下与未来并贯通起来关注公共问题的钥匙。在如何建设公共治理想象力上，需要对学科内容与培养体系的建设，进行要素想象力、历史-文化想象力、哲学想象力、批判想象力以及理论想象力等修炼[2]以及形成历史的想象力、人类学的想象力、批判性建构的想象力、大结构的想象力和性别的想象力[3]。上述这些都是形成公共治理想象力的内容，是本体论的反思，都能为公共治理理论的发展和实践发展注入营养与活力。但在真实的世界中，公共治理想象力的塑造更为重要的是方法的张扬，即米尔斯所言的"视角转换能力"。在中国的场景中理解，可以视为"能够将我们所处时代在巨变过程中发生的各种看似片段、偶然和孤立的现象与社会发展的大态势联系起来；能够将个体经历和心理感受与所处的时代特征和周遭环境联系起来；能够将对当下问题和细小现象的理

---

[1] 马骏.公共行政学的想象力[J].中国社会科学评价，2015（1）：17-35.
[2] 孙志建.想象力、知识使命与中国公共管理学的理论创新[J].探索，2018（6）：17-35.
[3] 马骏.公共行政学的想象力[J].中国社会科学评价，2015（1）：17-35.

解与历史背景、空间地域和时间脉络联系起来；能够将中国问题与全球化和现代化的进程联系起来"①。公共治理想象力是一个重要的方法论，就是把公共问题的理解放到不同层面、领域与时空中分析，获得不同的认知。笔者认为至少有三种相对应的方法论。

一是对某一问题认知需要放到不同时间段中以及相对应的理论内容中去分析。公共问题都是特定阶段性的产物，不同时间节点形塑了公共问题的性质、特征与解决之道。同时，公共问题也是特定情境下的产物，有着长期形成的演绎与建构的过程。因此，把该公共问题放在它所在时间中并"向上向下"和"向前向后"进行多方位理解，才能更好揭示公共问题的性质，时序的想象力塑造了公共治理的历史与现实向度，公共问题是如何渐进演化成为今天的模样，有多少是历史因素的因袭，有多少是现实因素的影响。再比如，参与式治理是一个具有公共价值的概念，但在实践中总是存在着形式化与碎片化的倾向，随着数字化时代的到来，平台治理与界面治理的兴起，拓宽了参与治理的途径，形式化与碎片化得到拯救，但数字鸿沟又构成了参与的屏障。这既需要捋清参与治理历史上形成的痼疾性原因，也需要了解当下数字化时代参与的新困境，梳理问题源头与问题现状的关联；既要了解我国数字化治理中存在的一系列问题对参与的影响，也要梳理国外先进经验与对我所用之间的耦合。这就是形塑古与今、内与外的方法论认知的想象力。

二是对某一问题的认知需要放在不同空间中去理解。一切话语都与空间现实存在着某种隐喻关系②，公共治理具有时间性维度，也有空间性向度。如果说时间维度塑造了公共治理的历时态，那么空间性则塑造了公共治理的差异态。空间不同，治理的价值与工具的选择理念也不同，空间即政治。比如我国社会主要矛盾已经转化为"人民日益增长的美好生活需要和不平衡不充分的发展之间的矛盾"，显然不平衡和不充分发展主要集中

---

① 冯仕政，魏钦恭.中国社会学的想象力、本土化与话语权[J].江苏行政学院学报，2019（5）：61-69.

② [美]罗伯·希尔兹.空间问题：文化拓扑学和社会空间化[M].谢文娟，张顺生，译.南京：江苏凤凰教育出版社，2017：93.

在农村等地区，国家的精准扶贫的公共治理就是基于这样的空间设计和精心安排，实现这部分区域的平衡和充分发展。再比如，改革开放之后，2013年以来南北差距形成了区域发展的新特征，替代了之前的东西差距的问题。那随之公共治理的理念也需要调整，缩小南北差距需要大力推动北方地区的市场化改革就成了重点问题[1]。可谓不同的区域与空间，赋予了公共治理不同的内涵与途径。同时，随着虚拟空间的兴起与占据主要地位，在公共治理的物理和社会"二维"空间之外，数字空间异军突起，公共治理的"三维空间"正在形成[2]。如何协调好公共治理的物理空间和社会空间，充分利用数字空间就成为治理的另外新的面向，而这一面向的实现和重塑，具有学科发展范式的意义。还有，空间承载着不同含义的聚合与建设，因为参与主体发起的纠正错误和证明平等的辩论和行动，为空间赋予了意义和变革的可能性，使其摆脱了空间转向前空间代表的只是停滞和惰性的局限[3]。空间不仅决定治理方式的选择，也影响着公共治理范式的变迁。这就是形塑空间意义变迁方法论认知的想象力。

　　三是对某一问题的认知需要放在不同话语体系、理论体系与学科体系中思考。公共治理作为一个典型的具有交叉性、综合性、实践性及应用性的研究领域，一方面应以科学的理论和方法作为依据，积极关注科学技术发展趋势与前沿进展，尤其是关注当下科学研究范式的转变，强化学科交叉与知识融合，夯实本学科的科学理论和方法论基础。另一方面，公共治理自身包含着丰富的知识内容，实践性、经验性和地方性知识是其重要组成部分，需要加强本土化研究，丰富实践性知识内容[4]。公共治理的话语体系呈现出百花齐放的姿态，不同的问题在不同话语中表现出不同的理解侧面与内涵，甚至构成了相反的理解，比如对公民的理解，新公共管理一

---

[1] 安树伟，李瑞鹏.东西差距还是南北差距：1978年以来中国区域差距的演变与机理分析[J].中国软科学，2023（4）：109-120.

[2] 段宇波，石玲荣.公共治理的空间变迁、驱动整合与制度重塑[J].甘肃行政学院学报，2021（4）：60-71.

[3] 宋道雷，丛炳登.空间政治学：基于空间转向分析框架的空间政治[J].东岳论坛，2021（7）：175-182.

[4] 陈振明.公共治理知识体系建构的方法论自觉[N].中国社会科学报，2023-3-21.

改过去的认识，直接界定为市场化模式的"顾客"是上帝，是需要精致服务的对象；但新公共服务理论就反对，还是要回到古典主义所强调公民权的概念，公民不是顾客，是法律服务权利载体。我们理解公共问题，放在不同的话语体系中，就能看到这些问题的多维度认知，有助于克服我们的一叶障目。理论体系也是如此，多样的公共治理理论，需要寻找重叠共识，寻找公共问题在理论体系中哪个层面得到解决。同时，公共治理发展需要他者学科的理解和融入。

空间、时间与科际整合的想象力，构成了公共治理知识生产与再生产的想象力，其方法论价值承载了学者所提出的诸如哲学想象力、大结构的想象力、批判性建构的想象力等本体论的内容，进而一起构成了公共治理想象力的理论与方法的统一。

当然，公共治理发展的想象力拓展是建立在现实实践的基础之上的，现实的治理实践奠定公共治理想象力的根基。不同主体结合自身实践思考改进公共治理是想象力产生的前提。因此，公共治理想象力既是学科知识本体论内容的熔铸，是方法论的呈现与延伸，也是实践、人的主动性和理性思考的产物。

第二节　公共治理社会建构理论的阐释

每一时代的理论都是当时社会占主导思想的体现，都是当时思想与实践的反复互证与修缮。恩格斯指出：我们只能在我们时代的条件下进行认识，而且这些条件达到什么程度，我们便认识到什么程度[①]。就是这种"认识"的增进，使社会现实"被动"地催生了公共治理的发展，公共治理本身也"主动"地为社会发展注入了动力。公共治理社会建构理论中

---

① 恩格斯.自然辩证法[M].北京：人民出版社，1984.

行动主义方案是在社会发展需要的基础上提炼和抽象出来，增加了公共治理研究的认知格局存量和知识资本存量，拓展了公共治理研究新的"想象力"。公共治理现代化处在旧世与新时转化之中，呈现出转型的新时期特征，进而需要做好迎接新时期公共治理变迁的理论转化、知识增进与效能提升。

一、公共治理发展的多元谱系

公共治理中所蕴含的多重目标导向、使用价值演替与工具手段变革带来了公共治理研究中认识论的多元性与开放性。在认识论的层面上，公共治理研究过程与内容可以分为实证主义、解释主义、批判理论和后现代4种不同的认识论[1]，表现出认识论层面不同阶段的哲学内容。比如，后现代公共治理，强调现代决策的循证模式的失败，突出了治理知识与实践政策知识来源于对概念的解构与重构，凸显了语言（language）、观念（perspective）和叙事（discourse）在决策过程中的意义，进而强调提升公共话语和开放讨论是后现代理论对于行政实践的最重要要求[2]。显然这与传统的实证主义、解释主义、批判主义不同，后现代主义突出了建构层面的意义。

在理论面向上，理论演绎所指向的对象决定了研究的内容与研究重点，可以简略地概括为从面向政府的治理转向面向社会的治理。面向政府的治理以政府为公共行政中心并追求公共行政的科学化和效率化，严格按照理性主义建构模式进行建设；而面向社会的公共行政以社会发展与治理为公共行政中心，以提供良好的公共服务为旨归[3]。面向社会的公共治理

---

[1] 何艳玲，张雪帆.公共行政学说史的认识论传统及其辩论[J].中国行政管理，2014（6）：73-82.

[2] WHITE, J.D.Taking language seriously: toward a narrative theory of knowledge for administrative research[J].The American review of public administration, 1992, 22（2）：75-88.

[3] 张敏.从面向政府到面向社会：西方公共行政学发展的一个基本分期：兼论公共行政公共性的发现[J].江海学刊，2019（6）：149-156.

标志着公共治理研究内容的视野被放置到一个更为宽广的领域，公共治理从政府内部走向了政府外部，走向了社会深处，研究视角也从内部视角转向内外部相结合的视角阶段。在理论模式上，新公共行政、新公共管理、整体性治理、公共价值管理，都强调了公共政策与服务的外部指向，其治理逻辑都是以社会为基石进行构建的。在核心内容上，都强调了社会参与、权力下放与公共价值创造至上。公共价值创造的主要内容一般包括：（1）确定思考哪些人的价值偏好；（2）确定公众想要参与的主题；（3）让公众参与公共问题并达成共识以形成决策；（4）认识"显示性偏好"的局限，探索"叙述性偏好"的潜力；（5）通过决策机制把权力交给公众[①]。这些基本涵盖了公共治理社会性的全部内容，这与过去强调内部组织建构、自上而下决策等理念完全不同。总之，从面向政府的治理转向面向社会的治理，突出地表现出来研究内容在公共治理公共性的倡导、挖掘与弘扬上。公共治理从政府向社会的转移，一方面是公共治理发展内在逻辑的时代转换，社会发展趋势使得公共问题不断外溢，而这些外溢的问题需要政府之外的力量、理念与方式来解决。另一方面也驱动了公共性的发现与重构，公共性超越了政府面向的行政性关注与思考。公共性是治理实践化更广泛的社会性关注与思考的结果，换言之，公共治理只有面向社会，治理的公共性才能超越传统的工具理性与效率至上的内部理念取向，正如有学者所阐释的"一旦超出了关于办公室管理的学术研究范围，关于责任的大问题就必然会成为公共行政研究的中心问题，而且它最终取决于对某些社会目标、目的和价值的规定"[②]，公共性认知深入与扩张是重塑公共治理更广泛的学科基础、话语结构与学术重构。比如在话语体系中，以政府为中心向以社会为中心转变的过程又进一步细化，就是"以政府为中心"的

---

① 董礼胜.西方公共行政学理论评析：工具理性与价值理性的分野与整合[M].北京：社会科学文献出版社，2015：248.

② [美]罗伯特·达尔.公共行政科学：三个问题[M].颜昌武，马骏，编译.公共行政学百年争论.北京：中国人民大学出版社，2010：37.

管理模式向"以公众为中心"的管理模式转变[1]，衍生了互动式治理的讨论与"互动式治理"。互动式治理是指利益多元的多方行动者通过互动以形成、促进并达成共同目标的复杂过程。互动式治理有三个重要的特征：（1）这是一个复杂的过程，基于国家、市场和社会行动者之间的动态交流和反馈；（2）这个过程由集体行动所推动，而采取行动的集体形成并追逐共同的目标；（3）这个过程具有非中心的特征，即既非国家中心，也非市场中心或社会为中心。简言之，互动式治理的核心在于社群治理发挥主导性作用[2]。

在理论内容与关键词上，公共治理也发生了很大的转变，有学者通过对20年召开一次的明诺布鲁克会议内容进行梳理，发现公共治理正在发生从"双螺旋演化"到"治理的绩效管理理论"的转变[3]。通过对关键词的梳理发展，当今的公共治理中，"合作""公民""共享""网络""参与""治理""协作"成为流行的核心关键词。为了凸显这些理念，公共治理就要从传统治理向治理的绩效管理理论转变，集中强调参与、协作与合作等治理基调。或者讲，参与、协作等所形成的合作式治理构成了未来公共治理的底色。这几个关键词一方面表明了公共治理研究的指向与重点，未来的、有质量的公共治理是以"参与、协作、合作"为导向的治理模式与理念。另一方面，在实践化公共治理过程中，"参与、协作、合作"所体现的公共治理价值构成了不同主体的选择倾向，并指导着公共治理实践的发展与深化。无独有偶，有学者对未来发展做出了10项预测，主要包括："第一，面对全球化挑战，国际协作将继续增多，未来对发展中国家的研究将会增多；第二，治理将是未来最流行的理论，协作治理更加需要；第三，公众参与的程度和层级会提高；第四，信息技术继续影响公共

---

[1] 竺乾威.理解公共行政的新维度：政府与社会的互动[J].中国行政管理，2020（3）：45-51.

[2] 顾昕.走向互动式治理：国家治理体系创新中"国家–市场–社会关系"的变革[J].学术月刊，2019（1）：77-86.

[3] 尚平虎，王菁.公共行政120：从"双螺旋演化"到"治理的绩效管理理论"[J].北京行政学院学报，2010（4）：40-45.

行政；第五，政治和行政将更加融合，公共行政将更加需要包容和平衡彼此竞争的价值；第六，公共价值会更加流行，公共价值的研究会更受重视；第七，重视'持续性'，环境系统与经济和政治社会系统是相互依赖和重叠的关系，不能忽视环境系统的持续性；第八，公众的角色会变得更加重要，协商民主得到更多认同；第九，公私伙伴关系继续流行，重新强调'公共性'；第十，实现战略管理和绩效管理的有机结合。"[1] 通过整合分析，未来10年公共治理发展中，其中的关键词有"协作""公众参与""信息技术""公共价值""协商民主""公私伙伴""绩效管理"等。可以看到，和第三次明诺布鲁克会议内容很相似，强调协作、参与、协商治理、公私伙伴关系等，至于信息技术、公共价值、绩效管理等，更多是前者的手段或结果。还有学者从"更开放的方式构造公共行政知识"出发，阐释了现代性对传统公共行政的批判和理论本身承续发展的两种批判性，指出在公共行政思想的耗散演进中，"效率""官僚制""顾客"以及"民主行政""公民权利"等核心概念各自成就其"理想类型"[2]。还有学者立足打破公共治理的西西弗斯困境，开始建构主体间的现实，因为公共行政是在社会现实和主体间进行的，组织、团队、网络、协会、管理中心、机构等这些都是公共行政部门很少接触的现实，以至于我们倾向于把它们中发生的事情称为"黑匣子"（the black box）[3]。现代网络社会的兴起以及带来的平台治理、界面治理则认为它们是重构公民参与的深度拓展，网络为线上参与提供了新平台和新空间，平台型治理连接多边用户，促进多边用户间的互动，是多方主体与多边用户协作的生态治理。界面所具有可扩展性以及超越时间和空间的限制的特征，意味着进一步扩大了公民参与。通过平台治理和界面变革，很好地解决了专业化分工与需求一体化之间的

---

[1] 孙珠峰，胡伟. 公共行政的发展趋势：西方的预测与中国的逻辑 [J]. 上海交通大学学报，2014（6）：74-83.

[2] 叶林，王兆丁，彭显耿. 面向公共行政事实本身：批判继承、回归现象与逻辑准备 [J]. 江苏行政学院学报，2019（6）：95-103.

[3] [美]卡米拉·斯蒂弗斯. 公共行政的西西弗斯神话 [J]. 特区理论与实践，2019（3）：57-59.

矛盾，实现公民与作为整体的界面互动，而不需要与一个个具体的政府部门互动，达到"一个界面"来应对"一体化需求"，从"知道什么"（know what）向"知道如何"（know how）转变[1]，公民权以及所带来的协商与合作拥有了更大的时空观。

无论从公共治理的认识论、理论面向还是关键词，无论从当下物理世界的公共治理还是虚拟世界的公共治理都可以看出，参与、协作、合作治理等与社会治理相关的内容成为未来公共治理的主要内容，这些内容直接指向具有社会建构性质的行动主义导向的理论建构，开启了公共治理的想象力重塑。

二、行动主义对理性建构的僭越

传统公共管理是建立在马克斯·韦伯的官僚体制基础之上的，突出强调理性主义的建构模式，特别强调合理而明确的分工、层级节制的权力体系、依照规程办事的运作机制、正式的文书与文书的传递执行、组织管理的非人格化、合理合法的人事制度等，这些内容都是随着工业社会到来，尤其是受企业管理的泰勒主义原则影响，严格按照科学的管理原则与精神进行设置的。简言之，理性主义与制度建设是主要内容。但这样一种模式，一方面在主体层面政府是当然的唯一主体，在问题层面忽略了外部环境的影响与外部社会性事务，必然在面临组织外部性问题时难以解决；另一方面过于理性化的追求是以消除人格化关系和非理性考虑为前提条件的，导致官僚制组织结构强调精确、效率和顺从，不可避免地造成组织内部紧张和冲突，并导致官僚人格变异。公共治理需要不断走向社会层面、走向不同主体共同解决问题的方向，即公共治理的行动主义方案，两者的区别见表1。

---

[1] 李文钊.界面政府理论：理解互联网时代中国政府改革的新视角[J].中国人民大学学报，2021（4）：11-18.

表1 理性设计模式与行动主义设计模式的对比

内容	模式	
	传统官僚制的理性主义	公共治理的行动主义
前提条件	稳定的封闭社会	开放的、异质性的社会
组织类型	官僚制、异化的组织	灵活的组织，没有固定形式
秩序诉求	维护组织的稳定秩序	变动不居的工作环境
历史属性	纵向的历时态联系	横向的共时态网络关系
思维模式	二元的思维模式	辩证、多元的思维模式
组织气候	紧张冲突的组织气候	重视外部组织，平等、公开
组织层级	层级分明、垂直管理	平等主体的公开协商
治理方式	官僚内部单线思维	行政人员与民众共同合作
控制方式	自上而下的控制	多维的互动与组织
复杂程度	职业专家控制社会复杂性	社会复杂性、分叉与自组织
知识属性	决定论、机械论和还原论	相对主义
知识特征	知识的集中性	知识的分散性和有效聚合、共享
知识类型	绝对的社会显性知识	可理解，强调新意义生成
知识生产	社会理性的认识	建构的认识和重新创造知识、贡献
权力倾向	专家权力的重要性	知识权力的重要性
个体观点	单向的、线性的确定性关系	双向互动的、非线性的建构关系
对象属性	被动的执行者	行动者
民主形式	技术管理的治理	参与式民主的治理
权力方式	命令与执行	协商、建构与互动
公民地位	公民是管理的受众、治理对象	公民是治理的重要主体、主人
信息生产	传达和接受信息，自上而下特征	过程与建构信息，全息性特征
组织目标	明确的、统一的效率导向	过程性、内在于个体的动态过程
内外关系	内部资源整合的重要性	外部信息的重要性
行动属性	单独行动和行为的可预测性	共同行动和不确定性
建构方式	组织内部的理性建构	与不同的主体之间的社会建构
创新特征	稳定不变与平面式的直接管理	回应与创新的立体网络模式

续表

内容	模式	
	传统官僚制的理性主义	公共治理的行动主义
核心内容	强调制度建设与实施	强调话语、互动与社会场景
实质内涵	全部组织的治理	每个人的治理
理论指向	管理组织内部空间	日常公共生活

一个健康的社会并"不是任由有足够技术资源、管理能力和忠诚人员的国家任意揉捏的橡皮泥"[①]。公共治理的行动主义强调了社会自主性，呈现出与传统理性设计多样的不同之处，突出地表现在一个开放的社会背景中如何对公共事务的治理过程，异质化的社会环境和灵活的组织设计是基础和前提，在思维上突出了辩证化、变化的思维特征，重视平等主体之间的公开协商与妥协，权力作用方式发生了变化，权力呈现下放和均等化特征。公共治理的行动主义指出每一个不同的主体知识都有用，在适当的环境中是可以发挥作用的，需要通过组织的有效聚合、互构与共享，进而形成一种解决某一类公共问题的新的知识。每一个参与的个体都是行动者，他们是治理的主人与主体，主人积极发挥作用，主体和其他参与者一样参与治理，进而信息共享和协商合作，实现集体的行为选择，采取共同行动，面对外部不确定性。在组织实现模式上，目的是实现一个具有回应性、参与性和创新性的立体化网络模式。在其核心思想上，我们把这个过程概括为"每个人的治理"，每个人的治理并不是说每一个个体都参与公共治理，而是强调个体或组织在公共治理中参与的重要性、意义再造以及所形成的最终价值，这一点是与过去理性建构的组织模式不同之处。如果说理性主义所建构的管理所突出的实质内涵是"全部组织的治理"，那么公共治理的行动主义实质内涵是"每个人的治理"，其显著特征是公共治理走向日常公共生活。

---

① [美]乔尔·S.米格代尔.强社会与弱国家：第三世界的国家社会关系及国家能力[M].张长东，朱海雷，隋春波，等译.南京：江苏人民出版社，2012：37.

三、行动主义的方兴未艾

在传统治理模式中，无论是组织或人员都被视为理性主义建构过程中的一个环节，都沦为效率追求中的工具或手段，其中特别强调了对"人"的控制与宰治。个人必须服从组织，服务组织的根本目的，组织"操控抑制了组织成员的自我实现，并且降低了他们的自我价值"[1]，也带来了组织目标所追求的高效率异化。为此，福克斯和米勒认为"正式的机构存在于使价值定位合法化的语境中（例如效率），这种价值定位既和文化联系在一起，又有历史的偶然性，而不完全是'客观的'。我们的思维习惯影响着我们看待事物的方式。当参与者、分析者或管理人员认为他们能表达具体的东西时，认识就会轻易地被引导和固定化，而指涉物实际上就是要成为共有的观念——策略地形成一致同意的一套符号和期望。官僚制并不是观念市场上的中立符号。符号引导我们建构我们感觉到的东西，并且已经对其进行了判断。在这一方面，符号官僚制喜欢特殊的地位，因为它本身不仅是一种观念，而且一旦被物化，并被当作一种客观条件来对待，它就成为一种控制和分配其他许多观念的媒介"[2]，很显然，理性建构的治理模式与理念适应低风险社会和复杂性的物化社会。在高复杂性和高度风险社会的后工业社会，需要重拾"人"的公共价值的研究，这一点可以从近些年西方公共管理前沿发展的谱系中看出端倪。新公共管理理论，强调顾客地位，重视人的需求治理，突出了绩效价值，从而跳出了传统治理中见物不见人的弊端，服务对象第一次以主体性需求的形象进入治理研究内容，开启了对社会重视的先河。公共行政精神阐释是以"公民"这一概念为出发点进行的，离开了公民何谈公共行政精神。后现代公共行政理论更是把话语体系与话语发挥的内容、方式与环境当作研究对象，把人的地位与角色放置在更为突出的地位之上，强调交互性话语影响下的制度存续与

---

[1] [美]尼古拉斯·亨利.公共行政与公共事务（第8版）[M].张昕，译.北京：中国人民大学出版社，2002：116.

[2] [英]查尔斯·J.福克斯，休·T.米勒.后现代公共行政：话语指向[M].楚艳红，营沁颖，吴巧林，译.北京：中国人民大学出版社，2002：97.

变迁，而制度本身也演化为内在于能动者的结构与建造物，公民行动者的身份与价值得以彰显。公民治理理论更是以公民本体论来建构治理理论，明确强调公共治理不再以官僚为中心，而是以公民为中心，从公民参与社区议题出发，对公民治理的发展历程做了回顾，阐释了公民治理中的公民、代议者和公共服务职业者这3个关键角色的功能、地位及其相互关系。公民治理强调公民是社区的主体，是社区治理的主导力量，是公民社区环境治理的积极的参与者，而不是社区公共服务的"消费者"。政府角色应由社区利益的决策中心转变为公民参与和自主决定的协调人，是帮助的角色。公民治理第一次建构了社区治理主体，把民众放在了重要位置。对人的重视既是治理本来面目的正本清源，也是未来建设各种理论的基石。我们看到，西方前沿公共治理理论无一不是把人的理解与认知放到第一位。在此影响下，带动了公共价值的研究，旨在探寻与回应公众偏好，实现公共价值的创造，强调多维度的公民参与，包括公民、顾客、客户群体及其他利益相关者。公民的参与、主体性研究复归和公共价值的研究凸显，标志了现代公共治理的未来导向与终极关系，也构成了理解公共治理的行动主义的视角。

从中看出，公共治理本体论的理解从来都不是固定、完善的能够作为知识对象的"物的世界"，也不仅仅是一个需要去理解、创制与解决的"事的世界"，而是一个需要从现实生活出发、理解人的需求与满足人的需求的"人的世界"，哪怕是在组织内部，"在相同的公共组织规定下，不同的人也可将行政导引向不同方向"[1]。官僚体制的理性主义无法回应社会，无法面对日益复杂的社会问题，这就要求我们"改变认识社会的视角，即从共同体的角度去认识社会，以人的共生共在为出发点去形成相应的制度和社会问题解决方案"[2]，这一方面意味着公共行政的制度主义建构

---

[1] 何艳玲，张雪帆.危机即新纪元：基于本体论反思的公共行政理论重构[J].政治学研究，2019（5）：82-96.

[2] 张康之.合作的社会及其治理[M].上海：上海人民出版社，2014：120.

走向终结，另一方面也开启了公共行政的行动主义建构之旅①。

在知识转向层面，西方哲学理论与社会理论发生了多面转向，转向更为直接的实践论与主体论，强调意识、理性和知识体系需要人们在实践过程中相互作用才能形成，人的创造性、主体性与实践性重新回归到社会理论的内容与发展上，人类社会的公共生活借此得以管理与发展，以"重新恢复一种启蒙人类行动，即实践所需要的理论与实践之间紧密结合的知识"②。在方法论层面，强调实践化导向的认识模式，显然与主客二分的传统研究途径不同，有了更为多维的研究图景。"实践研究从理性、意志、命题知识转向决定活动技能、能力与习惯等因素的认识——诸如身份、语言、性别、科学、社会与社会组织等现象优先被理解为根植于活动或注重活动的形式，社会生活的机构与运转也依据行动理念重新得到思考"③。传统治理强调理性、秩序、层级等核心理念在社会理论转向中发生了变化，尤其是在社会具体实践中需要重新思考与阐释，比如传统理性下追求的产物——秩序不再被认为具有规则性，也不是在共同习惯中生成，而是强调在现实实践中缺乏各种独立理性状况下的妥协安排，即在冲突的社会场景中，处于冲突中的人们愿意去解决所遭遇的分歧，也同意采取尝试一种新的方式描述与解决他们的问题，因此秩序是社会情境下的产物，是不同主体身份、语言、思维以及在组织中依据不同行动主体的集体行动的结果。这一点，哈蒙早就深谙其道，他指出："因为存在着行动者，才有了行动，有了历史，有了各种结构的维系或转换。但行动者之所以行动是因为他们没有被化约为根据个体观念而定义的个人，这些行动者作为社会化了的有机体，被赋予了一整套性情倾向。"④公共治理行动者汇聚了公共生活社会实践这个概念，带动了行动主义出现。在这样的知识更迭与社会

---

① 杨艳，贾璇，谢新水.公共行政行动主义转向的学理阐释：基于组织的视角[J].学习论坛，2020（1）：46-54.

② LYOTARD J F. The postmodern condition: a report on knowledge[M]. Twin Cities: University of Minnesota Press, 1984: 184.

③ 程倩.公共行政行动主义的知识论考察[J].学海，2019（3）：132-138.

④ [德]米歇尔·哈蒙.公共行政的行动理论[M].吴琼恩，译.台北：五南图书出版公司，1992：4.

理论范式更新换代的进程中，行动主义进入建构主义认知阶段。20世纪初，建构主义兴起并成为知识论的重构基础，其内在的本体论认为，人们生存在社会之中，社会事实并非简单地作为客观实在存在，而是不同群体赋予多样意义的社会行动聚合、建构的结果，"客观现实可能只是公共行政现实中的一小部分"[①]，进而把社会实践化的行动认知推向了更高层面的认识。

追根溯源，行动主义是建立在现象学的基础上。现象学具有两项功能，解释功能与描述功能。解释功能"是通过直观的经验、体验，对具体公共行政实践场景、行为选择、情绪感知、意向性活动、公共认知等因素进行现象学的还原"[②]，即是对公共治理过程的感受过程，很显然，这个感受过程是不同群体的感受过程。在不断发展过程中，有学者认为，公共治理领域发生了"叙事转向"（Narrative turn），公共治理不应再坚持"解释"而应该注重"理解"，这样方能拆解理论家与实践者之间的嫌隙。现象学方法也是其中的一种叙事[③]，理解社会以此理解公共治理，公共治理成为一种民众可以感知、认知与理解的对象。于是，公共治理可以被认为是视情况而定的，管理并不是硬科学，而是一场不断地学习、解释和感觉的过程[④]。在对象上，这种理解是建立在日常生活的理解上，公共治理中现象学所理解的"日常生活世界"，"不是由一系列抽象的原则和数据构成，在'日常生活世界'里弥漫着人的意向性、主体性和交互性，'日常生活世界'的'个体'，是由日常生活经验、文化、习俗、意识、思维等建构起来的鲜活生命，而不是由某几种器官以及欲望简单拼凑起来的机械

[①] LUTON, L. Deconstructing public administration empiricism[J]. Administration & society, 2007, 39（4）: 537-544.

[②] 陈永章, 娄成武. 公共行政现象学研究的历史脉络与拓展空间[J]. 新视野, 2021（6）: 122-128.

[③] S.OSPINA, J.DODGE. It's about time: catching method up to meaning—the usefulness of narrative inquiry in public administration research[J]. Public administration review, 2005（65）: 2.

[④] N.ZINGALE, J.PICCORELLI. Introduction: phenomenology and governance the administrative situation[J]. Administrative theory & praxis, 2018（40）: 3.

体"①。放置在公共治理理解中，现象学的公共治理不仅仅是具有意向性，还突出了情境性、互动性与流动性特征。每一个主体都是依靠自身的生活经验与文化积累来理解公共生活，每一主体的本身知识在意向性与交互性中发挥作用。在内容上，现象学的公共治理把握住了公共治理的社会性特征和主体间性特征，治理意见是在社会过程中不同主体观念的结合的产物。同时，在公共治理的知识内涵上，不再过于强调过去组织、体制与机制所形成的政策性知识与执行政策的环境性知识，而开始从人出发进行思考以及人所有具有的意象性行为，包括"虚构和想象、隐性知识和叙事知识是重要的现象，叙事知识被认为人类所有知识的重要来源，叙事和讲故事也被认为是组织生活和日常交流的重要组成部分"②，叙事成为公共治理发展的方式。

现象学内容与行动理论有着内在的联系性，强调不同的个体可以定义现实。在公共组织中，共享可以带来发展，这与超验主义现象学的内涵所指高度契合。公共治理领域，现象学突出人的存在感与社会性，凸显人的价值，主张真实世界的实践价值和面向生活，突出采取诠释与批判途径，强调情境性意义，并且通过意向性进行联络与贯通，这构成了行动主义取向公共治理的内容。强调人的价值，认为单个的人并不是单独抽象的自己，"自我是社会建构的产物，它会受到不同文化、经验、语言、历史及其与社会互动方式的影响，而不是传统公共行政理论所认为的一个抽象'自我'"③，人是定义现实的动物。在方法上，突出诠释与批判途径，"公共行政的现象学置身于后现代社会境域下，提倡通过理解、批判、合作、反思等方式，建设更加包容、开放、一体的行政世界"④。公共治理的社会建构过程是在批判传统管理体制的基础上形成的，是对传统管理二分

---

① 陈永章，娄成武.公共行政现象学研究的历史脉络与拓展空间[J].新视野，2021（6）：122-128.

② 陈永章，娄成武.公共行政现象学研究的历史脉络与拓展空间[J].新视野，2021（6）：122-128.

③ J.S.JUN. The self in the social construction of organizational reality: eastern and western views[J]. Administrative theory & praxis, 2005（27）：1.

④ 王敬宇.论公共行政的现象学方法[J].湘潭大学学报，2018（1）：36-40.

法思维以及层级管理的自上而下强制性模式的批判，全面诠释了人的行为与人的价值在公共治理场景建立辩证思维的多重关系，并以此理解现实问题。"现象学家甚至用'反行政'来称呼此种现象，认为公共行政是一个不断面向他在性的过程，它在认识层面是对隐含的前提、封闭的领域的批判，在行动层面是对游戏和试验的偏爱，在伦理层面是对他者的关怀，认为正义不是现成的事件"[①]。所谓重视公共治理的情境性，"一个现象就是某人在某一时刻所遭际的一种事态"[②]。现象学强调关注事务是将聚焦点放在事物的边缘域，聚焦与理解那些平时不易察觉或忽视的模糊与隐匿的内容，继而让主体、隐性文化、感觉、知识等"不可见"因素变得清晰和发挥作用。比如关注少数族群、边缘群体的价值，认为能够为民主治理注入动力，他们能够提供"从其他途径不可能了解到的观点、思想和体验的机会"[③]，强调参与主体的多元以及所形成的多元价值，是行动主义公共治理的核心要义。从中可以看出，行动主义的道德制度基础，能够促使人的自主性、独立性与能动性的发挥是前提条件。

今天的公共治理环境已经从过去的低风险低复杂性走到了高复杂性和高风险性的阶段，公共治理很难再遵循既定的形态、结构与制度，不再依靠所设定的规则、程序与工具，高度不确定性与风险性的存在解构了一切边界与设定，公共治理进入一个没有边界可循的阶段。而行动主义突破了固定的结构和边界，强调融合、包容、灵活与互构[④]。行动主义指出，其一，单独个体对公共事务的理解不可能发生在主体与客体相分离的状况下，理性建构虽然发生在官僚体制内，但很多路径内容与设计始终与社会背景相关或者无法不受社会影响，治理的主体也不可能完全脱离治理对象与行政相对人，治理的过程发生在治理主体与治理对象的相互影响之

---

① [美]戴维·约翰·法墨尔.公共行政的语言：官僚制、现代性和后现代性[M].吴琼，译.北京：中国人民大学出版社，2005：342-372.

② [德]胡塞尔.纯粹现象学通论[M].李幼蒸，译.北京：中国人民大学出版社，2013：11.

③ [美]全钟燮.公共行政的社会建构：解释与批判[M].孙柏瑛，张刚，黎洁，译.北京：北京大学出版社，2008：48.

④ 向玉琼.走向行动主义：建构风险社会中的政策分析范式[J].理论与改革，2022（2）：135-146.

中，换言之，只有在持续的互动中才能完成治理目标。其二，传统无论是制度的设计或技术的设计，都忽略了非理性因素，比如人的心智品质、想象、联想与直觉等因素在治理中的作用，行动主义则看到了这一问题，强调制度、技术与经验世界的结合，突出了情境性生活场域的意义，把过去设计中忽略的人的直觉等非理性因素放到治理过程中，认为公共治理是多主体分享、建设与体验以及多重知识共同耦合的过程。而现在的社会环境支持和需要这一个理念，"'社会交往'成为生活方式的重要主题——在此情景下，突破交往的'连接瓶颈''聚合瓶颈''体验瓶颈'和'信任瓶颈'，支撑社会网络的底层技术（人机交互和人际交往）需要全新的视角"[1]。公共治理成为社会交往的一种方式，正在不断走出理性主义的"异化"陷阱。"在社会的运行中，个体的人的行动和集体的人的行动都属于表面现象，而在社会运行的深层，行动主义既不能归入个体也不能归入集体，而是个体与集体的互动与和合过程，那么，关于组织模式的设计理念就需要得到根本性的变革，所建构起来的组织模式也就实现了对官僚制的超越"[2]。以此理解，行动主义视角下的公共治理呈现出整体性特征，不仅强调过去制度与技术理性的依然固有的功能与作用，更突出人的因素，尤其是人与人之间的关系性因素作用；不仅强调多样主体的价值，也提出了多样主体的价值实现情境与途径。总之，行动主义通过社会的对话与协商优化了理性知识。其三，高风险性与复杂性问题越来越表现出时空性与情景性特征，时空性决定了风险系数，而情景性则是复杂程度的表现。这决定了行动主义导向的公共治理的特殊性，不是以往的治理无视时空而是要求在特定空间中即时化处理。申言之，行动主义跳出了过去理性组织与结构化的设计，集中体现出具有弹性化与随机性的行动选择。其四，在具体的社会治理图景上，行动主义主要表现在从关注改革向关注建构转变；从关注制度到关注行动转变；打破封闭走向开放；从对方法的关注转向对模式的关注。事实上，这既是公共行政学研究重心的转变，也是行动主义

---

[1] 段永朝，姜奇平：新物种起源：互联网的思想基石[M].商务印书馆，2012：142.
[2] 张康之.公共行政的行动主义[M].南京：江苏人民出版社，2014：39.

对制度主义理论范式的转变[①]。显著的表现为将社会置于网络治理的内容与过程之中，参与式治理、合作式治理、整体性治理和公民治理的理念都体现了这一点。其五，行动主义所倡导的社会治理创新的未来发展前景，将主要体现为合作治理及作为其结构基础的"行动者网络"的生成和积极建构[②]。在高度流动与复杂性的社会中，理性制度建构的治理模式难以为继，行动者组成的网络组织所形成的方案适应了这一社会发展需要的、灵活的、权变的行动组织特征。其运行的逻辑为，"在合作交往网络结构的内幕中，行动者之间的交往互动是基于技术网络和社会网络特殊的'数据—信息—知识'功能而得以拓展的。在网络结构逻辑下，行动者是构成网络的节点，而能使这些节点连接起来的则是数据流、信息流和知识流在行动者之间流动而构成的交互运动"[③]。所以，行动主义方案在数据与信息流动下加快了公共治理建构的过程，其交互运行构成了公共治理需要的前提。

具有行动主义内涵的公共治理开始走进人们的视野，并成为研究反思、阐释与想象的对象。在分析内容上，从传统官僚组织的内部空间走向了日常公共生活空间，治理有了生活气息，权力开始从主权的位置俯冲向民众的生活。传统管理是建立在牛顿力学的物理认知基础之上，但这种知识体系是建立在静止的、内敛的、封闭的社会前提下。复杂性、风险性社会的到来，为具有社会实践化导向的，强调开放性、外拓性和动态化理念的建构主义行动出场奠定了基础。按此理解，公共治理中，过去所谓的具有绝对客观的认识能力认知趋向瓦解，而强调社会历史性建构的知识体系开始生成并受到重视。具体过程为，社会实在不是以前理解的简单与可预测的，而是复杂的、不可预测与难以把握的，甚至难以证伪，不同主体通过治理实践实现对现实有意识（或者意识的结果，比如不同的治理模式）

[①] 苟欢.中国社区治理政策文本：一种行动主义的分析框架[J].武汉科技大学学报，2018（2）：151-157.

[②] 周军.在社会网络结构生成中变革政府模式[J].行政论坛，2016（2）：53-58.

[③] 唐秋伟.合作治理交往行动网络的行动主义建构[J].深圳大学学报，2021（4）：106-115.

的重构与再造，实现人的意志、意识与能力对公共事务的统治。其中，公共治理中的不同行动者也不仅仅是依靠经验理性去感受与体验社会事实，而是通过多次的具有公共德行与公共伦理的积极实践在实现自身与社会多样碰撞、接触与组合的同时，以不同型构置身于其中的多样性社会事实，"当面对面情境中被插入性格理想类型的媒介之时，就出现了某种意向性融合"①，融合的意向性就意味着多样化结果，而不是理性主义所认识的单一与稳定的社会实践。可以看到，建构主义的行动认识强调认识论在主客体的统一中认识社会事实、社会生活的动态变化，进而将理论与经验缝合起来，并且弥合了理论与现实之间的割裂与缝隙。过去重视个体与组织秩序而忽略社会的认知得到正本清源（公共治理的核心是为社会服务），公共治理转向倡导集体行动共同创造与提升公共价值、共同获得公共伦理性成就，并借助能动的行动者间形成的良好协调与合作而生成。这一意义可以归结为一点，"公共行政行动主义最根本的主张在于，揭示这个高度复杂性和不确定性的行政世界，复活积极能动的公共行政道德实践主体，展现他们同公共行政中的诸种规范之间辩证的、交互建构的关系。这是一种基于公共行政理论与实践关系的、总体性却又地方性的建构"②，"现象学方法在寻找公共行政的'日常生活世界'背后本质的同时，地方性叙事也构成现象学方法的内部解释系统"③。公共治理的行动主义立足各种治理的行动情境及地方场域，一方面构成了地方政府创新的选择与可能。社会行动的主体是不同行为主体的人群，他们所在环境、空间与行为构成了创新空间内容，人与环境相互耦合与形成构成了行动主义过程。理念上，公共治理行动深深地镶嵌在地方社会中，地方性因素始终是重要考量，始终把"民众"一方的需求和地方性社会多样的影响因素紧密结合。方式上，公共治理行动的有效性需要回到区域与基层社会的历史与现实的情景中，回到社区中，回到日常生计生活中，以此回应和满足民众的具体需要。

---

① [美]查尔斯·J.福克斯，休·T.米勒.后现代公共行政：话语指向[M].楚艳红，雷沁颖，吴巧玲，等译.北京：中国人民大学出版社，2002：107.
② 程倩.公共行政行动主义的知识论考察[J].学海，2019，（3）：132-138.
③ 王敬宇.论公共行政的现象学方法[J].湘潭大学学报，2018，（1）：36-40.

第三节 行动理论的内容与特征

"思维无内容是空的,直观无概念是盲的"①。概念是客观反映对象的本质属性的思维形式,犹如大厦之根基,构成了学科发展的认知细胞。概念的凝练与供给推动着学科的发展,一门科学的成熟与发展以及所提出的每一种新见解都包含这门科学的术语革命。术语革命就意味着新见解新思想的出现,推动着理论体系乃至学科发展,理解该术语本身就成为理论认识的第一步,"理解和把握任何一种具有创新性质的理论体系,最重要的就是真正地理解它所实现的'术语的革命'"②。术语革命本质就是概念革命,一个新概念从提出到被人们理解运用,改变着对该学科的认知,概念、范畴并不是认识的"工具",而是认识的"阶梯"和"支撑点"。在人类认识世界的历史长河中和理论自身体系的形成过程中,概念与范畴既是人们认识的结果,也是推进认识和深化认识的前提。

一、理论内涵

"社会建构"及社会建构主义作为一种新形式的哲学批判,已深入地应用在社会问题与社会政策的公共治理分析中。在类型上,社会建构源于建构主义,何谓建构主义?最为简单的理解为,"我们认为世界是什么,主要取决于我们如何看待它,我们看待世界的方式则又取决于我们是哪种社会关系的一部分。建构主义认为,'客观性'不能被设想为一种与主体无关的东西,而是只有在主体和客体的相互关系中才能显现出来"③。建构主义有6种不同类型,即社会文化认知观(socialcultural

---

① 马克思.青年在选择职业时的考虑[M]//马克思恩格斯全集:第40卷.北京:人民出版社,1982:7.
② 孙正聿.注重理论研究的系统性、专业性[J].中国共青团,2017(2):30-40.
③ 尹文嘉,唐兴霖.迈向共同治理:社会建构下的公共参与及模式转换[J].经济社会体制比较,2014,(3):51-57.

cognition）、激进建构主义（radical constructivism）、社会建构主义（social constructivism）、控制论系统（cybernetic system）和信息加工建构主义（information processing constructivism）[①]。社会建构主义构成了建构主义的重要内容，社会建构理论思想已经深深地嵌入社会学理论的"林间空地"，其主要主张是："社会世界是通过思想、信念、知识等主观过程而建构出的互为主体性的常识世界；这个建构的社会实在表面看来似乎是一种客观实在，但它除了由行动者及其角色构成的客观内容之外，还包含有由信仰体系加以合法化的各种制度。所以，包括习俗、规范、权力、知识和科学等都有其社会学起源，从这个意义上说上述的一切，都是社会建构的。"[②] 社会建构论在20世纪70年代得到了蓬勃的发展，学者们对社会建构主义的研究内容和规则进行了详细的论述，"社会建构主义其实并不是什么'主义'而是一种对知识的新的研究方式……社会建构主义主要研究知识的生产过程。"[③] 换言之，即在知识的生产和建构的过程中理解知识，这和吉尔德·德兰逊所理解的一致，知识"具有它们的情境偶然性的标记和它们得以产生的旨趣结构的标记。如果不分析它们的建构，我们就无法充分理解它们"[④]。社会建构论得到关键的发展是在伯格和卢克曼研究中，他们认为"现实是由社会建构的，而这种建构的过程正是知识社会学分析的对象"。所谓现实，便是"被人们认为存于人类意志之外的现象性质"，"人类所有的'知识'都是在社会情境中得到发展、传递和维持的，所以知识社会学必须寻求去理解这些过程，通过这些过程，被视作理当如此的'现实'在常人中被固定下来"[⑤]；社会世界是通过思想、信念、知识、习俗等主观过程社会地建构出来的，这个建构的社会实在看起来是一种客

[①] 周利敏.社会建构主义与灾害治理：一项自然灾害的社会学研究[J].武汉大学学报，2015（2）：51-57.

[②] 苏国勋.社会学与社会建构论[J].国外社会科学，2002（1）：4-13.

[③] 安维复.社会建构主义：后现代知识论的终结[J].哲学研究，2005（9）：60-67.

[④] [英]吉尔德·德兰逊.社会科学：超越建构论和实在论[M].张茂元，译.长春：吉林人民出版社，2005：139.

[⑤] [美]彼得·伯格，托马斯·卢克曼.现实的社会构建[M].汪涌，译.北京：北京大学出版社，2009：1-17.

观实在，但更多的是人们的主观过程。这一观念极大地推动了社会建构思想的发展，也直接推动了社会建构理论在其他各个学科的发展。"X的社会建构"模式已经深入社会生活的各方面，完成了社会建构主义对各学科的科际整合，推动各学科知识谱系的形成和发展，也启发了学者对社会理论问题的整体思考。

从词源上看，"建构"一词有着广泛的意义，在西斯蒙多看来，建构这个术语至少有6个不同的用法[①]："由于角色和制度的交叉作用，包括知识、方法论、研究领域、习惯和有规则思想的建构；通常被用于关注科学知识建构的社会过程，其重点在'社会'而不是'建构'；'异质建构'这个术语关注科学家用不同的资源建构稳定结构的方式，导致对某种制度的建构过程的深层描述；科学家们建构理论或解释的意义在于，在材料和观察之上必有结构；在新康德主义的意义上，科学家被说成是建构思想和表述的客体。"由此可以看出，社会建构的内涵和意义需要在具体的情境中进行确指和界定。社会建构学者指出，事情会因外部因素而改变，诸如公共事件、公共问题、社会力量和环境变化等才使其改变，他们认为改变现存事物为主要根本，"大多数社会建构思想的使用者都热切地希望批评、改变甚至摧毁他们不喜欢的但已经确立的事物"[②]。因此，社会建构思想也常常被认为是社会思想变迁的动力，毕竟社会建构主义彰显科学社会化[③]。

从知识本身的类型审视社会建构，构成了另一个视角的认知。知识可以分为明示知识和默示知识（也有学者称之为"潜知识"），具体见图1。

---

① SERGIO S. Science without myth: on constructions, reality, and social knowledge [M]. New York: State University of New York Press, 1996: 40-50.

② IANH. The social construction of what?[M]. Cambridge: Harvard University Press, 1999: 6-7.

③ 郭荣茂.社会建构主义开启理解科学新视角[N].中国社会科学报，2023-01-10.

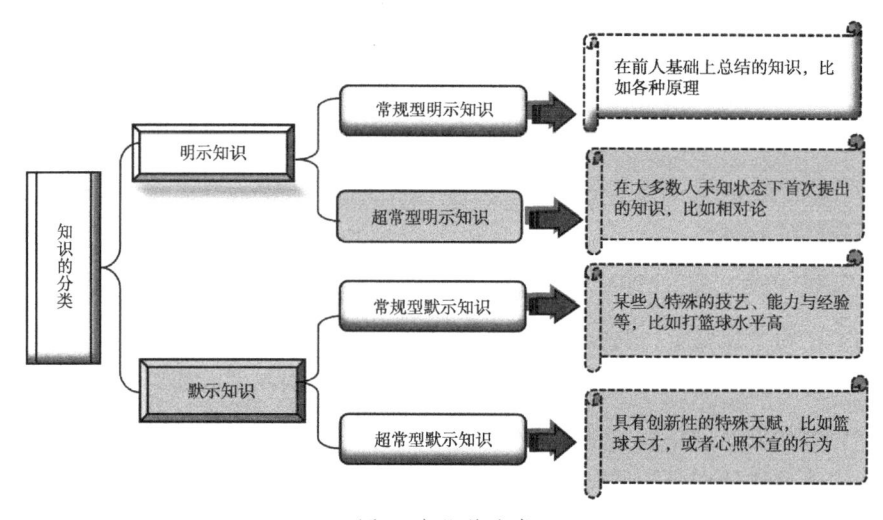

```
知识的分类
├── 明示知识
│   ├── 常规型明示知识 → 在前人基础上总结的知识，比如各种原理
│   └── 超常型明示知识 → 在大多数人未知状态下首次提出的知识，比如相对论
└── 默示知识
    ├── 常规型默示知识 → 某些人特殊的技艺、能力与经验等，比如打篮球水平高
    └── 超常型默示知识 → 具有创新性的特殊天赋，比如篮球天才，或者心照不宣的行为
```

图1　知识的分类

（引用：方竹兰.论硅谷的超常型默示知识管理制度及其对中国的启示[J].首都师范大学大学学报，2012，（2）：41-49.根据上述文章进行修改后形成图1。）

不同的知识类型形成过程与内容不同，既有明示知识形成过程，也有默示知识形成过程。这些知识形成过程中，都比较注重交流、互动与经验对知识形成的影响。比如在一个教室中举行讲座，教室中几乎坐满了人，这时候一对学生情侣走了进来，由于人数较多，没有两个临近的位子，这对情侣只有分开坐下。在听讲座的过程中，女孩和男孩对视了一眼，过了一会儿，女孩走出了教室，接下来会发生什么？很显然，男孩也走出了教室。我们看这一过程，两个人没有语言交流，也没有肢体交流，为什么一个眼神就促使两人都走出教室这一共同行动呢？很显然，这是两人长期形成的心照不宣的默示知识支撑了这一共同行动。这一行动可以称之为社会建构的产物与后果。

与社会建构相伴，还有另外一个概念，即行动主义，构成了本书从行动主义透视与分析公共行政社会建构的内容。行动主义缘于"巴黎学派"所提出的"行动者网络理论"，集中体现在对传统科学范式的知识学科发起挑战，他们为此指出科学与社会是一体化的结果，是不可分割的，需要反思过去主客体分离的认识框架以及理性与非理性的边界界定等科学发展的一系列问题。以此出发，公共组织中的"人"和外部"环境"成为公共治理的主要反思对象，反思直接指向了过去理性主义的制度建构，开始走向对人与组织的行动认知，"制度理论的突出特征在于优先强调社会结构的连贯性和制约性，但并不必然排除对个体行动者创造、维持和转换制度的各种行动方式的关注"[1]。过去公共治理强调行为的重要意义，但行动不同于行为，"行动是和主观意志及意向性相关的行动。行为（behavior）与行动（action）的区别就在于有没有意向性（intentionality）"[2]，意向性构成了行动的首要特征。最早对行动理论进行界定的是舒尔茨，他认为，第一，行动是一个过程，分为"作为过程的行动"与"作为结果的行动"，意义也就由此分为"作为过程的意义"和"作为结果的意义"。第二，行动是面向未来的自发性活动，涉及对未来的预期，这种行动被称为"已然行动"（act），它统合了过去与未来的完整行动，并以"将来完成时"（future perfect tense）的形式展现出来[3]。行动的过程属性和结果特性强调了行动者自我认识的判断，是意向性的行为，是主客观相结合的产物，可能是确定性结果，也可能是非确定性的结果。哈蒙（Michael M. Harmon）最早将这一理论运用到公共治理当中，认为公共行政的行动目的和价值在于：（1）对社会领域的价值和要求作出回应；（2）为了实现主动领域上的价值和目标与行政风格相一致[4]。哈蒙强调了行动的回应性、主体间性和价值与目标统一性，这构成了行动的3个主要特征。吉登斯则强调了行动的"反思性"（reflexivity），把行动主义认知推向了主体性认知的更高层次，行动者可以不断地对行动的流程进行监控、调整与修正，并在反思中将自身的行动与变化社会中的情境因素联系起来，以保证行动的合理性，

---

[1] [美]W. 理查德·斯科特. 制度与组织：思想观念与物质利益[M]. 姚伟，王黎芳，译. 北京：中国人民大学出版社，2010：85.

[2] 童世骏. 批判与实践：论哈贝马斯的批判理论[M]. 北京：生活·读书·新知三联书店，2007：54.

[3] 程倩. 公共行政行动主义的知识论考察[J]. 学海，2019（3）：132-138.

[4] M. M. HARMON. Action theory for public administration[M]. New York: Longman, 1981: 63-64.

为行动的循环再生奠定基础①,"反思性"行动的研究具有鲜明特征,进而把主体与认识的客体结合了起来。

在内容上,公共治理过程必然涉及不同群体,他们参与公共治理,通过自身言行建构问题解决的方案,行动构成了公共治理起点,而不是过去所推崇的制度。"'制度'要素和具有实践理性的'行动'要素的关系问题上,始终关注新生成的社会要素,政策规则仅视为一种保障性存在"②。在构成行动理论的要素上,行动理论的核心点在于高度关注行动者的目标选择和产生行动者的社会文化环境和场景,关注行动者与社会组织结构和环境场景之间的互动和相互形塑,注重个人和组织学习,灵活应对,变理论为现实③。因此,公共治理的行动理论中如何体现这些要素、运用和发展这些要素,就成为行动主义要讨论的对象。

社会建构与行动主义的内在联系为,行动主义指向的是过程,而社会建构指向的更多是结果。从行动主义与社会建构发展的逻辑上看,其基本理论路径是:"以知识的社会生产为研究纲领,在知识论上从本质主义转向建构主义,强调知识的建构性;从个体主义转向群体主义,强调知识建构的社会性;从决定论转向互动论,强调知识'共建'的辩证性"④,即行动主义与社会建构强调不同知识在建构过程中的重要性以及价值。社会建构提供了一种理解科学知识和科学理论的不同视角,重视辩证哲学的逻辑,"对于物而言,我们所寻找的不是人类的事物,也不是非人类的事物。而是在人中之物和物中之人中寻找一个不断的转换,一种交易,一种交流。人和物之间是互相转换的。事物不过是人类视野之中的物;人也不过

---

① [英]安东尼·吉登斯.社会的构成:结构化理论纲要[M].李康,李猛,译.北京:生活·读书·新知三联书店,1998:62-65.

② 苟欢.中国社区治理政策文本:一种行动主义的分析框架[J].武汉科技大学学报,2018(2):151-157.

③ 蓝志勇.行动理论在我国新时期行政改革中的重要意涵[J].中国行政管理,2021(1):6-12.

④ 汪志明.试论解放思想社会工程的社会建构[J].广东社会科学,2009(1):67-71.

是从物的角度看到的人。二者是可以转换的"①。所以，行动主义者认为，理解是建立在情境和关系之下，对事物的认识也必然包含在具体情境之中，主张人类不是静态地认识和发现外在的客体世界，而是经由认识、发现过程本身，不断构造着与往常不一样的现实世界。概言之，行动主义从社会多元主体及其互动关系视角以及所形成的知识体系来认知社会事实与社会问题。

二、理论前提

在内容上，行动主义理论融合起主观的认知事实和客观的社会事实之间的关系，强调立足于主体间性和主体之间的关系对公共治理问题进行解释。在方法层面，行动主义方法排斥把一切思维强加于他人的逻辑，主观性条件是导致客观性条件实际发生的启动引擎，人的每一个方面，如人格、认知、情绪等，都是人在社会生活的人际互动中创造出来的，其中话语是主要的形式，因此行动主义主张，充分读取和理解个体（他人）的行动、内在信念和社会生活方式，了解和理解产生个体行动的社会实践背景，这是人们之间进行人际交流、相互体验、彼此理解、感知需求和互动合作的始基。

每一种理论所蕴含的本体论和认识论，构成了自身理论发展的逻辑起点。行动主义的认识论认为，不存在客观事实，人们看到的都是被各自"建构"起来的，因此存在诸多种"事实"。理论和知识是相对的、特殊的，是社会构建过程的结果，而非实证主义所坚持的那样具有统一性。因为人的思维还含有社会化属性，个体的所想所做只是单独一面，而思维更多还是需要在同他人的互动与交流中产生②，在参与的过程中被建构出的各种各样的"真理"或"事实"只有置于其历史背景、各种关系和社会过程中才能被理解，强调价值、意义对于理解的重要性。从这个意义来看，

---

① BRUNO LATOUR，Aramis or the love of technology[M]. Cambridge：Harvard University Press，1996：213.

② 郭荣茂.社会建构主义开启理解科学新视角[N].中国社会科学报，2023-01-10.

一切事物都处在"建构"的过程中，一切事物也只有经过"建构"才更具有可解释性和生命力。后现代社会心理学家肯尼斯·格根指出，"这一'社会建构'剧本的开篇就是由此而来：我们认为世界是什么，主要取决于我们如何看待它，我们看待世界的方式则又取决于我们是哪种社会关系的一部分……你对自己的理解（你的思想、情感和欲望）也会发生转变。你对自己与他人之间的关系会有一种全新的理解"①。由此，按照社会建构基本的观点来理解，客观存在的社会现实既有由行动者建构的客观内容，也有思想、信念、知识等主观行为过程所形成的结果，这一过程是一种主观过程客观化和客观过程主观化的互动。社会不是一个预先给定的客观现实，而是由社会成员的行动创造，主要由行动的有效性（efficacy）和自主性（autonomy）构成。前者是指"当一个行为者成功地造成了她打算通过她的行动所造成的状态时"；后者是指"当一个行为者的活动从某种明确的意义上说是自我决定的或是她自己的活动时"②，两相结合构成了一个主体行为特征继而影响不同群体的行为选择，即"人性"和"社会性"的统一③，这是行动主义生成的前提。因此，行动主义的理论前提假设如下。

一方面是生活在历史和社会中的不同主体赋予"事实"意义与本质，其意义的诠释源自人们对行为和实践的观察与认知，理解人们赋予事实的意义是社会交往和互动的前提。在社会中，每一个主体又是在具体的历史、地域、情景中进行体验与感受到"事实"。每一个主体赋予"事实"的内涵往往因个人的体验不同而各异。因此，人们呈现的事实没有"真实"与"不真实"之分，只有合适与不合适之分，行动主义意义认为，社会事实并没有绝对的、凌驾一切的，没有普适一切、固定不变的。相反，它主张，在认识过程中，不同主体经由主体间的彼此体验、互动、沟通和对话来获得彼此的理解、协商并赋予对社会事物的意义。这个过程不仅基

---

① [美]肯尼思·格根.社会构建的邀请[M].许婧,译.北京：北京大学出版社，2011：2.

② KORSGAARD C M.Self-constitution: agency, identity, and integrity[M].New York: Oxford University Press, 2009: 82-83.

③ 鉴博言."行动"与"自我构成"：科尔斯戈德对主体的建构主义阐发[J].吉首大学学报，2023（3）：146-147.

于主体之间相互认知的了解，而且需要通过自身感受来理解对方，即社会事实的解释与理解不仅需要不同主体的互动，也需要不同主体的协商与妥协。

另一方面，在认识论上，行动主义认为，生活中任何存在的社会事实都是历史的产物，都是在历史进程中被社会、政治、文化、经济和种族等因素来形塑的，不存在脱离时空的抽象空洞的社会事件。因此，认识社会事实具有了方法论的意义，就是要从不同主体如何聚合意见和弥合分歧来认知。从公共治理的研究方法来看，行动主义的方法论是基于自然论的研究方法，主要是立足注重多元的、建构的、整体的、分歧的本体论，强调批判和诠释的途径，突出因果关系、正反馈互动的影响，注重个体行为充满价值等。从行动主义内涵和学术特征可以看出，这样的方法论具有辩证法的含义，更能够清楚地认识事物并获取知识，从而更全面地认识世界和改造世界。完整的过程可以描述为，"基于个体和个体与他人关系的认知，各主体通过对话等形式可以达成主体间对客观事物观点的'合意'，并且在此之中包含着一个隐性认同即'合意'的方案是最优的。最后通过一系列的话语单元如主体、主体间关系、对话、社会知识、社会学习、多元价值等展现社会建构的具体途径。"[①] 合意、对话、主体间性关系、多元价值共享构成了公共治理行动主义的关键词。

三、理论内容

"现实世界"和"客体"是被社会加以建构的[②]，在阐释了行动主义理论前提的同时，也指出了行动主义理论的主要内容和特征。

一是建构性。建构主义作为一个哲学概念，直接指向人与社会关系的重新思考。两者的关系可以辩证地视为，人是社会生活世界的建构主体，

[①] 徐国冲，杨语嫣.社会建构：一种新的公共行政话语体系：评《公共行政的社会建构：解释与批判》[J].领导科学论坛，2018（9）：78-86.

[②] PIERCE J J, SIDDIKI S, JONES M D, et al.Social construction and policy design: a review of past applications[J]. Policy studies journal，2014，42（1）：1-29.

主体是一个积极的行动者，人的生活世界也建构着人自身。每一个人对世界的认识都是主观的，社会事实的实践只有通过和发挥人的主观能动性才能显示存在，人们在相互交往中形成共识，并在这些共识的基础上形成更为广泛的共识。社会实践的内容是有意识的，是主观建构的，并由此形成社会建构者与事物之间相互建构的双向关系。

二是社会性。建构并不排斥历史或直觉形成的"事实"，而是试图以新的方式来看待"事实"与推理之间的关系问题[1]。首先建构所发生的主体是社会性的。建构的过程是一个社会心理过程，无论合作与妥协、协商与争论都是特定社会情境下的产物；建构的结果是不同主体的集体智慧生成、分享与共创。社会事实是"社会建构"的产物。与实证主义认为的客观实在性不同，社会世界是通过规范的建构而形成的"有组织的意义世界"，人们通过行动建构了世界的意义与价值，并通过社会互动和意义分享促使了新的行动产生。交流、沟通、互动与共享在改变人们的认识并增加彼此知识的同时，也形成了集体行动的逻辑。

三是互动性。现象学指出，人们的认识产生于人们之间的互动，是互为主体的认识论，不同类型的知识都是人们外显、内隐的结合与统一。诠释学也同样指出，社会现象是感知到的社会现象，社会现象本身包含有主观性成分，人们倾向于根据自己的背景、经验和理解来认识社会现实，人们之间通过社会互动来彼此能够分享相同的观点和感受，进而建构世界，于是，社会事实就通过行动被创造出来。知识只有在人与人之间不断的持续互动中才能够产生和增长。行动主义旨在促使公民之间发生互动，增进彼此之间的分享，其结果取决于相互学习和一起参与到社会议题中的程度。人们在交往、沟通中认识到主体间个体的意识和需求，获得对交往情景的理解和彼此需求的判断，"社会建构的理念之一就是，人们通过分享他们的价值和体验，将人们多样化的社会知识转化为行动"[2]，而这互动是

---

[1] 刘焕明，张祖辽."康德式"建构主义：基于"程序"和"契约"的解读[J].北京大学学报，2023（3）：19-28.

[2] [美]全钟燮.公共行政的社会建构：解释与批判[M].孙柏瑛，张刚，黎洁，译.北京：北京大学出版社，2008：61-62.

前提条件。

四是开放性。人在社会性地建构他物，也在社会性地建构自己。在通过对公共生活场域中行动的主体、主体体验及其赋予现实的意义，突出强调了主体间关系的价值。他物被建构的同时也被赋予了人的价值和目的，同时也是体现建构者的自我超越和主体性的过程。人们对现象与事实的认知、理解是有差异的，是多元的，每个人都是在具体开放的地域、情景和个人经验中体验、感受到"事实"与制造"事实"。

五是反思性。行动者不承认存在着主客体完全隔绝的、非此即彼的二元世界。社会建构主张采用反思、怀疑、批判、自主判断和自我省察的方式来认识世界。通过"自我—他者—物"的合理重建，整合主体际关系样式，克服相对主义和绝对主义的观念，强调"个人知识"与"公共知识"的辩证融合，构筑一个既是关于行动者的世界，也是一个反思的世界，进而搭建了认识世界的桥梁和通道。

六是主体间性。在对社会事实与现实的建构过程中，现实世界和客体都是相关行动者在一个彼此分享的世界里通过主体间相互体验的经验建构的，分享彼此间的意图和观念，形成相互理解的感知能力，行动者彼此分享的意识为人们认识和界定某一特定的问题提供了共同基础与行动。彼此在交互主体性的基础上沟通交流，换位思考，从而延展人们自身的主体性，使人们生活的世界联结为"共同世界"[1]，扩展为一个相互理解的"主体间性世界"。强调人的主动性和创造性，行动者具有思考能力和参与能力，主体之间的行动具有情境定义的结果，社会生活可以被视为由他们的行动组成，具有思考能力的行动者会根据可能出现的后果考虑是否采取行动。"主体间性"始终体现在行动中，个体、情境与话语之间是以相互承认与彼此尊重为前提，突出协商、理解的对等关系，参与主体是在交往行为中以交往理性作为依据的具有自我意志的主体，继而跳出了传统公共治理主客体之间的二元思维的窠臼。

---

[1] 孙绍勇.交往理性的主体间性向度解析及当代审思：以哈贝马斯交往范式与交往实践旨趣为论域[J].山东社会科学，2022（7）：57-66，143.

第四节　公共治理的行动理论内容

一、公共治理的话语体系演变

话语是观察社会实践的一种视角，是一种特定意义的社会实践形式，既能反映现实也能构建社会现实和身份话语，也被认为是一种赋予主体和客体意义的实践系统[①]。公共治理的话语体系演变主要是指公共治理作为一种社会实践行为，其本身的理论构建与演变的脉络。在后代话语体系中，我们大概可以把公共治理理论演变分为"解构""重构"与"建构"等3个部分。

公共治理的解构话语，成为近些年反思公共治理理论的主要内容。传统管理模式采取官僚理性进行设计，注重通过特定的理念、程序以及人员、物质等各种要素串联起来的组织来解决问题（更多的是内部问题），凸显价值理性与程序理性。但随着社会发展，外部问题尤其是社会问题日益复杂，使得官僚体制难以为继，理性的制度设计与组织安排无法面对日益复杂的问题。一方面政府需要更多眼光向外看，解决多样而庞杂的社会问题，理性本身遭到了解构，需要更具弹性、更为开放的理念相匹配。另一方面社会问题在多个领域、层面涌现，公益组织、公民等非政府主体不断参与公共事务的治理，并日益呈现多主体治理模式与理念，因而需要明确他们的主体地位与合作方式，而这本身与理性的官僚体制与机制难以相容。理性解构构成了公共治理反思的前提。

公共治理的重构话语。在解构的基础上，各种建构的思想不断涌现并产生了多样的治理模式，以应对理性不足的困境。重构既有对理性主义内容的反思，也有对于理性程序的批判与扬弃。但都是建立在理性治理基础上的反思，换句话说，并没有抛弃理性体制本身，更多的是从理性组织无

---

① FARFAN A.F.J., A. HOLZSCHEITER. The power of discourse and the discourse of power[M]. IN R WODAK, B JOHNSTONE, P KERSWILL. The SAGE handbook of sociolinguistics[M]. London：SAGE Publications, 2011.

法面对日益变化的社会进行建设与设计，可以反思前提条件、适用背景与变迁情形，还可以作为方式、实现路径等。总之，公共治理的重构话语呈现出"话语丛林"之状，奠定了繁荣公共治理的根基。

公共治理的建构话语。重构意味着新生，也意味着繁荣理论谱系的到来。在此语境下，公共治理理论呈现百花齐放之建构景观。无论是理念完善的公民治理、无缝隙治理、后现代公共行政理论、公共价值治理等，还是体现模式导向的多中心治理、整体性治理等，抑或是体现方式改革的市场化治理、数字化治理等，都使得公共治理领域呈现出理论"日日新"的整体形貌。但认真审视，尊重主体、体现参与、重视民主、提升质效构成了公共治理理论整体形貌的鲜明底色，那种倡导在公共领域"应提供开放的公共论坛，尊重弱势社群的发言空间，呈现多元化的报道以彰显公共领域的精义及多元社会的理念"[①]，已经成为先验性的前提。

作为公共治理话语体系建构性发展的一部分，公共治理的行动主义更为鲜明地体现了这一底色。

二、公共治理行动主义研究综述

在社会建构方面，利用社会建构理论深入全面系统研究公共治理肇始于美国的著名行政学家全钟燮。他在《组织现实中的个体社会建构：西方和西方的观点》一文就系统地对组织的社会建构进行了论述，重点阐述了理解个体在社会和文化视野中的重要性，论证了在组织中个体与他人的关系及个体、文化、组织和社会的辩证关系，论述了组织个体的社会建构过程，改变了传统组织中个体仅仅服从执行任务的认识，可以说这篇文章奠定了作者社会建构公共行政研究的基础。

全钟燮所著的《公共行政学：设计与问题解决》和《公共行政的社会建构：解释与批判》两书则是社会建构公共理论的深入研究奠基之作，被

---

① [德]尤尔根·哈贝马斯.交往与社会进化[M].张博树，译.重庆：重庆出版社，1993：193.

称为奠定了"一种新的公共行政话语体系"①。在这两部著作中，他明确指出，批判公共行政的理性建构模式是逻辑起点 —— 现有公共行政的建构方式阻碍着管理体系对活生生现实世界的回应，所以，必须重新建构公共行政的话语体系，发展公共行政的价值精神。作者以认识论为基础，运用批判理论、阐释学、现象学和建构主义模式等方法论来展开讨论，论述了建构主义方法论基石与价值取向，阐释了主体性与主体间关系的建构意义。公共行政社会建构途径首先向人们展示了一种公共组织的行动场景，揭示公共行政行动过程的建构主义本质，力图重塑人们对公共行政领域的认知方式，并促使行政人员更加注重主体间的关系以及这些关系对于政策及执行所具有的意涵，发展主体之间的相互体验、彼此理解，形成共同合作解决问题的机制，民主的形成过程促进持续的互动和连续的关系，倡导批判和反思行动，强调真正对话与话语。公共行政的社会建构方式体现着人类在解决公共问题的过程中对人们基于实践行动而形成的话语的尊重，对人们在分享、互动基础上达成的共识的尊重，因此，它是对公众民主参与治理过程的倡导，是对公共治理中政府与社会等主体间积极互动关系形成的张扬。社会建构是一种行动框架，通过对社会建构的论述，作者指出，超越传统的官僚体系，促使公共行政走向民主化、透明化，增强政府对外部环境的回应性，以及倡导民众参与公共治理过程，才是公共行政发展的合理的选择。但这些更多是基于行政哲学的角度进行探讨，对公共行政社会性建构的具体微观领域和过程描述不够深入，缺乏现实问题解决的可能性。

近些年，在我国从公共治理的社会建构视角进行的研究也开始活跃起来。何修良的博士论文《公共行政的生长 —— 社会建构的公共行政理论研究》②最先对社会建构公共行政理论进行阐释，作者指出，社会建构公共行政理论研究具有基础性。公共行政的本质在于自身主观性与客观性的

---

① 徐国冲，杨语嫣.社会建构：一种新的公共行政话语体系：评《公共行政的社会建构：解释与批判》[J].领导科学论坛，2018（9）：78-86.

② 何修良.公共行政的生长：社会建构的公共行政理论研究[D].北京：中央民族大学，2012.

统一。社会建构的公共行政主张重视社会力量和公民参与，通过社会日常生活与行政生活互动，通过不同主体之间的不断调整、互动与协商，充分发挥公共行政在社会治理中的作用。社会建构的公共行政改变了传统偏重组织内部的研究，走向了对影响组织发展的外部力量的探索。社会建构的公共行政理论作为行政哲学的研究，突出强调了社会力量在治理社会中的重要作用，是对当今社会发展中社会力量日益壮大和如何发挥其作用的一种回应，深入讨论了公民参与、民主化治理、社会设计、行政风格、软法之治、行政自觉等当今公共行政研究的核心问题。核心内容体现在3个方面，一是对以往公共行政理论进行了重新的梳理，从社会建构主义的崭新视角来重新理解和认识公共行政，特别是从行政组织外部视角重新认识公共行政的内涵和功能。二是对公共行政的社会建构过程进行了全面的解释和论述，特别对行政人员的自我社会建构进行深入论述。三是社会建构公共行政契合了中国社会转型时期对公共行政的诉求，能够为实现中国社会更好转型提供可行性的治理方法，能够满足解决社会复杂问题的需要，满足当下公民成长的需要和社会创新的需要，并且能更好地监督公共权力的运行。高猛等著的《走向社会建构的公共行政》一书则较为全面地探讨了社会建构的公共行政特征，梳理了公共行政话语变迁，通过对社会建构的历史逻辑进行洞察，继而提出一种旨在推进治理主体走向合作的"社会建构论"。

在论文方面，国内研究很少介绍全钟燮的论文[①]和纲要式论述中国公共行政建构的未来，凡是涉及也只是作"必要性"和"意义"的论述，简要介绍而不是结合实际地深入分析和应用。例如武玉英在《变革社会中的公共行政——前瞻性行政研究》中把社会建构的公共行政作为一种前瞻性的公共行政进行了简要的介绍，立足点在于利用社会建构公共行政证明

[①] 主要文献有：孙柏瑛.反思公共行政的行动逻辑：理性建构与社会建构[J].江苏行政学院学报，2010（3）：107-111；孙柏瑛.走向民主治理：公共行政精神再思考[J].公共行政评论，2008（5）：191-197；丁煌，肖涵.行政与社会：变革中的公共行政建构逻辑[J].公共行政评论，2017（2）：106-117；徐国冲，杨语嫣.社会建构：一种新的公共行政话语体系——评《公共行政的社会建构：解释与批判》[J].领导科学论坛，2018（17）：78-86.

前瞻性公共行政的优越性，换句话说，公共行政的社会建构只是前瞻性公共行政的一个例证和研究的个例，虽然意识到公共行政社会建构作为一种前瞻性公共行政的可能性和研究的价值意义，但是没有具体结合中国实际进行更纵深的切入和描述，没有把社会建构本身作为公共治理研究的核心。也有结合公共行政领域，涉及某一方面从社会建构角度进行分析的，但毕竟是某一方面的知识应用，分析显得简单粗糙。

在现有研究中，很多都是零星地利用行动主义理论解释公共治理的某一现象、某一问题。研究从国家与社会的良性互动出发，认为两者构成了公共行动的基轴与象限，预设了公共行动的实现机制[1]。在治理模式上，行动主义取向的公共治理模式指向合作治理，首要特征在于其是由多元行动者及行动有机构成的，行动者之间的交往网络则是这一有机体的中枢神经系统[2]，强调不同行动者在这一网络中交流与合作。从整体上讲，就是要求政府抛弃传统的控制导向，转而通过对社会主体[3]治理行动的促进来开展一种促进型的治理。从研究的集大成者来看，张康之的《为了人的共生共在》《公共行政的行动主义》《走向合作的社会》，集中讨论了行动主义在公共治理领域的运用。《走向合作的社会》认为，人类社会进入后工业社会后，社会呈现出复杂性和高度不确定性，这就需要超越现有的社会治理模式，而合作治理理论契合了后工业社会发展，其中不同主体的行动构成了合作治理的基本要素。让组织外的公民从社会治理的旁观者变为共管共治的行动者，就必须彻底"改变认识社会的视角，即从共同体的角度去认识社会，以人的共生共在为出发点去形成相应的制度和社会问题解决方案"[4]，这构成了公共治理的行动主义的主要内涵。而《为了人的共生共在》一书则集中讨论了全球化、后工业化进程中的高度复杂性和高度不确

---

[1] 陈付龙.公共行动的生成逻辑：一种共同行动类型的分析[J].内蒙古社会科学,2019（2）：28-34.

[2] 唐秋伟.合作治理交往行动网络的行动主义建构[J].深圳大学学报,2021（4）：106-115.

[3] 张乾友.行动主义视野中的社会治理转型[J].江汉论坛,2016（6）：34-41.

[4] 张康之.合作的社会及其治理[M].上海：上海人民出版社,2014：120.

定性，阐释了合作治理的行动主义纲领。"社会存在于人的生活和活动之中，人通过行动而建构了社会和诠释了社会，在高度复杂性和高度不确定性条件下，人正是在合作行动中去实现社会建构的，人的合作行动是为了人的共生共在的行动，是真正能够实现社会正义目标的行动"[1]。《公共行政的行动主义》集中批判了制度主义建构公共行政的弊端，制度主义在理论上表现为"制度先于行动"，在实践上则要求"制度高于行动"，而行动主义刚好相反，"行动先于制度"和"行动优于制度"。"后工业化对政府提出的要求是，应当超越回应性的行动模式，也就是说，应当自觉地建构能够更加积极的、主动的回应社会要求的行动模式。只有政府拥有了这种行动模式，或者说正是拥有了这种行动模式的政府，才可以被称作前瞻性的政府"[2]，作为新型社会治理模式的合作治理将更多地突出分散的、随机的治理行动。"分散的、随机的治理行动又是存在于治理网络之中的，在治理网络中实现合作互动"[3]，通过不同主体的行动实现合作。

基于此，我们做一个这样的尝试，从社会建构视角出发，利用行动主义内容来反思中国公共治理，尤其是从数字化治理日益发展的今天，通过行动主义阐释旨在为我国公共治理的不断发展注入动力。

三、公共治理的行动主义理论的基础

在解决公共问题的过程中，总有一些难以预料的问题出现，我们也常常忽略了对这些问题的背后原因的探析。认真审视，我们会发现有着共同的逻辑与指向。这些难以预料的问题原因主要包括[4]：

·对一个可预期问题的解释和理解不准确。

·这个问题以过分简单和狭隘的方式被概念化。同时，这个问题往往

---

[1] 张康之.为了人的共生共在[M].北京：人民出版社，2016：204.
[2] 张康之.公共行政的行动主义[M].南京：江苏人民出版社，2014：36.
[3] 张康之.公共行政的行动主义[M].南京：江苏人民出版社，2014：193-194.
[4] [美]全钟燮.公共行政的社会建构：解释与批判[M].孙柏瑛，张刚，黎洁，译.北京：北京大学出版社，2008：31.

是由治理的权宜之计或专家的理性分析引发的。

·问题与问题解决方案之间存在着错误匹配的状况。

·实施一项政策或者决定的环境条件不适宜（如缺乏财政资源、缺乏管理支持或缺乏政治支持）。

·这项政策的目标或目的设计的有效性不充分。

·组织不能预测这项政策或决定的负面影响，存在着无力控制潜在功能（如冲突或越轨行为）的状况。

·用于预测问题的程序不如处理问题的艺术恰当。

·专家和管理者在决定变革或发展目标时发挥着强有力的主导作用。

·导致没有预期后果的最为重要的因素是缺乏公共参与和民众的合作。

这是传统理性建构的治理理念"欠佳"的地方。

民众自身的设计与发挥社会知识的重要意义，构成了公共治理行动主义理解的渊薮。公共治理行动主义取向阐释了公共治理在社会过程中重新获取新意义和新内容的过程。无论从人性假设、方法意义，还是组织结构、研究方法等方面都表现出与以往治理理论不同的旨趣（见表2）。

表2 公共治理行动主义取向的基础

项目	主要内容
社会背景	理性建构的官僚制带来的物化、异化现象和公共性的蚕食构成了治理的危机。复杂性与风险性并存的后工业社会需要合作化的治理模式
理论内容	话语、行动与合作构成行动主义取向公共治理的主要内容。主张公共治理不仅仅是一门科学和艺术，更重要的是一种哲学，强调治理的社会建构、社会设计和沟通的理性；强调对事实与价值的批判；突出主体间关系的价值，治理被视为主观的现实与真实的互惠关系；强调对话与论述、分享与学习、参与和审议以及行动研究；强调行动过程是演化的、创意的、辩证的过程
前提假设	人是具有意向性的行动动物，关注个体实践的行动背景，通过交往互动、对话和话语体系实现治理，不同体验和实践的行动者的意义建构或塑造治理方案，倡导通过集体行动合作治理
人性基础	强调自我的假定是主动的而非被动的，是社会性的而非原子化的，突出了自我的社会建构
组织结构	强调政府、社会组织与社会的相互依存和补充

续表

项目	主要内容
方法论	超越逻辑实证论和理性制度建设论的假设，强调多元实体与真实社会存在，突出辩证思考与批判性反思；人们通过主观性思维来理解社会现实世界

公共治理的行动主义是与传统管理模式的理性建构模式对比进行认识的。理性的建构模式突出了理性主义原则，一切按照层级化设计和非人格化的理念进行体制机制设计与治理理念践行，强调组织机制的科学化设计、程序的合理化编制与社会现实一一对应的治理，同时所处理的对象更多是组织内部的事务建设。随着公共治理外延的扩大和治理对象范围的扩大，传统管理模式的理性主义日渐式微，需要寻找更为合适的理念。公共治理的行动主义理念突出地表现在对传统社会治理模式批判与扬弃，社会过程构成了建构公共治理理论的出发点，没有社会过程生动的实践和过程，就不会有高质量的治理绩效，突出强调了社会参与、政府行为开放性、民主化治理与提升治理效能等核心内容，促进了公共治理理论的生长。通过行动实现社会过程本身具有的内在价值，最终建构的政策、决策或意见是行政与社会主体互为主体的同一过程所生成的客观化结果。

四、"每个人的治理"的内容与特征

公共治理的行动主义的思想与内容，可以概括为"每个人的治理"，具体内容包括，公共治理的行动主义不是封闭组织系统中治理者的自我呈现的描述、建构和行动，而是公共治理者与社会公众共同的实践行动，强调对社会知识的批判与反思，整合不同主体的意见、知识，通过有效的组织、机制、程序与途径，在协商、妥协的基础上，形成新的知识与意义，形成有新价值的治理。公共治理是各类实践活动中进行社会行动与多主体建构的结果，多元行动者之间进行对话、协商和合作以促进社会、制度、行政知识与个体之间的积极互动的张扬和辩证良性发展，主体赋予公共治理现实特定的意义，并关注这些意义成为公共治理客观化的要素，成为现实公共治理运行的理念、规则、制度、途径、工具等，从而形成民主化理念的合作式公共治理愿景。

这种描述性定义超越了传统公共管理的内涵和内容。在传统的行政理解中，政府作用的方式和内容统被称为"行政管理"或官僚体制，更多体现在组织内部的活动，是行政人员内部的理性建构活动，突出了公共管理的内部性，遮蔽和隐藏了公共管理的社会性特征。在公共治理的行动主义中，强调了社会建构特征，突出了治理活动的社会性特征，公共治理不仅继续解决内部行政事务，并开始把治理活动的内容更多地建立在社会公众复数性的基础上，强调社会公民的在场行动，继而实现"人的主体性""社会的自主性""国家的自主性"三者共同建构的结果，而每个人的治理是起点，也是行动主义建构的原委。

（一）公共治理行动主义的主要内容

全钟燮在《公共行政的社会建构》一书的前言中特别强调了中国场域中公共治理特殊性以及社会建构公共治理的内涵。他指出，中国经济社会经历了快速发展，但也带来了一系列社会问题。解决这些问题，需要有效理解内部与外部的问题，设计和执行能够反映社会状况的公共政策。对内部和外部的问题，"设计和执行能够反映社会状况的公共政策。在克服各种问题和实施政策的过程中，行政管理者的角色不可避免地变得非常关键。随着社会发展速度加快，公民会更加富裕，而各种各样的要求也在提高，因此，中国各个层级的政府组织需要帮助地方社区承担起管理问题以及设计社区未来的责任，社区是民众的家园。由于政府不可能解决所有问题，所以，公民必须学习如何管理他们的社区事务，与此同时，行政管理者必须学会如何与公民共事。"① 理性设计的管理更多强调了管理的决策与项目的执行，忽略了社会创新的一面，所以行动主义突出强调公共领域的重要性，"公共领域则是公民、群体、志愿者协会和很多非政府组织讨论和交换问题、思想的场所，是他们发现共同性、差异性和变革可能性的

---

① [美]全钟燮.公共行政的社会建构：解释与批判[M].孙柏瑛，张刚，黎洁，译.北京：北京大学出版社，2008：1.

场所"①。在公共领域中，发挥每一个个体的知识与能力，"在行政管理过程中强调个人的成长和个人的责任，而不是将结构性变革的措施强加给组织成员，由此来突破公共行政辩证思维的内在本质"②，特别强调了政治领导者、行政管理者和社区民众的共同努力，突出讨论了公共行政在解决社会问题中的重要性。"公民必须学习如何管理他们的自身事务，管理者必须学会与公民共事"，这构成了"每个人的治理"的前提性内涵与特征。这一鲜明特征的概述，表明公共治理开始从关注行政性问题走向关注社会性问题，从过去强调组织的重要性转向关注民众个人的重要性，从重视内部机制的创造力转向注重社会力量的聚合创新。在关系向度上，突出主体间关系，突出互动也关注效率，实现这一良性结果的前提是个体需要对事物有独立的认知，在对自己观点负责的同时开放性地与他人分享观点，这就是"对话的艺术"③，在对话中激发创造性的想法，因此发展和促进公民参与是行动主义的本质属性，以此确定良性的社会关系秩序。

从知识发展过程来看，社会理论知识的生产正在经历从理性构造转向"社会建构"的变革，只有重构公共治理的话语结构，激发治理者和公民的独立人格，促生两者的交往与合作行动，才能真正改变其不断被异化的命运。在此基础上，探寻社会转型过程中"社会建构国家""社会自我建构"的历史逻辑与目标愿景，以期建设好未来社会的"合作型治理"。

另外一位中国学者孙柏瑛④指出，传统理性建构的公共管理表现出的问题越来越严重，一是物化的官僚体系和物化的公职人员人格。作为公共治理者主体的人类被当成物的过程与现象，人类异化为非人类或客体化的状态。在公共管理过程中，人成了机器，遮蔽了人之为人的积极性、主动

---

① [美]全钟燮.公共行政的社会建构：解释与批判[M].孙柏瑛，张刚，黎洁，译.北京：北京大学出版社，2008：26.

② [美]全钟燮.公共行政的社会建构：解释与批判[M].孙柏瑛，张刚，黎洁，译.北京：北京大学出版社，2008：30.

③ [美]全钟燮.公共行政的社会建构：解释与批判[M].孙柏瑛，张刚，黎洁，译.北京：北京大学出版社，2008：49.

④ 孙柏瑛.反思公共行政的行动逻辑：理性建构与社会建构[J].江苏行政学院学报，2010（3）：107-111.

性和主体性。二是单向度的思维模式。理性建构的公共管理过度强调了理性制度设计与理性分析工具,遮蔽了人类直觉、情感、道德等主体因素发挥。三是价值理性阙如。理性建构模式的核心关注效率以及实现效率的方法,遮蔽了价值的实现与人文关怀。四是治理与民众界限分明,民众被界定为受抚慰者、公共服务消费者、公共事务麻木者的角色。公共行政的社会建构建立在一种与理性建构完全不同的社会认识的知识基础上,指向了在公共生活场域中行动的主体、主体体验及其赋予现实的意义。表现出:(1)展示交往互动的公共组织的剧场。公共组织行动是一个组织成员共同建构并赋予意义的过程。(2)社会建构的过程实质在于政策目标是通过不同体验和实践的人们意义建构和意义塑造的结果。(3)社会建构的公共行政提倡发挥人的主观能动性与主体性。(4)在方式上,沟通、协商、互动、参与社会建构公共行政是基本途径。

从公共政策视角出发,公共治理行动主义主要是指:(1)公共政策制定及执行过程不仅仅被看作是工具理性的分析和运用过程,更是一个不同主体行动的过程。本质上政策目标及其各种替代方案确立是基于不同体验和实践的人们意义建构和意义塑造的过程。持续的主体间交互作用构成了公共政策问题视界的基础,维系了政策执行互动合作的平台,这将成为公共治理持续发展的动力。(2)既然将政策视为行动过程,那么,公共政策的制定和执行就一定涉及多元行动者的互动和交互影响。行动者之间的对话、话语讨论、交流和行动,影响着人们对公共政策问题的认识,体验着彼此关于公共政策价值的观念,制约着公共政策生成的结果。参与者的对话和民主协商体现公共治理的行动特质。(3)由于政策参与者持有各自的利益、知识、经历、资源和权力,因此,政策的设计过程势必充满着利益博弈。设计的有效性依赖于不同利益和思想的人们合作共事、冲突化解、协调斡旋的程度与能力。(4)为此,行动主义公共治理发展需要行动者之间更高层次的关系维护方式,他们需要学会理解和解释社会关系和行动环境,学会彼此体验和共享,学会以互惠的思维方式化解问题困局。显然,在这样的设计中,无论是行政管理者,还是公共管理参与者都需要具有更加明确的社会责任,更加高超的公共伦理精神和公共治理技能。

行动主义可以分为社会设计的公共行政和实践中的公共行政社会建构[1]。前者是指社会设计的创造性表现为公共行政的目标、问题的各种解决方案等客观现实，是公共行政实践中相关行动者通过思考和工作，分享思想和经验来建构的，从而人们以达成的"合意"来指导行动为目标服务。那么在这一过程中，就要求相关行动者不仅参与执行环节，也要参与政策的制定、组织设计等。后者是指在公共服务领域，政府与企业、社会组织开展合作，将其纳入公共服务的供给当中，公共服务成为一个多主体互动的过程。特别是近年来，地方一级的公共服务合作生产项目吸引更为广泛的公民参与，主张由政府以及公共服务的接受者共同作为生产者来提供公共服务，因此公民需要参与公共服务的整个周期，包括计划、设计、调试、管理、交付、监控和评价，公民自愿参与公共服务，政府在其中起到激励和协助的作用。社会设计与实践中的行动主义都强调了公民参与设计公共问题的重要性，前者阐释了公共治理是一种民众参与价值的治理科学，后者则表明公共治理是一种民众如何参与的治理艺术。

从多个角度阐释公共治理行动主义取向的内容，主要包括以下几个方面。

1.强调社会知识整合与重塑，通过知识生产与再生产实现公共事务认知与治理。公共治理的行动主义旨在通过不同主体意见的聚合与重新生成实现公共事务的认知与治理。概言之，就是实现知识生产与再生产，只不过这一过程是在公共领域之中。

人的普遍性认识是通过建构获得的[2]。本质上，社会知识化是社会建构、自我选择与应用的过程和结果，社会知识对社会的贡献通过知识的客观化来实现，客观化的知识构成了治理主体生活中的知识世界，并以此来认识社会和改造社会。在公共生活中，不同主体建构日常公共生活的过程，客观实在的社会现实除了由行动者构成客观内容之外，更多是由人们

---

[1] 徐国冲，杨语嫣.社会建构：一种新的公共行政话语体系：评《公共行政的社会建构：解释与批判》[J].领导科学论坛，2018（9）：78-86.

[2] 郑红娜.从建构主义到社会实在：知识教学的反思与重构[J].当代教育科学，2022（2）：33-40.

的思想、信念、知识等建构，这些思想、信念、知识等构成了公共治理行动主义的前提。行动主义重视哲学，行动者只有具备了某种观念和思维，才具有某种行动，没有行动的观念也就失去了建构的意义，而且"人是天生的政治动物"，参与政治生活本身奠定了人的内容。"一方面，任何具有雅典公民资格的人都必须参与城邦政治，一个人如果不能参与城邦政治而可以被称作'人'，那他不是野兽即是神祇；另一方面，与这种广泛公民参与相一致的是民主政治生活，这是唯一能以平等、和平的方式来实现卓越和不朽的政治生活形式"①。

行动主义认为，知识不是"发现"出来的，而是"发明"出来的，是人们在社会交往中协商和互动的结果。在公共治理理论中，"社会知识是对现实进行社会建构的基础"②。行动主义视角下公共治理强调每个人的主动行为，注重社会文化互动与公共事务认知的意义生成。在公共治理过程中涉及的不是信念的内容而是"行动者运用和获得知识的方式"，我们身边的日常常识和知识，与我们有意义的日常生活紧紧结合在一起，而"关于生活的知识根本就不是客观知识，而是主观互动知识（interacitve knowledge）"③。每一人都生活在社会知识中，每一人都会努力建构与他人交往、联系使自己生活得更好的现实，从而形成整体有序的社会生活，形成行动主义所倡导的知识产生途径。但是对于"一般人通常都不会麻烦自己开动脑子去思考对他来说'真实'是什么、他'知道'什么，除非是他突然遇到一些无法解决的问题。他会将他的'现实'和'知识'视作是理所应当的"④，社会知识本身是特定的聚集，与特定的社会背景和情景相

---

① 郭忠华.社会科学概念建构中的"复合单数"机制：兼论"知识建构社会"[J].广东社会科学，2021（6）：179-189.
② [美]彼得·伯格，托马斯·卢克曼.现实的社会构建[M].汪涌，译.北京：北京大学出版社，2009：2.
③ 赵汀阳.每个人的政治[M].北京：社会科学文献出版社，2010：225.
④ [美]彼得·伯格，托马斯·卢克曼.现实的社会构建[M].汪涌，译.北京：北京大学出版社，2009：2.

关，各种知识之间没有高低之分①，彼此共同构成了现实建构的前提。人们就是利用社会知识，发展和创造自身的社会。在现实的公共治理生活中，人们常常凭借自身的知识储量，依据各自的经验体验来适应、解释和批判公共政策和外部环境，各相关角色彼此分享的意识和知识为人们认识、界定和解决某一问题奠定了基础，并赋予了各种不能理解、不能认识的问题以结构和意义，这些不同的意识和知识汇聚成了社会知识的一部分，可以称之为"知识的社会建构论"。在行动主义公共治理过程中，人们能够在讨论和决策中最大化呈现公开性、平等性和包容性，能够自由地表达、质疑、对话以及挑战不同境遇和不同类型的知识，这从整体上增加了社会知识。在倾听、感受和理解不同的观点，影响不同境遇的人，将参与过程内化中，公共政策的讨论和决策过程的参与群体得到更为广阔且身临其境的体验，自身知识的经验与生长也镶嵌其中。

公共治理的行动中，多样群体参与决定了社会群体异质性，进而决定了社会知识的产生与再生产是各种情景化知识碰撞、过滤和融合的结果。不同个体的差异性形成了多种多样的特征——知识存量的差异、智力的差异、认知风格的差异、行为方式风格的差异。每个社会视角都提供了"情景化的知识"，每一个人都能感知别人的知识与行为方式，因为在各种情景化的知识中，每个社会领域中的人们都拥有："（1）对自己定位的理解，以及相对其他定位怎样坚持；（2）其他明确地位的社会图景，他们如何界定，以及坚持其定位的关系；（3）社会历史观；（4）解释整个社会的关系和过程怎样运作，尤其是当他们影响自身定位时；（5）特殊定位关于自然和物质环境的经验和观点"②。行动主义的公共治理提倡不同的、异质的公民参与公共治理过程，不同的差异情景化知识在公共治理的过程理解中得到升华，社会知识得到增产和增值，这不断改变和形成着公共治理

---

① 公共治理中，各种知识都有自身的体系和形成的背景，在不同的领域和事情中发挥不同的作用。正如怀特所言："所有的知识种类和来源没有孰优孰劣，它们仅仅是感知并组织我们对丰富和复杂现实的有限理解的不同方式。"

② [美]詹姆斯·博曼，威廉·雷吉.协商民主：论理性与政治[M].陈家刚，译.北京：中央编译出版社，2006：294-295.

的知识容量和分布格局，又进一步地促进了公共治理的未来发展。在政策议题设定、辩论依据和议程的过程中都有同等机会，使得不同的利益、立场和价值都得到"在场"的凸显，在整个决策过程中实现了社会知识最大化（包括社会知识的使用和再生产）。这里面，有专家的知识体系，有高层次治理的知识体系，也有普通民众的知识分享，无论哪一种方式，都体现出精英的"专业知识"与常人的"日常知识"之间的"双重建构"特征，社会科学概念的形成和变迁是研究者的专业知识与行动者的日常知识之间持续互动的结果[①]。于是公共治理回归到了日常生活之中，遵循着共同经验的生活，每个人都显示自己是自由的、独立的、有能力的、有价值的个体。回归到日常生活中，也就意味着回归到日常生活的知识体系中，这是理性建构公共管理的阙如与不足。更深层次地讲，公共治理的社会建构实现了从"找回意义"到"人类解放"[②]的过程，夯实了人的社会性基础，从理性设计的"经济人"走向了行动主义"社会人"，也是行动主义最终的意义。同时，公共治理的行动主义在知识聚合与生产方面又表现出动态性，比如，这些年通过技术实现的社区"微治理"，更是日常生活知识生产和技术治理的社会行动体现，"实时、在线"地将人们更加方便、快捷、有效地集聚在一起，形成一种关系共同体，将日常生活中积累的自我治理的知识与依托大数据、人工智能分析等技术对参与者碎片化的信息和数据进行深度分析，提炼公共事务议题的核心观点、话语差异、争议焦点的动态变化，解决了民众的"有效需求"。生活知识与技术赋能构成当下行动主义的显著特征。

公共治理的行动主义突出强调了信息和经验的分享。在交际中，每一次讯息的传递和接收都不意味着结束，而是新的交际的开始[③]，社会知识在实践中总是处在"不够用"、离散化和原子化状态，只有在参与中才促

---

① 郭忠华.日常知识与专业知识的互构：社会科学概念的双重建构模式[J].天津社会科学，2020（1）：55-60.

② 张力伟.走向日常生活：社会主义协商民主的特质探源[J].社会主义研究，2023（3）：103-110.

③ 杨炳超.协商民主：内涵、背景及意义[J].东岳论丛，2010（2）：178-182.

进了彼此之间知识的增长,随着参与人数的增多和参与质量的提升,社会知识的存量就得到了增长。行动者运用自身的知识通过个体行动来建构社会,而社会则使用相应的知识通过集体行动来建构个人。知识能够并通过行动来解释、定义、建构行动和社会,知识还通过对自己的反思、重新定义自身行动所依赖的基础。社会知识一般包括政府内部的知识、专家的知识、民众的知识和媒体的知识,公共治理行动主义作为社会知识交换、对比和融合过程,通过社会不同人群的合作对公共场域的事务与问题进行反思、定义和建构,从而来定义和建构社会。概言之,公共治理的过程是知识流动过程,政府要在不同具体的治理场域中发挥良好的作用,不同的知识获取和利用是前提条件。换言之,政府的政策行为是不同知识的流动,在这个过程中,政府对不同知识的认知、采纳、吸收程度决定了政府行为的合法性、有效性和长远性。每一人在阐释中会参悟、反思自己对公共世界的理解,并在原有的经验上建构新的体验、新的意义,获取对公共生活新的认识与理解。因此公共治理行动主义特征可以称为"知识流动性的公共治理"。

公共治理领域,"在人类事务中,合作范围的限制往往是由于不能识别其他人的特征和行为而造成的"[1]。在公共治理行动主义中,知识是建构政策议题的指路明灯,知识不仅仅包括一般意义的理性知识,诸如科学知识、真理知识、技术知识,也包括社会知识、价值知识、默示知识,不仅是哲学普遍性知识反映的客观性,即真理、公理、原理和道理,而且体现着事理、情理、心理的主体人际性要素。公共治理行动主义激发和重新建设不同类型知识并借以解决不同类型的公共事务,在知识社会学的理论视域中,知识是一种间接权力,权力—知识—主体之间密不可分并呈现出相互建构的特征。知识制造了权力,也保护了权力,更多地赋予了公民主体参与公共治理议题的具有资格的内在条件。在治理活动和治理场域中,每一个人都构成了一种自身的生活情境,会在各自经验与理解的基础上构建各自的意义世界。在这种情境中,每一个人都通过对公共事务的感知来

---

[1] 周光辉.推进国家治理现代化的有效路径:决策民主化[J].理论探索,2014(5):5-10.

点燃自身理解的火焰，以真诚、开放的心态触动和分享彼此的真情与理念。参与其中的过程，人们都会有所感、有所悟，经历对话与互动的淬火阐释后的理解与表达，升华了自身的经验与知识。感受与体悟性的力量是在公共治理实践活动的真实体验中不断丰富的，使得形成性的社会知识不断发展。

在社会知识再生产中，行动主义表现的特征是社会知识的形成不是通过传统官僚体制下的驯化、灌输知识，政府组织也不再是机械化的信息发射器、接收器与过滤器，而是多样个体对关于公共事务治理的知识的加工与改造，主动阐释和自我改进，尊重差异和理解不同，每种观点都要对源自其他立场的观点负责。因此，对于不同团体之间的民主交往来说，差异就是分类，差异就是"资源"，这种交往的结果就是形成更广泛、更有效的社会知识的过程。行动之中，每一人都要主动理解自己、理解他人、理解公共事务和理解民主化。参与民主化的过程能够"唤起"每一人的自我意识、认同意识与反思意识，在自己的理解与再生中积累与生成更多的社会知识为公共事务治理发展服务。集体建构后的公共政策可以让不同个人和集体的利益得以充分表达，避免个人决断中的片面性和主观性。最后，"治理能力的民主化指的是公民具有平等的治理能力，治理能力不再只是限于某个群体和某个领域"[①]。公共场域成为公民与社会共同成长公共精神之地，在公共场域中，社会力量能够真正地参与到行政的过程中，治理的追求、目标、过程、方法的相互交织，自我行为的参与、情感参与的耦合，使社会力量在主体参与中逐渐获得公共事务治理的理解，实现社会知识的持续增长。

2. 重视参与、协商、互动的多样性，彰显民主化治理特征。随着社会的发展，非政府组织和公民个人参与公共事务的兴趣和能力不断提升，"公私共治"已经落地生根。公共治理的行动主义核心是经验与知识的分享与建构，是通过话语体系在不断地交流互动、对话的过程中建构起来的。在治理过程中，公共决策"让有政策影响力的公众通过对话过程来

---

① 陈华文. 现代政治与治理能力的民主化[J]. 中国人民大学学报, 2015 (2): 31–38.

做出……更好的决策取决于公共参与,而不是依赖于官僚人员或技术人员"①。讨论能带来理解,交流能产生交融,协商能达成共识,当公民参与决策过程之际,才是真正民主治理天窗开启之时,这构成了民主治理的发生学。

随着公共生活成为社会生活的中心,社会治理在不断探索以实现确定的治理方案,"如果非要探索出确定性,找到靠得住的东西,找到切实的真实感,只有建立起对应的关系才能实现"②。任何一项公共治理内容成为正式的公共行为,必然涉及不同利益的相关人,必须经过多主体的重复博弈过程,最后形成博弈的纳什均衡,达致大概的多数满意,否则公共行为的合法性就会受到质疑。而实现的前提是社会不同的公民群体通过不同的形式参与到公共治理活动中来解决公共问题。"公共目的既不是来自抽象判断,也不是在预先存在的'隐藏的共识'中'被发现'的。这些共同目的完全是通过一种公共参与的行动铸造的,是通过共同审议和共同行动以及这些共同审议和共同行动在利益上的效果创造的。"③这表明,互动和协商是克服各种阻力和进行各种变革的前提条件,需要辩证批判地吸收和借鉴,重视民众意见,从而分享政策的理念、目的和行动策略。在公共治理行动这个框架下,公共治理视为一种多主体互动的结果,"作为人,通过我们的共同努力,通过我们的思想和知识,通过我们与他人的互动,我们创造着我们生活的这个世界,并在此休养生息。因此,我们对社会存在和社会秩序的感知仅仅是作为人类活动的产物而存在,我们最为重要的经历体验是在社会互动中、在面对面的交往中发生的。我们怎样与他人发生联系,我们就会怎么建构我们的社会秩序,就会怎样建构这个将要生活其中的未来世界。一个行政管理者作为社会现实中的(或行政的)一个人(或

---

① [美]B.盖伊·彼得斯.政府未来的治理模式[M].吴爱明,译.北京:中国人民大学出版社,2001:82-83.

② [美]肯尼思·格根.社会构建的邀请[M].许婧,译.北京:北京大学出版社,2011:9.

③ [美]本杰明·巴伯.强势民主[M].彭斌,吴润洲,译.长春:吉林人民出版社,2006:181.

一个存在），要与他人一起分享这个世界，就有可能求助于他人"[①]。公共治理的行动主义表明，组织成员的交流和话语体系创造了建构的组织现实，成员在认识自己及认知周围日常接触交流的环境的基础上持续工作，在自身理解前提下建构公众可供选择的议题方案和行动，至于组织的现实如何被改善或者建构，关键在于人们如何界定、批判和解释人们生活的世界，进而影响认识组织中问题和解决方案的性质与内容。

"专业知识并不由国家行政部门本身所产生，而是从知识系统或其他中介得来的，公众有机会对有关专业知识进行自己的转译，是治理现代化的新气象"[②]。公共治理的传统认知图式是一种"物化"模式，"物化"的思考强调世界是独立于人的存在，而忽视了世界是由人主动地创造和构建，人也由此失去了主动创造世界的知觉和对世界应该承担自我责任。行动主义取向研究突出了民众的重要性而不是安抚、管制和轻视民众，强调个性、竞争和聚合意见及形成新意义的民主模式，重视公民直接参与和"在场效应"[③]，容纳各种不同的利益、立场和价值，给人们情感上的抚慰，以赢得人民的"散布性支持"，进而克服了传统公共组织模式"物化"的思维方式，在塑造协商与互动的民众参与情境模式的同时，也推动了民主治理的公共治理图景实现。

而数字化时代的到来，使得这个情景与参与变更为便捷，改变了基层社会参与的"沉默的螺旋"状态，推动协商民主化治理运转起来成为"旋转的陀螺"，决策以及执行也开始从"众意"向"公意"转换。网络平台和数字化协商民主构建形成了一个开放、自由、理性、包容的网络议事的

[①] [美]全钟燮.公共行政的社会建构：解释与批判[M].孙柏瑛，张刚，黎洁，译.北京：北京大学出版社，2008：46-47.

[②] [德] 尤尔根·哈贝马斯.在事实与规范之间：关于法律和民主法治国的商谈理论[M].童世骏，译.北京：生活·读书·新知三联书店，2003：446-460.

[③] 公民在普遍参与的过程中，经常性的互动交往和相互依存的意识将激发和培育普遍的公共意识和社会责任感，将对他们的人格、道德意愿乃至生活方式造成深刻的影响，满足人类本性的高层次的精神需求。（具体可参考：廖加林.公共治理视域下公民参与的伦理思考[J].求索，2015（10）：4-8.）

公共领域，形成了所谓的"开放会议空间模式"①，线下变线上，通过"共同性在场"和"全时域互动"，民众的参与更为灵活多样，有助于形成具有包容性的议事方案和社会共识，网络化平台呈现为一种社会公共事务的治理模式，有学者把它称之为"我国式治理民主"②，激活了网上群众路线，进而构建起以社会公众的集体意志为主导的社会治理格局。

我们国家践行以人民为中心的发展思想，发展全过程人民民主。公共治理的行动主义突出了这一理念，民主的治理既是对公共政策意见的聚合过程，也是对先前公共政策和行政行为批判的过程，因此民主治理的前提必须是充分的民主。在民主治理的公共治理中，需要整合行政组织内部和外部的资源、动力和能量，捋顺内部关系，回应民众反映，满足民众需求。公共治理行动过程作为一种民主方式，不借助任何代表或代议制度，其构成的要素是参与、互动、分享和交流。持续自我参与，突出了民众彼此之间良好关系的重要性，这与官僚制下仅仅把民众当作管理的客体和行政的相对人是迥然不同的。具体表现为，将身临其境的公民包容和吸纳到组织中，治理人员从自身强势的管理思维中自愿走出来，尊重民众的意见和倾听他们的思想，真正重视社会创新能力和社会的想象力，依靠和利用社会力量参与到公共事务治理中，使得异质的参与者之间的观点互相孕育和补充，通过了解议题、质问潜在的前提和假设，把更加广泛的公共对话同有关讨论和决定有力有机地联系在一起，尊重和采纳不同群体和个体的贡献，发现共同性，寻求可适性选择。

随着社会需求的不断演变，精准治理③构成现代社会治理的表现，现代社会需求指向的公民需求也足够多彩而丰富，但这仅仅是指向需求"广度"这一视角，随着信息和知识的可及性，公民需求产生了混合性进阶变化，使得需求"深度"层次视角逐步显现，"第一个层次，公民需要的是

---

① 邬家峰.数字协商民主与基层治理民主化：基于江苏淮安"码上议"协商平台的实践考察[J].新疆社会科学，2022（5）：1-9.
② 徐勇.国家根本性议程与中国式治理民主[J].学术月刊，2022（3）：101-109.
③ 刘海龙，何修良.精准治理：内涵界定、基本特征与运行模式[J].中共福建省委党校（福建行政学院）学报，2021（1）：109-116.

回应、数量和质量；第二个层次，公民需要的是参与、分享和平等；第三个层次，公民需要的是自主、掌控和意义"[1]。如果说第一层次政府或社会组织是主导地位，那么第二、第三层次则是公民参与、把握和实现自身需求。现有精准治理满足需求大多停留在第一层次，也涉及第二层次，但第三层面的公民需求还远未触及。公共治理主张必须将公民放置在主导地位，因为只有调动了公民的深度参与，政府才能更好识别需求和找到方案从而创造新的公共价值，如果公共管理者无法突破这一瓶颈，精准治理的进一步发展也难以为继，公共治理行动主义的质量也无法保障。

3.重释与重构公共领域，凸显公共治理的公共性和社会性。行动主义的一个显著特征是社会性，而社会性与公共性相伴相生。作为实现社会性与公共性的载体，公共领域如何认知与建设就成了前提条件。

行动主义倡导与鼓励人们的参与和贡献，其途径主要是通过建设和维护活动的公共领域来实现。"公共领域则是公民、群体、志愿者协会和许多非政府组织讨论和交往问题、思想的场所，是他们发现共同点、差异性和变革可能性的场所"[2]。罗尔斯称之为"公共论坛"，不同群体价值可以得以清晰地表达，在协商的过程中形成基本共识。哈贝马斯将公共领域描述为"一个关于内容、观点，也就是意见的交往网络；在那里，交往之流被以一种特定方式加以过滤和综合，从而成为根据特定议题集束而成的公共意见或舆论"，公共领域作为一种交往结构"既不是日常交往的功能，也不是日常交往的内容，而是在交往行为中产生的社会空间（social space）"[3]。同时，在公共领域中是公共价值生长与再生产的地方，"历来人们想创造恒久价值的途径，主要是透过公共领域的'空间剧场'的'转化'，才能够将事物从因时间消逝而毁损的过程之中'拯救出来'——成为可流转至永恒的价值。公共领域乃是文化积累、文明发展以及价值创

---

[1] 何艳玲.重建能动社会是当前的核心任务[N].社会科学报，2016-7-21（3）.

[2] [美]全钟燮.公共行政的社会建构：解释与批判[M].孙柏瑛，张刚，黎洁，译.北京：北京大学出版社，2008：26.

[3] [德] 尤尔根·哈贝马斯.公共领域的结构转型[M].曹卫东，王晓珏，刘北城，等译.上海：学林出版社，1999：446.

造的空间，也是人类价值的存在场域"①。显然，这是一种理想的公共修辞空间，其理想性体现在公共领域的开放性、自由与非强制性、公私领域的明确划分、讨论和辩论过程中的理性要求、理性共识的达成。而在现实世界中很难实现，毕竟真正的行动达成需要一定的妥协与环境的营造，换句话说，公共治理行动的实现需要一定的前提条件。而如何生成公共领域或者如何培育公共领域，一是需要公共领域具有"能力"：创造公众，定义事务，提供共同的参照系，因而能够分配注意力和权力。二是需要前提条件，培育公共领域需满足3个条件：（1）公共领域的参与者应是"理性公众"；（2）公共领域应扩大交往空间；（3）公共领域应具备相对独立性②。只有这样，公共领域内公共治理活动的社会性与公共性才能沿着倾听自由迈向表达自由的道路。在后现代哲学的话语体系中，公共领域也是表达话语的能量场，公共事务就是一种公共能量场，并形成一个充分发育的"思想的市场领域"。思想的市场领域是公众表达社会话语的场所，组织的行为者与环境的行为者之间是互动的，人们的动机和场内的能量具有自由性，具有不同意向性的政策话语在某一重复性的实践的语境中为获取意义和最终的肯定而相互交流、论争，这也是对传统官僚制与环境分离、官员独白式话语的超越。

公共领域联系了自我之间的互动过程，酝酿了发现建构行动策略的可能性。哈贝马斯认为，在公共领域，公众"在非强制的情况下处理普遍利益问题"，他们的行动具有这样的保障，可以自由地集合和组合，可以自由地表达和公开他们的意见。在一个陌生人的社会之中，相互陌生的群体在公共领域对公共问题进行阐释，这也是一种公共性的提升。"相互并不认识的公民之间，只有通过公共意见和意志的形成过程，才能形成或重新形成一种脆弱的公共性"③。在公共领域活动中，承担对话角色都有均等机会，可以提出问题、分析问题和阐释问题，拥有说明、解释、批判和拥护

---

① 张成福，杨崇祺.重建公共治理的价值[J].教学与研究，2023（1）：66-77.
② 罗贵榕.公共领域的构成及其在中国的发生与发展[J].学术界，2007（3）：271-275.
③ 谢安民.哈贝马斯公共领域理论的交往转向及当下意义[J].中共杭州市委党校学报，2021（65）：54-62.

赞成或反对的理由与根据，也有相同的机会去表达态度、情感、感受、经历及反对、允许或禁止的声音。在行动过程中，人真正成为社会意义的公共人，不仅为公共利益贡献自身的智慧，也通过互动确立各种关系、知识系统和话语政治的方式共存于世界之中。公共领域能够把我们聚在一起又防止彼此过度竞争，维护的是社会和组织的秩序，而不是私人利益。在此过程，民众是以个体的社会人的身份进入，以公共人的身份走出，是自我身份的社会性和公共性的统一。

在技术层面，网络社会到来为公共领域社会性与公共性实现提供了更为可达的途径，"技术的加速发展和对人类生活模式的改变进程在朝向人类历史上某种类似奇点（singularity）的方向发展，在这个奇点之后，我们现在熟知的社会作用将不复存在"[1]。线上社会进一步扩大线下社会的时空背景，也扩大了公共领域，从今天社交媒体用户在其中活动的半私密、半公共的交流空间来看，以前与私人领域明显分离的公共领域的包容性特征正在消失。但也要警惕，在争夺流量的过程中，数字媒介平台形塑了数字媒体生态，带来信息茧房和回音室，封闭式交往是无效的自我叠加或复制，公共领域对话质量由此下降[2]，损害了公共性与社会性。

4.凸显学习与行动的意义，构成了公共治理行动主义的核心内容。 公共治理的对象往往是复杂的、多变的和多样的。行动主义的公共治理过程突出了实践意义，只有落地开花的实践价值，才能显示出公共性的价值创造，即"改变认识社会的视角，即从共同体的角度去认识社会，以人的共生共在为出发点去形成相应的制度和社会问题解决方案"[3]。因此，治理者的行动与治理者本身以及行动者改善的学习构成了公共治理行动的实践化内容。

从行动主义层面理解公共治理，公共治理的核心是不同主体基于其意向而生成的集体行动，是为了更为美好的生活而采取的行动总和。显然，

---

[1] [美]雷·库兹韦尔.人工智能的未来[M].盛杨燕，译.杭州：浙江人民出版社，2016：186.

[2] 董山民.数据、平台媒介与公共领域的危机[J].广州大学学报，2023（3）：16-25.

[3] 张康之.合作的社会及其治理[M].上海：上海人民出版社，2014：120.

行动和学习是过程中的主体行为,也是行动过程中的关键行为,"在解释性的政策分析意义上,协商对话民主、公民参与规划都是建立在社会实践基础上的行动过程,它强调公民通过分享彼此的知识和身边发生的故事、分享各自手头上有关政策议题或问题的一致的和不一致的观点,实现一同工作、一同学习、一同行动的目的"①,真实的世界需要自我的界定与理解,真实的治理世界是"我在世界之中"和"我理解的世界"的有机一体的"在场"。在公共治理现场,面对无法预测的千变万化的具体情境,置身于这样一个"我与你""我与他"的面对面无距离的世界之中,置身于主体之间的行政关系之中,依靠仅有知识的传递是不够的,"行政人员及行政相对人都是具体行政场景中存在的既受动又能动、既被思又能思、既我思又他思的常人,他们无时无处不要面对生活世界、社会世界中的行动者及其关系,在相互交流沟通的主体间性中互为人性"②。在行动主义公共治理中,实践是公共治理唯一存在的理由和自我发展的体现,在公共治理实践中不断逼近"事物本身"。在公共治理的实践过程中,每一个体的相遇与交谈,通过身体、时空与周围事物共同构成了体验性的情境,这样一个人才能获得体验之知和感受认识之道。故此,公共治理本质是实践的,是生活世界的一部分,而行动主义满足了公共治理行为中主体自我的建设。

公共治理是在一定社会历史背景下行动取向的建构过程,是在关注互动性的结构化实践过程中实现自身使命。现象学指出,个体的直观体验能够通过反思形成敏感性实践,使得自我的理解意义"自行塑造"。实践是通过不同的主体的行动来体现的,行动是具有意向性的,它发生在由社会建构而来的与他人分享的规则、价值体系中。行动是一种载体,个体对政治、经济、文化等潜伏在各自自我意识下的运行逻辑的理解和认识,通过个体的行动使得逻辑内在特性展现出来。胡塞尔认为,人类只有通过经验才能感知外部的世界,外部世界的他在是通过感觉作为媒介的,并且只有

---

① [美]全钟燮.公共行政的社会建构:解释与批判[M].孙柏瑛,张刚,黎洁,译.北京:北京大学出版社,2008:10.
② 程倩.公共行政行动主义的知识论考察[J].学海,2019(3):132-138.

通过心智意识才能真实了解。因此，社会是心智过程和自我过程的反映。我们认为，个人的社会行动之所以可能，源头在于行动者的心智驱动，公民参与公共事物活动本身就是一种社会活动，受到多种因素的驱动，公共治理过程中个体行动也是如此，公共治理中行动者具有自主性和独特性。在这个过程中，组织中的个体能够对可选性方案和能够理解的知识进行想象力的彩排式预演，形成个体间调试性互动，使得不同个体的角色领会和想象性预演得以调整和再调整他们反应的可能空间，再通过协商与对话，形成了富有回应性的公共治理。公共治理所倡导的行动，"将行动者的能动性与制度、组织与个体的客观性联系起来，在理解组织现象、诠释行动主体间的关系和作用，以及在具体情景中贯通行动者主观和客观的意义，注重公共行政得以实践、研究和传授的历史及整体文化，强调贯通社会生活及治国理政中不同领域、场域、部门、话语间的协商与合作，将思维方式、科技文化行为模式变化中新的因素作为寻求治理变革的依据及出发点，将公共价值的创造而不仅仅是分享作为合作治理的信条，通过在文化、资源、行动者和复杂外部环境等方面的结构化理解及变革，促进形成公共行政对话、学习、共享的框架"[1]。行动者的行动贯穿于公共治理的实践内外部环境之中，促使对话、互动、协商与合作乃至共享价值的实现。

行动的过程也是学习的过程，学习成为联系起理论知识和组织期待与实际效果的桥梁，或者说两者构成了公共治理的行动框架。从行动来看，"社会建构本身就是一个学习过程，在这个过程中，组织成员持续着思想和经验的共享，这样，他们能更好地理解他人的观点。在社会学习的过程中，凭借参与者多样的价值观和信仰，发生在过去和现在的事件被重新解释"[2]，其"重新解释"的过程就是"重新自我"的过程，可谓学习过程的结果，在这一过程中，通过创造多样的不同可供选择的思想和知识来平衡、改写自己的价值观与世界观。公共治理行动主义取向认为，在学习过程中，可能酝酿和创造了创新的冲动和机会，也只有通过持续的学习积

---

[1] 程倩.公共行政行动主义的知识论考察[J].学海，2019（3）：132-138.
[2] [美]全钟燮.公共行政的社会建构：解释与批判[M].孙柏瑛，张刚，黎洁，译.北京：北京大学出版社，2008：47.

累和对理性知识的批判反思,才有可能产生有创造意义的内容来消解误会、尊重差异、解决问题。因此,从这层意义上说,公共治理组织和公共政策的有效性建立在不同主体的参与公共学习的能力之上。在社会行动过程中,学习的过程是批判式和民主式的——经过反思和体悟,重新认识组织,理解公共政策与行政程序,理清公共治理的任务和目标,反思自我的各种前提和假设,并提供可能性的选择,修改公共治理的行为和方向,在组织中形成创新发展的实验室,理性认知社会问题与解决问题。在公共领域,随着参与发展,哪怕是倾听本身也可以作为一种重要的公共参与方式。

5. 倡导分权和资源下沉,在尊重差异和主体意识中创造公共价值。"全球化、后工业化进程中所呈现出来的社会高度复杂性和高度不确定性意味着,作为新型社会治理模式的合作治理将更多地突出分散的、随机性的治理行动。分散的、随机性的治理行动又是存在于治理网络之中的,在治理网络中实现合作互动"[1]。实现这种网络化、随机性的互动,就需要拥有完整的话语权,这是一个公共治理行动真正成为主体的标志。话语是权利,人通过话语赋予自己权利,也是获得认同感和自身价值实现的过程。"认同感以他人的尊重与承认为价值旨归,'我们的价值能受到我们所尊重的人和我们相信其判断力的人赞扬或承认,比什么都重要'"[2]。公共治理的出发点是以多元主体相互学习、相互协商和共同分享为出发点,其研究途径突出强调了人们在商议各类政策和问题时的表达机会和表达能力,表达机会对组织而言需要一个开放式交往和分享社会知识的权力下放,这既是民众走入公共领域的需要,也是降低风险的需求。为此,奥斯特罗姆举例指出:"假设一个地区沿岸有一系列近海渔场,并假设每一个政策创新都有 1/10 的失败概率,如果该区域由单一的治理机构监管,政策变化有十分之一的可能性会导致整个地区遭殃;如果在规则设计委托给三个真正独立的机构,每个机构仍然面临十分之一的失败率,但失误同时发生的可

---

[1] 张康之.公共行政的行动主义[M].南京:江苏人民出版社,2014:193-194.

[2] [美]弗朗西斯·福山.历史的终结及其最后之人[M].黄胜强,许铭原,译.北京:社会科学文献出版社,1998:219.

能性将从1/10减小到1/103即1/1000。"[1] 在社会方面，这就意味着"社会组织时刻处在行动中，不是民主体制下的表达者，而是社会工程建设中的行动者"[2]。哈耶克认为，个人间的差异并未给政府提供任何理由差别地对待他们，如果要确使那些在事实上存在着差异的人获得生活中的平等地位，那么就必须反对国家对他们施以差别待遇。伦理学者罗尔斯则进一步强调指出，政府不仅应该给予所有人平等的机会，而且也应该关注他们在结果上的合理平等，并且有利于条件最差的人群。分权和给予社会不同主体的话语权，这是机会和结果平等的体现，共同构成了公共治理过程中民众充分参与、互动和协商的重要因素，应当自觉地建构能够更加积极地、主动地回应社会要求的行动模式。

下放权力和权力分享对一个组织而言，必然要建设一个平行的组织体系，减少科层制和创造更灵活的组织形式，创造平等的对话平台和空间，"自下而上"地让民众参与进来。在"扁平组织"中，每个成员都可以自由表述和讨论，这能够唤起民众的自我意识，有利于知识的分享和建构。公民参与其中，能够表达和表达到什么程度是至关重要的，由此直接影响了主体间的现实社会建构。同时，人们能够通过对话获得经验与体验的共享，而使得自身的观念和体验得以改变和与其他人趋于一致，进而整体上能够通过反思、批判和整合各自的偏见、经验，为创造有创新意义的社会问题解决方案提供了可能性，这也是重新塑造公共精神的过程，毕竟"公共行政精神的确立应当更多依赖于公民社会本身的交流、互动"[3]。

公民的话语权本应是法律赋予公民参与公共治理生活的一项基本权利，话语权往往同人们争取经济、政治、文化、社会地位等各种自身合法利益的话语表达密切相关，一旦失去了话语权，人就失去了自卫和保护的能力。在行动过程中的公共治理主张公民平等自由地行使话语权，积极创

---

[1] ELINOR OSTROM. Why do we need to protect institutional diversity?[J]. European political science，2012（11）：1.

[2] 张康之.公共行政的行动主义[M].南京：江苏人民出版社，2014：47.

[3] 王超.主体·方式·源泉：论中国公共行政精神的社会建构[J].山东行政学院学报，2015（3）：17-21.

造条件孕育和提升公民话语的能力，人们在交换着专家与外行的角色，交换着知识与能力的内容，使得公民"输出"更多供其他人共享的个体体验。

6. 强调自治，构建组织伦理。公共治理行动主义是一个民主的过程，是以人为本的治理，是每个人都得到能力充分发挥的过程。拥有公共行动的领域和自由沟通协商的建构意愿，奠定了社会自治的基础。在公共治理过程中，拥有平等的地位和自由选择的权利，为社会自治生成了可能性。

参与式研究的重要价值在于，它架起了一座专业知识与经验知识之间的联系桥梁，公共治理体制通过制度的建设融合专业知识和经验之间的联系，为社会自治培植精良土壤。同时，经验证明，"只要有合适的外部条件，人民能够实现自治"[①]。在行动主义的公共治理中，公共政策和问题解决过程引进了公众的力量，在一个自由通畅的话语空间中，会在一定程度上促进民众对一些公共事务自治意识的提升，分享体验和知识可能会促进公民自发组织起来，共同解决身边的社会问题。

行动中，政府治理面对的不是机械的物化客体，而是由具有不同人生经验、拥有各自地方性知识，以及能够赋予客观现象、事实以"意义"的人群构成[②]。公民个人在自己管理自己的同时，通过参与社会公共事务的管理，分享彼此的经验与体验，有了参与的意识和对他人、政府组织的认同，理解了民主运行内容和方式。公民的参与对政府组织和管理人员提出了更高的要求，公共治理者需要充分认识主体间性，正确理解各行为主体之间的关系。因此，行政人员需要批判和反思原有职业的认识论偏见和惯有的职业思维模式。单个的行政人员的伦理责任必须在个体对自我和自我实现的理解和认识中，通过个体主动参与组织活动并与民众一起行动，形塑出一种自觉改正组织和自身错误的地方，而不是被动执行义务，社会也形成了类似波兰尼提出的"能动社会"（active society）[③]，类似于哈贝马斯所倡导的公共领域的交往结构扎根于生活世界的社会成分之中……它们

---

① 袁传旭.论社会自治[J].书屋，2010（1）：8-11.
② 孙柏瑛.开放性、社会建构与基层政府社会治理创新[J].行政科学论坛，2014（4）：10-15.
③ 周庆智.论基层社会自治[J].华中师范大学学报（人文社会科学版），2017（1）：1-11.

对私人生活领域中形成共鸣的那些问题加以感受、选择、浓缩，并经过放大之后进入公共领域"[①]。在此过程中，治理人员的道德体验得以形成，并反映行政人员的价值判断，让组织和个体的行为和伦理的判断放置于与民众的互动中，从而确保组织和治理人员能够作出反映民众需要和更具有公共德行的公共决策。

7. 在治理中，既重视社会建构的过程也重视产出。 传统公共治理过程和实施是一个"黑箱"，所有的问题都抽象在权力行使的函数之中，生成的过程是在人们看不到的"黑箱"中进行的，人们不知道公共政策输入的材料是什么，也不知道输出的成品是什么。公共治理需要解开"黑箱"，才能知晓内部的运作。

行动主义的研究思路重视人们在分享知识的过程中创造出新的意外的行动含义和知识。"由于社会建构通常涉及人类的关系，所以这个过程变成了另一种连接行动、目的（或目标）和预期（或期望）结果之间关系的重要途径。由于在这个要素之间存在着演进式和辩证的互动，因此，这个过程激发了行政和变革的新的可能性。"[②] 换句话说，这个过程也同样可以被视作实现特定目标的一种路径，公共治理的行动（不论是话语还是政策）过程本身可能就是一种产出。这个过程包含了各式各样的博弈，诸如适应组织的过程、集体的讨价还价、相互妥协与让步等。总之，公共治理的行动主义所具有的开放式的、持续互动的过程打破了"黑箱"之幕。

"社会治理政策本质上是社会建构的结果。政府社会治理政策的制定与执行过程不仅仅是政府精英运用工具理性分析、评估的结果，更是参与者社会建构的过程"[③]。公共治理的行动主义产出是通过建构后赋予公共事务新的意义与新的阐释的结果，即关注过程的形成方式和凝练知识与意义

[①] [德] 尤尔根·哈贝马斯. 在事实与规范之间：关于法律和民主法治国的商谈理论[M]. 童世骏, 译. 北京：生活·读书·新知三联书店, 2003: 31.

[②] [美] 全钟燮. 公共行政的社会建构：解释与批判[M]. 孙柏瑛, 张刚, 黎洁, 译. 北京：北京大学出版社, 2008: 50.

[③] 孙柏瑛. 开放性、社会建构与基层政府社会治理创新[J]. 行政科学论坛. 2014（4）：10–15.

的内容，既有互动与说服，也有重构知识的过程。本质上，社会关系是人与人之间互动的结果，人与人之间的持续交往与互动构成了治理过程，由此产生了不同的过程性景观，形成了不同的治理结果。在政治秩序形成的过程中，只有当参与者认为他们的参与能够提供实质性的意义，他们才更有意愿参与。同时，不同主体参与的过程是权利话语辩护的过程，也是权利的生成、维护与实现过程。民主的行动主义需要去促进持续的互动和持续的关系，当民众和治理人员能够自我反思和批判时，协商和建构就会变得更容易。

8.强调主客体之间的关系生成，凸显"他在性"思维。社会是作为客观现实的社会和作为主观现实的社会性统一，当一个社会被一个共同实践和语言创造和维护时，客观现实社会就会认为是"真实"的，是可以理解的，也是可以实践的。因此，公共治理的现实是由客观化的各种社会因素和行政人员主观意识与行为共同构成的，突出了主体间性特征。不同主体能够解释和改造社会，社会也会积极影响各类不同之间的行为，"多元主体的互动及其效果就都将不再是'纯粹的'，而是打上了其他主体的意志及其印迹和符号"[1]。主体与客体之间、个体与组织和社会之间不再是传统对立的"二分法"的关系，也不是非此即彼的关系，而是互为主体，公共治理的世界意义是这些主体共同赋予的。它们之间可能充满了冲突、妥协、解构和重构等复杂的关系，这些关系始终是不确定的和变化的，为创造新的公共治理活动和行为带来了可能性。

针对公共治理人员而言，需"他在"的思维对待问题和解决问题的态度和途径，"从他在性出发，政府与社会之间的关系也是非对称的，社会始终是政府行动的出发点，政府对社会负有无限的道德责任"[2]。更重要的是，改变传统的工作模式和方法，具备和提高与民众一起解决问题合作的能力，并能够整合不同思想和不同能力的民众，携手合作共事。当然，并

---

[1] 韩志明.迈向多元良性互动的治理转型：破解建构社会治理新格局的密码[J].南京社会科学，2022（11）：78-85.

[2] 孙秋芬.从主体性、主体间性到他在性：现代社会治理的演进逻辑[J].华中科技大学学报，2017（6）：20-26.

不是说每一公共问题都必须或可以通过行动主义途径来解决，毕竟每一个问题的性质和前提的条件不同（例如涉及国家重大事项），但至少可以采用不同主体间，即主体间性的思维眼光来审视和看待问题，有了分享与促成的理解，也就有了建构主义色彩，进而避免了单一理论的窠臼和空洞，最起码的是理解了社会对公共治理的期盼和理解。采用主体间性思维模式，可以使得我们能够发现什么是有问题的，什么是可能形成的，实现的可能性有多大。通过听取各种声音，尤其是远离治理中心的边缘的声音和质疑，更能够整合广泛的社会知识进行整合与建构，并可能创新其内容和方法。

（二）几组概念的对比分析

公共治理的行动主义作为一种新的阐释视角，很多概念具有自身的特殊意义，需要重新阐释与准确理解。

1.行动与参与。参与是行动的前提条件，但不是全部。在过去的行动主义研究中，研究者似乎也陷入了仅仅以参与为研究对象的窠臼。"吊诡之处在于，尽管行动主义政治的历史远长于行动主义行政，但其研究在近代以来就刻意回避那些宏大的政治行动或政治动员问题，更多将目光聚焦在如何规范民众的'政治参与'这一相对局促的领域"[1]。换句话说，参与是对"行动"进行抽象概括内涵之属性的一部分，参与是前提，"更多的参与能够为一些新型合作关系的产生创造可能性"[2]。在行动过程中，不同观点的交换促使人们能够以不同的方式思考问题，借助新的知识与视角作出更好的判断。反之，如果参与没有形成有效的新的意向性内容与赋予公共问题新的含义，就不能称之为具有行动意义。为此，全钟燮更为全面地比较了建构与参与之间的关系，"公共行政的社会建构本身很少关注政策制定者和管理者怎样作出决定和怎样控制机构中的人，它更多地关注人们

---

[1] 柳亦博，玛尔哈巴·肖开提.论行动主义治理：一种新的集体行动进路 [J].中国行政管理，2018（1）：81-91.

[2] [美]珍妮特·V.登哈特，罗伯特·B.登哈特.新公共服务：服务，而不是掌舵[M].丁煌，译.北京：中国人民大学出版社，2004：93.

是怎样建构和赋予他们生活的经验以特定的意义的，它关注这些意义又是怎样成为公共行政客观化的要素的，包括规章和规则、职位、角色、制度、组织建制、符号、分类和专业任务"①，或者说，参与是前提，建构是过程，公共治理的绩效是社会建构的结果。可谓公共治理行动主义是持续不断的参与的体现与形成解决问题的模块化与结构化的过程。

行动强调的是持续② 不断参与和合作，强调即使不同的意见也要经过公共的检验和分享，"只要求公共协商中的连续合作，即使存在持续性的意见分歧"③。公共治理的行动过程实际上是各种社会性因素彼此相互作用的产物，以"相互讨论""公共的集体行动""意见重塑"和"社会共同体"为主要内容。核心是互动、讨论和协商，主要包含着表达、倾听、移情、分享、说服、接受和升华，最终实现行动主义所要的取得实效的参与效果，体现分享的意义和赋予客观事物新的理解与意义。

但公民主动参与其中是第一步，"只要公民在公共政策过程中的参与和遵从是主动的，就算是与其他多元行动者一起进行'共同生产'"④。那么怎么参与、怎么分享与建设政策议题是行动主义实质。公共治理的行动主义中不仅仅是"公民行动者"在场，而且要公民行动起来，实现实质性的参与。在权力宰制的社会中，公共治理的公众参与只是民主工具，或者是与官僚体制达成的一个妥协内容而已，或者仅仅是官僚体制一个程序性的告诫与官僚体系意识形态的规训，或者是官僚体制合法性中形式与程序的自我设计的证明。因此，仅仅是参与，不能说是公民行动过程。公共治理行动主义特别强调了公民身份在治理中的作用，并且是以"积极公民"

---

① [美]全钟燮.公共行政的社会建构：解释与批判[M].孙柏瑛，张刚，黎洁，译.北京：北京大学出版社，2008：56-59.

② 经由反复讨论而达成某种"重叠共识"的默会过程——类似于罗尔斯所主张的那种达成普遍正义原则之"重叠共识"的"反思平衡"的过程。（具体参考：罗尔斯.政治自由主义[M].万俊人，译.南京：译林出版社，2000.）

③ JAMES BOWMAN. Public deliberation: pluralism, complexity and democracy[M]. Cambridge: The MIT Press, 1997: 89.

④ OSTROM E. Crossing the great divide: coproduction, synergy, and development[J]. World development, 1996, 24 (6): 1073-1087.

的角色出现在治理过程之中。公共治理是公民的深入肌肤的"深度"参与，把主观的意义和客观的情境进行了无缝隙的对接和重建，公共治理展示了积极的公民资格，提升了自主治理的能力与取向。

只有主体的参与才是真正的参与，被参与主体所认同、所惠及和所成长的参与才是建构的内涵，进而通过知识的分享与主体间建立良好的关系，改进自我认知。对双方而言，行动过程意味着心态的开放、主体性凸现、个性的彰显和社会问题创造性的解决。"当然，这需要政府扮演好公民对话意愿的引导者、对话能力的培育者、对话剧场的构建者、对话秩序的维护者以及对话过程的服务者和倾听者的角色。公民之间真诚的对话是其在政策网络中表达自身意愿，从而使公共行政体现其意愿的有效方式"[①]。

同时，行动主义治理信奉批判的精神，民主体现为具有批判和省察的参与过程，决策的过程不是权力体系集体的决定和秘密合谋的过程，而是协商、互动、辩论的圆桌式民主化集体行动过程；民主的决策过程不是为公共组织制定决策提供理由而进行形式论证的过程，而是社会各利益主体就公共议题、公共事务充分表达各自诉求和意见，通过交流、辩论和相互批判而最终产生公共政策的过程。民主化的治理过程，在"更全面的理由"和"更充分的依据"的基础上转换偏好达成"共识"和寻求一致。公共治理的行动就是要在每一个不同知识叙述的基础上，改变自我心智与行动方式，赋予客观公共事务新的意义，实现知识的格式化和重构，获取治理的新措施与新方法，而这一切是通过不同主体的参与实现的。

2. 协商与参与。 公共治理的行动中，协商与参与被视为公共治理民主化的核心，强调公共治理的行为不受先验的权力和自动生成的威权控制，主体间的关系主要根据"共同之治"的"善"与"知识"原则，并通过"公开说理"和"透明互动"进而赋予具有集体约束力的公共政策以求证的政治合法性和合理性来实现。作为特定公共政治过程的参与者，每个人能够在互动过程中考虑他人的立场而纠偏和改变自己的判断、偏好和意见，互

---

① 丁煌，梁健. 探寻公共性：从钟摆到整合：基于公共性视角的公共行政学研究范式分析[J]. 江苏行政学院学报，2022（1）：96-103.

动依靠的是说服、讨论和商议，而不是强制、控制和欺骗，以此不断促进公民自由与民主原则的有效融合。因此，"我们不是把讨论当作绊脚石，而是把它看作是任何明智行动所必不可少的首要前提"①。在雅典公民看来，想要从事政治，想要生活在城邦中，就意味着所有的事情都要通过言辞和劝说而不是通过强制与暴力来决定②。在说服式的讨论过程中，引起立场互换，推己及人，将心比心，这是行动无偏私过程的前提。作为一种面对面的交流形式，公共治理过程注重理性观点的说服、讨论和共存，反对专制、共谋和独断。

"在当前正在发生的社会治理变革中，需要终结控制导向，而终结控制导向的社会治理方式的第一步，就是需要从权力的消解入手"③。公共治理尊重差异和多样性，承认彼此的分歧，强调异质性与不一样，承认分歧也就承认了解决可能性，而这种可能性必须通过不同于传统体制的权力行使的强制性方式来进行。与福克斯所主张的"公共能量场"思想内在暗合，"强调创立政府与公众互动平台，扩大公民参与的广度和深度，一旦涉及公共利益决策，就要在程序上实现多方参与、发表意见、结果公开，从而提升公共行政的权威性与合法性"④。在非强制的软性公共政策过程中，建立起互动、商谈与交流，以说服与分享观点的方式弥补彼此的差异，从而达成共识。

3. 知识与权力。 公共治理社会行动关注的不是个体的意见及其观点、行为方式与社会主流认识和理解的不同，不是权力作用的途径以及整合社会的意义，而是他们对公共事务的认知、权利和个体所受的尊重及其恰到好处的整合发挥。故此，公共治理行动是日常公共生活的知识的治理，本质是一种合作式治理。

---

① [古希腊]修昔底德.伯罗奔尼撒战争史[M].徐松岩，译.桂林：广西师范大学出版社，2004：100.
② [美]汉娜·阿伦特.人的条件[M].竺乾威，译.上海：上海人民出版社，1999：21.
③ 张康之.论合作治理中行动者的独立性[J].学术月刊，2017（7）：68-77.
④ 刘耀东，宋茜培.公共行政中的现代性：历史逻辑、发展趋势与策略选择[J].兰州大学学报，2019（3）：34-39.

公共治理将分散个体通过协调机制生产出某种共识而结成集体行动，在共识生产中，出现了多轨道治理模式[①]，倡导知识民主与治理类型，推动社会知识向专业化和大众化两个方向推进，将执政的风险、知识的争议和观念的分歧降到最低。一个社会的伤痛往往是由于缺乏某种知识所致。在公共政策的过程中，知识是隐形的权力，知识和权力是以不同方式进行生产和再生产，行动主义的公共治理是知识公民分享权力的过程，行动主义公共治理过程是尊重人的"意思自治"和知识分享，肯定和认可社会成员理性选择的能力与意志，形成高程度的集体知识、相互的道德责任和彼此民主化治理的担当，"民主并不真的代表大众利益而是代表大众知识，不是人民在夺权而是大众知识在夺权"[②]。个人的偏好与自我的知识不能作为接受某一项政策的充分理由，从公共问题和公共利益的视角理解别人，并促进参与政策的过程依据共同的诉求与相同的价值基础而形成自我意见才是充要条件。因此，公共治理的行动主义是一个"分享""谈论"和"论证"的过程，促使人们的"心智不断改变"。在"分享""谈论"和"论证"的其中，是知识的运用、思辨、辩论与增长的过程，权力仅仅是知识运用的保护者。

"公众对于自身需求偏好的理解和公共需要方面的知识可能是公共行政者、政策分析家和政治家所不具备的。知识就是权力。从这一角度来看，由于公众掌握相关的公共需求信息，就应该赋予其参加政策过程的权力"[③]。在复杂社会中，单一的单中心的政府组织的治理主体是不可能借用

[①] 从知识流动来看治理转变，形成了一个三轨道的治理结构：第一轨道为领域治理。每一个治理领域都存在意见分歧的不同个体遵循着协商民主等各种规则而形成集体行动，从而构成了第一轨道的治理。第二轨道治理：跨域治理。两个领域之间或两个子系统之间往往也会发生信息与知识流动、系统沟通形成域界间的跨域治理。第三轨道治理：统筹治理。所有治理结果最后的享受者和评判者是民众。民众也是治理最关键的行动者，任何共同体治理或领域治理最终皆由民众接受或参与。（具体参考：李瑞昌.共识生产：公共治理中的知识民主[J].学术月刊，2010（5）：10-16.）

[②] 赵汀阳.每个人的政治[M].北京：社会科学文献出版社，2010：143.

[③] 尹文嘉，唐兴霖.迈向共同治理：社会建构下的公共参与及模式转换[J].经济社会体制比较，2014（3）：151-156.

单一的权力来获取资源并借以解决日益复杂的社会问题,必须通过与其他组织、个人来交换、交流知识和资源得到有效的治理方案,这些知识与资源构成了治理的全部内容。当知识不断增长,人们在面对社会不同的情境时就不能也不会做简单的"脸谱化"和"平面化"处理,也不能对不同论者的思想、意见等系谱做"非语境化"处理,否则会造成智力的退缩。库依曼为此强调:"不论是公共部门还是私人部门,没有一个个体行动者能够拥有解决综合、动态、多样性问题所需要的全部知识与信息,也没有一个个体行动者有足够的知识和能力去应用所有有效的工具。"[1] 社会的每一个群体都是知识的承载者、传播者和生产者,他们是天然的知识载体,由此,我们认为,每一个人都是学习者,不同的知识与资源是由不同学习者主动建构起来的。某一项政策之所以被采用,不是最有影响力的利益取得了主动,而是公民等社会力量在倾听、审视和交换相关的理由之后的抉择,并集成和聚合了政策正当性与合法性。行动主义的知识思维方式销蚀了强制性地将观点、意见视为神圣和至善,让公众通过广泛参与来决定何种观点应当被遵循来作为政治决策的指导,但却同时容许人们在下一次政治决策的过程中来改变自己曾经作出的可能错误的选择。这使得处于边缘地位的观点和行为方式可能因为自己的正确性和可行性而成为主流的选择,使得思考的主体和思考的方式都能进入知识场域。

在公共政策行动中,每个人的个人偏好如何凝结成集体的意志,集体意志中的个体知识如何有效聚合,是认识行动绩效的主要内容。作为这种思考形式的认识价值贡献在于,能够清楚显现出彼此的自我特征,维持彼此有意义的知识和丰富的个性特征。这正如乔·萨托利所言,"随着政治日趋复杂,知识——认知能力和控制力——也会越来越成问题……我们正在陷入'知识危机'"[2],要解决治理政策过程中面临的日益复杂的公共问题,仅仅对公民进行基本教育是不够的,还必须重视知识的使用性的实践过程。然而,现实的世界认识充满了分歧,关于"知识"的争论实

---

[1] JAN, KOOIMAN. Governance and governability: using, complexity, dynamics and diversity[M]. London: SAGE Publications, 1993: 252.

[2] [美]乔·萨托利.民主新论[M].冯克利,阎克文,译,北京:东方出版社,1998:135.

际是对何谓"真理"及何谓"善""恶"的争论。要消除这一争论，必须抛弃直接导致"独断主义真理观"和"排他主义道德观"、将社会精英幻化为真理和善行化身的"实体论哲学"。公共治理重视参与其中的每一人的经验、意见、感悟等形成的知识，但不是说在行动过程中就一定能够产生完全理论化的知识结果，公共治理行动结果更倾向于未完全理论化的协议。所谓未完全理论化的协议，是指尽管人们对根本性问题存在分歧或者不确定，但对具体行为或者后果却达成了一致。社会不确定下未完全理论化协议的达成比较复杂，有着多种样式，人们对某一项政策的意见与观点的存在理由与知识体系迥然不同，但在结果上能够达成一致共识。在行动主义的公共治理过程中，强调持续的参与和共享，通过主张"保留意见"与"悬置知识"的权利，在不断参与中实现完全理论化聚合与生成。

数字化治理所体现的"共同创造"和"合作治理"取代"政府知道什么最好"的认知，所呈现的场景治理可以更好地深入用户的生活情境当中，与用户建立连接和互动，市场主体和社会主体在场景治理的各个环节都具有更大的参与空间，通过关键公众接触和社区公众会议等参与技术，产生新的治理红利和价值共识，实现敏捷治理与价值共创。场景治理的用户思维和交互式运行特征决定了市场主体和公众可以在场景治理中找到发挥作用的位置[①]，网络世界中，公众广泛参与公共治理过程，过滤和筛选出违背公共性知识的部分，既是对公民权利本身的保护，也是公共价值再造的过程。

---

① 付建军.模态、张力与调适：数字化转型中的场景治理[J].探索与争鸣，2023（1）：113-121.

第二章 治理与社会

第一节 公共治理与社会

公共治理作为美好生活实现的方式,它与社会似乎从来都没有离开过,但也好像从来没有紧密地在一起过,若即若离的张力构成了过去理解两者关系的最大特征。

学理上,公共问题是社会问题的一部分,社会前置于公共治理之中,无论是过去"无社会"的治理思维,还是今天"强社会"的治理理念,在前提条件上都是社会包含着公共治理,只不过是在不同的阶段践行的程度不同而已。因此有人也把公共治理称之为"小治理观":不关涉国家整体与具体关系,着重于解决具体问题和处理具体事务的方式和机制的治理,进而把以国家整体为对象的治理称为"大治理观"。虽然这种界定不够准确,但或多或少说明了公共治理与社会的关系。

公共治理具有较强的实践化特征,因此,如何切入研究的主题,常常是研究者面临的首要问题。"社会变迁不再是由科学变化所推动,而是科学服从于社会"[1]。而公共治理的行动主义则需要从社会过程切入理解。一方面,从公共治理与社会实践关系来看,公共治理的实践深深嵌入社会之中,社会的结构、系统、运行和每一个人的行动都深刻地影响公共治理功能的发挥和程度。因此,我国新时期的社会特征投射在公共治理理论和实

---

[1] [美]简·E.芳汀.构建虚拟政府:信息技术与制度创新[M].邵国松,译.北京:中国人民大学出版社,2010:23.

践中，公共治理的组织、机制、方法都会深受影响，并且由于我国社会的异质性、多元性、冲突性和非线性，公共治理的职能和内容也会呈现相同的特征，其中，在公共治理价值观上最为显著的特征是冲突性与异质性。另一方面，从公共治理本身的变革过程来看，整体上表现出"与社会的疏离"和"与社会的亲密"摇摆性特征。但在新时期，社会回归带动了公共治理的正本清源，公共治理回归到应有的社会性特征上来，比如社会治理、社区治理的兴起，"公共治理变革的第一次浪潮着重于引入市场机制，推动公共部门中内部市场机制的形成，并且在国家行动者与市场主体之间形成准市场关系塑造的合作伙伴关系。公共治理变革的第二次浪潮着重于引入社群机制，让多元行动者自发形成的、自我管制的网络治理成为国家治理体系的核心。公共治理变革的第三次浪潮，互动式治理进一步强化了市场机制的积极作用和社群机制的决定性作用，但同时强调了不同治理机制之间互补嵌入的重要性"[①]。无论是第二次浪潮的多元行动者的网络治理，还是第三次浪潮的社群机制的作用，都表明公共治理在回归社会或者说具有了更强的公共治理社会性特征。

没有社会性的公共治理生成，就会逐渐退化为机械的教条主义和行动的形式主义，缺少真正社会意义的公共治理，就将丧失社会的有序和整体的一致性。政府是社会秩序化过程的积极特质，作为一种生动的社会制度中的公共治理，就如其他社会生活一样，是具体的、客观的。例如，政府的治理之策并不是一套规则，它有自己的程序以及形成规则与程序的社会情境，无论是制定还是实施都是一种生动的社会过程。

传统治理政策更多的是建立在主体与客体、意识与存在、理性与情感对立的基础之上的二元思维模式，所要解决问题的局限性就会在实践中不断出现和放大。因此，传统的公共治理在现实社会生活中不能反映出关于终极意义、生活目的和价值的问题，公共治理仅仅被当作一种治理手段的合体，它的任务是明确的，作用是规定的，方式是去人格化的，其作用的发挥仅仅属于政府意志的某种功能，让人们去按照某种程序、某种方式在

---

① 顾昕. 走向互动式治理：国家治理体系创新中"国家—市场—社会关系"的变革[J]. 学术月刊，2019（1）：77-86.

某一时间和地点呈现与形塑。

传统的公共治理忽视公共治理与社会之间的互动，自上而下的沟通传递着政府的话语与信息，公共治理沦为工具主义，"把公共行政简约成技术与量化的方法化，而对于有关公共生活的根本价值、目的、伦理甚至理论，均缺乏反省"[①]。我们不仅把公共治理看作一种管理方式的行为，也应该把它看作一种社会现象——公共治理所应该体现的公平、正义与秩序，不仅仅是政治意义的价值依托，而且也是我们社会中每一个人、每一个群体所感受到的、所受益到的和所体现出来的社会价值。公共治理与社会处于一种弹性关系的两个方面：公共治理以其公正、公平、公开的国家意志的作用发挥来形塑社会，社会则以自身适己发展的结构、规模和意识来制约公共治理。同时，两者也是相互促进的，公共治理赋予社会以秩序的意义，社会给予公共治理以方向和合法性。在公共治理与社会所分离的地方，往往是公共治理仅仅具有工具理性的僵化作用，而社会也常常会失去整体意义的理解与考量。因此，社会的性质、形态、结构都会对政府行为产生影响，制约其制度的选择性和政策的实施。同时，这也要求政府必须适应社会发展，回应社会需求，具备实现嵌入并根植于社会的能力，政府、社会与民众之间是互相建构的互动关系形态。政府要对社会表现出开放性，以此来实现两者关系的维系与发展。

传统理念认为，公共治理是政治意识或者官方意志发挥作用的工具，于是，"人们业已失去了对真正的事实给予尊重的做法。所剩下的只有行政管理的事实，也就是说，只有由每一个专业职能部门依据知识的狭隘分类，刻意制造出来的事实"[②]。公共治理的"情景相对主义者"认为，公共治理犯错在所难免，他们认为这种犯错是多种压力下的犯错，因此在很多时候不承认自己犯错，狡辩的理由认为自身完全是存在性的，也要随着时间、地点、环境的改变而改变，认为公共治理不能用真理、合法或正当的标准，而只能以可行性、可操作性、可实验性的标准去衡量。这种理解和

---

① 张成福.论公共行政的"公共精神"[J].中国行政管理，1995（5）：15-20.
② [法]米歇尔·克罗齐耶.法令不能改变社会[M].上海：格致出版社，上海人民出版社，2007：82.

看法一旦进入复杂的社会生活中、与每一人有切身利益的实践中，就很难站得住脚，就失去了理论解释的真准性。把社会背景和意义排除在官僚体制之外，它以结果的理性设计的有效性为前提，但却以忽视社会过程为代价。公共治理的"生命力来源于实践者所面对的具体问题情境。而这一情境必然是高度特殊化的每一个地方、机构、局部各不相同，每一个机构的上下级关系、人员背景、性情、资质等都是非常特殊的。因此没有对具体情境的亲悉的知识，不可能还原知识的生命力"[①]。可以说，具体社会结构、形态与阶段性决定了公共治理作用的范围与途径。政府与社会之间的距离大小决定了政府公共利益实现的程度。忽视公共治理中的社会因素，公共治理自身也就消解了实施正义、程序和关怀的能量，甚至会失去自我存在之根基。

公共治理不是某种功利实现的手段，不是作为抽象理念，而是普遍人所共享的情感及其实现——民众有权利享受公共物品和公共服务，自我的人身得到安全和保障，受到平等待遇，为自己辩护的权利以及为治理发展建言尽力。公共治理的正确作用发挥，不但要诉诸人们算计的物质的、客观存在的、有限和理性的利益，也要诉诸他们超越社会功利，甚至超越时空的真理、信仰和理性的价值，不仅要有特定的行为意义，也要有普遍的抽象意义。只有让民众感觉到那是他们应该"是那样"应然的治理，而不是"现在这样"实然的公共治理，他们才会相信或尊重政府，配合和支持公共治理。

从公共治理发挥作用与功能的视角来看，国家与社会存在合作与互补的关系，二者是互相形塑的。公共治理的价值理念在社会中的体现大概能够有4种方式体现——公共政策的制定和解读、对各类公共问题的回应、政府与其他社会主体的合作、公共治理人员的个人行为的因素存在于所有的公共治理体系中，公共治理为他们提供了一套话语机制和发挥的结构与秩序。任何一个社会中的公共治理都要通过这些机制和结构与程序来宣示和发挥，其合理性与合法性也肇始于此，并通过一系列反馈、参与和

---

① 刘亚平.公共行政学与美好社会[J].广西民族大学学报，2011（4）：137-144.

回应渠道得以健全，实现相互支持。一方面，国家行政的力量意味着能够在合理范围内有效治理公共事务（合理范围指市场失灵和志愿失灵的外部性公共物品的解决保障域场中），在与其他社会力量的对比中纠正自我行为不当或补充不足。另一方面，在社会自我能量与能力能够得到恰当的发挥，也预防治理力量因偶尔出现的过分权力扩张给社会领域带来的侵犯和伤害。

公共治理的发展需要接受社会力量的启蒙。公共治理不是国家占有的一项特权，它必然存在于其对立面的理解之中，缺少了对立面的理解与支持，公共治理也就不复存在。因此，公共治理必须植根于社会中，植根于社会运行的行为模式、社会结构、知识水平和情境之中，并进一步存在于它和对立面的相互之间紧密联系中。"公共行政在本质上是为社会服务的，如果离开社会，就难以界定什么叫公共价值，也难以界定什么叫公共性。如果没有社会，尽管科学与效率也是公共行政的价值，而除了公共行政资源来源于公共税收，公共行政与私人行政又有什么区别呢？"[1] 不论在西方文化还是我国传统文化中，公共治理与社会两者之间都是相互支撑与作用。在一定程度上，一切都是公共治理，一切又都是社会本身，"社会既不是简单地从个人开始的，也不是外在地给定的所谓整体，相反，它是一个周期性的在时空之中不断实践的过程，从人们的日常生活与人际互动，到地区间、国家间的冲突与平衡，都既有'内在演变'又有'外部冲突'，是内外彼此交织、主宰相互渗透的发展变迁历程"[2]。社会中各种行为是人们互动的过程，作为社会中的个体，每一个人都要面对生活与未来，社会为其提供价值体现的空间和机会，同时他也要超越自身的价值和理念，为社会贡献力量，否则社会就将衰落、分裂和难以为继。正是依靠社会的调节，我们才能够使得公共治理理想信念、价值体系和原则具有普遍的意义。与之相伴的是，每一个人都要面对社会的冲突和问题，这就需要公共

---

[1] 张敏.从面向政府到面向社会：西方公共行政学发展的一个基本分期：兼论公共行政公共性的发现[J].江海学刊，2019（6）：149-156.

[2] [英]安东尼·吉登斯.社会理论与现代社会学[M].文军，赵勇，译.北京：社会科学文献出版社，2003：11（序）。

治理，需要强有力的依靠和外在保障，否则社会将是一盘散沙。正是依靠公共治理的力量，我们才能够通过社会的结构、过程，使得应有的价值得以充分体现。每一个个体的生活与行动处在两者之间，没有社会抑或没有公共治理，都难以实现单个个体自身的发展。没有社会力量依托的公共治理，必将是僵化的、腐朽的，而没有公共治理正确作用的社会也将是混乱的、没有生机和无序的。每一个社会，都存在着超验价值的共同信仰，都有实现社会秩序与结构、各种利益与责任的界定方式和正义等终极价值的共同观念，这些信仰与观念构成了公共治理良性运行的基础。每一个时期的公共治理都是该历史阶段的社会特定秩序的印记，每一个时期政府的结构、规模、组织与效能都是社会特定结构运行的表现。

那么政府与社会的本质是什么？"基于现象，抛弃已有的理论歧路，继续往下挖掘，是研究深入的动力所在，因此需要求助关于人的各种研究，而不是求助于某个学科。这样的理论是建构性的，而不是结构性的。所以，研究者对研究对象的反思、阐释、想象就开始了"[1]。在任何一个社会中，无论发达与否，构成社会的不同主体需要持续不断地适应变化社会的内涵和理念，参与公共治理过程，这些内涵与理念不仅仅显示和实现了公共治理的原则与策略，而且也彰显了公共治理的价值及其蕴含的情感，反过来，这些又有助于社会本身的发展。"社会是存在于人的生活和活动之中的，人是通过行动而建构了社会和诠释了社会。基于这一认识，关于公共治理问题的探讨也就聚焦到人的行动上来，从而发现，高度复杂性和高度不确定性条件下的人的行动应当是合作行动，而人的共生共在则是合作行动的目的"[2]。从现实生活的需要和政府本身的狭义功能来看，政府的核心就是解决各类公共问题，但必须承认，公共治理必须具有价值理性的意蕴，其本身的原则、政策与执行必然通过各类社会实践转化为有价值的产出和权威性的分配——在满足人们公共物品需要的同时，获得分享的理念与价值，从而更能够接受并尊重公共治理本身。

---

[1] 姜宁宁. 走向行动主义：互联网社会中的组织哲学[J]. 南京社会科学，2018（7）：72-78.

[2] 张康之. 对合作行动出发点的逻辑梳理[J]. 学海，2016（1）：5-15.

当我们认识到公共治理不仅是政府的职能，而且也是我们日常社会生活的目的和价值的一部分时，就在很大程度上承认了公共治理关乎每一个人的生活和命运，即不仅仅影响个体的意志、理性与观念，也关系到个体的情感、观念和信仰。承认对个体的影响主要是通过社会实践的过程程序来实现的，不是靠公共治理本身具有的强制性"转移"来完成。没有社会性的公共治理将失去本身的合法性和原动力，其本身就会变成纯粹的、暗箱操作的、神秘性的经验积累与自我独享的体验[①]，"去封闭性"成了走出官僚制迷思的第一步。但同时，一味夸大公共治理的作用与功能，就会降低社会本身的自主性决定和关系功能。两者合理的定位是，公共治理与社会要保持一种适度紧张关系，有助于彼此避免遭受另一方的侵害。

当组织面临动态和复杂的环境需要对问题和目标形成统一理解并产生集体行动时，意义建构就显得尤为重要[②]。在现实的公共治理中，例如在公共政策的执行中，既需要行政人员坚守原则，也需要遵循具体的社会客观情境，这就突出了社会行动过程的意义。

时代发展到信息化网络社会，如果说20世纪以及之前治理核心价值是以官僚制治理的组织时代，那么21世纪则是完全进入一个以新自由价值为基本导向的网络时代。随着网络时代的到来，互联互通的平台治理与界面治理则进一步拓展了政府与社会的关系，基于平台的信息传播逻辑和权力变迁逻辑，塑造了政府行为运作的网络空间与现实空间的"双重空间"，推动了公共治理变革，进而将政府行为放置到"双重空间"的"平行治理"之中，公共治理的外部环境发生了很大变化。就政府而言，这一时代的特征在于"政府与其他的行动者（企业、协会、非营利组织以及公众）一起介入政策过程。其结果，公共政策的制定与执行或人们所说的'指导社会'再也不是政府的单独行动，或与其他一两家的联合行动，而

---

① 当官僚政治变成政府的一种形式时，神秘性就是官僚政治的印记。由于被统治的民众从来不知道某事情是如何发生的，它对法律也没有合理的解释，那么剩下的只有一种事物，即粗暴的、赤裸裸的事件本身。（具体参考：汉娜·阿伦特.极权主义的起源[M].上海：生活·读书·新知三联书店，2008：331.）

② 汪涛，肖潇，聂春艳.如何通过政府营销推动地方创业活动：基于武汉市政府创业营销的案例研究[J].管理世界，2017（12）：158-171.

往往被一个复杂的、由各种不同的行动者（他们都带有自己的特殊利益、资源和专长）组成的治理网络所取代"[1]。公共治理的场域铺满在社会大地与虚拟世界无边空间中，每一个问题、每一个情境与每一个主体都构成了社会事实理解的对象，并且进入"无边无际""远距离互动""即时互动"的虚拟世界，社会本身第一次以无缝隙的方式进入公共治理世界，网络打通了每一人互动与交流的可能途径，公共治理变成实质层面的"每个人治理"。在信息化世界，"共在规定此在"已经变为现实，在场和不在场的区分已经脱离了传统时空的范畴，包括什么在场、在什么场、如何在场等内容都已失去限制[2]。权力关系在实践中也发生了改变，作用对象和矢量不再是自上而下，而呈现出多方向的网络化特征，这表明，公共治理与社会的关系演变为：公共治理不再是包裹着社会，公共治理本身就是社会。公共治理所要完成自身的革命与发展，无论是理论与实践，其本质是认知与理解社会的过程，日常公共生活以及所引起的公共问题构成公共治理社会性的重要内容。

网络社会与大数据时代的到来使得公共治理与社会第一次实现了全流程、全领域、全空间的无缝隙接触，实现了自由的联合与重塑，为公共治理行动主义取向落地生根提供了基础。

第二节 公共治理与治理者

公共治理过程中，公共治理者一直是积极主体性假设存在，哪怕在今天被反复解构的理论与话语中。

---

[1] ROBERT DENHARDT, THOMAS CATLAW. Theories of public organization（7th）[M]. New York：Cengage Learning，2015：209.

[2] 丁煌，肖涵. 行政与社会：变革中的公共行政建构逻辑[J].公共行政评论，2017（2）：106–117.

公共治理的行动中，公共治理者处于重要的位置，发挥着前后左右的贯通与联络作用，不断重塑着自身的身份与功能。现代社会，人的价值本位是以自由、民主、平等观念为根基的，通过人发挥自身的独立性、积极性与主动性实现自身的价值以及价值的溢出。公共治理主体以及相应的角色构成了公共治理理论与实践的聚焦点，"无论处于何种实践状态下，协助真实实践中的公共管理者对这些问题的认知、观察和思考更为深入，且易于发现问题的真实症结所在。相对于公共管理理论研究者，公共管理实践者对这些问题的思考和建议更具针对性和可信性"[①]。公共治理主体是公共治理内容的重点，毕竟公共治理是需要通过人来实现的，是实现人的美好生活的需要。因此，只有理解了人的行动，才能够全部理解公共治理的目的和意义。

但认真审视，公共治理主体是一个复杂的、多元的甚至具有内在自我矛盾的社会关系综合体，深深地镶嵌、交织在各种社会关系形成的网结上：既是组织内部各种规则的受约束者，又是社会中普通的自由公民；既要面对组织内部的盘根错节各种利益纠缠，又要解决社会各种价值的冲突；既要接受权威的命令或承担责任，又有可能受到社会民众的指责。公共治理主体类似斑斓多彩的万花筒，折射和映照着组织内部的性格与价值的复杂性关联、组织外部的社会变迁、价值更迭、观念变化和社会关系演变。公共治理者本身就是各种社会关系内容的体现。

公共治理主体在不同时期也被冠以不同的称谓，形成了自身色彩斑斓的身份变迁史。从最早的立国价值的捍卫者和保障者，到官僚制下的控制者、管理者、划桨者，到新公共管理理论下的服务者、掌舵者，再到新公共服务理论下的"促进者、改革者、利益代理人、公共关系专家、危机管理者、经纪人、分析员、倡导者，以及最重要的是，公共利益的道德领袖和服务员"[②]，再到库特里·库伯所称谓的"职业化的公民""公民

---

① 祁志伟.行动研究在公共管理学研究中的实践面向[J].宁夏社会科学，2022（1）：178-186.

② [美]珍妮特·V.登哈特，罗伯特·B.登哈特.新公共服务，服务而不是掌舵[M].丁煌，译.北京：中国人民大学出版社，2004：131.

行政官",以及《黑堡宣言》中所强调的"执行和捍卫宪法的角色,人民受托者角色,贤明少数人的角色,平衡论的角色以及分析与教育者的角色"。在新的时期,公共治理被指为"无人主管的领导"以及引起的"共同领导"[1]。伯明翰大学《21世纪的公务员》指出未来公共管理的角色的考问与规定。伴随着公共事务的日益复杂化,21世纪的公务员应承担怎样的不同于以往的角色?公务员在承担这些角色时应该具备哪些能力和技能?这些角色的支持和培训要求是什么?继而归纳了若干未来公共管理者应承担的新角色职能,具体包括掌舵者(navigator)、网络构建者(net worker)、市政企业家(municipal entrepreneur)、经纪人(broker)、专员(commissioner)、故事讲述者(story teller)、资源编织者(resource weaver)、系统架构师(system architect)[2],这种其他专业领域中角色的分工对公共治理者进行了形象而生动的阐释。其中不同的角色界定都是基于管理实践的导向提出,凸显了较强的现实性和适用性。

从历时态来看,公共治理者在我国不同的阶段呈现出不同的称谓,如父母官、人民公仆、勤务员、公务员和人民满意的公务员等。这些称谓的变化,既反映了不同时期公共治理主体命名的变化,也反映了治理主体职能的变化,更反映了公共治理理论的发展脉络。因此从公共治理主体出发理解公共治理,是认识公共治理本质最好的时间半径,也是认知不同阶段各种理论范式的竞赛和重叠涌现的窗口,是窥探与理解公共治理行动主义的重要视角。

在对公共治理者的研究中,需要从公共治理者的"自主性"视角来叙述和阐释公共治理者自我的发展脉络。人是自主性个体,哪怕是在公共治理中,"人类并不是被动的客体或性别'程序设计'的不加质疑的接受

---

[1] 竺乾威.理解公共行政的新维度:政府与社会的互动[J].中国行政管理,2020(3):45-51.

[2] NEEDHAM C, MANGAN C.The 21st century public servant[M].Birmingham:University of Birmingham Press,2014.

者，人是自行创造和修改角色的积极主体"[1]。人之所为人，就在于人的行动中，人通常知道自己在做什么和为什么做，也就是说，人是概念生成的能动者。人类行动者都是有理性的，这些理性会不停地激发其日常行动，在支配行动内容上，总体上理性在维持能动者了解自己行动的内容与动因上是有效的。进一步说，在任何既定的情境中，都是人类行动的本质。行动者能以其他方式而行动，尽管在一些特殊情境下某些职责可能会给我们施加压力，但我们一旦获得了自由，便会根据自己所知行动的环境及其可能的结果而决定自己的行动。在公共治理中，需要恢复属于人的本质与特征，使它成为一个由人活动于其中而且为了人服务的体系，这也就是公共治理体系的价值内容。而对于公共治理者来说，则在于他作为人的一切实质性内容，他的责任心、义务感以及一切属于人的道德良知，即自身自主性的发挥。

公共治理的行动主义强调参与的先验性，但"真正的参与应该是公共治理者超越党派和利益与公民一起共同合作，在这项合作基础上，公共治理者与公民二者都必须改变传统的参与形态，重新思考二者的基本角色和关系"[2]。在现象学与公共治理相结合的拓荒者中，哈蒙抛弃了理性建构视角下的"经济人"假设，提出了"主动的—社会的"人性假设，主要内容为：人是意向性的动物，由于意识是对事务的意识感应，同时意识本身也赋予了该事物以特定的意义，人的意识能够主动感知某种对象，同时也只有事物被人意识到了才对人有意义，这种人性假设否定了其他理论认为人的行动是受外部环境的制约，只是会对原因反应的、被动的人性观的假设，人的"主动的—社会的"的特点体现了人建构世界的主观过程和行动特征。从人的"主动的—社会的"人性假设出发，"在意义和意向性的

---

[1] [英]安东尼·吉登斯.社会学（第4版）[M].赵旭东，齐心，王兵，等译.北京：北京大学出版社，2003：102.

[2] 丁煌，肖涵.行政与社会：变革中的公共行政建构逻辑[J].公共行政评论，2017（2）：106–117.

连接处，人被视为世界的主动者，而不是对社会世界的被动反应者"①，公共治理者的自主性在行动中呈现出来。从公共治理者本身的主动性发挥来认识公共治理者，能更好地反映公共治理者在公共组织中的职能变迁，更好地理解在不同时期的社会中公共治理者应该发挥什么样的作用以及如何发挥作用。

一、公共治理者自主性的演变

从主体性看，治理人员在公共治理不同阶段表现出不同的特征，有学者从现实主义者出发，赋予了治理者不同的角色与类型②。本特利主义者（bentlians）认为，公共利益是不同利益主体相互竞争的结果，公共治理者所发挥的作用是催化剂，既要在各种冲突性主体之间进行调和并实现所要达到的某种均衡性结果，还要直接面对各种冲突性利益的理解与选择，成了不同利益集团所争夺的棋子；而心理现实主义者（psychological realists）指出，公共利益的实现是由具有自我意识的公共治理者确定并提供的，各种力量与集团利益的博弈与冲突需要在公共治理者清醒的意识中形成并通过行动来完成。其中，公共治理者既要受到外部环境压力的影响，也要受不同价值观的影响，但都是通过公共治理者的自我意识或主观性作用来完成。过程理论家（process theorists）强调，公共利益是在行政机构中发生，是各种竞争性力量之间相互作用的结果和均衡的结果，行政机构犹如战场，而公共治理者则是命运战士，要实现所有的参赛者都能公平进入这一"战场"的机会。从本特利主义者，到心理现实主义者，再到过程理论家，我们可以看到治理人员主体性的渐变过程。为此，我们把治理人员的身份演变划分为"弱自主性""自主性复苏"和"自觉自主性"3个阶段，从中窥探公共治理人员身份史的演变过程，以此理解公共治理行

---

① [美]迈克尔·哈蒙.公共治理的行动理论[M].吴琼恩，张秋杏，张世杰，译.台北：五南图书出版公司，1993：37.

② 陈天祥，黄宝强.沉寂与复兴：公共行政中的公共利益理论[J].中山大学学报，2019（4）：160-172.

动主义及其治理人员的行动底色。

（一）弱自主性

在传统公共治理中，公共治理者的思想语法在思考与民众的关系时，常常使用的主体主位观念，即以"我"或者特定的"我们"为中心，主格的"我"是决定者，由"我"定义知识、规则和标准，并且按照"我"的话语游戏规则、价值标准和逻辑理念把"与我异者"改造并重新组织为"与我同者"的类型，以此达到由"我"到"你""他"之间思想语法的统一，这一阶段也被学者称为"迷失的公共性"[①]，管理主义导向的"行政效率"是其对治理主体的主要考量。

官僚理性下的人主要源于韦伯以"经济人"或"理性人"的假设为前提，组织实施"整齐划一、青一色"的同质社会的规训活动，管理者严格执行官僚制内部的上级的各种命令和意志。官僚制的形式合理性决定了公共治理者仅仅是价值无涉的技术人员，技术官僚成了公共治理者身份和角色的合理界定，主要表现为制定精密的制度来限制公共治理者的活动，行政行为的活动局限在行政封闭的内部，采用工具理性的原则组织方式，排斥人的情感因素。也就是说，官僚制从属于理性的效率目标，具有专职化、科层化和权责一致表征，所有活动严格按法律和规则行事，使一切公共事务活动都具有严密性、系统性、可算计性、可重复性、可预见性等从而呈现出确切的、目的的、可控制性、普遍性、连贯一致的非人格性化、受规则主宰的、力求效能的内容。折射到组织中的人，按部就班，亦步亦趋，按照严格的程序操作完成任务和职能，不需要自身的感情、主观意见和创造性发挥，"行政人"角色实际上变成了"机器人"。

在西方国家，现代官僚制在得到充分发展之后走向了"失灵"，对于这种"失灵"的外部性理解往往归结为实施凯恩斯主义的结果，公共选择学派的内部性分析则归为公共治理者"经济人"化的结果。事实上恰恰不是这样，在很大程度上，官僚制的失灵是由于官僚制的形式合理性窒息了

---

① 丁煌，梁健.探寻公共性：从钟摆到整合：基于公共性视角的公共行政学研究范式分析[J].江苏行政学院学报，2022（1）：96-103.

公共治理者的自主性。没有了自主性，就等于公共治理者失去了创造力和想象力。没有内部人员自主性的发挥和张扬，组织的生命力也就由此枯竭。

（二）自主性复苏

官僚理性的"无效"或"失灵"，促使各路不同替代性理论粉墨登场。20世纪60年代基于经济学中的公共选择理论开始兴起，"重塑政府"的新公共管理也甚嚣尘上，在内容和方法上似乎为治理人员的自主性发挥创造了舞台和空间——立足于西方的公共选择理论学派，在政府内部引入市场经济的竞争模式，利用经济理性提高政府管理效率，给予公共治理者更大的自主性。治理人员似乎通过自身自主性的发挥从而提升政府的效率，就是合理的、合法的。但这些自主性是有限的，自主性表面上得到了解放，但在实质上却被一只无形的手牵制，造成了限制自主性的悖论："一方面是继续限制公共治理者的自主性，另一方面是限制自主性的自主性越来越强。"[①]

新公共管理甫过，带着批判和不满并具有理论超越性和回应性的新公共服务理论和治理理论横空出世。在新公共服务理论中，公共治理者是服务于社会公众的，他们促使公共利益的实现。公共治理者拥有了服务的自主性：公共治理者在思想上要具有战略性，在行动上要具有民主性等理念。公共治理者的角色也发生了根本的改变，"公务员（通常）不是提供顾客服务，而是提供民主"，甚至充当公民"教育工作者"[②]。新公共服务理论摒弃了"经济人"的假设前提，倡导"公共性"的理念，蕴含着对公共治理者自主性本质规定，公共治理者是"公共人"，在公共领域中，公共治理者公共人属性特性与公共领域的公共性、公共利益是统一的，这就"跳出了单纯以身份属性判定公共行政主体的传统思维，而是以其行为是否属于所谓或者类同国家行为为标准来判定，即从身份公共性标准转换

---

① 张康之.论行政人员的自主性[J].南京社会科学，2002（3）：58-63.
② [美]珍妮特·V.登哈特，罗伯特·B.登哈特.新公共服务，服务而不是掌舵[M].丁煌，译.北京：中国人民大学出版社，2004：18，92.

到行为公共性标准"[①]。由此，公共治理者自主性由于理论上假设的转向而获得了苏醒，公共治理者本身也获得了自身自主性的解放，回归到一名社会中的普通公民的角色，具有主体含义和行动意味。如果说新公共服务理论使得公共治理者的自主性得到觉醒和自由，那么在治理理论内容下，公共治理者的自主性得到了进一步的彰显和发挥。在治理理论中，治理的主体进一步扩散化。治理理论的多元主体观，意味着各种公共的和私人的团体、机构只要其行使的权力得到社会民众的认可，每一主体都可能成为中心，最终会形成一个自主的治理网络，个体发挥的作用和其他主体一样重要。公共治理者既可以成为一个单独的治理主体，也可以作为政府的代表与其他主体进行合作，共同承担责任，自身的自主性得到空前的发挥。

新公共管理理论中对公共治理者认知有了一定突破，但囿于理论本身没有突破韦伯的形式化原则，公共治理者的自我意识觉醒受到无形限制性的约束。也就是说，公共治理者具有了自主性苏醒的意识，却没有自主性行动表现出来的自觉性。新公共服务理论为公共治理者的自主性提供了发挥的空间，治理理论则完全把公共治理者作为治理一个可能性的主体来看待，自主性得到了空前的解放，政府本身也成为公共治理者自身发展的前提，公共治理者自主的自觉性在慢慢提高，公共治理者已经不再是被动的执行者，他们的思想和行动在渐渐地消解组织的意志强制性，具有了自身反思解决问题的内在积极性和主动性。

（三）自觉自主性

随着后现代社会的到来，公共治理建设进入后现代阶段。在社会治理过程中，公共治理者的角色与使命是公共治理者在治理过程中，以公共利益为原点起点而不断形成的与社会的持续互动过程，换言之，公共治理者的角色意识只有在治理者与社会需求的不断互动之中才能显现。

公共治理人员自我意识的觉醒和自主性空间的增大，公共治理者能够更好理解公共治理和解决各类公共问题，但自主性空间增加并不一定意味

---

① 夏志强，谭毅.公共性：中国公共行政学的建构基础[M].中国社科科学，2018（8）：88-107.

着能够自觉、自在性地发挥自我能力。如何实现公共治理者自主性全部能量的自觉发挥，除了公共治理要创造良好制度保障和营造适宜的环境，更重要的是需要公共治理理论前提的改变和内容的适时调整。在建构性后现代的公共治理理论中，"话语"被视为主要特征，借助"情境"和"意向性"理念，参与者既要理解情境，也要有相应的行动，而话语搭建了情境与行动之间的桥梁。我们要走向一种话语，一种内在的民主的意愿形成结构"，"作为一种可以接受的治理模式，传统的治理已经死亡"[①]。话语意识与理论开始雄心勃勃地解构公共治理。

话语理论倡导开放、平等，注重培养人们倾听、学习、包容和尊重"他人"的美德。公共行政的话语体系转向"反联邦主义"的话语——"灵活的"公共行政，寻求合作并与公民相联系等[②]。"只有通过与公民的对话……在与积极公民的关系中，公共行政才合法地获得了政治含义：不是通过几乎从不可能达成的共识，或通过寻求更接近于友谊而非公民角色的亲密关系，而是通过对进行中的具有公共精神的对话的维护，使行政官员和其他公民共同'创造一个世界'"[③]。政府单方的话语被打破，政府与社会各种力量之间的互动形成共同"话语"奠定了共同治理的基础。共同话语建构在真实、诚实和坦诚的部分人对话基础上。要具有真实、诚实和坦诚的部分人对话基础，前提是具有对话的实力和能力，这对公共治理者提出了更高要求。从过去独白式、单向度的不受反驳的自语式的话语走向活互动、协商式的话语形式，公共治理者必须具备完备的知识体系和表达能力，更重要的是，参与对话的双方是一种结构性关系，他们之间既是平等的，同时又是对抗的、相互辩驳的，这迫使公共治理者自觉地发挥自身的自主性，以适应对话和协商的需要。同时，对公共治理中的组织认识也

---

① [美]查尔斯·J.福克斯，休·T.米勒.后现代公共治理：话语指向[M].楚艳红，曹沁颖，吴巧林，译.北京：中国人民大学出版社，2002：3.

② 陈永章，娄成武.后现代公共行政理论：缘起及其流变[J].中共福建省委党校学报，2018（5）：49-57.

③ 程倩.变革时代基于行动主义的合作治理：兼评张康之《为了人的共生共在》[J].行政论坛，2017（6）：94-102.

发生了变化，公共组织本身的发展和个人的发展有机地统一起来，"从社会性的角度思考问题，我们在人的行为、行动以及关系的规范问题上也会形成不同于护卫个体、维系群（集）体这两种思路的新思路，并且可以相信，新的建构性安排会形成。这种安排必然是合作行动，是为了人的共生共在的合作行动"[1]，公共治理者在人的共生共存中实现个人利益（合法的利益）和公共利益的有机统一。

由此，我们可以看到公共治理者角色的变化、自主性的体现和公共治理理论的发展紧密相连，不同的治理模式与理念塑造了不同的行政主体特征。"在某种意义上，政府的主体性恰恰是由其所拥有的价值因素来确定的，是价值因素赋予了它主体性"[2]。从官僚制度下无自主性公共治理者，到新公共管理、新公共服务理论、治理理论下具有一定自主性的公共治理者，到后现代公共治理理论下自觉的自主性公共治理者，构成了公共治理者本身角色、功能和积极性的发挥的演变轨迹。这表明公共治理人本主义研究的转变，也是符合现代社会对人本身的认识和理解。同时，自主性的变化也说明对公共治理者本身的理解越来越丰富和饱满，不论是对公共治理者的"经济人"假设也好，"公共人"也好，"社会人"也好，其本身就说明了对公共治理者认识的复杂性，不能简单地认为具有单一某方面、某领域和某行为的属性，这也是我们如何理解公共治理行动主义的前提。

内在地看，治理的过程是一个复杂的过程，公共治理者首先是一个普通的公民，在不同条件下，他作为人的每一个社会属性都会在这个过程中展示出来，公共治理者自身行为的多样性，既是政府本身行为多样性的表现，也是政府与其他主体关系属性多样性的呈现。我们不能仅仅从一个简单的治理行为的截面来理解公共治理者行为的属性，也不能简单依靠公共治理者本身在一个特定的行为背景中的某行为的性质就能够否定他的其他属性，公共治理者的人性本身和普通的公民一样，是立体的，是全方位的。

公共治理行动主义秉承了后现代公共治理理论中对人的假设和认定，

---

[1] 张康之.论风险社会中的人及其行动方式[J].内蒙古社会科学，2020（4）：14-23.

[2] 张康之.寻找公共行政的伦理视角[M].北京：中国人民大学出版社，2012：303.

承续了话语理论与行动理论的内容与方法论，公共治理者是自主性的意志主体，主体的角色是积极的、向善的、多向度的、对外的。"行政人员与一般公民站在各自的立场参与公共行动可能存在角色冲突，但行政人员首先是共同体中的成员和公民，行政人员和一般公民都是为了共生共在而走向合作的行动者。行政人员不再是理性的决策者或执行者，而是与其他主体同为风险共担的个性独特的行动主体，他们也获得了伦理精神和道德判断"[1]。公共治理的行动主义取向中，公共治理者突出了公共理性的反思性、辩证性、批判性和行动意义，他们的一言一行对公共性本身都是一个塑造和改良。

二、公共治理者：反思与批判的行动者

公共治理的行动主义本身很少关注公共治理者怎样作出决策、怎样管理、怎样计划、怎样控制以及怎样执行，更多关注的是不同的群体或者个体怎样建构等。因此，公共治理者具有价值生产和实现的功能，公共管理者（无论政治家还是公务员）的基本宗旨就是创造公共价值。作为价值的生产和实现的主体，公共治理者必须进行价值的创新，促进公共治理的发展。"现代行政管理者可以被视为有弹性、有创新性的行动设计者，他们审视和采纳组织生活的模式，促使冲突和问题的解决过程更加有效。在这个过程中，行政管理者与其他人一起以批判的态度致力于政策的发展"[2]。

反思和批判的态度构成了治理者行动的根基，人的变革促使了组织的变革，组织的变革又为人的发展提供动力，行动中的公共治理组织与管理者共同构成了具有现代社会特色的行政理论知识面向。传统行政管理的政策制定、执行和对人及事情的组织、计划、控制等重要的议题在行动的公共治理中成了次要的问题，关键的问题是，制定政策和解决问题过程中人

---

[1] 史军，夏志强.从组织到行动：行政改革的社会建构转向[J].四川大学学报，2023（2）：166-176.

[2] [美]全钟燮.公共行政的社会建构：解释与批判[M].孙柏瑛，张刚，黎洁，译.北京：北京大学出版社，2008：72.

们聚合起来，对问题的态度和不同角度的认识、理解，在公共活动领域通过激辩、互动、反驳、妥协等社会过程性思维，对问题进行"多人多层次的智慧过滤"，使得问题获得新诠释、新内容和新意义，获得公共治理者集体的自尊和组织的自信。从治理体系来考察，我们认为，随着社会的发展，国家行政系统对社会统治功能丧失，国家不再凌驾于社会之上而对社会进行管理，国家开始服务于社会，一方面在客观制度或机制建设上为社会服务，另一方面在公共治理者的动机与具体行为中蕴藏着为公众服务实现公共利益的强烈愿望。

从中可以看出，公共治理者的积极性和能动性需要得到全面的显现。在激辩、互动、反驳、妥协等社会过程性思维中，公共治理者必须具备与其他人相同甚至要高于其他人的能力，这就决定了公共治理者不仅要自主性积极发挥，而且还必须对各类公共事务、公民行为、自身思维和心智模式与习惯展开真正的反思与批判，并在行动实践中检验和提升。

公共治理的行动主义具有前瞻性的特征。登哈特提出了公共治理者的5种观念，即"价值承诺、服务公众、授权与共同领导、适用的渐进主义、奉献与公共服务"。全钟燮认为，公共治理者的特征应该更为丰富，具体包括成为一个具有健全功能的人、有意识与有目的、未来取向、每日的生活共享、领导能力的实践、促进协作性的组织、与他人对话、努力于实践。行动过程本身就是公共治理者的精神内涵体现，《黑堡宣言》中曾指出，公共治理应该成为"贤明的少数"，追求公共利益，考虑和尊重人民长远的利益，作为一个分析者和教育者，能够意识到自己的决策价值体系和前提，增强其他行动者和一般公众对公共事务治理的了解和参与，帮助他们树立公共意识和重视公共利益。当面临着新的治理环境或治理变化时，公共管理者群体对社会公众需求和期望变化能及时回应，也能促使并引导个体的服务意识适时地、更快地作出调整[1]。其中个体控制和社会接受度则反映了公共治理者在社会情境中的自我定位，了解自身在社会中的角色，也要尊重他人的价值。在行动主义中，我们把公共治理者这些能力

---

[1] 毕瑞峰.论公共管理者的角色转换：诉求与发展[J].中国行政管理，2011（9）：178-186.

总结为具有自觉的主体性，特征如下。

（一）反思性

反思需要对整个行动过程和结果作出详细的描述、判断和评价，对引起某种现象的具体原因作出解释，对行动中一直在做或者新发现的事物提出创造性见解、思考与理解。在公共治理的行动理论中，人是能动的人，具有反思的精神和动力。"在他人及组织情境的关系中理解他自己或她自己。因此，自我反思是质疑一个人与其自身及他人联系的必要能力。当人们深入反思时，他们就开始理解并尊重各种复杂关系。在这一过程中，他们认识到他们是积极行动的主体并开始批判地思考环境，而不仅仅是对环境作出被动反应，同时他们也在与他人的关系中以一种自我确认的方式来塑造着各种行动"①。可以概述为，他们是"反思与批判的行动者"：他可以建立或提供引起变革所必需的通道，同时可以为公众担任解释者和协调者的角色；他也可成为批判性观念与行动所需要的变革力量，他会及时引导民众如何表达心声、提出要求、实施共同体精心构建的变革方案，并且在参与式研究过程中发挥其教育作用。

公共治理的行动主义下的治理者不仅有着自己的判断与解释能力，还有转化为实践的能力，"社会建构的公共治理倡导发挥人的主观能动性，强调积极回应的前瞻性公共治理。拥有自己的价值观和判断公共政策是非的标准，拥有在一定社会环境中识别、判断公众需求以及转化成政策话语的能力"②。作为"反思性实践家"，公共治理者能通过具体实践行为，以与民众互动意见为反思，将自己的主体性知识、前提性质的知识内化为个人的实践知识，自觉地对已有的治理情境类知识进行全方位的检视和纠正，不断更新和充实自身情境类知识。随着现代社会复杂性的增加和人与人之间关系的密切，人们的知识结构时刻都处于不断变化之中，反思精神

---

① [美]全钟燮.公共行政的社会建构：解释与批判[M].孙柏瑛，张刚，黎洁，译.北京：北京大学出版社，2008：131.

② 孙柏瑛.反思公共治理的行动逻辑：理性建构与社会建构[J].江苏行政学院学报，2002（3）：107-111.

促使了知识结构的更新和心智的改变,并且始终是处在不断的平衡与不平衡的改变中。

从职业特性来看,公共治理者公共性的职业特征和为社会公共服务的角色定位更需要公共治理者具有反思的精神,因为没有反思也就没有思想[①]。一个人的自我是与他的历史角色密切联系在一起的,社会中所处的角色可以带给个人历史参与感与社会参与感。在自我的职业规范约束和社会责任呼唤的相互作用中,会进一步强化公共治理者的角色自觉,打碎官僚体制中公共治理者的封闭心灵枷锁,提高行动的积极性,形成行政主体性与社会责任之间的良性互动,反思自我行为和责任的实现。对公共治理者而言,需具有反思、反省精神和品质,也必须具有优良的美德和意志,"行动研究是一种集体的、自我反思的探究形式,参与者在社会情境中致力于对三个方面的改善:一是自身社会实践的合理性与公正性;二是参与者对这些实践的理解以及他们在何时进行这些实践;三是参与者可以是社会活动家、社区成员、行政管理者、教师、学生以及关心实际问题的团体等"[②]。在反思的过程中,公共治理者发展了自身,也突出了公共治理行动的过程性特点、公共治理者必须参与社会实践并在其中锤炼自我的特点。

(二)辩证性

反思与辩证相伴,"反思是一个辩证的过程,它通过个体参与与他人的对话来理解和克服制度的局限性,这使得对替代方案的探索成为可能。如果公共行政管理者理解他们的理论立场、政治和管理观点或行政实践的局限性,那么,他们就能够通过考虑使用新的变革组织的方式来改变这些局限性。当行政管理者通过与组织中的其他人对话而积极地参与到一种反思过程,他们就开启了从他们自己关于行政实践的假设、偏见和程序中解

---

① 赵汀阳.坏世界研究:作为第一哲学的政治哲学[M].北京:中国人民大学出版社,2009:24.

② KEMMIS S,MC TAGGART R,NIXON R. The action research planner: doing critical participatory action research[M]. Springer Science & Business Media, 2013:141.

放自身的可能性"[①]。在一定意义上说，公共治理视角不同，主客体的关系属性也不同，"从政府作用于公众的角度看，这是一个管理的过程，两者之间形成了一种管理与被管理的行政实践关系，在这一实践关系中，管理主体是政府，而管理客体是公众。而从公众作用于政府的角度看，这是一个价值实现的过程，两者之间形成一种需要与被需要的行政价值关系，在这一价值关系中，价值主体是公众，而价值客体则是政府"[②]。公共治理行动主义中，治理者秉持辩证思维的方式，克服"二分法"的思维模式，摆脱"非此即彼"的极点式思维模式，充分理解公共行动中客体性与主体性之间以及主体性之间的关系，识别主体性在诠释组织政策和解决问题中的实质意义。辩证思维贯通了行动与反思、理论与实践以及参与思考的过程。公共治理的行动主义中，互动协商的过程使得具有公共治理的思维具有辩证的可能，一旦具有思维辩证性，公共治理者就能正确认识和优化处置公共治理运行过程中的矛盾关系和规律体系，正确认识和解决公共问题本身。

"公共行政存在于社会实践中：它不是社会中一个孤立的实体。一个社会环境能改变行政管理者思维和计划的方向，同时，行政管理者根据他们的知觉、知识和体验解释着社会环境。通过与环境和公民的互动，行政管理者建构了社会环境的意义。因此，公共行政是一个正在进行中并存在于社会、制度、行政知识和个体之间的辩证发展过程"[③]。公共治理过程不同主体互相建构他者，公共治理者要跳出控制他人思维模式的窠臼，治理者首要作用是帮助公民明确阐述并实现他们的公共利益，而不是试图去控制或驾驭社会。所以，实现并能运用辩证思维，就是能够具体地认识和处置思维网络系统中各种要素与整体的关系，对公共治理要重新认识的事实和行为的整体、构成要素与周围环境的关系以及网络系统的结构与功能、

---

① [美]全钟燮.公共行政的社会建构：解释与批判[M].孙柏瑛，张刚，黎洁，译.北京：北京大学出版社，2008：140.

② 刘祖云.行政伦理关系研究[M].北京：人民出版社，2007：184–191.

③ [美]全钟燮.公共行政的社会建构：解释与批判[M].孙柏瑛，张刚，黎洁，译.北京：北京大学出版社，2008：51.

运行与调控的关系。公共治理者可以克服过去思维片面性——不能用联系的、发展的、全面的观点和方法进行思维，习惯于用孤立的、静止的、片面的方法进行思维，看不到事物的变化发展及相互影响、相互联系，只看到个别事物或事物间的个别方面，非此即彼；在评价事物时，不能用全面的历史的辩证的观点具体地评价事物和问题，而是用机械的绝对的方法观察问题。公共治理者的思维要在具体社会实践中，实现认识与实践、主观与客观之间具体的历史的统一。"行政人员不应该仅仅采纳积极或消极等二分的观点，他们应该和其业务相关的其他群体一起形成具有共同体验的共同体，共同诠释具体行政事务的意义"[①]。与其他事物一样，公共治理所要解决和面临的问题本身内部也包含着批判、革除自身弊端的革命性因素，只有在对原来解决问题的思路上进行批判、借鉴、吸收的基础上，才能更全面理解问题和找寻解决的新思路。懂得和应用了辩证性思维，就能够使得公共治理中各类行为达到动态协同、整体优化的效果。

行动主义公共治理理论倡导社会民众对公共现实和事实的建构本身就暗含了公共治理者所突出行政相对人的重要地位，只有重视了对方，才能成就完整的自我。公共治理要求民众不仅仅要有知情权，更要有建议权，并且要求建议得到重视和采用的权利（如果不重视，也应该给予合理的解释或是具有一定的可救济性），原来的偏听偏信、凭经验、想当然的单一思维模式很难适应现代社会对公共治理的要求。对公共治理过程中的个体而言，主要强调的是通过展开主体间的不同意见的争论和观点的批判来达到具体真理。因此，需要从联系主体间的关系来考察辩证思维方法的实质、运用及其有效性。辩证思维方法内在地包含着主体间性的向度，主体间性向度要求对制度与行为二元对立关系消解，但并不意味着对制度的否认与排斥，而是强调"不承认制度相对于行动的优先性，不同意把制度作为理论建构的前提或出发点……只有这样，关于行动的理论想象才能摆脱一切外在的束缚，最终让制度与行动走向一种良性的互动甚至是相互融

[①] 何艳玲，张雪帆.公共行政学思想危机的回应与超越 [J].实证社会科学，2017（6）：33–46.

合的境地"①。在具体行政工作实践中,公共治理者要善于辩证思维,发扬民主,与多元主体进行充分协商和交流,力戒个人独白性的话语和自我单独行动的公共行为。当然,公共治理者辩证思维能力的提高需要参与处理大量公共治理中的具体事务和行为,只有在具体的实践中对公共治理事务有了本质的、深入的思考,才能够抓住公共事务的本质。

(三)批判性

作为一种思维方式和习惯,批判性思维服膺理性与逻辑,基本预设是:任何观点或思想都可以并且应该接受质疑和批判,任何观点或思想都应该通过论证为自身辩护,"批判并不是要证明事情并非像人们认为的那样毫无差错,而是要揭示出那些我们熟悉却又忽略了的思维模式,洞察权力关系与社会资源的相互建构"②。

对公共治理主体而言,批判作为一种思维方式和习惯,也是公共治理生活的一种人生态度,对行政事务认知的程度需要思考的质量水平。"公共行政人员更积极的作用是把自己看作是代表和实现公民权益的另外一种不同的渠道并主动去寻求政治体制未能很好地代表的少数群体的利益而不是大声叫嚣的多数或拥有强权的少数"③。后现代知识观阐释了知识的文化性、境域性和中立性等特征,认为绝对客观的、普遍的和中立性的知识是不存在的,这反映在行政活动实践中,就必然使得行政主体善于向由权力本身所产生的"权威"性的知识提出挑战,进行质疑、反思和批判,主张自身实践和关系性的知识再造和积累。批判性思维是一种"前验"式的思维模式,它需要对事物持否定与怀疑的态度,并能够用特定的方法和艺术对前提、假设、原理、推理、逻辑、证据等进行提前的审查和思索。

产生于后现代文化环境下的"反思性实践家"型公共治理者的思想开

---

① 张乾友.行动主义:合作治理的精髓:兼评张康之教授的《公共行政的行动主义》[J].河北学刊,2017(3):189-194.
② 刘晶.话语·意义·行动:公共关系的修辞学溯源[J].海南大学学报,2011(2):79-85.
③ 刘亚平.公共行政学与美好社会[J].广西民族大学学报,2011(4):137-144.

放、进步主要表现在对先进行政理念的吸收和内化，对行动过程的参与和学习，但是这种学习和思考是建立在对各类知识（显知识和隐知识）批判的基础上的。公共治理者通过"怀疑""释疑"和"去疑"这一手段去"建构"和夯实自己的理性大厦，"公共管理者可以有效地关注和感知到合作网络中公众的公共价值偏好，甚至增强对隐性、情感化、个性化的公共价值诉求的敏感度，从而有助于整合多元且异质的公共价值诉求，拟定出一个公共价值选择的初始范围"[1]。通过"怀疑"并导致否定，往往经过否定之否定，会对原有的结论有新的认识和新的提高，这也是行动中思维过程的基本特征。

（四）实践性

公共治理的行动中，治理者也是普通人，他们有着自我的理性。公共治理行动需要治理者在实践中解决具体问题，这一关键在于发挥公共治理者的主动性和社会性。

公共治理是一种过程的批判性反思，"在合作的行动中建构制度，或者说，制度就存在于合作行动之中，一切置身于合作行动的人，都获得了制度化在场的资格……人们所具有的差异性在人的相互承认中转化为合作行动的动能，会在人的合作行动中发挥着优化行动系统及一切构成要素的功能"[2]。在公共治理理论中，公共治理人员不仅仅是政策的制定者，也是政策的参与者和执行者，更是所有这些活动的组织者、建构者、整合者和解析人，他们是实践性的行动者，是主动采取行动之人。公共治理是积极的治理行为，公共治理者的实践是自觉的、能动的，尤其是在现代社会，行政实践往往表现出前瞻性和先导性，合理、健全的行政实践往往能够预测出潜伏状态的各类社会问题。公共行政学者还可以帮助实践者看到被管理者、利益相关人乃至公民的视角通过"创造性综合"实现公共利益。所谓创造性的综合，是指试图理解不同的甚至是对立的意见和利益经由开

---

[1] 孙斐.理解公共管理者的公共价值选择：一个整合的理论分析框架[J].南京社会科学，2022（5）：56-65.

[2] 张康之.为了人的共生共在[M].北京：人民出版社，2016：17.

放性对话寻求可以共同分享和接受的看法的方法来帮助实践者打开思路，抛弃原本狭隘的想法以接受实践者为其还原的另一个更为真实的情境，以便更好地解决问题①。公共治理行动中，公共治理者不仅是实践的行动者，更重要的是他们是积极的行动者，他们应该积极地去体察、了解、倾听来自民间的声音，他们的一切行动都应当围绕着民众的具体问题的解决，一切政策和意见都应当回应民众的需求，因此"行动者并不仅仅是观察，也并不是一味地去执行上级的命令，他的行为必须有创造性。唯其如此，才能称得上'是一个作为行动者的公共管理者'"②。只有在创造性的世界中，公务员才是价值的输出者，不是提供顾客服务，而是提供民主③。

公共治理者具有的反思性能够让治理者考虑与注重社会主体意向性，清晰地明白自身所处的地位与作用以及存在的不足，并能够协调不同主体弥补自身不足完成意向性行动；所具有的辩证性突出了主体间性思维，看待不同主体行为以及所产生的意义，不再从主体与客体本身二元关系出发，强调不同主体之间意义的产生与形成；所具有的批判性是对自身行为反思的结果，不再一味地依靠等级与制度形成意向行为，而是从自身出发思考社会行为的达成。而实践性则是前三者思维的行动体现，或者说，前三者是思想的形成过程，而实践性是实现结果的行动。

---

① 刘亚平.公共行政学与美好社会[J].广西民族大学学报，2011（4）：137-144.
② 王锋.行动者：治理转型中的行政主体[J].行政论坛，2018（5）：66-72.
③ [美]珍妮特·V.登哈特，罗伯特·B.登哈特.新公共服务：服务，而不是掌舵[M].丁煌，译.北京：中国人民大学出版社，2016：3.

第三节　公共治理与公民

一、公民：公共精神的践行者

在现代社会理论中，作为社会生活的当然主体，公民所具有的主动公共精神是主体的内在属性。"公共场域中的各个组成要素也不是固定在某一位置的，而是永恒流动的。公民可以从'边缘'流动到'中心'，行政组织也可以从'中心'流动到'边缘'"，如此循环且互相作用，从而形成后现代公共行政理论主张的具有'自我'更新能力的新范式"[①]。在公共治理行动中，公民关心公共事务，并能在任何一个方面积极参与和发挥自我无限潜能。公共治理通过互动、话语的社会性形式来建构或重新建构，公共治理者和公民平等善意地交换意见，当然也包括参与者对自我利益的表达和理解。行动过程是判断、意见的聚集，从而实现公共秩序和公共信任。没有独立的判断与思想的公民，就无法参与公共治理生活，也无法为政策的制定和问题的解决提供有见解的内容。公民作为一个角色的集合体，按照卢梭的观点，在参与、协商的建构过程中，他不仅赢得了与别人的合作，也开始关注别人意见的可取之处，不仅成全了一个单独个体的公民，在角色的集合中也渐渐开始成为一个公共公民的角色，能够以主体的姿态对决策者施加影响。在参与的公共决策中，"公民是自主的个人，他们的参与使他们具有一种形成公共想象力的能力"[②]，公共治理行动主义中，公民是能动的，具有公共意识的、公民精神的、主动向善的社会公民。因此，公共治理下的公民是负责任的公民、有效公民及尽其所能的公民。

---

① 王嘉丽，秦龙.试论后现代公共行政理论中的"他在性"[J].党政研究，2018（5）：92-97.

② 徐善登.社区公民治理的新视阈：基于强势民主理论[J].云南社会科学，2010（6）：91-95.

(一)内含公共意识

公民的公共意识是指以社会整体的生存和发展为依归,它包含着对民主、平等、自由、秩序、公共利益和负责任等一系列最基本的价值目标的认定与追求。公民是权利的当然主体,具有社会责任心,参与社会公共事务,争取自身权利,监督公共权力。在公共精神的公民层面,一个对社会共同体怀有责任感的公民,在面临共同问题时,不会仅从自我利益出发,而是从他人的利益出发,不会仅局限于一时一地的利弊分析,而会着眼长远,以更宽更深的眼光全面发展看待人与社会。严格地讲,只有当人们以理性的方式和途径参与到公共事务和公共生活中去的时候,真正的公共生活意义才会出现[①]。作为社会中的一员,任何人都不能破坏公共利益和他人的利益,任何人都有义务去维护公认的道德原则和社会规则,更重要的是,在社会中尽管承认自我的利益,但公共意识却要求每一个公民走出自我的一己之私的藩篱,使得道德关怀流淌向社会的其他公众,真正做到以公民和社会为依归,唤起人类心灵深处的基本道德与政治秩序观念、态度和行为取向。对社会本身而言,公共意识已经成为现代社会政治治理的一种稀缺资源,成为现代性政治和现代性道德过度硬化的一种有效的价值解毒剂和净化器,成为现代社会民主治理的有机养分和有效补品。

缺少了公共意识,也就没有动力和激情去参与公共治理,更无法赋予治理过程中社会现实的特定意义。"一个共和国的公民,对于公共的福利应该有无限的热情,并且应当认为每一个公民手里都掌握着国家的一切权利"[②],具有了公共意识,不仅能够减少公共治理的运行成本,并且能够形成整个社会的互相信任、真诚合作的气氛,进而增进社会活力,促进人们

[①] 公共生活的工具化带来了很多的问题,"公共"的内涵遭到肢解,它大多时候都只能以"公众"的形态出现。或说,在公共生活工具化的情况下,人们是分不清"公共"与"公众"的,因此,"公共意识"也就逐渐被磨灭了。由于公共生活难以带来公共利益的实质改善,人们也就不再关注公共利益,而只希求个人利益的满足。与宪政民主的日益成熟,公共生活走出困境的出路,只能寄望于政府自身的自我否定了(具体参考:张康之,张乾友.产生于国家现代化进程中的公共生活[J].浙江社会科学,2008(2):37-43.)。

[②] [法]孟德斯鸠.论法的精神(上册)[M].张雁深,译.北京:商务印书馆,1961:82.

对公共生活充满热情和激情，保持积极的参与态度，更进一步推动社会资源的合理分配以及真诚合作的社会氛围的形成。

（二）彰显公民精神

现代社会要求人们相互平等，积极参与公共事务，开展公共领域的对话、交流和辩论，遵守法律，尊重和维护共同体利益。坚持公平、正义，既是一个合格公民应尽的义务，也是公民精神的体现。在公共治理行动中，在单个的公民个体身上，公民精神体现为公民之独立人格、理性精神、公德意识、社会责任、政治认同、参与行动、普世关怀、愿意与别人分享的自我开放性、具有高度的自觉性和良好的公民美德。人要成为"社会人"，就需要双脚踏在社会中，而双脚的落点为社区和社会组织[①]，社会公共场域是形成自我行动的见解、创造能力和处理复杂问题的核心因素。在具体的行为上，体现为不盲从、不盲信、不唯上、不唯权。在具体事实上，对既有的事务、制度、思想、方法等都可以以审视、检测、诘难、辩驳、求证、证实与证伪的方式进行反思与批判。如果我们增强认识自我的能力，用我们的价值观影响我们的行动，并知道如何用我们的态度和行动影响他人，如果我们能自如地运用自己的观点来看待这个世界，而不必用别人的观点看待世界，那么我们就能够形成自己应接激烈挑战的能力，就能够构建积极并富有成效的人际关系[②]。

（三）唤醒自治能力

公共治理行动中，公民的参与不仅仅对公共事务的治理提出自身的意见，更重要的是获得了自身知识体系的建设和重构的过程，对涉及自身的公共事务治理具有了更为真切的认识和体悟，并能够把这些认识和体悟转化为自身的行为，减少公共事务的治理难度。"只有那些有意识地反思并

[①] 褚松燕.消解社会浮躁：在不确定性中探究确定性——以制度建设和公共治理构筑社会发展稳定之锚[J].人民论坛，2014（7）：22-23，129.

[②] [美]罗伯特·B.登哈特，珍妮特·V.登哈特，玛丽亚·P.阿里斯蒂格塔.公共组织行为学[M].赵丽江，译.北京：中国人民大学出版社，2007：4.

愿意试验超越自我的不同方式的个体，才能实践个人的道德品格……当我们将人看成自我超越或自我实现的社会存在，他们有能力实践自我反思和诠释，并有潜力去学习和改变时，我们就能看到，对于改变各种关系以及克服官僚制非人格化行动和狭隘的意识趋向来说，自我是一个最重要的行动者"[1]。在参与和分享过程中，公民通过对其他主体价值的认同和移情的过程，富有想象力地把自己与其他主体的各种价值重构为公共性规范，并形成了处理问题的前提性思维。这个转化的过程不仅提高了政府组织中公共治理者建构的能力，也提高了公民的自治力，参与产生了公共意识、分享的意识与意义，进而产生了民主的意识，为提高公民自治力量奠定了基础。

二、主体间性：他者之我

本质上，公共治理主体之间价值整合与分享的过程，在不同的公共治理模式下，表现出不同的价值整合。在官僚制下，是通过强制与控制的方式实现价值的整合，而在公共治理行动中，则是通过互动、协商的主体性之间建构来实现。在后者，公共治理者与公民的同等重要性具有交互意义，两者互为主体性，即"你"与"我"的统一，每个主体从"自我之我"走向了"他者之我"。在公共服务供给过程中，公共行政者置身于观察对象之外，往往无法判断和确定所谓的"事实"，因为社会情境和社会经验并非完全客观，从本质上说具有主体间性[2]。传统治理向公共治理的行动过程是从拒绝他者到承认他者的存在，从由主客思维主导的模式二元对立走向了主体间性模式。

行政现象学认可自我的主动性、他者的独特性、自我和他者的互依

---

[1] [美]全钟燮.公共行政的社会建构：解释与批判[M].孙柏瑛，张刚，黎洁，译.北京：北京大学出版社，2008：135.

[2] 尹文嘉，唐兴霖.迈向共同治理：社会建构下的公共参与及模式转换[J].经济社会体制比较研究，2014（3）：51-57.

性，倡导面向未来、符合道义、积极主动的交互主体决策模式[1]。所谓主体间性，现象学认为，通过自我反思，在自我意识中发现自我内部的原初之善，认为我和你都具有主体性，你的形象是我主动和主观构造的产物，我和你之间具有差异性，你对我而言具有难以消解的陌生性。由此产生的问题是，在两个具有主观性、差异性、陌生性的主体之间，如何寻找桥梁，弥合主体间的鸿沟，将自我的原初之善在主体之间扩展开来[2]。主体间性强调了社会交互过程的具身性本质，进而将主客体关系替换成了主体间关系，超越了主客体的关系模式，在哲学层面也可以认为是"单个主体"转向"复数主体"的过程。主体间性重视规则和理性，实现相互联系、彼此共存和交往互动，实现从"主体—客体—主体"到"主体—主体"的角色换位，在诚实、互信、理性的基础上实现交往理性，成为互动和行动的平等主体。按照哈贝马斯的理解，工具理性把范围局限于自然与人之间，而在当今社会中，"需要解释的现象，已不再是对客观自然的征服，而是可以达到沟通的主体间性——不管是在人际关系层面上，还是在内心层面上。研究的焦点也因此而从认知—工具理性转向了交往理性。交往理性的范式不是单个主体与可以反映和掌握的客观世界中事物的关系，而是主体间性关系，当具有言语和行为能力的主体相互进行沟通时，他们就具备了主体间性关系"[3]。主体与主体之间的关系，不再仅仅是一种哲学上的思辨关系，而是生活世界中的直接互动，是人与人之间的一种主体间性的交往实践关系。交往理性的核心在于主体间性，双方互为主体，而不是把对方看作客体，双方处于平等的地位，互相倾诉感受，理解对方。这里的对方既可以指他者，也可以指自己的内心。故此，公共治理摆脱了先前"孤独人和孤立人"的异化式样，返回了"在人中间"和"人在中间"的

---

[1] [美]迈克尔·哈蒙.公共行政的行动理论[M].吴琼恩,张秋杏,张世杰,译.台北：五南图书出版公司,1993：1-12.

[2] 王敬宇.中国特色善治进程中的主体间性逻辑：一个伦理现象学阐释[J].公共管理与政策评论,2022（5）：5-30.

[3] [德]尤尔根·哈贝马斯.现代性的地平线：哈贝马斯访谈录[M].李安东,段怀清,译.上海：上海人民出版社,1997：48.

先验存在和原旨本真，个体独特性熔铸起公共治理活动的基础，公共治理活动成为"生活在人们中间"和人们生活方式的首要选择，公共性不断得到呈现和释放。在公共治理行动中，"主体间性"的思维与关系贯穿于治理的全过程，个体、权力或技术之间关系抛弃了过去主客二元对立的状态，开始以相互承认与认可为先验性条件，把理解、互动与合作的对等关系替代了过去治理中权力一方对另一方的强制与压迫关系，参与到治理过程中的主体不再是理性建构与设计被异化的单向度的人。因此，所谓行动，就是指主体间能够形成具体有效的合作或协商，并一起参与到公共治理过程中，最终形成多主体的合作网络模式替代传统的管控模式，在此过程中主体的行为以及互相作用的方式构成了行动理论的主要内容。

公民在经历个体化一个性化一社会化主体建构的过程中，是独立和独特的个体行动单元，是能够自主和能动的行动者及直接承担自我行动的责任人，能够利用自我内在的主观意识进行外在的客观实践。因此正是在这种意义上，行动主义导向下的公共治理中治理主体与行政相对方不再是传统意义上的主客体之间的关系，而是具有共同建构社会现实的公共治理者——公民的主体间性交往，治理行为始终是两个以上不同领域的异质主体间的行为，交往参与者自始至终都应视对方为主体并相互尊重，主体之间始终保持良好的相互关系，任何规范、政策的形成，都是以社会生活成员的"相互承认"的共识为前提，克服了"主体性哲学"的"主客二元对立"的假设，完成了从"抽象主体性"建构方式到具体实践中"交互主体性"建构方式的转变。

公共治理的行动主义，主体间的辩论和商谈，最终形成某种公共性的"共识"和生成新的意义，创造一种愿意对话和倾听、持续讨论、理性说服和认知重构的共同生活形式。在这里，主体间性公共治理者与公民主体之间的关系，它以共同的行政目标为对象而结成交往关系，在平等对话、相互尊重、宽容理解的语境中发挥各自的能动性，构建彼此兼容和达成共识的互动情境，达成对公共问题共同的认知，两者通过彼此的行动建构与他人分享规范、价值和期望等网络体系而形成了联结性，良好的联结性熨平了个体需要与组织目标的鸿沟，有助于实现两者利益的统一，即个体能够得到更多组织支持，组织更容易实现集体的行动。公共治理主体间性注重在民主、平等、信任、协商的情境中，通过对话的方式消除不同主体间的分歧，兼顾到每一主体的诉求和利益，利用各自的专业知识、关系和社会知识，满足不同主体需求和达成价值共识，从而形成一致解决问题的决策，在设身处地、身临其境的语境中，自然会增强信任和达成共识，精诚合作以完成共同目标。

在公共治理语境中，行政人不再将公民当作自我实现目的的工具或手段，他们之间的交往也不再以权力或金钱为媒介，而是以语言、知识为中介，在建设性的话语情境中，通过理性对话，反复沟通，达到公共治理者和社会力量主体相互理解而形成普遍共识。

主体间性突出强调了"他在性"，向他者开放并通过开放实现互动与合作。从重视服务能力、服务对象到重视服务主体的过程……是一个不断发现"他者"价值的过程[①]。公共治理的行动过程不再围绕绝对"自我"的行政权力进行设计，而是不同角色在行政环境中不断角色换位，彼此尊重，打破隔阂，整合交融，建构彼此，公共治理演变为公民联合平等的他者世界，公共治理中自我与他者对立的事实消解乃至消失，践行着后现代语境下公共治理的平等交流和互动合作，是对过去权力提供服务的拯救，自我与他者达到了统一。通过对他者的开放，公共行政不仅接受了社会的建构，而且也反过来实现了对社会的建构，更重要的是，它与其他社会主体一道，共同参与了对他们所共同面对的行政世界与社会世界的合作建构。

多元主体的主体间性为公共治理者与社会主体之间提供了互动、协商、合作，进而生成了可靠的预期预测和相对的稳定性，毕竟从认识论上来说，公共性何以形成，至少对于它的构成主体即公众而言，并不依赖于某些共有的或共同的物质或精神方面的承载物，也不取决于公众赖以存在的社会经济结构或政治制度，而是必然通过公众的一些共同性的认知环节

---

① 谢新水.协同治理中"合作不成"的理论缘由：以"他在性"为视角[J].学术界，2023(2)：76-90.

（从公众意见到公共理性）才得以构成[①]。不同主体所形成的共同性认知所带来的稳定性预期在于，公共治理行动主义通过多元主体的合作，奠定了多元主体之间的良性关系，在不同的博弈环境和博弈矩阵中具有了稳定的可预测性。从稳定性来讲，公共治理中不同主体彼此之间互相重视与设计，组织行为与社会治理行为能够趋于稳定，各种合作和政策制定的程序都具有了相对的稳定性的意义。

[①] 吴畏.公共性的认识论逻辑及其治理意蕴：从哈贝马斯的 Öffentlichkeit 概念谈起[J].江苏行政学院学报，2022（2）：96-103.

第三章 设计与模式

第一节 行动设计的内涵

一、公共治理的隐喻阐释

任何公共治理活动都以一定思想内涵为支撑,这些思想内涵通过不同隐喻方式呈现出来,折射出斑斓多彩的治理价值和知识体系。公共治理在发挥作用的模式中,一直被视为经验性学科,更多地表述为既是一门科学,也是一门艺术,科学讲究理性原则,而艺术则突出了方法和途径。在所有公共治理的发展中,几乎都没法逃出经验知识、科学理性和方法艺术的研究思路。

公共治理起源时,人类管理更多是基于所拥有的经验来进行设计,"克里斯玛"型统治是显著的特征,年龄、个人人格魅力、身体强壮等领导的超凡魅力是公共事务治理的可以信任的保障。由于该类管理组织是建立在领导个人人格的权威之上的,组织成员对领导的服从和行使活动是基于领导者个人的感召力和煽动性上的,其治理特征表现为经验性与依附性。公共治理活动被看作是经验的积累和经验的体验,凭借教化与感召功能管理社会与民众,整个社会治理是传统保守性经验知识的循环和更替,公共管理行为是"人治"下的管理和顺从,公共管理整体行为是感性的、人格化的。当经验知识无法解决日益复杂的公共生活的时候,经验型统治也就寿终正寝了,所谓的"经验"也就成了解决公共和集体行动的障碍,经验的不可靠性、不可预期性与不确定性必将被更先进制度理性和技术理性行为所取代。

公共治理活动被视为科学的时候，秉持了设计的理性主义与现实的功能主义原则，强调了理性至上理念，其主要旨趣为，公共治理中的公共治理者和各类活动是价值无涉的，通过定量和实证研究来描述公共治理活动，利用组织内部的官僚理性知识（包括形成的各种制度、措施以及实施的程序等）和专家技术知识（咨询机构、智库或技术人员等）来制定与实施公共治理政策。从整体上看，整个公共治理活动形成过程是严格按科学设计标准和程序要求，经过组织严格程序和制度制定的自我求证，治理活动遵循"理性—制度"主义原则进行，具体式样是"命令—服从"型，在此要求下，整个行为必然是机械的、僵硬的，没有生机和未来的。从人类社会的发展来看，公共治理活动被看作理性的特征和呈现，适应了当时社会发展情形趋势——人们是生活在一个确定性和低风险性社会环境中，过程的确定性诉诸更多理性知识的求取，比如，在农业社会为主导的简单型社会关系中，紧紧依靠习惯、风俗与先例等自然习俗性设计就可以达到维护统治者权威需求的自生秩序。而治理的主体，理性官僚的群体不被看作经验的群体，而是被视为精英主义合作治理下的理性最大化的群体。这种建立在功能主义之上的组织设计，"假定人都是具有自然理性和利己取向因而是被动的和反应式的，通过科学管理方法和制度规则的应用，就能得到整齐划一的行为取向和预想建构的社会现实，因而其关注点在于行政单位间机构、结构和功能的协调性。在此指导下，技术、理性以及科层体制主导了传统行政原则及其组织方式"[1]。技术性的公共治理者的知识取决于自身的专业素养和组织体制内部的各类规则的认知，在封闭的知识体系下"理性"本身也是组织内部的理性，如果粗糙地把组织分为组织内部和组织外部的话，理性的公共管理活动也不全是完整性的理性行为，而仅仅算是"准理性"行为。

公共治理活动被设计为艺术，是认为公共治理活动更多基于人的认识

---

[1] 张振波，金太军.论国家治理能力的社会建构[J].社会科学研究，2017（6）：1-6.

的非线性和行为的非理性，各种政策和活动要取得良好的成效必然是渐进的，是多元主体和知识的不断变化、修改和确定的结果。作为艺术的行政活动，公共治理者是解决问题的艺术家。艺术家式的领导依赖于自身非理性，包括直觉、各类技巧、个人感召力、群体的想象力等，"作为行政理性主义者的理性设计人员更关注事实、法律和规则的发现；作为艺术的行政则强调个体间的差异、行政环境的背景、特殊利益、权力和决策领域中行动者感知因素"[①]，政策的制定取决于领导力、各类技巧和艺术处理方式，关注的是协调、讨价还价的交易等一系列组织内部需求和策略。艺术式公共治理要解决的并不是寻求问题答案的最佳方式，而是通过倡导领导和组织的技巧，达到各种力量合意的"领导变通风格之术"。公共治理活动是在一定的环境中展开的，环境的不确定性无法保证政策和决定按照不变的模式执行，政策需要不断调整和修改，政策是在适应外部环境的过程中自身进行渐变的产物。解释主义因其"通常朝向或应用于有主观意图的客体"而被看作更具有"实践性"的途径[②]。

  公共治理的关键，不在于"治理"，而在于"公共"。无论公共治理活动被设计为科学还是艺术，都是政府内部的自我建构，通过理性和技术的形式呈现，主要是通过官僚等级体系的自上而下自我形成或是技术人员、专家分析来完成。公共治理的知识要具有真理性，必须客观地、全面地、深刻地反映公共治理生活的本质、规律与发展态势。对公共治理知识的成长、概述和研究需要公共治理生活的充分展现和表达，真正成为符合组织和人之本性的而不是与人性相悖——使人异化的生活样式。只有当人类充分认识到公共治理生活的本质和规律，把握自身的发展和由此集体行动起来的组织生活的时候，公共治理的"彼岸性"才具有意义，所呈现出真实的"此岸性"公共治理生活——现实生活的治理活动才更有价值。

  现实世界中的治理活动，治理有效的前提乃有关公共利益的实现，这

---

① [美]全钟燮.公共行政的社会建构：解释与批判[M].孙柏瑛，张刚，黎洁，译.北京：北京大学出版社，2008：72.

② [美]全钟燮.公共行政的社会建构：解释与批判[M].孙柏瑛，张刚，黎洁，译.北京：北京大学出版社，2008：36-39.

就需要搭建与打通社会不同层面的利益通道，构建个体与个体、个体与国家之间的沟通与协调，使公民的利益得到即时化反映与满足。所以，社会治理不仅仅要对"社会"进行治理，更应该是由"社会"来治理和通过"社会"来治理，即社会治理要尊重社会、培育社会、发展社会，实现国家与社会良性建构与有效治理。作为现代社会意义的治理，"基本任务就是构建利益主体的连接通道，以化解现代利益主体之间的竞争冲突。同时，基于利益之间协调的可能性，也要认识到社会治理有其内在的限度，社会治理不应只是对社会的治理，更是基于社会的治理"[①]，继而打通联结利益的不同通道，融合科学与艺术的设计，而行动主义则为两者融合架设了桥梁。

行动主义理念的公共治理，在融合了批判性反思和后现代思想的基础上，把不同群体的差异包容、互动对话以及分权自治思想融为一体，进而突出与传统自治侧重点不同的治理路径，弘扬多元协同、参与民主、自我治理。不同于理性设计与艺术设计的思维，公共治理的行动主义使得公共治理的知识发生重大转变，在融合了公共治理科学与艺术的同时，进一步逼近了公共治理的现实本质，其中重要的原因是它突出了社会发展阶段特征和社会中人的本性归属，以新的思维方式回应人类社会的发展需求与变革。

二、行动设计的内涵

"设计是一种人类生存与发展的方式，不断解决人类发展中所出现的各类问题。哪里有问题，哪里就有设计；哪里有产生设计解决问题的剧场，哪里就有人类文明秩序的更新、优化与完善。设计一直处于从遭遇问题到探索解决方法再到实现目标的进程中——这也就是设计治理之流"[②]。公共治理的愿景是实现美好生活，所谓美好生活是据美的规律创造

---

① 刘拥华.社会治理与通道建构[J].天津社会科学，2022（2）：55-63.
② 邹其昌."设计治理"：概念、体系与战略："社会设计学"基本问题研究论纲[J].文化艺术研究，2021（5）：53-62.

设计出来并被人们接受的生活方式,"行政美学的研究不仅是要发现行政活动的主观和客观的审美关系,而且还要充分利用人的审美体验塑造和改善行政活动,以促进行政活动的和谐可持续发展"①,目标是物质文明和精神文明和谐统一,是一种高品质的生活状态;所谓好的生活是指追求和谐有序的社会发展,是一种富足的生活状态,其"好"主要是公共治理需要秉持关注社会发展、体恤民情的公共价值理念,对社会尤其是关乎民生的议题,比如就业、社会保障、医疗、教育等社会问题给予特别的人文关怀与道德关注,实现设计所带来的设计治理是实现美好生活的主要方式。

"面对大众与社会道德已成为设计的基本面向和设计主体民主化、多元化诉求的背景,追求解决社会问题,在部分理论和特质上与交互设计、服务设计相吻合,以参与式设计和共同设计为主要内涵和方式的行动设计也就应运而生"②。当思考公共治理行动时,就需要理解"设计"一词的丰富含义。在公共治理世界中,"设计,要言之,即是智识精神的充分解放,因其促使灵魂向可能性的无穷尽思考挑战",其特征有:(1)设计尝试透过思考来区别不同的行为类型;(2)它试图运用思考来判断何种行为类型有助于特定目标的达成;(3)设计旨在与其他心灵沟通,在此种状态下,得以将思想转化为行动,从而完成设计所要求的目标,设计,一旦应用于公共治理领域,便成为一种借由互动过程来解决问题的架构"③。但在不同的社会层面,行动设计又表现出不同的内涵和指向,其中核心在于从"社会"的哪一层面来理解,侧重将"社会"作为一种实践和行动的理念,在社会协同中开展设计项目,使得设计往往"作为一种社会活动出现";侧重将"社会"作为"社会价值"和"社会效益"角度的理解,使之区别于以商业价值为目标的设计,将社会责任贯穿在设计实践始终;侧重将"社会"与"社会技术""社会技术系统"链接,从系统观和管理思维角度把

---

① 颜如春,周海健.美向行政:关于行政的美学思考[J].探索,2013(3):76-80.
② 徐聪.社会设计理论视角下社区治理思路创新及原则遵循[J].重庆社会科学,2020(7):110-120.
③ [美]全钟燮.公共治理:设计与问题解决[M].黄曙曜,译.台北:五南图书出版公司,1994:150-151.

握,但又能采用具体的调节手段实施,试图影响社会运行机制或政策;侧重将"社会"从整体的"社会形态"角度来理解,肯定设计负有推动社会变革的责任,以促进社会的系统级变革为目标而设计[1]。因此,行动设计的面向不同,所呈现的意义也就不同。在公共治理所指向的行动设计中,行动设计突出社会过程性的意义,通过各种资源与行动的设计来探求社会复杂问题解决方案,让人的生活更有可预见性,进而使得每个人拥有更大的自由参与公共治理。与理性设计的专家设计不同,行动设计立足社会层面意义,面向社会本身进行设计,是群体之治与共同之治。

在主体上,社会问题的治理过程中涉及各种利益主体,他们均可参与设计的过程,共同理解与认知社会问题、规划与制定设计策略、执行设计方案,也就成为设计的主体。在内容上,互动的过程性构成行动设计的主要内容。行动设计的价值不是"造物",而是组织社会成员共同解决社会性问题,实现人与组织、人与人的和谐关系并得到发展。在这一过程中,强调人与人之间共享与分享的体验,"体验感"构成互动的本质,也是行动设计的核心内容,进而在解决好各种问题的同时实现组织的协调发展,凝聚共同发展目标和实现公共利益。在本质上,行动设计立足社会本身,肩负起解决社会公德与价值、追求平等、民众问题等社会性质的责任,因此行动设计是立足于在满足社会生活需求的基础上回应和实现公共利益的目标。在方式上,行动设计有着多重面向与指向,有对设计自身的治理行为或方式、对设计消费者或使用者的治理方式、对设计实施者的治理方式、对设计相关标准或政策的治理方式、对设计的无形治理方式、对设计的有形治理方式等。因此,行动设计治理,是开放式治理(open governance)和闭环式治理(closed-loop governance)的统一体,也是无形治理和有形治理的联合体,还是一种精神性(心理结构)、物质性(生理结构)和文化性(社会结构)相统一的治理方式,更是一种本体结构和

---

[1] 李叶,李杰.彭圣芳:社会设计以建设性的行动对现实世界进行着结构性的批评[J].设计,2023(8):55-58.

价值过程融为一体的治理方式①。

从中可以窥探，互动、分享以及在此基础上形成的合意性与意向性行为构成了行动设计的主旨。为此，全钟燮特别强调，"设计可以被视为是人们互动的过程，也是社会过程，设计还是一个深思熟虑的过程，这个过程涉及基于一定立场的行动者的批判意识，这些行动者参与创造了理解和解决问题的各种可供选择的方案"②。故此，行动设计是指政策方案的形成过程，是与特殊政策议题或问题相关的政治家、行政官员、社会不同利益团体及社会公民等利益联结人的社会互动、协调与合作形成的。理性设计是基于公共事实的设计，而行动主义的设计是公共事实关系的设计，是多主体之间行为关系的聚合与生成。行动设计具有多主体之间关系的工具意义，政策的目标和目的是通过人际的互动、对话以及相互的学习而社会地建构的。社会设计的核心在于理解不同的观念、经验、技术和社会的知识，以及通过分权化发展共同的责任。行动设计特别强调行动设计过程中的公民参与。因此，行动设计可以概括为，行动设计强调了参与者的互动、沟通和交流之方法，突出了政策分析和制定过程的开放性和透明性，承认彼此的差异、合理的分歧和尊重不同意见与价值多元性，鼓励政策质疑、政策讨论和政策辩难，其政策过程是在多主体的知识互动、意见交流和需求价值共识生产与再生产之下的结果。

作为互动过程、社会过程和深思熟虑的过程，行动设计是一种实现行动主义的工具和模式，在其过程中，通过设计系统本身，各个行动者充分互动，通过交流、话语和行动等酝酿的相关程序规定，呈现出相关主体的知识、背景、利益、资源等行政符号和仪式，在一致意见或者相反意见中生成、提供了多重可供选择的方案，其相关主体分享体验和思想，能够更加准确理解、认识、改造和创新社会，以此来解决价值、问题视角冲突。作为科学研究想象力的产物，行动设计模式增进了社会知识的生产与发

---

① 邹其昌."设计治理"：概念、体系与战略："社会设计学"基本问题研究论纲[J].文化艺术研究，2021（5）：53-62.

② [美]全钟燮.公共行政的社会建构：解释与批判[M].孙柏瑛，张刚，黎洁，译.北京：北京大学出版社，2008：61.

展。在前面我们提到，社会知识产生于人类社会治理的活动中，产生于人类的合作、互动、认可、协商、象征、仪式等知识领域之中，行动设计模式在这些知识领域中出发、总结和发挥作用，展现了公共治理的过程意义和相关知识生成的可能性。

三、行动设计的特征

"治理是设计的内在本质，设计治理本质上是一种善治"①。公共治理的行动主义中，集中体现为行动设计，暗含了公共治理行动过程的意义和价值体现。具体而言，行动设计的特征体现为形式和实质两个方面。

行动设计从形式上看，是一个互动的过程，是一个社会的过程，是一个反思的过程。"发展促进互动和参与的过程是行动设计的本质属性"②，互动过程体现在公共治理所要建构的现实和事实是通过多次的不同主体之间的交流过程和面对面互动来创造完成的，大量反馈互动的联系和感知，把要解决的问题与制定的政策和不同主体的知识储量、认知格局、价值取向及现实复杂的客观情形联系在了一起。行动的过程也是互动过程，是一个折射反应，互动的过程本身就是社会过程的一部分。公众与政府的双向互动有多重样式，有政府主导的互动和民众自主参与的互动，行动设计过程中融合了双向互动的模式，设计者从系统的观念出发，把不同的个体与规则相耦合，内部环境和外部环境的黏合，形成了一个"小型"社会的能量场，不论是最后的合作还是相互抵牾反对，不同的诉求、意见、项目、价值得以建构和重构。批判和反思的过程体现在不同行动者所创造的不同方案，方案形成的过程是不同主体相互考虑对方，反思自身认识视角和知识的局限性，同时结合公共治理者敏锐的分析和判断，并形成一致的政策目标函数。

---

① 邹其昌."设计治理"：概念、体系与战略："社会设计学"基本问题研究论纲[J].文化艺术研究，2021（5）：53-62.

② [美]全钟燮.公共行政的社会建构：解释与批判[M].孙柏瑛，张刚，黎洁，译.北京：北京大学出版社，2008：75.

从实质内容上看，行动设计是一种规范化、描述性和批判性的策略。规范化体现在行动设计是正式的程序和约束的模式，是有序的，是有目的的行为模式。描述性体现在所有参与者都具有呈现自身价值的机会，组织内部的行政管理者、技术专家和外部的社会力量的群体发生知识上的交流与促进，政策形成既要考虑不同主体面临的外部环境的影响，也要思考社会力量在环境压力下的接受能力。行动设计的批判过程体现在组织中的公共治理人员持有一种敢于批判的认真态度，积极自我建构，参与对话，承担起组织、推进和完成建构的责任。

"社会设计途径包含了对相关行动者价值观的高度重视和鉴赏，关注的方式是聚焦于对组织和社会关系（行动环境）的解释、理解、共享和学习，采取前瞻性的态度看待冲突化解、问题解决和变化处置"[1]，而行动主义也是如此。基于公共治理行动的多样特征，作为其模式的行动设计特征，不同的视角转换表现出不同特征。当行动设计关注组织内部和外部环境之间保持相对紧张平衡的时候，注重彼此之间的知识交流和舍取，行动设计就有了知识和资源整合的意义；当行动设计关注公共治理的目标实现、建构的意义和行政作用的客观化的时候，行动设计的过程性特征就彰显出来；当行动设计关注不同主体的知识交流与建设，挖掘寻找其形式与内容背后的潜在关系和创造性的思维模式的时候，行动设计就呈现出创新的表征；当行动设计基于现有的社会问题，探索公共治理将来的发展趋势和建构模式的时候，预测社会问题的出现和解决的可能性，行动设计就具有了未来性导向的治理特征；行动设计更多地适应在社区或者群体性较弱的活动中，行动设计"在解决社会问题的过程中，因人的身心需求多样化、价值追求多元化，理应更多地将问题放到具体的情景当中去考虑和处理"[2]，换句话说，行动设计更多适合于地方政府的管理模式。至于行动设计的社会实践性、地方性、生活化特征我们在后面的论述中再详细阐释。

---

[1] [美]全钟燮.公共行政的社会建构：解释与批判[M].孙柏瑛，张刚，黎洁，译.北京：北京大学出版社，2008：74.

[2] 徐聪.社会设计理论视角下社区治理思路创新及原则遵循[J].重庆社会科学，2020（7）：110-120.

四、行动设计的愿景

公共治理行动主义取向具体运作程序为,通过有预期的行动设计,不断吸引不同主体参与,聚合和形成新的意见,进而生成具有针对性和社会性的政策或措施。在其过程中,行动设计为建构过程提供了具体实施的平台和途径,社会各类问题得到重新认识和诠释,获得相对较为民主化结果的政策或者措施。从这个抽象化的过程描述中,可以窥探行动设计本身的目标,利用不同的社会知识整合共同治理社会,是多元治理的体现和深化,最大程度地实现人类社会治理的彻底性和社会性,通过不断的行动设计,辅之以制度建设、文化建设,逐渐成为社会治理的"元叙事"方式。行动设计体现了过程性治理特征,"在过程导向的合作中,人们着重思考的是过程本身,从而使人们更多地思考这个过程中的关系和行为的状况"[1],使行动设计下的建构公共治理成为理论和实践的优先选择,成为民主治理的范式,成为公众参与公共事务治理的仪式与习俗,成为治理行为方式的首要选择。

公共治理的知识类型转换是在人为秩序与自然秩序、辩证理性与有限理性、意识形态与实证主义方法、形式主义运作和效率至上原则之间作出整合实现,使得公共治理知识在现代社会中的担负是来自社会需要而不是意识形态和官方话语的需要。因为行动主义取向的公共治理的选择和社会治理的目标的达成有一定的路径依赖,而一个社会知识的储量状况、认知格局是形成发展与变革路径的根本,知识体系已成为公共治理分析社会问题时的一个重要变量。"人的合作能力会处于变化之中,会在人的学习中得到提高,会在合作行动的经验获得中得到改善……在社会治理的行动体系中,行动者对优秀的角色扮演会落实在对知识的学习上。但是,社会治理系统中的人的向上流动又在很大程度上取决于更高权力执掌者对其绩效成果和能力的认可,以至于使旨在提高能力的知识学习热情受到削弱"[2]。治理者一旦不能掌握社会变革所需要的知识,就有可能会形成社会

---

[1] 张康之.论共同行动中的合作行为模式[J].社会学评论,2013(6):3-19.
[2] 张康之.论合作行动的条件:历史背景与人的追求[J].行政论坛,2016(1):1-9.

的挫伤。易言之，当代社会发展首要条件是知识存量的增加和应对，一个组织内部的知识增长的有限性决定了组织效率和活力发挥程度。公共治理的行动主义既是社会知识治理的渴求，也是政府组织向社会本身求取治理知识、俯身求解的反映。从各类知识的融合、酶化、耦合到具体的公共治理客观化是行动设计的目标化过程，突出行动主义的实质与价值。

从民主治理特征来看，公共治理中行动设计的特征具有建设性的民主内涵，涵化着社会权利本身的地位占优性和高位阶性——以公民福利实现、公共利益最大化为目的，关注社会民主的自由与效果。从行动主义的理论来看，达成共识是建立在公共理性的基础上，以发展公民文化为核心的政治文化为旨归，其核心的主题是关怀和突出基于基本正义问题的公共之"美"、之"好"、之"善"，而不是政治权威的自我认同和价值偏好的组织呈现。自由、平等、理解、认同、宽容、互惠互利、共同学习成长等外部制度化的保障和理性公民内心真实的同意、良好心理秩序的建设是以行动设计指导下公民文化中"美""好""善"的知识为主要内容，积累了行动主义追求的公共之"美""好""善"的行动的现实性。行动设计作为一个治理意象，为公共治理的研究提供了丰富的想象，为公共治理理论发展和实践的探索提供了努力方向，但这个意象还亟待饱满和完善。

第二节 行动设计的内容

一、行动设计的具体化

"公共行政是一个经世致用的实践领域，是行动者围绕公共生活谋求共同体利益的活动。公共行政根植于实践，它既在观念的指导、规范之下，又在实践中创造、发展理论。关怀真实的实践问题，在现实世界里寻找理论的根脉，才是获得理论创新的本源"[①]。作为治理过程中人群聚合和社会交往的方式，行动设计本身表达了人们一种主观认识和期望，具有较强的理论先进性，突出了与众不同的治理模式。但行动设计作为公共治理的意象，并不能全部表达公共治理行动主义运行过程和内容的特征。我们认为，在行动设计的隐喻中，忽视了具体的场景与域地，公共治理行动离开了协商、合作、争论等相关的建构程序与过程，也就失去了存在的意义，所谓社会建构更无从谈起。而这些程序与过程往往是具有场景化的特征，社会建构的过程是在一定的社会情境中，通过组织、计划、管理等过程实现的。公共治理行动主义场域创建（以公共政策为例）可以用图2表示。

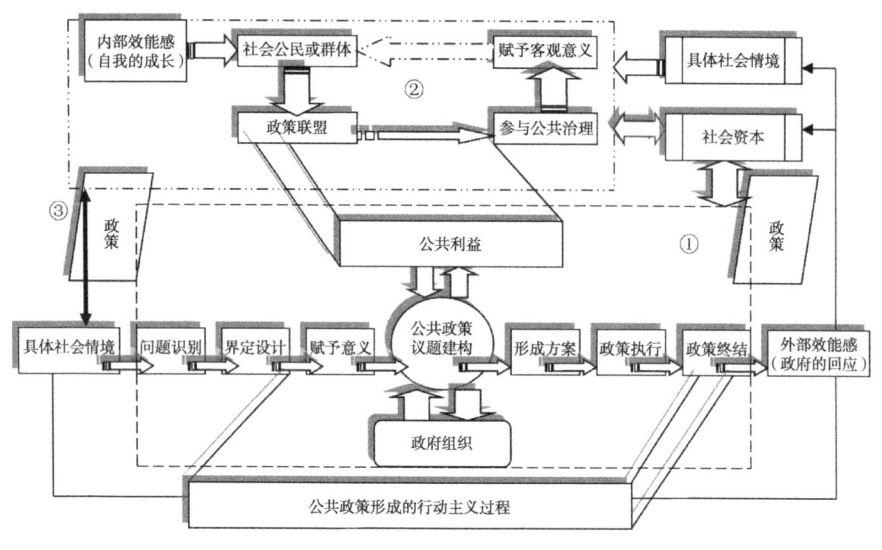

图2　行动设计过程示意图

①代表政府组织内部的场域；②代表民众参与的场域；③代表社会中的公共场域

从内容上看，行动设计仅仅突出了场景化中一项内容，即社会建构的过程，而忽视了议题的选择、经过建构后的客观化生成结果和议题的解决与成效——行动设计的隐喻缺少外在的制约、支撑与保障的内容。所

[①] 郑永年.中国为什么没有自己的知识体系？[N].联合早报，2011-09-20（12）.

以，对公共治理行动主义导向的理论的描述与抽象是不全面的，需要我们重新进行设计与完善。

立足场景化和过程性的分析，我们把"行动设计"转换为"场域—惯习"行动设计，进而把场域与场域中的人的行动联结起来。行动设计中的场景化特征具体表现在两个方面：一是行动过程中信息流动的环路特征。信息流动的单向性不具备行动设计的内涵，信息必须是全面的环式回路流动，通过信息源的发送、传输、认证、互动、建构与反馈来实现，公共治理事务的内容、问题与意义才能得到完整的显现，信息构成了一个公共事务治理的微小的"场景"，是公共事务治理建构过程的发起点。二是行动设计下的公共治理社会建构是在外部环境的影响下进行的，这些外部的环境制约、监督、刺激或牵动着社会建构过程的本身，具体包括政治、经济、文化、人口与技术等影响社会变迁力量的因素，外部环境构成了公共事务治理的外部宏观"场域"，形成了行动过程的外部大"场"。不同的小"场"与共同的大"场"构成了复杂众多的、生动多面的公共治理行动主义景观。

二、行动设计的内容

"场"是一个人的行动取决于个人和环境的相互作用，行动既是人的行为与环境之间的函数，也是人们在公共场域之中彼此之间的函数，公共场域促使主体和客体融合为一个共同整体。"场"还包括认知意义，既有物质环境中的某些事件（即被知觉到的物质环境），也包括个人的信念、感情和目的等内容，具有综合性和多样性。总之，"场域"（field）的概念在布迪厄的反思社会学中得到了进一步的阐述。从关系的角度思考，他认为"各种场域都是关系的系统"[1]。因此，"从分析的角度来看，一个场域可以被定义为在各种位置之间存在的客观关系的一个网络，或一个构

---

[1] [法]皮埃尔·布迪厄, [美]华康德. 实践与反思：反思社会学导引[M]. 李猛, 李康, 译. 北京：中央编译出版社，1998：145.

型"①。布迪厄则进一步指出,"我们可以把场域设想为一个空间,在这个空间里,场域的效果得以发挥、并且,由于这种效果的存在,对任何与这个空间有所关联的对象,都不能仅凭所研究对象的内在性质予以解释"②。布迪厄的场域概念,不是一个地理空间,而是一个生活气息、民众力量的社会空间,因此场域的理解带动了公共治理空间的理解,即空间治理的出现,这为行动主义搭建了舞台。

(一)公共治理场域的内涵

"场域"的内涵不仅突出了重视社会问题的客观性存在描述与认知,更重要的是突出了公共生活中主体之间交流、个人行动和相互行为的耦合,而这一点与行动设计本身的隐喻不谋而合。

失去了具体场域的支撑,行动设计本身顶多是公共行政的一个抽象的隐喻,徒有形式而没有内涵的隐喻,也就彻底失去了公共行政活动空间的现场感和实在性。公共治理的场域是指一种充满生机与活力,可以自由表达主见与形成公共选择的领域,通过行动设计使得行动过程充分展演出来。因此,在行动设计中,场域不是一个实体,而是一个公共空间,是一个由各种客观公共生活相互交织而形成的公共行政作用发挥的空间。

"场域"作为特定位置之间客观关系的一个网络和空间,不仅仅是指被物理边界物所包围的领域,也指具有社会与文化意义所在的领域空间。场域是一般社会空间,一方面是一种力量的场域,另一方面又是一种竞争的场域。因此,在行动主义治理中,"场域"作为一个充满竞争、对抗、互动和博弈的空间,必然最终会形成一个社会网络空间,主要由于个人和群体所处的位置以及在关系上的性质不同从而具有特定的身份,并由这些各种地位、身份相互作用而形成了复杂的网络系统。既然"场域"是社会关系网络系统,那么就不存在社会与个人的划分与对立,也就实现了不同

---

① [法]皮埃尔·布迪厄,[美]华康德.实践与反思:反思社会学导引[M].李猛,李康,译.北京:中央编译出版社,1998:132-134.
② [法]皮埃尔·布迪厄,[美]华康德.实践与反思:反思社会学导引[M].李猛,李康,译.北京:中央编译出版社,1998:138.

个体充分良好地融合在一起的集体行动，这是公共治理行动主义理解的前提。在公共治理系统中，不同位阶的治理人员和社会主体在公共治理生活领域中构成了一个复杂的网络系统，在社会这个大环境"场域"之中是与政治、经济、社会、文化紧密相连的。因此，公共治理行动不仅要受到内部组织的场域制约，还受到更大的社会场域的限制。同时我们也可以看出，把公共治理的隐喻仅仅界定为行动设计是不全面的，在具体实践生活中，可行性难以经得起现实考验，场域与行动紧密相连。

我们不能离开具体的公共治理生活场域来进行行动设计，大大小小的"场域"及其"能量"决定了公共治理本身是一个复杂的、充满生机的、讨价还价的知识再生产的过程，而不是单单行动设计中所蕴含的互动与协商那么简单。

（二）行动设计的具体内容

对一个场域或空间的理解，是一个复杂的过程。现代社会中，社会是由具有相对自主性的社会微观世界构成的，这些微观世界具有自身逻辑和必然性的客观关系的空间，这些微观世界由不同的场域组成。从公共治理生活本身来看，行政活动、行政作用与行政空间相互耦合成为一个场域，是一个相对稳定的空间，由各行为主体相互对话、建构而形成主体间性的关系系统。在这个系统中，不同主体的知识、信息、诉求、利益、讨价还价等构成了一个动态的演化博弈过程，在这个过程中，纾解各自疑窦，缓解各自忧虑，对公共事务治理方案进行驳难和答疑。在场域结构化的系统中，各种行动主体通过对话协商，在各种集体选择的场域交流信息、谈判目标、共享资源、减少分歧、分享知识、增进合意、达到统一，这个过程就是公共行动者建构与学习产出政策的社会过程。如果行动设计仅仅关注场域，还难以洞察场域中的行动特征，还必须认真研究诸如布迪厄所称的"惯习"之意义，形成场域与行动的统一。

惯习"是持久的可转移的禀性系统"，与客观结构紧密相连。人们常常把"惯习"视为一种主观性,"惯习就是一种社会化了的主观性"[①],但它常常是与客观结构(场域)相联系的主观性。这就是说,没有孤立存在的惯习,只有与特定不同类型的场域相关的"惯习"。惯习是一种生成性结构,是一种人们后天所获得的各种生成性图式的系统,惯习"是一个开放的性情倾向系统,不断地随经验而变,从而在这些经验的影响下不断的强化,或者调整自己的结构。它是稳定持久的,但不是永远不变的"[②]。

因此,从"场域—惯习"视角理解行动设计,需要从3个方面进行:首先,从场域和惯习两者之间的关系来看,两者是相互交织的双重存在,场域是具有惯习的场域,没有惯习的场域是不存在的。惯习是场域的惯习,脱离场域的惯习也是不存在的,"社会现实是双重存在的,既在事物中,也在心智中;既在场域中,也在惯习中;既在行动者之外,又在行动者之内"[③]。社会存在着形形色色的"小世界",这些场域是一种客观的关系系统,活动于其中的行动者并不是被动的执行者,而是有知觉、有意识的能动的人,他们是社会性和个体性的统一,"惯习"则将这二者统一起来,成为个体行动与社会结构之间连接的桥梁。作为社会结构中的一个"亚场域",公共治理中行动的场域是具有建构惯习的场域,而脱离建构场域的建构惯习是根本不存在的。其次,作为行动主义中公共治理的场域,公共治理受社会发展特征和职能转变,深刻影响着建构过程中人的发生惯习,惯习能够将场域建构成一个充满价值的世界,值得每一个人都努力去完善的社会。不同主体通过建构的惯习进行公共事务的治理,也在建构政府和影响着公共治理职能的发挥,同时,也发展着行动主体自身,在解决社会问题的同时,也使得社会趋于有序与稳定。最后,场域与惯习之间不是简单的"决定"与"被决定"的关系,而是一种通过"实践"为中

---

① [法]皮埃尔·布迪厄,[美]华康德.实践与反思:反思社会学导论[M].李猛,李康,译.北京:中央编译出版社,1998:170.

② [法]皮埃尔·布迪厄,[美]华康德.实践与反思:反思社会学导论[M].李猛,李康,译.北京:中央编译出版社,1998:178.

③ [法]皮埃尔·布迪厄,[美]华康德.实践与反思:反思社会学导论[M].李猛,李康,译.北京:中央编译出版社,1998:17.

介的"生成或建构"的演化关系。"社会行动者是历史的产物,这个历史是整个社会场域的历史,是特定子场域中某个生活道路中积累的历史"①。治理组织内部与外部的不同主体的惯习是在公共治理议题社会建构活动中获得知识与经验的积累与增长,又能在公共事务议题的共同行动中可以持续发挥作用,它通过成功的调解行动来建设充满信任的组织与社会,同时又受到充满信任的组织和社会的持续影响,促使行政活动不断改进,并影响着公共治理的建构场域形式与内容。故此,行动设计中的场域,从本质上是有价值意义的社会互动和共同治理的空间。

当然,"场域—惯习"行动设计的公共治理社会建构过程不是一帆风顺的,要与反对的意见、分歧以及不同的利益诉求等经过多次博弈,才能有所结果。"对公共问题共同决出决定的共同治理不是一个和谐的、有效的和快速的过程。相反,它可能是混乱的、耗时的和有争议的。即便如此,共同治理还是有助于弥合传统的公众和公共行政者之间的鸿沟"②,这就是公共治理行动主义方案的魅力与优势,各自力量博弈和知识体系决定了行动过程的反复性、艰难性,衬托出了行动主义所产生的客观化后果的适用性、有效性和建设性。

对公共治理场域的分析,需要找出场域的核心因素,"在行政场域中,角色、结点和域面共同构成了三维结构和元素。其中,角色指行政场域中的参与者,是域内关系的各个端点;结点指行政场域中客观关系的交合点;域面则是指行政场域的疆界和范围"③。在"场域—惯习"行动设计中,"角色"是指参与治理的各种行为主体,具体而言是指公共治理者与社会行为主体,行政场域中的客观关系并不只是单纯的行政主体、公民及行政相关人三类角色的互动结构关系,还包括角色之间的服务与监督关系。在行动中,角色之间虽然有职务、岗位的不同,但在行动过程中是平

---

① [法]皮埃尔·布迪厄,[美]华康德.实践与反思:反思社会学导论[M].李猛,李康,译.北京:中央编译出版社,1998:181.
② 尹文嘉,唐兴霖.迈向共同治理:社会建构下的公共参与及模式转换[J].经济社会体制比较,2014(3):151-156.
③ 苏万寿.行政场域及其权利实现[J].行政与法,2010(4):1-5.

等的。行政场域的结点就隐含在不同的主体之间,是他们要进行行动的议题中所包含的种种分歧、利益,不同主体身份的复杂性决定了结点本身的复杂性和多样性,这些对要建构议题的分歧、意见,既是"场域—惯习"行动设计中一个抽象的、工具化的、符号的、行为的和语言的存在,也是"场域—惯习"行动设计之所以充满活力与生机的根本原因,这些分歧与利益在场域中得到转化与统一,"在共同治理中,重点不是公众或者公共行政者,而是他们在一起共同协商的过程本身"[1]。公共治理场域作为一个行为与语言的交换空间,其域面究竟有多大,需要根据所要建构的议题进行确认和选择。在布迪厄看来,任何场域的确定和场域边界的确定都充满着不同力量关系的对抗。就实质意义而言,行动设计中治理场域的域面大小取决于治理事务的性质、内容与范围,取决于行动中主体参与人员的数量、群体的属性、每人拥有知识的特征等因素。

(三)具体过程

场域中不同位置的地位和意义绝非完全由结构和系统内在关系界定,而要涉及权力分配和该位置所特有的专门资源(如文化、经济、社会、符号、象征性资本等)。因此,必须从社会的整体进行分析,为理解社会对自身和周围世界的表象方式,我们必须考察的是社会的性质,而不是个人的性质[2]。社会的性质与整体特征决定了场域分析的特征。"场域—惯习"行动设计的公共治理过程可以概括如下。

首先,公共治理的核心是确认权力关系。"场域—惯习"行动设计分析突出了各种行为主体的位置和在场域中位置并明确各自的权利与义务关系,占据这些位置的行动者为了获得这一场域特有的合法形式的权威,从而展开相互竞争,形成了多重关系,进而制约和影响着不同位置的行动者的策略选择。其次,公共治理的参与过程中,直觉、习惯等行为影响意向性行动的达成。场域理论侧重分析行动者本身的惯习,态度倾向在治理场

---

[1] 尹文嘉,唐兴霖.迈向共同治理:社会建构下的公共参与及模式转换[J].经济社会体制比较,2014(3):151-156.

[2] [法]E.迪尔凯姆.社会学方法的准则[M].狄玉明,译.北京:商务印书馆,2006:13.

域中占据重要内容，不同的态度其行为也迥然相异。行动设计中行为主体的情感、态度、行为模式、策略选择也决定了行动的不同。再者，公共治理的外部环境以及内部环境与外部环境的适应性程度决定了行动设计的成效。场域理论侧重分析不同的资本形式对行动的影响。在行动设计中，不同行动者不仅受主体的知识、态度、组织本身性质的影响，还要受社会环境、建构议题的灵活性、执行环境变化性等外部因素的影响。在外部环境上，行动设计要受经济、政治、文化等方面的影响。最后，公共治理的行动设计中，行动者的理念、方式与工具构成行为的策略选择。"场域—惯习"行动设计分析强调了在以上分析的基础上，主要分析的是行动者的策略。公共治理的场域中充满着不同力量关系的对抗，对抗的策略尤为重要，"场域的结构迫使其中的每一分子采取与自己的位置相适应的策略"[①]。行动者的策略决定了场域中行动的性质，策略是行动的选择和博弈的技能，是场域主体获取利益的主要工具选择。因此，各种博弈工具和技能的使用就成了策略成效的根本。而在行动设计中，话语工具是主要选择，各种意见表述、公共事务叙述、不同意见驳难和辩解，最终意见达成或失败都是通过语言工具进行的。但在这方面的相同之处在于，都是为进行博弈奠定基础，无论什么样的工具选择，都是进行博弈的前提和博弈顺利进行的保障。总之，公共治理的行动中，"场域—惯习"行动设计的分析模式实现了形式与内容的统一、动态变化与静止分析的融合、结果与过程的有机结合。

从以上分析中我们可以看出，公共治理场域不仅是一个纯粹的客观世界，也是充满各种意义、价值所体现的主观世界。在公共议题的场域中，各行为主体都有属于自己的心智倾向系统——认知与建构的惯习。行动过程的惯习在建构场域中发挥至关重要的功能，正是通过建构惯习，在行政事务中的场域内的不同行为人，各自利用不同的知识、技巧和策略，进行着互动、协商、行动。行动中惯习的作用体现在：决定了参与社会建构的不同人在运用技巧和策略上的优劣，也决定了社会建构本身生成的政

---

① [法]布尔迪厄.国家精英：名牌大学与群体精神[M].杨亚平，译.北京：商务印书馆，2004：229.

策、决策或意见的不同，决定着行动的方向。在行动的过程中，社会建构的惯习由历史积淀与参与其中的每个人的素质构成，由于以前社会建构的"经验的传递性"，使得他们对行动过程的人产生了高度的信任或者不信任，从而接受或者拒绝参与公共治理的行动，而参与公共治理的个人素质、文化背景、知识水平等因素会影响到他们对于公共治理的认识，影响到公共治理行动过程的制度和建构客观化结果的质量。同时，社会发展的阶段性与社会结构也影响着公共治理建构的惯习，惯习往往被视为一种"结构化的结构"。行动的场景化、场域化特征说明行动过程要受到组织外部环境的制约。根据以上分析，在具体的公共治理实践中，只有"惯习"和"场域"相互作用，共同改变，才能为行动创造条件，从而为实现公共事务治理奠定坚实基础。"场域—惯习"行动设计中的各类行为主体的"惯习"来自不断参与议题的实践活动中，经过一定时期的积累和认知，经验就会内化为他们的意识，去指挥和调动各种主体的行动，成为社会建构过程中不同主体的社会行动、生存方式、参与模式、行为策略、态度倾向等行动和精神的强有力的生成机制，各类行为主体的"惯习"赋予了公共治理场域现实存在的意义。

从社会发展的动态来看，公共问题的内涵与外延始终处于流变状态之中，有很大的阶段性与社会变动性，由此决定了社会的发展以及相应的公共需求，并且日益多样化和个性化。尤其是随着流动性社会的到来，在流动性中，我们看到一切社会构成要素都是既独立流动又相互作用而处于互动和联动之中的，所形成的是社会网络结构，"社会运行和社会变化的加速化""社会流动性的迅速增强""社会的高度复杂性和高度不确定性"这3个方面构成了社会的基本特征，"在社会的网络结构中，人们所要考虑的主要问题将是，如何通过自己的行动去增益于人的共生共在，参加到什么样的合作行动体系中才能使自我的价值得到最大程度的实现"[1]。也就是说，什么样的行动体系中会有什么样的行动设计过程。同时，"场域—惯习"行动设计中的公共治理角色是多样的和变化的，节点会越来越复杂、

---

[1] 张康之.论流动性提出的社会治理变革要求[J].西北大学学报，2019（3）：23-32.

多元和个性化，公共治理场域的域面范围会得到更大的变化，每一个人参与公共治理行动的惯习也在不断发生变化，治理行动的过程也必然会更加复杂、多样和全面，尤其在今天这个日益复杂的社会，公共治理的行动主义能有助于应对社会变化加速化、社会问题复杂性和社会流动性的事实，呼唤着不同的资源与主体一起加入公共治理之中。

第三节　行动设计的类型与生成

"场域 — 惯习"行动设计具有多样性，在不同的空间中呈现出不同的式样，这就需要我们分类认识。公共问题议题的行动主义取向可以分为物理与社会场域以及虚拟场域两个方面，物理与社会场域又可分为"治理者 — 公民"的行动模式、"公民 — 治理者"的行动模式、"公民 — 精英（代表）— 治理者"的行动模式、"公民 — 公民"的行动模式，虚拟场域模式主要是指网络平台式行动模式。这些不同的场域或空间中有着不同的行动意向、思维与选择，公共治理的理念与思维也随之与众不同。

一、物理空间与社会空间的模式

（一）"治理者 — 公民"模式

"治理者 — 公民"的行动模式主要是指在决策者的积极指引下，公民积极参与公共治理社会议题，表达自身的意见和陈述自身见解，以此来影响公共政策的决策过程。"治理者 — 公民"模式中政策议题主要是政府组织发起，目的是解决社会公共性问题或立于未来导向的政策项目等，这类公共议题的行动模式也称为政府"主导型"的行动模式，其行动的空间更多是局限于政府活动的空间之中。

主要特征有：议题由政府提及并组织公民参与制定。其中，政府起主导作用，但更重视的是政府和社会的双向互动，政府不再主导一切。此类行动模式主要针对行政行为中的抽象行政行为，所涉及建构的议题具有普遍性和不特定的对象；此类行动的议题的场域采用的"分散 — 聚合式"，通过大小不一的微型的公共场域先进行议题的讨论，再在整合、聚集和耦合的基础上进行；行动中的公民是多样的异质群体，体现出抽象的行政行为特征，集思广益，公民以个体的知识活动影响政策的制定或为政策提供实证、理论依据；公共治理者与公民面对面沟通与协商，民众所提供的意见与知识是最后决策的依据。

这类行动模式主要类似听证会、制定规章制度听取意见会等，是一种常见的模式，但实际的效果往往由于政府主导本身而难以评估。

（二）"公民 — 治理者"模式

"公民 — 治理者"模式主要是指公民对社会问题的关切而提出政策诉求，政府需要回应公民的社会需求而进行的公共政策议题的建设，这类公共议题行动模式也称为回应社会需求的政府行动模式，其主要功能是对公民吁求做出有效的反应，制定有针对性的公共政策，解决公民面对的问题。

主要特征有：议题由公民集中反映，政府组织公民进行回应。"公民 — 治理者"行动模式的获取信息仅仅是其中的一部分，更重要的是期待政府的回应并积极反馈、互动建构。此类行动模式主要针对行政行为中的具体行政行为，所涉及建构的议题具有特定的对象和特定的行为，有时候也包括一些抽象行政行为；此类行动的议题场域具有单一性，政策问题的建构紧紧围绕公民反映的问题进行；参与行动的公民是特定的，或者是由此类政策问题所涉及的相关个体或群体；由政府组织，公共治理者与公民面对面沟通协商，民众集中反映的意见是最后决策的依据。

（三）"公民 — 代表 — 治理者"模式

"公民 — 代表 — 治理者"的行动模式主要是指社会代表对政府要执

行的重大决策等进行审议，以此来影响公共政策的制定。行动过程是由社会代表集中公民意见并上报政府。该模式主要是利用社会代表的身份，利用征求意见或上书的形式来影响公共政策。

主要特征有：议题由社会代表提出，并组织公民参与其中。此类行动模式可以针对行政行为中的抽象行政行为，也可以针对具体的行政行为；行动先在小型公共场域先进行议题建设，然后在社会代表中进行意见整合、聚集和耦合，然后上报政府并对公共政策进行影响。行动的过程可以一次进行，也可以是多次进行；参与的公民是多样的异质群体，集思广益；公共治理者不与公民、社会代表进行面对面沟通与协商，通过间接的形式与内容进行研判并作出回应。此类行动模式的有效性取决于代表这个中间层次对公共议题的把握、理解与传达的程度，随着网络社会的到来，利用网络大V等网络精英进行行动建构的案例越来越多，该模式日益成为普遍化模式，参与的公民群体也越来越广泛、多样，参与的深度也不断在提升，构成了该模式在网络时代新的特征。

（四）"公民 — 公民"模式

"公民 — 公民"的行动模式主要是指在一定的社会范围内公民进行的自治，在遵守法律的前提下由公民自身进行管理，大致为自我管理的模式，政府只是提供规则和制度约束。因此，这类行动模式也称为"自治式"模式或"草根模式"，是微观型的治理。公民之间的行动主要是在基层组织和社区中，行动过程是生活在社区之内的公民根据社区公共事务进行协商与解决的过程。

主要特征有：议题由公民形成，公共议题由生活在一起的公民自行建构，这是公民自我管理的体现，政府是引领者和指导者，政府组织原则上不予干涉。此类行动模式可以针对公民生活中或者身边的事情，是日常公共生活行政的体现，比如社区治理。这一点类似旅游的行走，甚至有时候没有目的地和终点目标，旅行的目的是边走边聊——没有约束的互动、对话，在经验与知识的分享中实现共赢——产生新的政策和每个人的成长；此类行动的议题场域是自身生活的区域，具有不确定性，诸如社区、街道等，成功的行动模式可以供政府作为推广的模式；参与的公民之间遭遇"面对面"的对话和质疑，人数具有不确定性，实行民主化协商原则。此类模式是行动主义基于小型场景的治理，体现了公民日常生活的行动特征，是政府需要扶持的行动模式，无论是农村基层组织还是城市社区居委会，此种模式已经蔚然成风，也是近些年公共治理的热点议题。

二、虚拟场域的模式

随着网联互通世界的到来，公共治理进入平台治理时代，平台化的行动模式成为公共议题建构的新领域。网络平台化行动模式主要是随着网络平台治理的兴起，为公民参与公共议题与政策执行提供了更为广阔的舞台。通过网络平台吸引公民参与治理，由于网络参与的便捷性、无约束性和信息及时可达性，这类行动模式也被称为"全息"式模式，是微观行动的治理过程。

主要特征有：网络平台化的行动议题是由政府通过网络平台发起，政府是引领者和指导者，以实现无缝隙式参与。此类行动模式主要涉及民众切身利益公共事务，突出特征在于参与不受物理空间的限制，可随时随地、面对面进行；议题场域在网络空间，具有不确定性，公共治理行动过程可能会遭遇网络世界的其他问题，比如"数字鸿沟""网络茧房""标题党""后真相时代""液态新闻业""拷贝支配"等。此行动模式在我国现实治理世界中方兴未艾，成为地方政府创新改革的一个选择方向和模式。在学术界被称为"平台参与""界面参与""网络参与"等，已成为行动主义研究的重要议题。

以上模式代表了不同公共场域的行动模式，都是公共治理过程的一个切片，政府在其中所发挥的作用是不一样的，"治理者—公民"模式政府的作用最大，"公民—公民"模式政府的作用最小。同时，公民参与过程也不一样，"公民—精英—治理者"模式是公民参与、治理者主导的治理过程；"公民—公民"模式则完全是公民对公共事务的治理，政府的作用最小；虚拟场域模式则是根据议题重要性程度的高低来判定政府发挥作用的大小。从中可以看出，不同的行动模式中不同行动者呈现出的功能与作用不同。

三、行动设计的特征

作为一种知识、智慧和精神资源的社会整合和开发过程，"场域 — 惯习"行动设计下的公共治理把行动的过程性特征充分发挥了出来，把参与之中以及相伴的知识、能量分享和意外因素嵌入公共治理过程之中，从具体不同视角来观察，有着多样性的特征。

从不同场域的内容来考虑，坚持信奉"参与就是价值""参与就会产生新价值""知识分享重要性大于权力单独的实施"的信条，行动过程中的参与是知识、思维和情感的参与。"场域 — 惯习"行动设计者认为，"最重要的是，人们走到一起创建一个包容的和动态的治理过程，形成一个综合性的想法。在共同参与协商的过程中，人们知道，相比于个人单独创建的任何想法或孤立的想法，团体中的差异和相似之处可以形成对问题更丰富的了解和更好的解决方案。在共同治理中，重点不是公众或者公共行政者，而是他们在一起共同协商的过程本身"[1]。特点有：以多元的参与治理过程为起点；参与其中的知识起点为触发点，即以参与群体的知识为重心；解决当前实际或将要出现的问题，即以现实治理实践为中心；采用多种形式、多种互动分享的方式；治理过程是动态的过程。

从公共治理者来看，"场域 — 惯习"行动设计的公共治理主要特征有：以社会利益至上，以社会主体为中心，以激发参与的社会主体进入建构过程和取得高层次的公共治理思维、认识为主要内容；尊重不同的群体利益与意见。在帮助参与社会主体获得知识经验、分享彼此学习的心理策略为出发点设置治理情境；采用具体策略，在形成自我对具体公共政策的理解基础上帮助其他主体进行理解与认识，并始终以解决公共问题为主线。政府是合作行动倡导者和推动者，而不是任何制度或政策的实现工

---

[1] 尹文嘉，唐兴霖.迈向共同治理：社会建构下的公共参与及模式转换[J].经济社会体制比较研究，2014（3）：151-156.

具，主要职能不是通过控制来延续、维护或改革已有的制度，而是通过行动来推动不同行动者间的合作，促成行动者的世界成为实质意义的合作世界。

从参与公民的行为方式来看，"场域—惯习"行动设计下的公共治理特征突出地表现为：与情境相关，社会的具体情境构成公共治理行动的内容；强调参与者的主体性，公民的能动性贯彻整个过程；始终以问题分析和其对问题赋予意义为导向，关注不同知识互动、交流和重新生成新知识与新方法，形成新的意义以引领公共问题的解决。

四、"调适性均衡"：行动主义生成

公共治理的行动取向形成是一个动态变化的过程，不同的阶段呈现出不同的式样。从以政府为主导理性建构到公民自治型以及网络化治理的行动建构，反映了公共治理演化轨迹，其中政府的角色、功能日渐式微，从政府的主导到政府的引导，再到公民的自治过程——通过政府引导社会公民参与其中，到公民自我治理，实现政府与社会公民相互建构、相互发展，最终实现社会的自治与发展。

其基本逻辑为：随着复杂性和风险性社会的到来，政府已经无法以全能方式来治理社会，公民参与社会公共事务的治理，分享管理社会的知识已是不可逆的社会现实。"在高速流动性、高度复杂性和高度不确定性的社会总体特征和现实条件下，社会治理创新已不能仅依靠官僚制及其科层结构来使得日益兴起并积极参与治理的多元行动者实现组织化了，它的组织化方案应当朝向合作的、非等级制的、开放灵活的运行方向进行系统建构"[①]。而同时，在公民理性尚未成熟的社会前提下，公民精神发育不全、公民自治能力不高和政治参与不足也是社会治理中不争的事实，在突出强调公民和社会组织在治理社会事务作用的时候，存在两种不能忽视的负面现象。一是不能忽视公民和社会组织本身知识的偏颇性和自利性，意

---

① 唐秋伟.合作治理交往行动网络的行动主义建构[J].深圳大学学报，2021（4）：106-115.

见占优和垄断的"多数暴政"有可能发生，比如这些年网络兴起的网络民粹主义，极大地影响了社会公众意见舆论与网络空间的健康发展；二是公民知识的碎片化、私利性和竞争性，使得意见无法获得一致，更无法替代政府政策制定。因此，在这种情形下，公共治理的行动主义建设我们定位为"调适性均衡"的模式：在推进国家制度层面的决策机构的决策制度建设中，不断探索公共领域的社会群体不同层面中非正式的公共治理的行动途径，最后达致正式公共治理的行动主义取向建设，即通过政府适当地引导社会力量参与公共治理，承认并尊重社会的力量，分享知识。同时，不断授权和不断发展社会组织，促进社会自治力量的发育与成熟，实现由政府引导的"小规模的征求意见"到"大规模知识分享"的行动过程，在合作治理与公民治理成熟的条件下，引导公民、政府与社会组织全面自治，实现政府与社会力量的各自不同领域分工治理，进而达致两者合作的最优化。

共享权力的过程中，需要处理好政府、一般公众、特定利益主体之间的关系，处理好不同知识分享与公共政策的民主、科学之间的关系，从而实现由权力主导的公共政策议题生成与制定到由知识分享和意义生成的公共政策生产的过渡，从单一权力中心到多元治理的主体间性公共政策模式转变，从政府主导的"善政"的官僚体制模式向不同公民主体的社会自治的"善治"模式发展，实现从代议制下的选举民主到行动主义取向的商谈治理式民主的衔接和转变，从而实现公共治理行动主义取向。

从理论上来说，理性、平等、互惠的行动主义取向公共治理需要成熟的制度体系和社会治理。分享与协商的原则和制度彼此交叠，形成私人自主空间不断扩大和公共自主空间相互为前提关系的权利体系，二者一并构成了实践"调适性均衡"的公共治理的先决条件。因此，在现实的公共治理生活中，我们需要对公共治理的行动主义作出相应限定和调适，是"有限的行动"，其主要含义为一方面是行动主义取向要不断地以共同个案的实现嵌入我国的公共社会现实中去，不可能也没有必要完全按照公共治理的行动主义理论的前提条件硬性地套用我国现实，而是要突出渐进性，通过不断实践的成熟和行动过程的不断改善和改进，推动治理实践，这是

"调适性均衡"的一面;另一方面是努力在应用于重大事件的讨论和决定上,通过具有影响力的事件和地区治理的有效经验,将其上升到国家制度层面进行推动,实现公共治理行动主义模式的纵深发展,这是向上向善发展的一面。两者共同推动了公共治理行动的成熟与发展。

从形式上讲,"治理—公民"的行动模式是政府初步地应允社会力量参与公共政策的行动模式,是较为初始的阶段的选择。"公民—治理者"的行动模式则是政府开始注重民众的社会需求与意见,对社会的回应和社会力量的"深度介入"是该模式的表征。"公民—精英—治理者"行动具有多中心治理、多元主体建构公共议题的特征,是政府从"全能主义"中退位。"公民—公民"的行动模式则是公共治理的最高位阶,是政府引导公民自治社会的目标和追求。而虚拟场域的网络平台式行动模式则是以上4种模式的综合,强调了技术在行动中的作用,是公共治理行动主义建设的新领域。

如果从参与的内容实质性程度来看,参与行动模式由低到高分为3个阶段和递进发展的8种参与形式[①],阶段一为主导型参与,政府为主、宣传教育是主要形式;阶段二为象征性参与,政府给予信息、政策咨询等;阶段三为完全型参与,政府授予权力,公民自主控制。3个阶段反映了公共参与的深度、广度和自主性。对公民本身而言,行动主义下公共治理具有了斯托克的"CLEAR"模型特征,民众要具有"能够做"(can do)、"自愿做"(like to do)、"使能够做"(enabled to do)、"被邀请做"(asked to do)和"作为回应去做"(responed to do)5个维度[②]的特征与属性。在行动主义的5种模式中,也大概地反映出公共治理行动主义取向的阶梯模式与公民参与的质量。因此,从公共治理行动主义未来发展脉络来看,吸引不同的参与者、对公共治理赋予不同的意义是公共治理发展的明天,对社会力量关注和社会力量深度介入公共政策则是公共治理发展的后天,引导

---

① R. ARNSTEIN. A ladder of citizen participation [J]. Journal of the American institute of planners, 1969 (35): 216-224.

② [英]格里·斯托克.新地方主义、参与及网络化社区治理[J].游祥斌,译.国家行政学院学报,2006(3): 92-95.

社会力量进行自我治理则是公共治理的美好期许与未来。

不同行动模式呈现了公民参与公共治理的丰富性，也保证了公民能够充分参与到治理之中，从而实现公共治理实质意义的民主化治理和合作式治理。当然，并不是说这些模式都能够取得良好的效果，要取得好效果还需要设计有效的政府模式以及公共治理者与公民处理好自我、组织与社会的关系。

第四节　行动设计的政府模式

"场域—惯习"行动设计是公共治理的思想意象，意象的呈现与叙述需要更多设计以外的思考和研究，也就是说，"场域—惯习"行动设计只是对公共治理运行过程的思想内容凝聚和抽象的描述，而这些思想的实现还必须配合相应的载体、渠道、工具、方法，必须有公共治理发挥作用的平台和机制，离开了这些平台和机制，各种功能也就失去了用武之地。"场域—惯习"行动设计中公共治理所体现的政府运行和发挥作用的模式，我们称之为"促进式政府"。

一、"促进式政府"的含义

"促进式政府"的主要含义为，每个个体是信息透明的个体，通过不断的增量信息和赋予均等的信息使用权，让各类主体之间对话更加透明，以建构和实施公共治理，强调信息与知识的对接、分享和重新的阐释。其基本含义为，在公共治理不同场景中，政府充分调动社会全体成员的力量和智慧，利用信息优势和网络治理便利，主张民众的社会参与，透明地、高效地利用他们对公共事务的理解和自身的背景知识，使他们在公共领域中具有更多的发言权、决策权和自我控制权，并在更高的层次实现自主参与、建构、协商的社会自我关照和自我治理。而政府的职能从控制转向促进，不再作为唯一的行动者来控制主权者，而是作为一个特殊的行动者来促进主权者向行动者的转变，通过促进性的行动来培育社会的行动能力，因此政府实施的是一种促进型的治理，促进而不是控制，这是政府在行动主义运动中应当采取的治理方式，即促进型治理（facilitative governance）、促进型国家（facilitative state）及促进型政府（facilitative government）等新理念[①]。

二、"促进式政府"的内容

"促进式政府"作为一种政府理念的抽象概括，核心在于强调信息、经验的共享，主张在公共生活形成的不同场景中完成政策议题社会建构，进而实现对社会的治理。

（一）每个人的治理

在"促进式政府"中，公共治理日益走向大众化，虽然治理者依然能够通过治理资源以及由此衍化出的各种权力来参与、决定行政决策，但社会大众的力量在公共治理决策中日益发挥出关键的作用，并不断渗入公共治理过程，影响着理性设计的传统模式。

"场域—惯习"行动设计中表现出的理念是每个人的治理。政府实现了其角色与职能在价值上的改变——以公共性完善合法性[②]，具体内容包括公民权完善行政权、合作治理替代垄断管理、知识分享式解决问题优

---

① 张乾友.行动主义视野中的社会治理转型[J].江汉论坛，2016（6）：34-41.
② 现代公共治理中，对公共性的理解日益多面化。公共性是阐释活动的本质属性，只有从对话概念切入问题，着眼于阐释活动同生活世界的深刻联系，围绕阐释的公共性以及公共阐释本身进行的种种阐发才可能得以深化，公共阐释以及阐释自觉的理论价值才可能真正得以彰显。与其把公共性/公共理性理解为单数的、大写的、既有的，不如把它理解为复数的、小写的、生成的；与其把公共性/公共理性理解为某种抽象的共同性，不如把它理解为一种不断建构的话语场。对话是生活世界的本质和本源，是阐释公共性的必由路径。（具体参考：张跣.公共性、对话与阐释[J].东南学术，2023（3）：94-105.）

先于组织内部单一知识决策。公共性不再是抽象的公共利益体现，而是不同场域中要建构的公共性，通过对话形成的公共性构成了行动主义典型的特征。

"促进式政府"是经验、信息共同合意与分享的政府，政府通过公共渠道及时发布信息，为实施政策议题建构奠定基础。对公众而言，政府各种决策行为不再是看风景的过客，而是共同制造风景的一员。我们的目的是要过河，主要的问题是解决桥或船的问题。在"场域—惯习"行动设计的隐喻中，"促进式政府"是公共事务建构的组织者、行动者、执行者，选择议题、建构议题和解决议题，把公共治理者、民众通过能够建构的议题聚集起来，共同行动，获取社会需要的决策。"我们作为私人个体或公共治理人员的信仰系统是否'真实'还不如它们是'我们的'这么重要"[①]。因此，"促进式政府"不再单单是公共治理者"我"的事情，而具有了"我们"的含义，都是行动建构过程中的主体，是主动、具有意向性的社会主体。政府单枪匹马已经无法对复杂的社会公共事务作出精确判断，不同意向性的"我们"的参与完善和形成了公共事务决策认知的全面性，政府与公民的关系也从多线条构成的平面的、内敛的统治导向转向了"参与—建构—合作"多线条多棱面的立体性网络机制。

公共治理行动主义以参与公共治理的人为中心，"其基础必然是拥有一个充分知情的公众群"[②]。不论参与人数多与少、性质如何，他们都是政策建构和执行的基石。在行动中，公众群体的人数也是不确定的，政府公共事务行动过程由于建构的内容不同，"每个人所指不同"，因而人员大概包括：（1）组织中要决策的公共治理者。（2）利益受到问题影响或者其行为不断地影响着问题的群体。与政策相关的对象，按照政策学的范畴可称之为政策的利益相关人，包括弱势群体和各类边缘群体。（3）愿意参与的其他主体，包括与利益相关人的其他群体。（4）邀请参与的专家群体。

---

① [美]查尔斯·J.福克斯，休·T.米勒.后现代公共治理：话语指向[M].楚艳红，曹沁颖，吴巧林，译.中国人民大学出版社，2002：7.

② [美]约翰·克莱顿·托马斯.公共决策中的公民参与：公共管理者的新技能与新策略[M].孙柏瑛，译.北京：中国人民大学出版社，2005：121.

(5)政策内容的相关合作人。(6)控制相关执行工具的人。(7)其他愿意参与的群体。或者可以简单地概括为，与公共事务利益相关的人群或不相关的而热心参与的人群。

(二)行动至上

在公共治理中，解决社会公共事务最重要的不是先进的管理技术，而是意愿以及意愿性的各种行动。"以公共价值的思维解决'乌卡'问题，应基于从管理目标导向的公共价值（public value）到行动共识导向的公共价值（public values）的视角转换"[1]。行动理论立足解释与批判，利用公共治理中的主体不沿用"经济人"这一假设来理解公共治理，公共治理中需要将人理解为主动的、积极的社会主体。在治理内容上，"以人的共生共在、多元行动者的合作行动以及非控制导向作为合作治理得以实现的前提条件"[2]。在治理中，将多元主体的共同行动放置在重要位置，通过搭建沟通互动与交流平台，呼吁独立性、道德性和他在性的行动者参与社会治理，主体的独立性、自主性与能动性能够充分发挥，促进行动者主体间的信任与承诺的实现，重构公共治理理念与模式。积极的、主体性的治理主体通过治理平台实现社会治理的多元治理，构成公共治理行动主义的要义。

真实有效的意向性往往是在行动中涌现或在行动动机中形成。"促进式政府"是行动中的政府，人员是行动的人员。建构意义的行动产生于共享利益、共享知识和反思自我中，是主体间性的社会活动。现象学指出，只有注重从行动者本身的立场去领会行动本身的确切含义，才具有实质性意义，也只有从行动者的立场出发，才能全面理解行动者的意向性，而主动的自我则认为"行为只有在归于人们主观所见的和所做的意义下，才能

---

[1] 杨黎婧.从单数公共价值到复数公共价值："乌卡"时代的治理视角转换[J].中国行政管理，2021（2）：107–115.

[2] 刘柯.行动主义：基于合作治理的新型制度模式[J].公共管理与政策评论，2018（5）：56–73.

充分地被了解"[1]。"场域—惯习"行动设计中的政府,其积极行动是保证治理行为和建构议题的前提,可以理解为,公共治理者对环境的认知与判断会随时变化,只有利用自身的行动而非其他诸如观察、预测、直觉等手段才能得到准确、变化的信息,才能对环境产生准确的理解和全面的把握,才能更好地认知、体悟、反馈社会的要求。

"促进式政府"中的政府行动是共识性行动,突出强调:(1)行动的意义呈现,行动具有问题的意识,有先见之明,充满着关怀、同情与理解。(2)与民众保持恰当的张力维系,维护必要的动态平衡,积极的行动不是杂乱无章的行动,也不是扰民的行为,是有目的的行为。(3)能够根据民众的行为作出反应,并适当调整自己的行为。行动中的政府是各种行为所体现的价值与偏好的调整、转化的中心,而不是各种价值与偏好整合折中的中心。(4)关注日常生活的经验。公共治理行动的对象,用现象学来概括——"朝向事情本身"。日常生活世界中的观点与行为在开放的治理场域中接受审视,会在一定程度上改变人们的认知的假设、信念,彼此审视与影响的过程构成了行动的基础和起点,"如果当行政官员和管理者更加关注组织成员的日常经验,并支持他们界定问题和发展他们自己的变革策略时,改革计划的有效设计和实施就能够产生更好的结果"[2]。(5)强调行动的连续性,人们的行动持续与他人和环境互动。"行动是面对具体问题时所做出的即时反应,是对真实的问题和差异表达的关怀和尊重,行动会对制度进行建构,持续的行动会转化为制度存在"[3]。持续互动是全面理解彼此的有效办法和生成新制度的路径,行动的连续性赋予了公共治理更深的意义,在持续的互动中,行动彰显出自我建构的意义。

---

[1] [美]迈克尔·哈蒙.公共治理的行动理论[M].吴琼恩,张秋杏,张世杰,译.台湾:五南图书出版公司,1994:45.

[2] [美]全钟燮.公共行政的社会建构:解释与批判[M].孙柏瑛,张刚,黎洁,译.北京:北京大学出版社,2008:2.

[3] 向玉琼.走向行动主义:建构风险社会中的政策分析范式[J].理论与改革,2022(2):135-152.

(三)弥散化知识

公共治理行动中,参与群体异质性决定了知识多样性,公共治理的决策要根据建构的议题充分地考虑到每一个行动者的需要,照顾到不同人的意见,因此政府决策模式为弥散化的决策模式。弥散化决策主要是:(1)个人决策。每个人都是决策者,集体决策是个人决策的集合。(2)由于每个人都是决策者,导致决策的相互分歧、对立,因此不同的决策要形成集体决策,要经过个人之间的社会互动。(3)集体的决策是由参与决策个人之间的社会互动而形成的。在社会现实中,个人之间的社会互动是在社会组织或社会团体中进行的。(4)决策的关键在于社会互动。其本质是社会妥协和调和。(5)集体决策的社会互动性也就决定了决策的渐进性[1]。治理者的主要负责人将原先独自享有的决策权交由不同的公共治理者来行使,增加了不同层级的决策权限,再由不同的公共治理者根据自身的业务和情形与不同的参与者进行议题的建构和决策。行动主义治理中,人的相互性以关爱为基础,以真诚为特征,在自由表达与自由反映中呈现出来,主要强调了人的道德主体性,意味着公共治理者与民众彼此关怀对方的特殊需求而作出妥善决定。

在"促进式政府"中,政府的决策由于建构的开放性而更加透明,从关门决策到公众参与,从封闭决策到透明决策,从垄断决策到共享决策。政策制定中的"公民导向"是民主政治的自然之义,是主权在民原则的内在规定性。公共治理中民主是主张分散化的小民主,即不仅要实现地方和基层民主,而且还要主张在日常生产活动中也实现民主化的治理与思维的培养。在一个共享景观的组织中,政策的透明性是把分散的意志聚集到一起形成共识的前提,这为人们参与公共政策提供了一种可能性。"场域—惯习"行动设计隐喻中的决策是由互动、协商而建构获得的,整个过程体现了分散性的共识决策特征,但是弥散性的共识决策更多是在一个单独的、小型的治理场域中。行动设计中行动过程所呈现的决策是贴近民众、

---

[1] [美]林德布鲁姆."竭力对付"的科学[M].彭和平,竹立家,译.国外公共治理理论精选.北京:中共中央党校出版社,1997:219-237.

反映民意的政策模式。

（四）积极公民的画像

"促进式政府"下公民不仅是"知情的公民""沟通协商的公民""参与的公民"，同时还是敢于质疑的公民。以此让政府关心公民的生活，关注社会问题，倾听民众声音。在"场域—惯习"行动设计中，公民能力的重要性要大于公共治理者的能力重要性。公民的主动性不仅仅是积极影响政府决策的力量，更重要的是监督政府政策实施，积极反馈相应的政策以及后续意见。"不论是在问题的确立上，问题的回应上，还是在被接受方案的执行上，都必须让更多的公民来参与"[①]。参与行动议题公民的行为贯穿于整个公共政策的过程中，甚至包括政策评估与终结。

在公共价值管理范式里面，集体偏好（collective preferences）是一个重要概念。作为公共利益的集合——政府要对公民的集体偏好进行回应，而不仅仅是类似在公共管理中仅仅对"顾客"进行回应。"随着社会复杂化程度的加深和治理理念的广泛实践，公共价值的创造主体更加多元，而'创造'出某种作为结果的价值也已经不是治理的主要目的，更加关注公民参与、政府回应、协同和公平等过程性和共识性的行动准则，才是当前公共治理议题的核心"[②]。公共价值创造与管理是一个公民集体偏好形成的过程，其中公共治理者不是领导者而是探索者，与公民一道寻求、确定、创造公共价值并解决现实问题。"促进式政府"中，公共价值体现之一就是具有参与精神的公民要在对话和协商中彰显精神，就必须具有美德与公益精神，拥有制定公共政策权和决策话语权。从公众角度来说，让自身具备相应的知识、信息与影响力，这就要求民众必须参与决策，敢于提出自己的见解，让自身存在于决策的假设、内容、方法、互动全过程中，质疑精神、干预勇气、独立的思想镶嵌在整个公共治理议题的全过程

---

① [美]B.盖伊·彼得斯.政府未来的治理模式[M].吴爱明，译.北京：中国人民大学出版社，2001：68.

② 杨黎婧.从单数公共价值到复数公共价值："乌卡"时代的治理视角转换[J].中国行政管理，2021（2）：107-115.

之中。从民众知识对公共政策的"影射"到真正成为公共政策有影响的参与力量,政府和民众一起走向成熟。

(五)言说与辩驳的价值

在行动主义的自我观中,自我的认同是通过话语建构形成的。哈贝马斯深谙其道,他指出,话语政治是对文化传统的有意识占有,个体在社会化过程中形成的一种抽象的自我认同,"政治对于共同生活的调节,越来越依赖于民主法治国家中的话语组织,越来越依赖于公民社会和政治公共领域的交往过程"[①]。

在"促进式政府"中,"通过协商来重振言说",自我形成是以语言为载体在社会互动过程中建构而成,社会中人们之间的交流互动,主动参与其中进行自我的建构和政治人格的锤炼,并通过这种行动过程,人真正发展成为自己。社会建构论者肖特(Shotter)指出:"从关系论的观点来看,内部生活的意识是通过发生于社会生活和话语实践的语言交往而创造出来的,是联合行动的结果。这种建构过程又依赖于各种话语环境中同他人的相互关系。"[②] 行动中的知识论是主观主义的知识论,客观事实、知识是基于人与人之间的共同同意、人与人之间的主体间性影响,所以知识是在人与人之间社会的互动中才能够产生。知识是互为主体性的,人之间的交流是人之所以成为人的社会表现,其中关键在于语言的存在。行动过程是互动、讨价还价、商谈、辩驳、争论的过程,其中所依托的载体就是人们的语言,语言创造了情境,语言形成了沟通心灵的密码,语言成为行动的基础。

在语言的世界中,每一个"我"都可以看作是由内心深处隐藏的"我"和口中表现出的"我"组成的。内心隐藏的"我"往往由于口中表现的

---

① [德] 尤尔根·哈贝马斯:后民族结构[M].曹卫东,译.上海:上海人民出版社,2002:200.

② SHOTTER,J.The social construction of our inner selves[J].Journal of constructivest,psychology,1997(10):7-24.

"我"不能展示出真正的内心的"我",因此"话语越好,政策就越好"[①]。由于"我"的多样性,"我"的表达和认识就更多依靠话语的理解和呈现。同时,语言本身要受到不同规则的约束,"对任何一种情境来说,都有多种行动结果,没有一个词语可以脱离社会规约,强调它自身比其他词语更接近事实的本质","当我们说某个描述是'精确的',其反义为'不准确的'或'真的',其反义为'假的'时,我们的判断依据并不是它多么好地反映了世界,而是说这个词语在某一特定游戏规则下,或者说得更宽泛些就是在特定群体的特定规约下,属于'真实描述'"[②],"我"的多样性和话语本身受情境制约的复杂性使得公共治理行动的过程显得更加复杂。因此,认真对待话语,行动本身的真实性也能得到更好的体现。参与社会行动的双方是一种结构性形成的关系,他们之间是平等的,也是对抗的、相互辩驳的,在谈话中,我们期望的是意义之争而不是话语本身,我们期望争辩、论证、反驳,而不是异口同声、唯唯诺诺、亦步亦趋。

(六)临时性组织

行动主义中的"促进式政府"提倡微小组织内部的构造,并通过行动向外部扩散,借以解决公共治理的大问题。因此,公共治理主张"治理"的范围延伸至政府以外的领域,主张日常生活的微小型治理,从基层、从社区开始,自下而上。通过身边的社区、工作场所等,公民可获得更多的机会实践公共治理政策,在民主治理的实践和公共政策的过程中培养政治能力和社会认知水平。

行动主义组织既不能归结为个体也不能归结为集体,而是个体与集体的互动与和合,那么,关于组织模式的设计理念就需要得到根本性的变革,所建构起来的组织模式也就实现了对官僚制的超越[③]。这种超越官僚

---

① [美]查尔斯·J.福克斯,休·T.米勒.后现代公共治理:话语指南[M].楚艳红,曹沁颖,吴巧林,译.北京:中国人民大学出版社,2003:124.

② [美]肯尼思·格根.社会构建的邀请[M].许婧,译.北京:北京大学出版社,2011:11-12.

③ 张康之.公共行政的行动主义[M].南京:江苏人民出版社,2014:39.

制的组织应该是小型组织，比较容易进行场域行动公共议题的组织。积极组织管理的核心在于对组织中人的心智进行组织开发，从而提高治理绩效。公共治理行动主义的积极力量由公共治理者的积极心理个性、心理状态和积极组织3个部分组成。公共治理者的积极心理个性能够为组织带来积极的结果，拥有美德、责任感、开拓创新等有利于行动主义公共治理事务进行的特质。积极的心理状态，较强的心理资本，使个人在面对挑战时能够满怀信心地付出努力，并在整个过程中保持乐观和充满希望，且当受到阻碍时，又能迅速恢复过来，能够胜任不同的工作与情境。积极组织非常珍视组织中的积极倾向，能够为组织带来生机与活力，形成良好的组织美德，并由此形成信任型领导，对自己和下属的自我意识和自我控制带来正面影响，能够激励自我和下属个人成长，同时积极的认知与情绪推动了积极的、自我超越的组织文化形成。

（七）主观认知的再生产

在"促进式政府"中，行动的过程是不同群体作为的过程，是主体主观意念客观化的过程，这个过程既不是公共治理者自身主观作用的结果，也不是社会民众主观作用的结果，而是两者知识建构、互动重塑的过程——形成崭新知识的过程，这是"场域—惯习"行动设计隐喻的核心内容与过程。公共治理者不仅是行动者，还是思想者，或者称之为行动过程的思想者。

治理与生活之间的边界正在模糊，组织之间的边界也在模糊，社会网络中的主体间性使得个人思想与知识前所未有地完整丰满起来。社会网络中的个体具有多重的角色，不同的角色身份隐含着不同的社会规则，但这些规则和逻辑是不同质的共在。处于各种社会组织中的人，是完整的社会人，而不是原子化的工具人[①]。认识与知识的重新格式化过程就是处于各种社会组织中的人隐藏的身份进行重新界定并通过交流建构新知识的过程。按照解释学的理解，行动的过程是参与主体的自我更新，通过对话、

---

① 姜宁宁.走向行动主义：互联网社会中的组织哲学[J].南京社会科学，2018（7）：72-78.

互动与协商，参与的主体打破了单个主体认识的局限性，形成了知识融合，每个人走出原来的"旧我"，成为一个与过去不一样的"新我"，知识融合类似对计算机系统进行格式化。

主观认知的格式化也是主体自身心智模式的重塑，以形成共享心智模式的过程。在心智模式中，经长期重复循环形成的思维习惯，构成个体的思维风格……特别是在外部环境不断变化，复杂性和不确定性增加的大背景下，决策过程就是学习过程[①]。行动主义过程中的主体心智重塑要求有崇高的事业信仰和创新精神，保持较强的自我效能感，在组织中，各种行动不是预设的、前定的和封闭的，而是开放的、公开的，对环境变化、对方感知都具有高敏感性，对公共议题建构的意义、内容与方式的感知全面而深刻，重视长远利益而非眼前利益，通过不断更新自我知识结构及观念，开展持续创新行为。因此，主体心智重塑的过程也是主体知识与认识不断格式化的过程，最终形成共享心智模式。在认知模式和证明过程上，人们认知是一个"格式"过程，"格式化"本身就在一定程度改变认知、转换偏好，通过视角的不断转换，每一人认识到自身的知识存量与知识内容在特定环境中不适合的地方，以改变原来想法，实现去伪存真。

（八）履行责任的场景性

在"场域—惯习"行动设计中，治理的目标和价值与行动是同时被创造并实现的。公共政策过程理论表明，不同主体被授予参与决策过程的时候，其前提假设被视为一个具有明确判断、能够理性思考和行动的主体，只有当参与的主体切实感受到自己的主体地位时，责任感才会显现出来，才是一个责任的主体。在"促进式政府"中行动理论的责任观是个人的伦理的责任——参与决策过程的行动者必须对自己的行为负责，同时不能将自己应承担的责任推给其他人或外在的标准。公共治理者真正为自己的行动负起责任来，"负责任不仅是遵守规章的问题，而是必须对规则

---

① 周作宇.大学治理的心理基础：心智模式与集体思维[J].北京师范大学学报，2019（2）：23-37.

和标准的适用性有所理解,并认识到每个问题的独特性质"[1]。公共治理行动互动的过程使人们能够考虑到彼此的个性需求和问题的特定情境,在面对面过程中感知公民与问题的特殊情感和背景,所有的决策与行动都是在面对面的这些群体的需求与情境中作出的。

人本主义心理学指出,人是一种正在成长过程中的存在,一个人要在成长过程中达到自我实现,首先必须认识到自己要承担的责任,具有德性的意识与基础、自我行为的自由选择,克服现实生活中的种种限制,去发展和完善自我,公共治理者也是如此。其中,每一人都是自主的,能够自由选择和决定自己的行为,并作出与自己行为相符的选择。因此可以说,个体的道德是自由的前提,行政人自我认同高,在道德境界上圆融无碍,才能获得完整的意志自由,公共治理者的行动才会是自由的、高效的。明确责任的办法是通过层级节制、明确分工来实现,在组织里面,公共治理者的责任遭到了消解,或称之为"物化"——忽视了事物是由人的主动性来创造和构建,人也就随之失去了主动创造的感知和与之所该承担的责任,这种物化的方式使得公共治理者觉得自己行动受到规则或情境的限制,在一定程度上消除了个人责任感。而"促进式政府"中的个人责任的伦理意义突出表现在:在公共治理者具体行动中,当社会实际状况与规则、角色不符甚至冲突时,是否行动、如何行动有赖于公共治理者个人的判断,换句话说,行政人在具体的行政生活中,在参与改造社会的过程中反省自身行为的意义,发挥自身的主体性,担负其改造之职责。罗尔斯所言的"公共善",在本质上也应该是每一个社会成员的善,公共治理行为的责任主体是个体行为责任主体,公共治理者个人为自己行为而承担责任。

治理行为的社会性,使得公共治理者必须与公众在持续不断的交往互动中,在"场域—惯习"行动设计下置身于互相凝视、互相质疑的情境,彼此相互承诺。在"促进式政府"中,近距离感知对方的情境是建构过程中互动的基本形式,双方相互认识,能够考虑到公共问题的特殊情境,真

---

[1] [美]迈克尔·哈蒙.公共治理的行动理论[M].吴琼恩,张秋杏,张世杰,译.台北:五南图书出版公司,1993:150.

诚互动，在很多情况下，甚至会忽视了由人与人互动而制定的制度与规章。前面我们叙述过，公共治理行动主义中公共治理者是具有自主性、反思和批判的行为主体，是互相凝视中的治理主体之一，其自身行为就是对参与治理中民众的一种自主性的承诺机能。这种自主性的承诺机制代表着组织，其所有的责任必然是个体行为承担的结果，从而避免了组织责任的模糊性和对集体课责的抽象性。

从以上"场域 — 惯习"行动设计的"促进式政府"的描述和主要内容，我们可以把公共治理行动主义取向的过程描绘如下（见图3）。

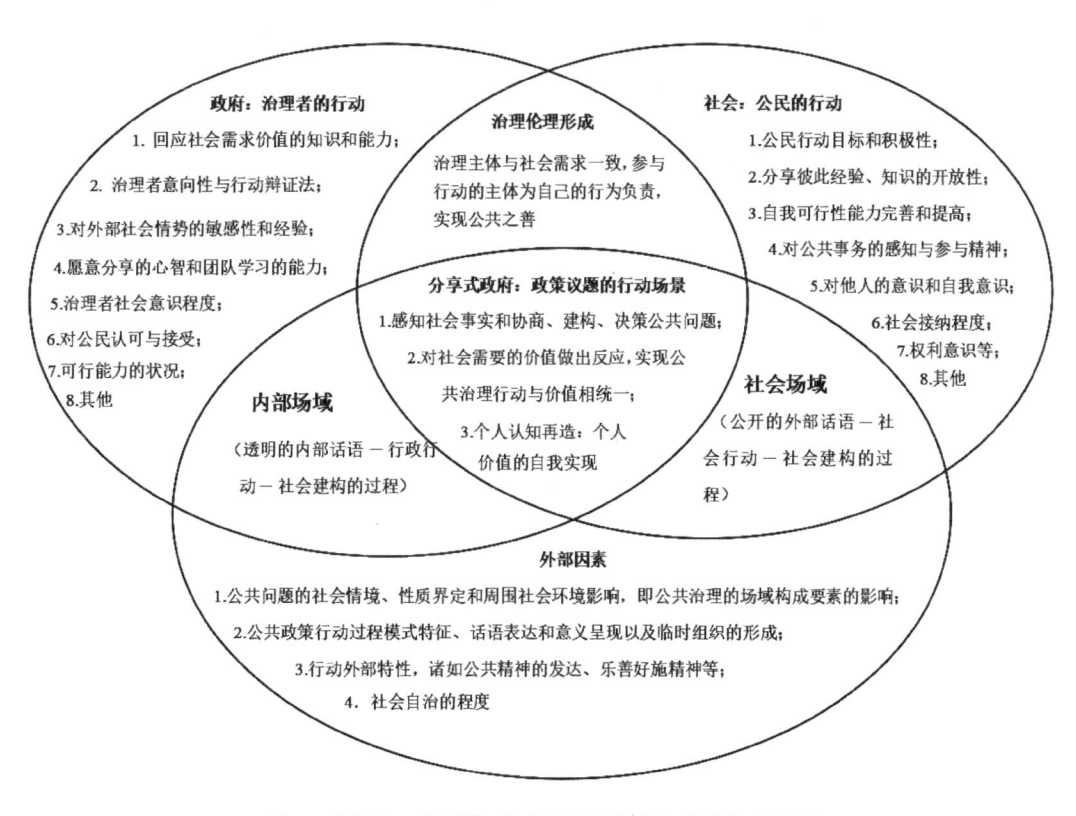

政府：治理者的行动
1. 回应社会需求价值的知识和能力；
2. 治理者意向性与行动辩证法；
3. 对外部社会情势的敏感性和经验；
4. 愿意分享的心智和团队学习的能力；
5. 治理者社会意识程度；
6. 对公民认可接受；
7. 可行能力的状况；
8. 其他

治理伦理形成
治理主体与社会需求一致，参与行动的主体为自己的行为负责，实现公共之善

社会：公民的行动
1. 公民行动目标和积极性；
2. 分享彼此经验、知识的开放性；
3. 自我可行性能力完善和提高；
4. 对公共事务的感知与参与精神；
5. 对他人的意识和自我意识；
6. 社会接纳程度；
7. 权利意识等；
8. 其他

分享式政府：政策议题的行动场景
1. 感知社会事实和协商、建构、决策公共问题；
2. 对社会需要的价值做出反应，实现公共治理行动与价值相统一；
3. 个人认知再造：个人价值的自我实现

内部场域
（透明的内部话语 – 行政行动 – 社会建构的过程）

社会场域
（公开的外部话语 – 社会行动 – 社会建构的过程）

外部因素
1. 公共问题的社会情境、性质界定和周围社会环境影响，即公共治理的场域构成要素的影响；
2. 公共政策行动过程模式特征、话语表达和意义呈现以及临时组织的形成；
3. 行动外部特性，诸如公共精神的发达、乐善好施精神等；
4. 社会自治的程度

图3 "场域 — 惯习"行动设计下公共治理过程示意图

第四章　组织与自我

公共治理者和其他社会力量构成公共治理的行动主体。每一个人的自我意识、知识和能力又是每一主体参与公共治理事务的基本要件和构成要素。主体的成长是一个不断进行社会建构的过程，每个人都是在主体之间才能表现出自我社会性特征。每个人的治理正是由于每个人自我的向度与矢量的不同，才使得公共治理的行动主义过程更加有意义、更加丰富、更加饱满。

第一节　治理与自我

何谓自我？"自我使得许多人类特质成为可能——从评估我们在某一情境或宇宙中所处位置的能力，到判断我们自己的行为或生活中一般价值的能力，再到通过在情境中管理我们自身来控制我们的行动的能力"[1]。自我是通过对自己感知，在自我评价的基础上能够与别人分别开来。自我概念成分中主要的个人属性，集中体现在主体对他人的行为和主体感受到的他人对自我行为的评价。自我建构的本质是不同文化背景下个体理解和认识自我的方式。社会认知结构、语言结构与自我意识的社会心理构成了

---

[1] [美]乔尔·查农.社会学与十大问题[M].汪丽华，译.北京：北京大学出版社，2009：30.

自我的行动内容，奠定了自我参与日常公共生活的基础。

自我建构代表了个体如何定义自我以及赋予自我什么意义，包括互依自我建构和独立自我建构[①]。独立性稳定的自我建构主要存在于个人主义价值观浓厚的西方国家，在东方国家，自我建构更多地形成在相互依存的集体主义文化中。于是，个体存在两种不同的自我建构方式：偏向独立自我的个体根据自己内在的思想、感受和活动来组织自己的态度和行为，更多关注自我本身，关注自我所在群体的资源利用。相反，偏向互依自我的个体则是根据与自己有关系的他人的思想、感受和活动来组织自己的态度和行为，个体更多关注"非自我"的信息，关注外部群体信息利用。独立自我建构被界定为与社会情境相分离的有边界的、独立的、稳定的自我，它具有以下特征：个体具有内在自我能力、思想和情感，自我表达自己，与众不同，以自身努力实现自己的意愿，直接的沟通与互动。针对自己，独立自我建构注重自身的能力、品质、特性和目标，很少顾虑别人的相关思想、情感与行为；针对他人，独立自我建构会考虑他人的个体不同，而不是与关系或情境相关的因素。因此，独立自我建构个体视为独立自主的个人，呈现出"发现自我""表达自我""实现自我"等特点。互依自我建构被界定为灵活、可变的自我，其主要特征为：与自己相关的外在特征与关系；从属于环境和适应环境；明确自身的决策和位置；间接委婉，察言观色。互依自我建构启动后，与外部群体的联结感增强，相似性提高，群体之间的边界变得模糊[②]。在相互成长的自我取向下，自我特征表现在自我与他人的关系及社会情境中，自我与他人联系紧密且区分更少，互依自我主导的个体会去建立与相关他人的关系，构筑各种人际关系网络，同时履行相关义务。

同时，自我建构还受时代影响，不同阶段人与人的关系有很多形态，自我的呈现也就呈现出不同式样，20世纪后期，人与人的关系呈现出互

---

① 王维超，赵玉芳，肖子伦，等.自我建构对群体参照效应的影响[J].心理科学，2022（6）：1407-1413.

② 王维超，赵玉芳，肖子伦，等.自我建构对群体参照效应的影响[J].心理科学，2022（6）：1407-1413.

惠互利、相互依存的特征。而在全球化、后工业化进程中，则表现出人的共生共在理念，如果对"互惠互利""相互依存"和"共生共在"3个概念进行历史性定位的话，就会发现，它们代表了不同历史阶段的行动逻辑。人的互惠互利和相互依存反映了工业社会的个人主义的行动逻辑，是从原子化的个人出发而提出的主张。人的共生共在代表的是一种社会整体性的观念，意味着人们之间相互包容和相互承认的社会建构逻辑[1]。共生共存世界意味着自我将他人内化，将他人行为内化到自我之中，在对自我的反思中认识和理解他人进而能够与他人合作。

第二节　自我与自我建构

人与人之间的相互承认是人际关系的基础，也是自我意识的一项内容。在组织之中亦是如此，对组织中主体的承认和重视构成了组织与成员认识的重要维度。

根据现代心理学的认识，自我可以分为"主我"与"宾我"两部分。"主我"是创造者、创始人，是冲动的、无组织、无方向、不可预测的那部分的自我；"宾我"是社会的代表，是"主我"所思考的客体。而这里面，语言这个媒介使自我的出现成为可能。"宾我"向"主我"提供反射，"主我"对"宾我"做出反应。人类的行动始于"主我"的指挥，并受控于"宾我"。"主我"是动力，而"宾我"则代表方向，"主我"与"宾我"始终是有区别的。"主我"既召唤"宾我"，又对"宾我"做出响应，它们共同构成一个出现在社会经验中的人。在行政组织中，"主我"代表我对组织的认同，"宾我"则代表组织对我的认同，公共治理者"自我"的分裂表现为组织内部与组织之间的裂缝。

---

[1] 张康之.论人的互惠互利、相互依存与共生共在[J].天津社会科学，2019（4）：55-63.

公共治理的行动中，我们需要把社会作为问题的出发点和依据，"个人"只有依靠社会中的共同体，才能使得自我的能量得到最为具体的展开与发挥，"人在合作行动中不仅通过他人的承认在合作者之间建立起共识，而且在共识以及基于共识的行动中时时都是与自己相遇的；合作行动中的自我也就是达成共识中的自我，自我也是以一个整体的形式出现的，始终在合作行动中在场，再也没有旁观者与行动者的区别"[1]，在此，组织实现了共生共存的要求。我们需要从一种中介的层面上来看待"个人"与"组织"的关系，"个人"与"组织"不是对立性的关系，因为"个人"本身就是各种组织的内在因素。

组织是公共治理者生活的重要场域，组织所形成的每一个零件，包括人员本身（公共治理者之间的互相影响），都会影响到公共治理者的自我认知与建构。组织是一个活生生的生机之地，组织内部的人员则是组织生气与活力的创造者和使用者。组织中的公共治理者，是单独的具有主体性人格的主体，只是说在不同的组织中，组织所赋予人们的主体性发挥程度不同。"政府作为主体，便意味着社会处于政府的控制与排斥之下，社会也被当作政府认识和治理的对象，主动性和创造性能力被遮蔽，故其主体性被湮没，这就出现了当今政治生活中公民政治冷漠的局面。所以，在主客体的分化中，管理型社会治理模式实际上走向了反民主的方向，或者说正是主客体的结构导致了社会治理中各种各样反民主的行为"[2]。主客体之间的分离带来了公共治理者的被动自我，折射了官僚制的运行逻辑与特征。

行政组织是社会中个体的公共栖身之地，在组织中，组织是良好精神的训练中心，也是个体行为的规训场所。因此，政府组织中公共治理者的自我建构主要可以分为组织对公共治理者影响以及公共治理者对组织的回应两个方面。

---

[1] 张康之.论高度复杂性条件下的行动方针[J].南京师大学报，2016（4）：52-60.

[2] 孙秋芬.从主体性、主体间性到他在性：现代社会治理的演进逻辑[M].华中科技大学学报，2017（6）：20-26.

一、官僚制下的自我建构

在传统组织下,组织和公共治理者之间可以分为顺从与冲突两个方面。前者是指公共治理者是组织命令的接受者和执行者,严格执行组织的意志,令行禁止。在顺从中,组织倡导非反思行动和批判,过于强调组织的理性与效率,忽视了个体差异,公共管理也被视为纯粹的技术化与程序化的设计与操作。在冲突中,公共治理者的自我建构是"有限"主动的,"个体与组织间依然存在着一种天然的隔阂。个体属于组织,却不完全属于组织;组织包容个体,又没有资格完整地包容个体。因此,纵然个体作为组织的成员仍然与其他组织成员一道形成一种共有的认同,却不能替代个体的自我认同"[①]。在冲突的一面里,公共治理者按照自身意志行动,自我被定位在有了一定的自我价值、认知的行政行为判断的行政主体。这两个方面矛盾,可以被总结为组织的依附和自我的独立之间的矛盾,同时也是公共治理者自我中"主我"与"宾我"之间矛盾的体现。

从博弈论视角看,组织依附和公共治理者自我的关系也可以看作是组织与人员博弈的过程,只不过博弈的双方是不平等的,利于组织而不利于公共治理者而已。作为传统组织下的公共治理者,自我建构始终处在不断同组织博弈与融入组织不被组织抛弃的张力之间,往往是融入组织、屈从于组织本身是大多数公共治理者的命运。公共治理者自我建构往往是传统组织等级制度下的折射和反应。

按照现代西方哲学理解,主体是现代性构成的产物,自我是通过支配技术和自我技术共同作用所建构的结果。自我的技术在自我建构中将发挥很大作用,它准许个体按自己的方式或在别人的帮助下,对自己的身体、精神、思想、行为和存在方式实施某些操作,以转变自我达到某种幸福、纯粹、智慧、完美或不朽的状态。自我不仅在行为上遵守这些规则,同时也在不断地内化它们。因此,自我是被规则所渗透的自我,自我的技术内化了个体外在的规则,它体现出的是一种自我与自我的关系,凭借自我对

---

① 张康之,张乾友.认同、承认与通向合作之路[M].长白学刊,2010,(1):22-30.

自我的控制或认识，来使自己行为对象化，进而按照外在的标准，实现自我对自我的管理和控制，固化、改变和定型自己的身份。在传统组织中，公共治理者自我控制或者内化外在规则的支配技术则是传统组织的权力规训，通过权力的这种支配技术对个体进行确定与控制。自我技术是"去人格化"的适应和对组织认同的人格趋同，"去人格化"是自我适应传统组织的对事不对人内涵的体现。在支配技术和自我技术的共同形塑下，公共治理者完成了自我行为重塑，思想和身体接受了传统组织的所有规则认同，在不断改造中进行着自我的建构，同时也在不断建构着组织。

从公共治理者自我演变来看，行政组织的发展所包含的是一种把自我与他者的关系修正到主体间对等与平衡之间关系的不懈追求，把自我放到与他人的主体间性的框架下，进而超越主客观的二元性，在他人的范围内来影响、反思和思考自我形塑，形成完整的自我。"如果管理认识到在压制措施和最终结果（如低士气和低生产率）之间的交互关系，那么，其行动将会更具有建设性。管理可以考虑多重组织变革方式，包括参与式和开放对话，以克服这些问题"，"如果人们希望改变这种非人性化的活动，他们就需要参与到反思实践中，质疑他们是如何与他们周围的环境、与其他人、与他们关于世界的知识联系在一起的"[1]，按照此理解，公共治理人员是一种"可能性自我"，具有未来导向的含义，既想要自己成为组织和社会期待的自我，也是在不断改变、纠正自我，需要在社会文化背景中塑成的自我。如果个体在社会环境中建构可能自我时缺乏对周围环境的认识，可能自我的建构就可能失败。"一方面，行政管理者在行政管理活动中处于支配地位，另一方面，行政管理者有着自己的利益考量，这就促使行政人员在其管理实践中有走向功利化的可能，而一旦行政管理走向功利化，就偏离了功利主义原来为公共行政所设定的轨道，走向了反面"[2]。自我行动过程是一个自我调节过程，通过自我与家庭、社区、社会文化等交互影响和作用，使得自我调整成为行动需要的公共治理者。

---

[1] [美]全钟燮.公共行政的社会建构：解释与批判[M].孙柏瑛，张刚，黎洁，译.北京：北京大学出版社，2008：132.

[2] 王锋.功利主义视野中公共行政的行动逻辑[J].浙江学刊，2020（5）：84-93.

二、行动设计下的自我建构

在公共治理行动中，公共治理者的自我建构发生了实质性变化，通过反映人类善的"类本质"来追求个人自由而全面的发展。在此过程中，人的主体性与组织关系也发生了很大的变化，组织发展最终因缺少持久的生命力而产生危机，进而会导致管理范式的转换。"每个人都可以对政策进行建构，政策是从人们的行动中体现出来的。或者可以说，如果人是在权力或者压制中参与政策，那不能算是真正的行动，行动必然出自具有自主性的个人，因此行动是免除了压迫的，行动的开展也必然带来自主与自治的政策过程。"① 在民主的、合作的积极组织中，自我积极性、创新性与自治理念得到了张扬。

（一）组织对公共治理者的影响

行动主义导向下的公共治理的"促进式政府"组织是灵活的、小型的积极组织，组织是公共治理者思考、反思的物理寄存形态，是自我在团队知识中的自我反思场所。组织所赋予公共治理者创造团队共同愿景，除去权力本身所应具有的影响，公共治理者自我拥有主体性人格，是自我管理的主体。组织自身小型化和学习型组织奠定了行动中公共治理者自我管理的条件。与传统组织不同，等级、权力、秩序虽然还是组织应该具有的基本因素，但是在"促进式政府"中，更加强调的是信息的自由流动、知识的共享和团队的力量。知识团队与传统组织最大的不同在于，在组织中，公共治理者是某类知识的代表，组织给予了公共治理者充分的自主权和话语权，形成了组织发展良好的气候，公共治理者拥有良好的发展空间，可以激发公共治理事务行动原动力，积极、自主地解决社会公共事务。

（二）公共治理者对组织的影响

行动主义所指向的合作行动中，治理者与被治理者的界限模糊，他们

---

① 向玉琼. 论政策过程中的言说与行动[J]. 长白学刊, 2019（2）: 58-65.

彼此可能只是在某一时段某一空间的治理过程中占据一定的主导角色，角色是可以随时变换的。在"促进式政府"中，公共治理人员的认知是重新"格式化"的，即不同群体合意与建构的结果，他们可以随时充当不同的角色。虽然说，在一定意义上"只要存在中心—边缘的社会结构，中心必然会对边缘进行控制和支配，中心与边缘之间的位差决定了'自我'与'他人'之间的分化和对立不会消失。不过，在公民参与的行动中，中心—边缘结构松动了。代议制民主饱受诟病，公民参与将民主的实现方式引向了公民行动，当人们更多地关注社会治理中的具体问题，更多地从行动方面来看待民主时，政府与公民都会被视为来自具体情境中的行动者"①。因此，来自具体情境中的公共治理者是积极的、具有反思和批判精神的，但仅仅这些还不够，公共治理者还是自我决定者——自我决定是个体在充分认识个人需要和环境信息的基础上，对行为做出的自由选择。自我决定的公共治理者突出了自身在行政事务中的能动作用，也突出了环境对人员的潜能发挥影响的外部因素，既关注个体的内在心理动力、情感、认知，也注重认知调节作用。在"促进式政府"中，组织与公共治理人员是平等的博弈主体，双方拥有等量的信息和遵守相同的规则，公共治理者利用自身拥有的知识增加，修补组织本身知识存量，在行动中改变和调整着政策。同时，由于是积极组织管理，领导高度信任下属，公共治理者拥有较高的自我决定性，在与组织成员的互动中，使得通过人际关系合作提升我与他的知识成为可能。在公共治理行动中，公共治理者回归到社会中的公民本身，承担的是个人的责任，发挥自身管理能量，而且能完全发挥自主性，与社会力量一起完善对公共事务的认知与理解，促进社会良治的形成。

在公共治理行动中，公共治理者自我控制或者内化外在规则的技术则缘于组织的高度信任和信息流通，自我技术是公共治理者自我决定、积极行动及以反思与批判精神来适应和对组织认同的品格，通过组织的支持、理解和自我的积极行为共同建构了公共治理者本身，而公共治理者也对组

---

① 向玉琼. 论"他在性"导向中生成的服务型政府[J]. 江苏行政学院学报，2015（5）：106–112.

织发挥着积极的影响。

第三节 情境与自我

从行动主义理论的自我观来看，自我是一种文化的建构物，有赖于他人的在场或某个社会情境。行动者是以"关系的自我""主动积极的自我""主体间的自我"取代"本质的自我""消极被动的自我""独个个体的自我"。在社会中，"我们所面对的就不再是一种没有肉身的、超感觉的、有血有肉的、在具体生活形式中社会化的、在历史时间和社会空间中占据特定位置的、交织进交往行动网络之中的行动者"，"这种行动者在各自情境中进行具有可错性的诠释，因此必须汲取其生活世界中那些他们不能随意处置的资源"[①]。公共治理行动主义取向指出，人是"关系"的产物，自我是"关系"的反射和映照，每一个"我"的形成都是与他人关系的产物，都是经过参与与互动形成的。"我"与外界的每一次联系和互动，都是一次相互的建构和被建构的过程。同时，自我是社会多样情境与他人互动的产物，是人在与环境的互动中自主建构形成的。人始终处在被建构的过程中，人本身是由社会、文化与外部环境共同决定的，因此人建构了人本身的性质。

迪尔凯姆认为，个人是社会的主体，不同的个人活动塑造社会，社会便产生了新的特征，这些新的特征反过来又塑造了个人意识和个人行为，因此，我们只能从社会环境的角度给出对个人行为的最好解释。在社会学的理论中，人是社会的动物，人的自我呈现与认同也只能在社会中才能形成与完善。社会心理学也同样认识到，"自我"意识置于社会关系之中，并通过个体在社会中的行为形成。"自我从本质上说，是一种社会结

[①] [德] 尤尔根·哈贝马斯.在事实与规范之间：关于法律和民主治国的商谈理论[M].童世骏，译.北京：生活·读书·新知三联书店，2003：400–401.

构，是从社会经验中产生的"[1]。因此，自我是社会性的自我，必须通过与社会中其他人产生一系列关系才能实现，即自我之中包含着"他性"的成分。社会性自我实现过程是每一个个体自我不断塑造的过程，其中，个体为了适应社会和他人，就需要对社会环境有足够的认识，并在此基础上有意识地改变自我意识，并对自我行为进行适应性调整。在治理过程中，各行为主体之间是主体间性的关系，但主体间性关系只能发生在具体的社会环境中，当脱离了社会因素，主体之间就会回到原有的主客体双方的对立之中。因此，社会环境和社会互动过程是行政主体行动的重要外部条件。

公共治理知识是从每一个互动情境和行动主体中产生与发展的，在公共治理者和社会行动者的主观世界和行动者之外的客观世界中不断演化与丰富。在符号互动论中，"社会"是由个体间的行动和反应的交互过程及社会互动组成的，"互动"就是"社会"本身，个体间的互动共同组成社会整体，"个体把社会的有组织的反应接纳到自己本性中，形成心灵的内部结构，以后则借助符号唤起这些反应，并成为接受新知识的基础"[2]。意义因情境而生，行动者会根据自身所处的社会情境和自身的行动方向来选择、检查、重组和改变意义。情境知识牵扯到行动者自身的"自我"和客观世界，而知识主要由单一对象的反应或泛化他人的态度形成。从源头上看，社会中的情境知识产生于社会互动过程，在延续互动的动力下产生，"我们离开社会互动，自我也就不复存在"[3]。公共治理过程的互动情境影响知识生产，使得知识在内容上具有相对性；对于同一或同样情境，每一个个体对刺激产生相似的反应，可能会获得相似认识，使得该认识相对于该情境具有普遍性。同时，认识不仅受到互动情境中不同认识主体之间互动关系的影响，还会受认知者过去经验影响，既可能来自过去的社会互

---

[1] [美]乔治·赫伯特·米德.心灵、自我与社会[M].霍桂恒，译.北京：华夏出版社，1999：152.

[2] [美]乔治·赫伯特·米德.心灵、自我与社会[M].赵月瑟，译.上海：上海译文出版社，2005：21.

[3] [美]乔尔·查农.社会学与十大问题[M].汪丽华，译.北京：北京大学出版社，2009：31.

动,也可能来自与他人互动的主观经验或共同体的普遍知识。"公共行政世界中主体间面对面之境遇与互动为实现情境管理提供了强大的能量场,并在很大程度上削弱了规范系统的决定性与强制性,增强其对主体策略性行动的开放性。同时,实践主体亦通过自我参照生成自我意识,通过意向性行动实现内外关联,通过策略性行动而实现综合考量,并实现自我反思与批判"[1]。整合这些因素在一个互动情境中,就会创造出对公共事务与自我新的理解与知识,因此从具体功能上说,情境知识存在于每一具体的互动情境中,是关于未来期待、过去经验、当下情境的认知和意识决定了个体行动及其成效。

社会是一个复杂的结合体,每个人都生活在各种各样的群体之中,因而会和他人有相应的关联。基于互动和"泛化他人的态度"的思维是生产新知识的机制,社会对不同公共事务的认知是通过思维贯通的,而思维本身是一种自我互动,是对外部反应的呈现。社会互动过程塑造了知识的普遍性,通过互动为各方所共享。米德认为,意义的普遍性使得对他人的理解成为可能,"我们在自己身上引起由我们的姿态在他人身上引起的那种反应越多,我们对他人的理解就越多"[2]。这就说明,在行动过程中,参与行政决策的异质性群体和人数越多,行动就更具有实效性、可能性和全面性,我们对公共事务治理的理解也就越全面、越深刻。

个体在社会情境认同中,自我认同是重要的一部分。按照一般的理解,自我认同即个人对自身角色的一种自我体会与自我确认,自我是具体的,因而它是个体性的,个体性在日常互动情景中以具体方式控制表现出来。按照吉登斯的理解,"自我可看成是个体负责实施的反思性投射",自我认同"是个人依据个人经历所形成的,作为反思性理解的自我",这种自我在公共治理中通过多种方式建构,从生活世界来理解行动者,尤其是从日常生活世界来理解作为行动者的公共管理者,我们会看到他们在公

---

[1] 刘晶.复杂情境中公共行政实践的三个基本行动逻辑[J].理论探讨,2014(3):158-162.

[2] [美]乔治·赫伯特·米德.心灵、自我与社会[M].赵月瑟,译.上海:上海译文出版社,2005:212.

共管理活动中所采取的种种行动策略：他们既可以借用习俗的力量，也可以动用亲情来打动民众[①]。公共事务中公共治理者的自我意识与认同的建构也同样如此，离不开日常实践中对现实的把握，公共治理人员的自我意识与认同不仅仅反映在公共治理过程中，也反映在与民众的互动中，并且是在不断适应社会环境中发生持续的改变。

从另一方面看，自我是一个反思和认知的对象，每一个人通过他人对自己的认识、反应来反思自我，反思性是对所有人类活动特征的界定[②]。"主我"和"宾我"只有在内在的反思性投射中才能够确立起来。人们在社会生活中，通过反思投射的过程，能够把自身认知应用到社会生活的情境上。作为组织和个人的一种建构要素，自我的反思性是一种信任机制，使得公共治理者与社会人员以某种具有问题意识的方式而互相并存，并且这个反思是连续性过程。反思不仅是指对自己过去行为的策略、内容及结果进行反观和思考，同时还要在反思行政行为内容和结果、分析其背景知识的过程中提出解决问题的假定，并在实践中予以检验，以促使自我发展。在公共治理行动中，自我反思是人与人之间互动的重要能力之一，"当人们深入反思行动中，他们就开始理解并尊重各种复杂关系。在此过程中，他们认识到他们是积极行动的主体并开始批判地思考环境，而不仅仅是对环境做出被动反应，同时他们也在与他人的关系中以一种自我确认的方式来塑造着各种行动"[③]。自我反思是自我建构的前提，在实践的公共治理生活中，各种治理活动构成了自我建构的主要内容，在社会情境中，与他人、与环境、与内容等在日常生活中不断改进自己，转变自我偏好和认知，获取公共治理生活中大家对公共治理事务一致解决办法的社会认同，丰富自我认同的形成，"公共行政的社会建构必须包括一个对社会和文化情境下的个体性质的清晰认识……社会建构论者将自我和认同看成

---

① 王锋.行动者：治理转型中的行政主体[J].行政论坛，2018（5）：66-72.
② [英]安东尼·吉登斯.现代性的后果[M].田禾，译.南京：译林出版社，2000：32.
③ [美]全钟燮.公共行政的社会建构：解释与批判[M].孙柏瑛，张刚，黎洁，译.北京：北京大学出版社，2008：131.

是由社会、历史和文化以及各种关系来创造和保持的"[1]，因此，公共治理者和社会公民的自我意识与认同是在社会情境中、各自角色定位中、人与人的关系中持续形成的。于是自我与他者得到了各自的发展，并彼此相互更加关联和个性化。

从反思方式来看，反思式的自省自悟和"自我的他性"的方式能够培养公共治理者与公民的社会问题意识，养成善于深思的习惯，形成责任意识与自我教育意识。"自我的他性"的方式是社会情境中自我建构的重要途径，马克思曾指出"对自然界和自我意识观察"的两种不同观察，并指出基于人所独具的意识与自我意识，人能将自己作为对象来对待——"对于意识之所以有肯定的意义，是由于意识把自身外化了，因为意识在这种外化中知道自己就是对象，或者说由于自身存在的不可分割的统一性而知道对象就是他自己"[2]，自我意识之外的他人是一面镜子和反思的对象，不断促使着自我发展。从个体来看，每一个人都由两个自我组成，一个是"公共的自我"，一个是"单个的自我"，在公共治理的行动中，"公共的自我"会不断得到成熟和增长，在公共场域和相互交往中，自私的自我相应被压缩，逐步为公众思考，成为一个社会的公共人。从外部和关系的维度看，个体的自我建构包含3个组成部分：首先是个体自我（individual self），指从自身独特性，从自己与他人的区别来定义、认识和理解自我，自我的意识与认同能够将个体自身与周围环境区分开来，通过人际的比较来获得，并与保护个体自身利益的动机相联系。其次是关系自我（relational self），指从自己与他人的双向交往中定义、认识和理解自我，通过人际反馈的过程获得，与保护重要他人的利益、维护与重要他人之间关系的动机相联系，关系自我是多个自我的组合。最后是集体自我（collective self），指从团体成员身份来定义与理解自我的倾向，与自我概念中涉及自己与团体之间关系的部分相联系，通过将自我归属于某个群体，并将该群体与其他群体相比较的过程获得。个体的自我、关系的自我

---

[1] [美]全钟燮.公共行政的社会建构：解释与批判[M].孙柏瑛，张刚，黎洁，译.北京：北京大学出版社，2008：114.

[2] 马克思，恩格斯.马克思恩格斯选集（第42卷）[M].北京：人民出版社，1995：170.

和集体的自我构成了自我建构的3个场域,在每一个不同的场域中,面向的对象、内容、特征塑造了个体不同的个性。在公共治理中,个体的自我是从自身工作的不同来认识理解自己,关系的自我和集体的自我是从公共治理者社会情境中来认识理解自己。作为一种共同行动类型的逻辑回应,在不同的共同体形态中行动者之间达成"意向一致"的形式不同。基于政治强力认同的共同行动、基于阶级利益共识的共同行动、基于公共责任默契的共同行动,行动者在"自然形成的共同体""虚幻的共同体""真正的共同体"中分别占有不同的主导地位,进而导致公共行动的变形镜像、消解困境、和谐发展的逻辑生成。[①] 无论是自然、虚幻与真正的共同体的形成,关系的自我和集体的自我两者都相互补充,构成公共治理者完整的自我建构过程与目标。

在传统组织中,公共治理者与社会民众互动较少,执行政策都是按照自上而下的方式进行,由于每一人都具有同样的心智模式和行为特征,因此也就失去反思自我的参照系。按照著名生态行政学家里格斯的说法,行政行为的典型特征是行政风格的形成,而行政风格的形成,是一个由社会形态中的人的基本行为模式所决定的,这也说明公共治理者的自我建构和普通公民自我建构一样,必须在具体的社会情境中才具有意义,也只有在具体的社会情境中才会有可以反思的参照系。公共治理者与普通公民在日常公共生活中,对那些是理所当然的普遍的内隐知识、价值观念、信念力量和行为方式进行自我角度的观察、自我知觉和自我揭示,进行系统细致、内心深处的自我解构、批判、反思与建构,从而实现对公共事物认识的自我更新、超越和重构。这种情境的验证方式可以通过设想情境验证自身的判断、在面对艰难选择时进行决策、学习征求他人的建议以改进自身的实践等方式完成。同时,在行动中,当参与中的人员通过反思个人习以为常的知识经验、价值观和行为模式的时候,也就是自我建构的过程中,很容易陷入自我批判和自我破坏的境地,因而需要来自其他参与人的理解、认同、接纳与信任,从而获得内心深处的鼓励和支持,在交互反省、

---

① 陈付龙.公共行动的生成逻辑:一种共同行动类型的分析[J].内蒙古社会科学,2019(2):28-34.

辩证批判的过程中，参与的人群共同反省研究行动策略中的各种内外因素，建立并维持民主平等与自由协商的氛围。

社会情境中的个体，"如果人们希望改变这种非人性化的活动，就需要参与反思实践，质疑他们是如何与周围的环境、与其他人、与他们关于世界的知识联系在一起的"①。在公共治理中，公共治理者的自我建构更多具有行动者的意义，既要保持组织的稳定性与权威性，又有可能通过反思的行为在公共治理生活实践中会影响组织本身的稳定与权威，自我的建构在打破原先自我的基础上和组织各种原则的基础上形成，是在矛盾与辩证的过程中反复、循环前行，通过对话、参与社区自治、辩论等形式，也可能会改变自身心智模式、对公共事务认知的前提假设、误解与偏好，以此改变自身存在的局限性。公共治理行为中，"作为积极的行动者，公共管理者在与他者的交往中，而且是在持续性的交往中获得对公共事务的本真性理解，并在此基础上通过与其他治理主体的合作努力来实现对公共事务的有效治理。这样的过程注定是一个持续的过程。这时的行动者就不是那个不偏不倚、不带任何感情色彩的旁观者，而是充满热情与创造精神的积极的行动者"②。"促进式政府"开放、透明的组织是公共治理者自我反思能力与建构发展的重要前提，超越了原先自身的知识与能力存量，甚至可以改变组织与先前的原则，为组织发展注入动力。但同时，在信息化社会中，网络信息化带来的虚拟社会会将传统社会的自我认同完全瓦解，个体的交往以自由设计的关系来进行，主体被分散，在时间和空间上都被脱离原位，又使得自我建构具有了碎片化的特征。在明确的组织原则与社会复杂情形对行政的需求之间，公共治理者的自我往往呈现模糊性与分散性，甚至容易出现自我的分裂，失去自我，不能明确自身的职责。

由此可见，公共治理者的行动是一个复杂的过程。其中，公共治理者只有在获得人格的尊重与认可后，才能使得自我意识与行为稳定下来，"如果我作为一个人格获得承认，那么，我的认同，即我的自我理解，不

---

① [美]全钟燮.公共行政的社会建构：解释与批判[M].孙柏瑛，张刚，黎洁，译.北京：北京大学出版社，2008：134.

② 王锋.行动者：治理转型中的行政主体[J].行政论坛报，2018（5）：66-72.

管是作为自律行动还是作为个体存在，也才能稳定下来"①。公共治理者与公众在自我知觉、批判和揭露的反思性行动中，可能会出现自我蒙蔽、自我欺骗的视角盲点和行为取向，还会受到参与中的公共生活的经验、价值观和行为模式与习惯的影响，这就需要参与的主体之间制定并遵守一种平等积极的互动规范，建立话语相同的不同组合和彼此理解、信任、平等的"批判性朋友"关系，形成政策联盟、利益共同体，实现组织内外人员的认同，这既是对组织制度或非制度的认同，也是这些制度或非制度作用效果的认同，维持一种开放、平等、信任与自由互动协商的情境，形成支持性的和积极关注的心理氛围。

公共治理者的反思精神与能力是核心，反思的过程是寻找替代方案的过程，是自我建构的目标函数替换的过程。公共治理者在组织中按照常规行事，无论从心理上还是行为上，都习惯接受原有的程序、模式与心智，没有反思，也没有批判，一旦治理者接受并在去思考自身行为的时候，组织本身的行为可能会异化。一旦具有了反思的品质，可能会有正面和负面两种结果，一方面是对组织有了鲇鱼效应，组织和其他人员带来的新气象改变了组织本身的程序与组织气候。当参与到一种自我实现的活动中的时候，在社会生活中反思自己和看待自己的时候，与社会中的人互动，别人的思维与眼光是自我建构的路标，同时经过自身建构的思维也可能影响别人的自我理解，"当个体反思自己体验中持续不断的时刻时，他会尽力将意义嵌入一个一致的架构中。这一趋势会随着个体与他人分享他的意义及人生体验的整合而增加"②。当个人赋予组织及组织中的人以新的意义的时候，行动者反思品质就开始发端，群体不断赋予组织新的意义，组织本身也得以不断改变以适应社会需要，个人反思能力成为组织发展的谶纬。另一方面，个体的反思有可能受到组织的压制，反思现有的行政行为方式可能会遭致组织的排斥，"在现实生活中，个人与公共政策若没有交融熨合，

---

① [德] 于尔根·哈贝马斯.后形而上学思想[M].曹卫东，付德根，译.南京：译林出版社，2001：213.

② [美]彼得·伯格，托马斯·卢克曼.现实的社会构建[M].汪涌，译.北京：北京大学出版社，2009：55.

加上公共政策权威根基尚浅,个人强势以行,后者诉求几欲冲破前者的束缚,则很有可能为公共价值冲突的弥漫盛行敞开大门"①,带来个体的焦虑和行为的焦虑,影响了组织的发展。

要克服组织的焦虑与行为的焦虑,就需要整个治理行为的自由起主导作用,让公共治理者的自我能力不断提高,更好地富有创造性地适应变化发展的行政环境和要求。通过内化的自由,"把他在职业和岗位、职务上的权力规定和法律规定统一起来,作为公共管理的服务精神和服务原则的支持力量灌输到自己的行为中去"②,从而步入弗雷德里克森所说的"大胆审慎"的境界③,使得治理行为成为自身追求的事业,自我的人格成为发展性行政人格,成为现代社会所要求的行政人格,把自身为公共利益服务的行为演变为一种自觉的行为,内化为稳定而持久的内在价值规定性,升华为对自我认识、自我理解和自我确立的价值准则和评价,形成独立的自律人格境界,公共治理者的各种治理行为由此成为一种服从自我立法的自由行为。

第四节 个体、组织与社会

"'个人'非指一物而言,而是一个浑括的名词,代表那些在共同生活影响下产生的各种各样的人性的特殊反应、习惯、气质和能力。'社会'这个字也是一样……它包括人们由合群而共同享受经验和建立共同利益

---

① 靳永翥,赵远跃.辐射型多元诉求与前瞻性权威介入:公共政策如何在公共价值冲突中实现"软着陆"[J].行政论坛,2020(6):74-82.
② 张康之.公共管理职业活动的伦理基础[J].中共中央党校学报,2005(4):30-34.
③ [美]乔治·弗雷德里克森.公共行政的精神[M].张成福,刘霞,张璋,等译.北京:中国人民大学出版社,2003:200.

和目的的一切方式"①。因此，当我们谈论个体的时候，个体是生活在不同集体之中的个体，自我建构是在组织和社会环境中共同生成的，公共治理者的个体、组织与社会之间是辩证的关系，公共治理者需要在社会中理解公民的需求，并对公民做出回应性的需要，进行自我调整。因此，公共治理者的自我行动植根于社会生活中，是通过与社会中的人与事的互动来建构行政行为的。

个体作为一种社会性的动物，生活在一个或多个社会中不同的共同体里，个体只有依靠他所在的具体的共同体，才能使得生活的意义不断生长，自我的个体性才能获得具体的展开与呈现，每个社会共同体才能得到发展。根据自主性和社会性的强弱，哈蒙将个体的自我分为4类，其中，弱自主—弱社会的自我是行为科学的假定。该类人没有主动或创造性，只会对外界的刺激作出被动的反应，相当于官僚体制下的无自主性的公共治理者。弱自主—强社会的自我假定，人没有主体性，只会对社会习俗与价值进行反应，而不参与社会生活，无法感知社会生活对行政行为的影响和调整。强自主—弱社会的自我通常为经济学的人性观，它强调人在自利性动机的驱使下进行自主的创造性活动，政府组织高于社会之上，政府的自利性动机比较强，是一只"看不见的掠夺的手"，潜在或者隐藏性地损害公共利益。强自主—强社会的自我则为行动理论的理想自我类型。哈蒙通过相互性进行理论说明，将其作为公共治理的主导价值。"个人或自我都只有在社会中才是真实的存在，特别是在合作共同体中，人只有在合作行动中才能证明自我以及自我作为个人存在的真实性"②。强自主—强社会的自我意识，也就是独立性的自我人格，在这一自我意识的前提下，行政活动更强调个人的责任，被视为公共治理者追求自己和他人价值的过程，对于社会需求和不同主体的主观价值予以同样的关注，个人以积极进取的态度去接受环境的影响并形塑和改变环境，通过创造与改变环境的行政行为的行动去实践和实现公共治理者、社会的价值，个人价值、他

---

① [美]杜威.哲学的改造[M].许崇清，译.北京：商务印书馆，2004：118.
② 张康之.在"百年未有之大变局"中思考社会建构[J].中共杭州市委党校学报，2022（4）：4-15.

人价值与社会价值在公共利益的实现过程中有机融合在一起。

在信息化的今天,"强自主—强社会"的自我意识摈弃了先验自我观念和碎片化自我的特征,建构起一种对话式的新型人际关系。在这种关系中,人的存在不仅是权利化方式的存在,也是一个负责任的社会主体。这种关系是以公民彼此之间的交往和对话,通过对话使原有独白状态下仅对每个分别的个人而言的善,转变为对我们大家而言共享和共同追求的公共之善。在查尔斯·泰勒看来,社会成员之间的关系应当是一种对话的关系,在彼此交流和对话的过程中,作为异己的对方形成了反观自身的一面镜子,在自我与对方的相互形塑过程中,成了一个共享、协商的关系。个体在现代性的断裂性、动态性、风险、关系性的社会情境中,通过"自我和身体的内在参照系"建构一种自我认同的新机制,以帮助人们通过自我认同实现从"解放政治"向"生活政治"的转化[①]。生活政治是公共治理人员建构的基点,在日常实践的政治生活中,公共治理者—公民相互建构、共享知识,是公共治理者建构感知的主要内容,直面彼此的"差异"而建构"他在性自我",形成集体多样化的自我,使得个体的自我、组织的自我和集体的自我有机结合起来。

自我存在于互动过程之中,个体只有通过社会互动的过程才能获得自我的基本品质,人们在不断地和外部世界的调试过程中形成了独一无二的特征。根据行动理论旨趣,公共治理的现实是由客观化的社会因素和公共治理人员的主观行为共同构成的,社会环境会改变公共治理者心智、思维和行为方式,公共治理者也并非被动适应环境,而是利用自身知识与经验感知、体验与重构解释社会环境,自我和心智是社会行动核心,而社会被看作是通过个人的解释、估量、预测而可能流动的连续状态,能够对公共事务治理作出新的解读。在社会中,这个过程即是心智和意识的展现过程,包括对环境中的客体进行定义、选择和实践的路线。公共治理的行动中,公共管理者会倾向于改变自己的公共价值偏好,为其选择行为进行辩护,从而越来越重视自己所选择的公共价值。总之,正是在个体对公共价

---

① [英]安东尼·吉登斯.现代性与自我认同[M].赵旭东,王铭铭,方文,译.北京:生活·读书·新知三联书店,1998:92.

值选择的反应中重构了个人公共价值偏好[①]。布鲁默和戈夫曼也同样指出，自我同样是个客体，人类行动者并不是被社会和心理力量所拉动和推动的，而是其所反应的世界的积极创造者，行为更多的是行动者通过连续不断的自我暗示建构出来的，而不是从个性结构中释放出来的。而"社会作为相对稳定的互动形式的社会组织的模式，它的存在有赖于人们情景定义的能力，尤其是把自己看作情景中的客体的能力，没有互动，社会组织也不会存在"[②]。

公共治理是通过制度、知识、政策并把个体、组织与社会有机整合在一起的辩证发展过程，任何单一的元素都不能获得良性的发展，"个体、组织和社会间演进关系的辩证思想，不仅重视影响人们思想和价值的历史背景和文化背景，而且它主张根据新的社会环境和新的人类经验批判性地审视传统"[③]。从这个视角来看，三者之间是动态的演变过程。正确地理解三者，需要辩证思维。对个体而言，要遵从组织中的利于社会发展的理性，也要遵从社会自我发展的理性，发挥自身反思与批判能力，更好地解释、认识、改造社会。个体、组织、社会通过公共治理的"场域—惯习"行动设计辩证统一了起来，各种知识的重新聚合、批判与建构，赋予了客观新的主观化的认识，型构出适合公共治理发挥的政策。

[①] 孙斐.理解公共管理者的公共价值选择：一个整合的理论分析框架[J].南京社会科学，2022（5）：56-65.

[②] 张银岳.从结构、心灵到体系：社会行动的逻辑演进[J].西南大学学报，2009（5）：122-127.

[③] [美]全钟燮.公共行政的社会建构：解释与批判[M].孙柏瑛，张刚，黎洁，译.北京：北京大学出版社，2008：52.

第五节　找回生活：日常公共生活治理的勃兴与发展

公共治理者的自我行动是基于社会实践的。对于社会生活中每一个公民而言，公共治理生活已经成为他们自身行动一个重要部分，每一个微小的公共场域构成了公共治理生活的一部分，公共治理也由原来以行政权力为中心的官僚行政转向了关注公共领域中公共生活的治理，我们称之为"日常公共生活治理"——在生活世界中，主体进行对话、交往，达成相互之间的理解、共识，形成了具有主体间性的主体存在，形成了治理中的经验与生动的生活，是一种生活方式的治理，是生活过程决定的治理，关注个人的权利、能力和自我实现，但同时也没有忽视个人的责任和义务，注重社会的团结、相互的依存和紧密配合。生活治理不是行政决策的治理，而是生活方式的治理，改变了以前普通公民的政治生活方式。公共治理所发挥的作用不再仅仅是控制与规训，而是为社会服务与协调。

当公共治理的对象开始从"物"转向"社会"中的"人"的时候，所谓日常公共生活的治理就出现了。不同生活主体相互之间形成的关系实践，构成日常公共生活问题的结构与性质，通过生活细节和切身体验，人们才能理解琐碎、重复、平淡的日常活动之后的治理意图[1]，突出了日常公共生活中的弥散化、重复性与个性化的治理事务，强调作为整体性民众的日常公共生活。吉登斯对生活政治这一个概念给予了精准的解释，"生活政治的意图不在于争取经济利益和政治权利，它关心的是如何保卫并重建生活方式，强调通过个体的反思和行动，修复已经松弛甚至断裂的人与世界、人与自身的关系，实现幸福和自我"[2]。在日常公共生活的治理领域，民众的主体性得到最大限度的激发和呈现。由此，日常公共生活治理

---

[1] 李翠玲.从发展到生活：当代城市社区治理的价值转向[J].新视野，2019(5)：72-78.
[2] [英]安东尼·吉登斯.现代性与自我认同[M].赵旭东，王铭铭，方文，译.北京：生活·读书·新知三联书店，1998：262-265.

面对的不是抽象化、个体化的权利个体，而是有机融入社会之中的生活主体。由于实践化与贴近现实性，治理所体现的逻辑是自上而下方式进行，这促使民众个体化存在的方式向群体化的公共性转向，以一种柔性治理的方式生产与再生产了民众的公共精神。概言之，日常公共生活的治理就是要通过治理手段实现民众日常生活空间、生活观念和生活实践中公共问题解决的过程。反映在具体的治理过程中，公共治理需要向生活回归，行动场域也从政治性或实验性空间走到日常生活领域之中。流动性社会的到来，打破了领域、空间的边界，多领域融合的现象出现了。人穿行于不同领域之中，将生活体验带入政策过程中，或者在日常生活中影响和建构政策问题，这大大扩展了政策过程的场域。具体来说，政策过程从公共领域延展到日常生活领域之中，同时理性的语言和符号变成协商性的话语。不仅是冷静的、有条理的符合理性特征的语言得到倾听，来自生活中的倾诉、情绪等也得到关注，政策系统更加开放，也更加包容，"在生活中，公共政策不再是一个有形而固定的存在，相反，公共政策可以有多重形式。正是因为其形式的多样性使得公共政策能够深入人的生活中，能够渗透到具体的情境中发挥作用"[1]。

公共治理行动表明，不同行为主体的知识来于生活体验，而生活体验所需要的社会治理不能悬浮于生活之上，而是要求从日常生活问题出发并回归生活问题本身，即社会治理从日常生活中来，到日常生活中并驻扎在日常生活问题之中。"生活问题不再是应当而且必须得到精确测量的'客观'问题，也不再是技术专家设计出来的对象，而是回归了情境性、社会性的复杂问题"[2]。日常生活问题的复杂性和生活知识的难以阐释性，社会治理需要向民众开放并使之参与整个过程，公开自我的想法与建议。当社会公众将不同方向、不同层面、不同领域、不同专业的多样化的生活感悟、认知与体验渗透到治理过程，政策问题或要解决的社会问题才具有真实性，实现具有自主性和有效性的生活治理。同时，日常公共生活方式的

---

[1] 向玉琼.从生活出发：复杂条件下的公共政策建构逻辑[J].学海，2020（6）：154-159.
[2] 向玉琼.社会加速化中的生活与治理：兼论美好生活的提出和建构[J].浙江学刊，2022（6）：36-44.

多元化决定了社会治理要突出差异性和针对性设计的特征，让多元体验、差异共生的价值主要来自日常公共生活的价值。因此，日常生活的社会治理凸显出包容性特征，在包容性理念中，日常公共政策本身的丰富性和内在的逻辑性才能得以体现。再者，日常公共生活多样化内在地要求治理方式的合作性与民主化，如果缺乏了平等协商以及所形成的合作理念，生活治理必将是紊乱无序的。"我们对世界的认识源自社会关系，这些知识不是来自个人的思想，而是源于解释或交流的传统。在社会构建论者的对话中，社会关系与个人是相对的，彼此联系优于相互隔绝，彼此交流优于相互对抗"[1]。治理中心不断弥散开来，权力也越来越下沉到基层，不断形成具有自身特征的日常生活的动力与结构，不同主体的依存与包容实现了日常公共生活的"去中心化"的特征，治理与生活紧密地镶嵌在了一起，日常公共生活日益具有了伦理性。最后，公共治理行动中，所凸显的日常公共生活的参与更加有了实质意义，而不是理性建构下的形式化、唯上性的参与。所谓实质性体现在日常公共生活的参与，是"基于公共生活方式的参与"和"基于民众自身需求出发的参与"，前者具有参与的场景性特征，是民众叙述的人与事以及构成的实现人与事相结合的熟悉化空间；后者具有参与的导向性，满足民众需求本身，参与构成了公共问题建构与解决的起点。两者结合，始终是沿着人与人在互动中重塑的关系网络来进行，使得参与具有了真实性与至上性，其逻辑为"活领域的自发性能够培育民众的参与动机，实现自觉参与；生活领域的互动性能够拓展民众参与网络，实现普遍参与；生活领域的循环性能够形成民众的参与惯习，实现长期参与"[2]。

在协商、对话、客观的重新建构的公共治理改变社会公众自我建构的过程中，公众公共生活被赋予了新的含义。公共治理开始面向公共生活，日常公共生活本身是民众塑造出来的内容与秩序，当公共治理从现实的国家与社会生活中观察与理解公共问题时，所具有的批判视角贴近了民众视

---

[1] [美]肯尼思·格根.社会构建的邀请[M].许婧，译.北京：北京大学出版社，2011：109.
[2] 包涵川，熊珂.基于生活方式的参与：一个理解参与式治理有效运转的分析视角[J].东北大学学报，2022（3）：71-86.

角，这有助于澄清以往理解公共治理命题所存在的实质性与发展性问题，从而以更开放的方式构造公共治理的知识，其知识内涵与容量不再是单一的而是多方的，不再是自上而下的而是自上而下与自下而上的双重结合，公共治理知识开始回归生活层面、回归现象本身、回归实践场景中，彰显出鲜活的时代性和实践的可适性，"回归并基于生活世界所构造的公共行政才能具有现实的生命力，改变其一成不变的知识体系，将那些能够显著帮助实现目的的结构及行为要素的内容纳入公共行政知识的理想类型中，才能实现真正的公共目的"[1]。从这个意义上理解，公共治理的行动催生了生活行政的兴起，韦伯所言的"祛魅"在日常生活治理中产生了。日常公共生活成为普通公民自我建构和公共治理行动主义的试验田，为参与公共治理议题建构与治理知识生产提供了土壤。可以说，公共治理行动，显著特征就是日常公共生活的实践与重构。

找回日常公共生活的治理，首先要求在国家治理与社会生活环境之中观察治理，包括组织结构、行为模式、治理环境、治理主体等如何协调以实现对社会生活的治理。当下我们理解的"良好的治理，或者善治，是以参与、多元、透明、责任、公正、法治、安全与效率等价值为追求的治理方式的集合"[2]。在治理方式上，理性建构似乎习惯寻找一个给定的条件和确定性的知识，按照程序、制度与技术设计出的治理模式推理出必然与应然结果，进而遮蔽了社会层面可塑性更有效的经验与体会。如果狭隘地关注以治理的各种效率与工具导向作为证据的答案方案，那这些答案所需要的先决条件或内涵的知识都很难指向或属于公共治理的本质性范畴，也有可能会遮蔽或先验性地疏忽公共治理的本质属性，即不能把公共治理仅仅归结为功能之术，重要的是它所具有的实现美好生活的社会性价值意义。理性建构的知识体系所体现的分析真理与社会所融合的综合真理相割裂，而知识本身没有明确的界限，需要转向行动主义所体现的整体主义的知识

---

[1] 叶林，王兆丁，彭显耿. 面向公共行政事实本身：批判继承、回归现象与逻辑准备 [J]. 江苏行政学院学报，2019（6）：95-103.

[2] 张敏，赵娟. 美好生活与良好治理：社会主要矛盾转换及其治理蕴意[J]. 南京社会科学，2018（12）：58-65.

论，既是对传统理性建构分析知识的弥补，也是把公共治理研究视角与内容完整地、贴近社会现实地带回到自然生动的日常公共生活世界中来，无论是在理论知识体系生产、概念界定与分析体系上，公共治理行动的知识体系的整体主义不再是单一追求传统分析知识体系的狭隘性，比如执迷追求效率价值指标，而是具有良好治理的多向价值层面的考虑与实现。人类认知的有限理性决定了我们需要群体性认知社会问题，任何一个组织认识的社会问题都是公共事务的一面而会遮蔽事务的其他面，必然会对社会问题带来认知的横切面，带来人们所形成的知识或理念很难被经验所决定。起步于日常生活的公共治理不仅能够回答"公共治理是什么"，还能够回答"什么是公共治理"，更重要的是，还能够对"公共治理如何实现美好生活"这一前提性命题给予回答，行动主义所实现的对日常生活的公共治理实现了美好生活与公共治理之间缝隙的社会性缝合。毕竟"公共治理"的命题从来都不是一个框定的、美好的和既定的能够供理论家与治理者作为知识对象的"物的世界"可以认知，而是需要社会去创造的"人的世界"与"事的世界"并继而实现两者的统一的世界。

公共治理行动主义倡导民众参与公共治理，与其他主体一同理解与分享公共事务的治理过程。作为日常公共生活的主体，社会民众的实践化认知具有重要价值，既实现了其他主体重新理解了公共事务，也创造了公共治理的情境以及情境所创造的公共价值。"作为行动设计的公共行政其强烈的情境管理取向，不仅体现为其对特定情境中冲突、问题与变革的关注与回应，更重要的是认识到行政管理者、专家、政治家、公民和其他利益相关者在情境管理中的重要参与作用，尤其是他们对情境的认知与行动能力，只能通过多元实践主体之社会互动和网络，情境管理方案才可能被创造出来。"[①] 多元实践主体的网络关系中，情境方案必定是从基层、从生活实践、从人们可以感知的层面出发，才能被感知和被讨论，客观的科学知识并不由被证实为真的信念构成，而是由我们在解决科学问题时所提出

---

① 刘晶.复杂情境中公共行政实践的三个基本行动逻辑[J].理论探讨，2014（3）：158-162.

的理论猜想、推测与假设构成[①]。可以被感知与讨论的猜想、推测与假设构成了日常公共生活以及行动基础，而不是理性设计下的组织内部建构的产物。因此，从这个层面看，具有日常公共生活气息的公共治理，也就具有了理论发展与实践运用的先进性，行动主义视野下的公共治理让生活更美好。

行动主义所倡导的民主模式、程序和发展，使得民主叙事的重心从控制的形式功能跃迁到了公共治理实质功能，表明了生活治理境遇下行政发展结构的转变，民主发展的重心、衡量标准和价值取向开始向生活行政"皈依"，支持和发展着治理的多样化选择模式和图景，民主成为人们公共生活的一部分。生活世界的直观性、经验化和反思性，使得公共治理呼吁民众参与与表达，使得参与公共治理、公共生活已经成为社会公民生活的一部分。在此意义上，我们认为日常公共生活治理是一种不断改变自我生活方式融入公共生活场域的行政，在场域中展现自我，是一种自我的认同与自我选择的行政。未来的公共治理应该以增加社会公民集体选择的生活为根本，公民拥有充分的知情权、发言权和决策权。在日常生活的场域中，通过行动设计执行公共决策，治理的合法性来源于社会民众的生活治理的质量提高和民众选择公共服务机会的多样性，日常公共生活的行政实现的目标是公民如何过好身处其中的公共生活，并形成良好社会认同和公共精神。

哈贝马斯指出，生活世界绝不是身处于现实社会之中的一处固定不动的场地，而是随着人们交往活动的开展而与之共同变化的，生活世界是流动的，随着不同的语境变换而变换，同时生活世界一直在进行自身的再生产，带来有效的知识、相互的共存和个人价值的确认。面向生活世界，既保证了个体存在、知识和传统得以延续，同时也避免单个个体犯错的可能。通过个体、组织与社会的相互建构，公共治理的视野已经从社会共处的宏观层次转移到了微观层次以及如何开展公共治理生活进行反思的治理。从社会历史的背景来看，生活行政契合了新社会运动，把注意力转移到生活世界，调整了现代人的生活过程。

---

① [奥地利]卡尔·波普尔.猜想与反驳：科学知识的增长[M].傅季重，纪树立，周昌忠，等译.上海：上海译文出版社，2015.

找回日常公共生活就要重新认识公共问题的形成过程，就需要越来越重视从"人"的视角思考治理方向与内容，越来越凸显"生活"与"公民"之间关系的本体论意义，就需要通过日常生活元素的切入，找回日常生活治理之所需。以"生活"为核心，以"生活"为目标，就是要站在"人"的立场上找回生活、缔造团结，并引入新的生活治理方式。不可否认的是，生活主体同时也是制度的主体，生活主体在互动中所建构出的制度性生活图景，既赋予了生活本身以秩序，又限制了生活主体对自身生活秩序的彻底超越[1]。社会民众重归商谈与对话政治生活的轨道，回到日常生活本身，改变着不断为人诟病的公共治理领域并为其增添了新的活力和新的视野。在具体建构的路径上，有学者给予了清晰的路径，我们可以借鉴，社会治理"日常生活化"的具体表现应该是这样：首先是习惯化，凡是社区和村庄的事情，居民第一时间就会想到自己需要参与，成为一种习惯；其次是协商化，凡是社区和村庄内部发生的问题和矛盾，居民也会第一时间诉诸民主协商来解决，不会私下去找关系摆平，更不会只想着找领导来解决；再次是能力化，养成协商民主治理的能力和技巧，比如如何与不同意见的人进行讨论和交流，不会将不同意见激发为冲突，而能在交流中达成妥协或者求同存异，或者留到以后慢慢解决，等等，由此不会将公事演变为私事，也不会将针对事情的问题演化成针对人身的问题，在这样的情况下，民主协商不但不会伤害彼此的关系和感情，反而增强彼此的联系和感情[2]。公共治理行动过程是日常公共生活的治理过程，无论是主动性的参与、协商的质量与自我能力的提升，都需要在民众在日常公共生活中实践或通过一系列的程序形成。在日常公共生活治理中，组织通过有意义的建设过程，使得每个个体体会到最亲近的行政和无距离的公共性社会体验，切实感到了公共生活的意义和价值，使得公民的政治生活有一种回归的亲切感和熟悉感，回归到人类最初的熟人共同体和城邦共同体生活境地之中。

---

[1] 唐晓琦.从技术治理到生活治理：中国城市社区治理的范式转向与经验嬗变：基于 S 市漕街的实证研究[J].城市发展研究，2022（2）：93-98.

[2] 王春光.社会治理"共同体化"的日常生活实践机制和路径[J].社会学研究，2021（4）：1-10.

因此，通过公共治理的行动而形成的生活治理，深入到了基层，深入到了日常生活深处，避免了国家治理的空心化和支离化，使得公民政治生活实在化、充实化。公共治理开始被公共生活所包围，走向了平常百姓家。

第五章　行动过程（一）：权利与话语

公共治理行动主义取向中，行动与话语是核心要素，与行动和话语相伴的权力、权利以及所产生的民主化治理，一并构成了公共治理行动过程的核心内容。

第一节　权力的内涵与实现

在公共治理行动理论中，权力与权利以新的面貌呈现，主要表现为权力的日益松软化和权利实现方式的日益民主化。

一、行动主义的权力观

权力无处不在，深深地隐藏在我们生活的最深处，影响和牵引着我们每一人的行为，对于个体而言，拥有权力不但意味着可以对别人施加影响，而且也往往具有对自我加压的影响——权力是始终悬在权力拥有者头顶的达摩克利斯之剑，因为它总是危险的——权力携带着超越权力本身的额外因素。

传统治理行为中，权力主导行为与行动，"权力就是知识，真理就是既定秩序认可的知识——它们相互交织在一起，成为一个庞大的压迫体系"①，权力贯穿于理性行动建构的全过程，主宰其他主体不同行为的选择。同时，权力本身具有再生产的功能，这使得权力修复得更为强大，官僚体制还倾向于通过公务知识，进一步提升其权力②。权力之所以能够强化自我，本身在于权力的封闭性，权力作用的方向是向内的、静止的、内敛的。

公共治理行动中，不是不需要权力，而是权力作用矢量、方式和途径发生了变化，权力是一种民主化治理下的权力。公共治理行动过程所体现的民主化治理风格，改变了公共权力的发挥与政府组织和强制力量之间的必然性，发挥权力能够发挥应有的作用而不是稀释权力本身带来的权威性，突出权力在合理合法的范围内实现而不是消解权力本身，强调了权力不再是单一主体的中心而是行使主体的多元化和方式的多样性。

公共治理行动彰显了行政软权力的理论旨趣。软权力吸引民众，而不是迫使他们改变。软权力是相对于"硬权力"而言的，如果说硬权力的特征是强制性，那么非强制性是软权力的本质性特征是更多以协商、互动、征求意见、说服、指导、商谈、辩论等来影响社会公众自觉参与行政活动。硬权力是通过权力本身实现自身，软权力则与此相反，是通过权力周边因素来实现自己，比如改变其他主体偏好，利用信任、价值等来实现目标。

软权力是交互式权力，公共治理者与民众之间的彼此认识、理解、共享与反馈、交流重塑了权力的内容、途径与方式。关于这一点，阿伦特论述得更为精彩，阿伦特把不需要他人同意的权力称为暴力（force），把建立在共同价值和信念之上的一致行动能力称为权力（power）。民主化治理建立在公民相互交往的基础上，需要公共领域的争辩、互动、讨论和交流等，消除危害政治自由的暴力，确保民主制度真正体现人民主权本质。在传统官僚制中，行政仅仅视为执行，是没有自主性的，既不能调动公民参政的积极性，又阻碍了民众创造潜能的发挥。从本源上看，权力和行动

---

① [美]拉尔夫·P.赫梅尔.官僚经验：后现代主义的挑战[M].韩红，译.北京：中国人民大学出版社，2013：154.

② [德]马克斯·韦伯.经济与社会（上卷）[M].林荣远，译.北京：商务印书馆，1997：8.

联系在一起，权力是没有人能够"占有"的，"权力随着人们开始一起行动而产生；一旦它们分散开去，它也就马上消失"，权力在人们的交往关系中产生，也随着交往关系的消失而消失[①]，因此，政府的权力来源于交往权力。从这方面理解，公共治理权力观是和公共政策议题建构过程紧密联系在一起的，权力在人们建构公共议题中产生。在公共政策议题的权力关系中，无论是公共治理者还是社会民众，都拥有更多"权力机会"来通过公共政策议题达就和实现自己的愿望，都需要对权力关系中的人群感知、理解、预测、改变和调适，其中权力关系相关人的举动会引发其他人相应的反应，并从而调整自身参与公共治理过程的话语、行动与内容，极大地缩短人与人之间的"权力距离"[②]，权力从控制转向了合作与协调，改变了治理者的单向度性和民众的"隧道视野"。

公共治理行动中，权力运行的方式发生了变化，权力具有的强制力在公共治理者的主体间性的相互关系、相互依赖中产生，权力的强制性包含着彼此认同成分与程度。因此，在一定程度上，权力在不同主体之间进行建构。权力和知识无论哪一方占据主导地位都不利于社会发展，最合理的结果是纳什均衡，两者通过合理竞争而形成良性合作关系，产生均衡的流动性权力。权力是交往式权力，是主体间知识融合产生的新的权力，呈现出流动性权力特征，这种权力包含了四方面特征，即交互性、合作意识、关系向度和共同领导。

（一）交互性特征

权力通常是指人们所拥有的能力，不仅表现为一种客观存在，而且表现为人们的主观感受，即权力感。现代社会的民主政治路径决定了权力的

---

① [德] 尤尔根·哈贝马斯.在事实与规范之间：关于法律和民主治国的商谈理论[M].童世骏，译.北京：生活·读书·新知三联书店，2003：180.

② 王建斌，张丽芬.行政层级制的行动逻辑及伦理困境[J].中南大学学报，2015（1）：140-145.其中所谓权力距离，荷兰学者霍夫斯泰德认为，"权力距离指数得分能够告诉我们一个国家中人们之间的依赖关系"。（具体参考：[荷兰] 吉尔特·霍夫斯泰德，格特·扬·霍夫斯泰德.文化与组织：心理软件的力量[M].北京：中国人民大学出版社，2010：49.）

合法性来源主要是广泛的社会认同①，社会认同决定了权力感。公共治理行动的真实性是通过面对面的沟通与协商体现，权力自身的认同在此过程中予以获得和升华。在日常公共生活治理中，公共治理者与社会民众之间存在的微观权力不仅仅是在利益导引下产生的，更多是在主体间性的理性认可与相互承认中酝酿产生的。权力之中包含着人们之间相互交往并达成共识的力量，权力使之成为一种纯粹的理性力量或者交往中达成共识的力量。当人们认识到权力之中所包含着的理性认同力量时就会发现，权力的再生产不再是权力资源的激烈争夺，而是获得理性的承认和认同，"按阿伦特的理解，政治权力既不是贯彻自己利益或实现集体目标的潜力，也不是达成有约束力之集体决定的行政权力，而是一种表现在合法之法的制定、建制的创立之中的授权力量"②，就交往权力关系来说，存在着一种无强制力而更多是认同力的权力概念。在公共治理行动理论中，权力的理性认同力量超过了强制力量。

"交往权力只可能形成于未发生畸变的公共领域之中"③。通过相互理解、互相尊重，并通过行政指导、利益疏导、舆论分析、社会评价等方式发挥权力功能，从而生成一种"由沟通而形成的系统导控"，权力所产生的认同力量能够产生行为的协同性和思想的一致性，能够获得社会公众的内心支持和行动拥护，形成对公共场域治理的自觉参与和拥护。一方面能够形成"积极组织"的特征，能够更好实现行政极形塑，赢得民众支持。全球化深入推进背景下，各种社会问题治理在变得日益复杂，政府治

---

① 借用哈贝马斯的"事实性"和"有效性"来解释这里的权力概念，权力之中包含了"事实性"和"有效性"这两个向度。"事实性"向度就是权力概念中的强制性向度，这意味着任何一种权力都潜在地包含了排除一切阻力而实现自己的目的的强制力，它是以实际存在的暴力威胁为后盾的。而权力之中所包含的"有效性"，则意味着权力是得到人们的理性认同的。有时权力更倾向于强制力，有时权力更倾向于理性认同的力量（具体参考：王晓升.重新理解权力[J].南京：江苏社会科学，2010（2）：7-12.）。在民主社会中，权力更多地包含了社会认同力量，而在集权的社会中，权力更多地包含了强制力要素。

② [德]尤尔根·哈贝马斯.在事实与规范之间：关于法律和民主治国的商谈理论[M].童世骏，译.北京：生活·读书·新知三联书店，2003：181.

③ [德]尤尔根·哈贝马斯.在事实与规范之间：关于法律和民主治国的商谈理论[M].童世骏，译.北京：生活·读书·新知三联书店，2003：181.

理的边界在变得日益模糊，传统政府治理领域已被打破，治理行为必须通过积极行为和健康方式塑造治理途径，"通过审慎性沟通和情境性道德，关键少数与社会大众之间形成一种良性互动的辩证法，这有助于公共善在社会层面的达成。在对公共善进行扩展的过程中，基于主体的社会移情极为重要。换言之，社会大众对特性角色的学习需要被激发出来。在广泛性的社会学习中，正向的公民能量源源不断地产生，成为辩证行动主义在协商民主中应用的实践性情境"①。公共治理事务的创造性，能够获取社会公众的普遍认同。对权力认同更能提高社会民众参与公共治理事务建构的积极性，改变公共治理者和社会民众对公共事务治理的认识与思维，同时能够降低公共治理的行政成本。公共治理行动突出表现在公共议题建构的成本较高，但一旦通过公共事务治理的不断建构，并随着公共治理人员和社会民众互动的增多和频繁，主体间性思维和行为就会不断趋同，权力的认同感就会不断增加，任何一次参与的边际提升都会使得成员的自觉性慢慢提高。

（二）合作意识

"作为一种整合人的力量的新型方式，公共行动会在基于公共责任默契的共同行动基础上由合作编码建构起来并和谐发展"②。行动主义对话与商谈等软权力特征，主要是依靠自身潜在的影响力、耐心理性的说服力和参与的吸引力来发挥效能，非强制性方式决定了权力的行使方式是通过集体的方式而非单个个人的方式进行，"参与者应该无保留地追求他们的语内行动目的，他们的同意是同对于可批判的有效性主张的主体间承认相联系，并表现出准备承担来自共识的同以后交往有关的义务"③。一个人具有共同行动的意义，一个团队才具有对公共议题建设的意蕴。

---

① 张宪丽.协商民主、公共善与辩证行动主义[J].行政论坛，2023（1）：44-51.
② 陈付龙.公共行动的生成逻辑：一种共同行动类型的分析[J].内蒙古社会科学，2019（2）：28-34.
③ [德] 尤尔根·哈贝马斯.在事实与规范之间：关于法律和民主治国的商谈理论[M].童世骏，译.北京：生活·读书·新知三联书店，2003：4-5.

对公共事务的治理做出集体意见整合后的成熟政策，既是不同人员参与行动的结果，也是每一个人对公共权力的制约、分享与使用的过程。在民主制与共和制国家，民主的目标就在于把权力转变为权威，这样的权力才具有合法性和社会性。公共治理行动中，每一个参与行动对权力的认同也是对权力的制约过程，权力转变为权威的过程是通过权力分享与过程性生成，将分散的无系统的意见转变为集中的有系统的意见的聚合过程，这一过程不仅是每个人行动合作意识的观念性存在，也是实践化结果。

（三）关系向度

权力含义的向度是在权力主体与客体之间的双方关系中进行界定的，不同的关系构成了相互交错的网络。因此，权力不是抽象缥缈不可捉摸，而是生活在各种社会关系之中的东西。行动主义治理中，权力的关系属性决定了权力从官僚体制中剥离开来，而"当政策问题建构是由行动者作出时，政策问题建构过程将是向多方开放的一个阐释过程"[1]，开放性阐释的过程意味着权力无法隐蔽信息与行动，权力与话语、内部信息与外部信息相互交织，在相互关系中，权力才能真正发挥自己的作用。

在日益开放与民主的社会中，信息的向度是完全开放的，社会权力呈现出分散和多元化的态势。公共治理中，权力是非中心的、弥散的、分离的、非过于强制的，并且是来自各个地方，国家机构只不过是权力的一个有限区域和内容，真正的权力关系是没有什么中心意识的，工厂、医院、学校、家庭等公共场域中都存在着自身的"微观权力"。行动主义从行动权、行动主体、行动内容、行动方式等方面向所有行动者敞开，即允许参与社会治理行动的组织和个体基于共生共在的生存和发展理念，自行建构具体情景中的社会问题，不为僵化的规则所限制[2]，表现在公共治理行动实践中，权力的实现内容与方式是不同关系中的不同人群的感知与合作的结果。权力的产生途径也具有多元性，主要包括基于法理性授予和基于知

---

[1] 张康之，向玉琼.政策问题建构权的历史演进[M].上海：上海人民出版社，2016：382.
[2] 荀欢.我国社区治理政策文本：一种行动主义的分析框架[J].武汉科技大学学报，2018（2）：151-157.

识自身生产两个部分,而更多的是后者,是在公共治理行动过程中产生和再生产。

(四)共同领导

公共治理行动中,领导是"转化性领导"——领导不是领导者对追随者做的某件事情,而是领导者与追随者之间的一种彼此互动关系。领导者与被领导者置于平等对话的基点上,彼此的利益融合为对共同目标的相互支持,能够尊重行政对方的领导方式,突出了利用协商、互动的方式,淡化权力的代言身份,与民共享权力。"当今的问题越来越需要具有不同风格、议程和关注点的许多不同组织的网络参与。那些有关的团体可能在方向、动机、时机选择、财产等方面具有一些主要的分歧,而且这些分歧可能很严重。在这种更加易变并且更加不稳定的环境下,理性的正式领导模式不再起作用。相反,有人(通常是没有正式权威地位的人)必然会担任领导,把所有关心该问题的人召集在一起并帮助消除或调解这些分歧。与此同时,它绝不是实施控制,而是通过榜样、说服、鼓励或授权来实施领导"[1]。"共同领导"的核心是领导者与其他主体之间分享愿景,共同面对挑战,调动所有成员尽最大努力去实现公共利益的目标,同时也实现每一个个体的自我价值。共同领导的实施是民主培育的温床,"这样的人会少一些高人一等的优越感和傲慢,而更多一些民主和信任感"[2]。领导首先需要的是一种能力,以价值观为基础的领导"来自内心的承诺"(即领导是从个人的承诺和价值观开始)[3],从而能够尊重和信任他人,不断改变自己,改变自己的领导观念和培养他人相似的偏好,支持和尊重变革产生的价值观,把社会各种自愿和意志有机融合在一起。

---

[1] [美]珍妮特·V.登哈特,罗伯特·B.登哈特.新公共服务:服务,而不是掌舵[M].丁煌,译.北京:中国人民大学出版社,2004:146-149.
[2] [美]乔治·弗雷德里克森.公共行政的精神[M].张成福,刘霞,张璋,等译.北京:中国人民大学出版社,2003:183.
[3] [美]罗伯特·B.登哈特,珍妮特·V.登哈特,玛丽亚·P.阿里斯蒂格塔.公共组织行为学[M].赵丽江,译.北京:中国人民大学出版社,2007:219.

从权力的认同以及对权力的制约，我们可以看出，在公共治理行动中，权力开始逐渐从"上帝"的制高点位置撤离，社会知识力量开始逐步迈上公共治理庙堂的核心之上，成为政府治理公共事务的中坚力量。现代社会权力的运作和知识紧紧地结合在一起，开放的知识话语的参与是权力良性运行的外在保护。公共治理的行动力量不断向社会知识力量位移，社会中每一个人所具有的知识成为公共事务治理的一分子，在不同领域、不同问题上发挥着不可或缺的作用。在公共治理行动中，尊重社会知识的权力观所遵从的原则是"比较优势原则"——哪一种知识所产生的公共政策更具有说服力、可行性和意见的集中性，哪一种知识就具有行动的比较优势，就能够在形成行动后的客观化结果中发挥主要的作用。参与公共事务议题的过程是权力知识和社会知识相互博弈的结果，这也反映了公共治理行动主义的价值取向，知识本身具有了权力的属性与特征。

公共治理的行动主义权力观表明了公共治理权力分配机会的均等可能性，但是在现实中，权力机会分布上存在着不均衡性，公共治理行动需要通过增加权利实现的机会，确保权利实现。

二、权利实现的逻辑

在多元化的现代政治生活中，公民对公共政治生活所提出的参与建构的需求，在质和量的方面都发生了历史性的变迁，已经由原来抽象的"人民主权"转向更具有厚度和复杂性的"公民权利"概念，公民的自我政治权利开启了政治公开性的入场券，日常公共生活的空间是公民自我权利实现的平台，不是那种"公民和组织只是被看成被动的实体"[1]，而是"从生活本身来规范行动者，既要使公共管理者成为一个积极的行动者，又无意违背公共管理的承诺与使命"[2]。实现公民权利与义务的相统一，能动性的公民所应有的权利促使我们参与到公共治理过程中，同时治理过程又构成

---

[1] 张康之.寻找公共行政的伦理视角（修订版）[M].北京：中国人民大学出版社，2012：26.

[2] 王锋.行动者：治理转型中的行政主体[J].行政论坛，2018（5）：66-72.

了权利实现的具体场景。

从政府产生的本质上讲,"所有权利都要求政府积极地回应"①,但是在现实的日常公共生活中,由于各自拥有政治资源的差异、权力机会的差异、话语力量的存量不同等,导致权力资源分配的不均等,公民参与公共治理的机会、资格的平等性就难以保证。但公民权利的实现必须是现实的实质权利实现,而不是传统官僚制下的公民权利的实现。在公共治理行动主义取向中,公民权利呈现出与众不同的特征。

(一)权利实施意味着改变结果的可能性

参与公共治理的社会力量在治理过程中奉献的是自身的积极性和知识存量,每一个人的知识以及对公共政策议题的认识决定了公共政策最后形成的结果。一个人的权利放弃就等于放弃了其中的一部分知识辩论与对抗,放弃了其中一部分意见,在博弈的讨价还价过程中,很有可能使得占据主导地位的博弈矩阵由于自身所支持政策知识存量的不足而导致向与该知识不同方向的公共政策内容和意见倾斜,导致公共政策结果的改变。从实质意义上看,公共政策是参与政策所有人知识交流而建构起来的,参与的人数越多和参与的异质性越强,公共政策的议题结果真切性也就越强,解决社会问题的有效性也就越强。那么反过来,参与的人数越少和参与人数的异质性越单一,公共政策的议题结果的真切性就会下降,解决社会问题的有效性也会随之下降,这一观点在后面还会详细阐述。因此,在公共行政生活中,放弃参与权,就等于放弃了自身的知识转化权利和话语权利,对公共议题就少了一份知识力量支配与竞争,在博弈矩阵和讨价还价中就可能失去赢取可欲性的政策内容机会,而参与就有可能产生理想的结果。

(二)营造个性化权利的实现空间

公共场域是一个自由参与、表达自我意志和话语的地方,公民自由是

---

① [美]斯蒂芬·霍尔姆斯,凯斯·R.桑斯坦.权利的成本:为什么自由依赖于税[M].毕竞悦,译.北京:北京大学出版社,2004:26.

参与治理的前提。没有了实质性的自由,也就没有了行动的意义。在治理生活中,每一人的表达可能是基于自身利益,从不同的侧面、视角对建构的公共事务议题提出自身的诉求、认识和意见,在不同场域中,这些不同的意见会引起其他参与人的思考、反思和改变,从而使得每一个人的意见都得到表达和发表。公民权在公共生活中是一种生活方式,内含着对社区及其成员的承诺和尊重,代表着对公共事务的一种重要参与水平,并将个人利益置于广泛的社会利益之下,托克维尔称其为"被恰当理解的自利"[1]。

总之,公共治理行动通过自由与民主的对话途径重塑了公共治理事务,使得民众的各类诉求能够得到表达,各种自身能量都能够得到释放,对日益个性化的社会也是一个有效的回应。当然,公民个性化的权利是建立在自我尊重以及对他人无侵害的基础上。

(三)为权利"赋权"

权利与权力之间转换的过程有效性是权利实现的一个测度。权利实现的时间越短、层次越少,权利的保障就有可能更有效。权力与权利两者距离的缩短意味着权利实现的保障性在增加,监督的功能和自我能量在发挥。公民权利条件建设的完善使得公民个人的权利得到了全面扩充,不断涌现出个性化和多样性的权利诉求。实现公民权利的外在条件是使公众有效地参与改革过程,充实公众在结构中的角色,充实公民的角色,在法律意义上体现为"公众充权",也称之为增权于公民,增大权利实现的群体覆盖面,关注弱势群体和边缘群体的权利实现程度。

缩短权力与权利的距离,一方面是减少权力干预的范围,另一方面是增大权利的覆盖范围。对不同公民进行充权或增权,是使其意识到自身身份、增强公民实现权利能力的过程,改变对自身面临问题和解决问题能力的无助感和对公共事务的关切感,是自我赋权的过程。在公共治理中,公民通过参与公共议题,能够便利积极地参与公共生活,就是一个重要的充

---

[1] [美]珍妮特·V.登哈特,罗伯特·B.登哈特.新公共服务:服务,而不是掌舵[M].丁煌,译.北京:中国人民大学出版社,2004:44.

权过程，这一过程让他们有决定自己生活的权利，促使权利能够饱满地实现。最重要的是，唤醒了权利意识，从中看到更多的选择机会进而促进自我环境的改变。治理过程中的民主强调"以社会制约权力"，实现权利的监督、救济的功能，缩短权力和权利之间的距离。

在公共治理行动中，社会力量得到了充分体现，公民个人权利能够在公共治理场域实现。因此，按照阿玛蒂亚·森关于实质性自由的理解，"可行能力"①（capability）是基础的保证。我们认为，权利的可行性是建立在权利的完整性（completeness）的基础上的，权利必须是全部应该的权利，在公民可行能力的基础上实现自我权利，由此可以认为权利的完整性是可行性的前提。一个人的可行能力既是一种自由，更是一种权利，政府的公共行为应该更多地关注人的可行能力，提高行使权利的意识，这也是公民充权的前提，为公民切实行使自身的权利奠定基础。可行性能力需要政府完善以下几个方面的内容，以此提高可行性的能力，确保公民权利的实现。

1. 培养积极公民。公民有着参与公共事务管理实践活动的渴望。公民参与治理活动的前提是具有参与的身份与资格。在现代民主社会中，公民的身份已经是"因生而入其中，因死而出其外"②了。今天，公民身份本身所发挥作用的环境与意识有了变化，在今天，我们必须重新界定公民的作用了。他们已经从政府服务被动的消费者变成了创造社区特定性格的积极的活动者③。公民资格的本质是保证人人都能作为完整和平等的社会成

---

① 阿马蒂亚·森认为，可行能力是指，对于一个人而言有可能实现的、各种可能的功能性活动组合的实质自由，即实现各种不同生活方式的自由（具体参考：[印]阿玛蒂亚·森. 以自由看待发展[M]. 任赜，于真，译. 北京：中国人民大学出版社，2002：62.）。博曼指出，"最基本的平等标准必须考虑行为者将资源转变为实现其目标的手段的能力差异"，并认为森的可行能力的分析方法可以普遍扩大到政治领域，尤其是民主领域。博曼在讨论民主与有效社会自由的关系时提出了能力路径，并且指出森的可行能力路径试图解决的问题是"平等诉求的评价怎样必须接受人类的多样性存在"。

② [美]约翰·罗尔斯. 政治自由主义[M]. 万俊人，译. 南京：译林出版社，2001：31-32.

③ HINDY L. SCHACHER. Reinventing government or reinventing ourselves[M]. Albany: State University of New York Press, 1997: 226-233.

员而受到对待。在现代社会，作为平等身份的主体，由少数人享有的特权日益走向为整个社会普遍享有，同时公民资格内容也不断拓展。公民资格本身意味着积极承诺，肩负着责任，原因在于"公民身份（公民资格）预先假设了判断和正义的理想，以帮助解决影响整个共同体，而不是影响某个部分的议题"[①]。由公民资格带来的公共精神则意味着在共同体中消除人的孤独感，通过团队的活动等公共纽带联结与凝聚信任与合作的社会网络，促进自我与他人之间的调和、包容与发展。

在公共治理行动中，公民参与公共议题不仅仅是自身权利的行使，也是建构个人与不同层次群体之间的社会关系层次和社会流动走向，在个人与不同层次的共同体互动中，形成在不同公共领域的特定参与行为网络，发挥自身的能量，彼此分享，建构公共治理能量场，实现个人与公共领域网络之间在资源分配、风险规避、网络治理成效过程的功能对接与互补，也可以认为是公民在寻求一种不同于个人利益实现的替代的情感归属。因此，参与公共对话的德性是现代社会公民身份最重要的德性，公民公共治理的德性更需要正义德性的养成，每一个公民既能自觉地遵循正义的社会制度以及出于对话而达成的社会共识与社会决策，又能主动地参与公共政治生活以获得社会共识，以及理性地批评与修正缺乏合理性的公共政策，最终实现公民与公共治理的双重正义[②]。公民参与公共治理是一种积极的行动，其本身就是一种公共德性，它将公民的参与现实化、具体化，并完善了公共德性的塑造。

从公共治理的社会过程来看，公民身份是通过创造公民机会和利用公民来治理社会并推动社会变迁过程的一种"向下看"战略，公民资格"本身的目标是可变的，公民资格和公民的各种权利并不只是成员资格纽带的

[①] [英]德里克·希特.何谓公民身份[M].郭忠华，译.长春：吉林出版集团有限责任公司，2007：125.

[②] 杨盛军.公民正义与公共治理[J].齐鲁学刊，2015（6）：100-104.

表达，且还随着环境、期望和公民的实践而变化"①。公民身份的动态性和不同诉求的差异性，决定了发挥的功能成为构成社会情境变化与趋势的一个重要内容，与其他社会情境变化的变量一同影响着公共治理社会治理的方向、途径和相关的制度设计。但是不论什么样的公民资格，必然是以公共理性为前提的，中立的公共理性使得政治正义成为各类价值"通用配件"，形成公共政治领域中的公平合作的政治美德。

按照罗尔斯"重叠共识"的政治理念，公共理性是公民之所以为公民的概念，它关注的核心是怎样理解不同的政治关系，这种政治关系既包括宪政民主制政府与其公民之间的关系，也包括不同公民之间的相互关系。公共理性以实现公共利益为目标，在处理涉及社会公共问题时，其行为和内容都要受到公共理性的制约、规范。但是这种公共理性在政策过程中，不存在预设一个共同结构性的前提，公民参与其中的行动不是在同质性社会层面、规划过的相同的价值观的前提下进行的，而是在利益差异和知识存量的不同前提下，经过持续互动、相互获取互惠的重复博弈过程中进行的，并逐步形成了稳定的社会共同体，从而形成和铺设了公共政策行动主义所需要的共同价值目标和信仰准则。公共理性成为多元民主社会公共领域公共议题必备的一种基准道德要求，简单地说，就是为社会整体的利益即公共利益而行动的一种气质倾向②。

2.打造公共场域。现代社会公共场域在质和量的方面都取得了突出进展：量的方面是公民活动的公共剧场的数量在不断增长，质的方面是批判和重构意义的增长。作为个体，人们在进行公共选择的时候，"人们试图根据自己的最佳自我感受或者所偏爱的自我表达确定其立场，这一点没有错……如果我们强调好的协商以信息充分为前提，或许群体两极分化就可以减少，甚至完全消除"③。要实现信息的有效流通，克服信息的不对

---

① GIOVANNA PROCACCI. Poor citizens: social citizenship versus individualization of welfare [M]//COLIN CROUCH, KLAUSEDER, DAMIAN TAMBINI. Citizenship, markets, and the state. Oxford: Oxford University Press, 2001: 49-50.

② RICHARD DAGGER. Civic virtues[M]. Oxford: Oxford University Press, 1997: 127.

③ [美]凯斯·R.孙斯坦.设计民主：论宪法的作用[M].金朝武，刘会春，译.北京：法律出版社，2006: 42-43.

称,实现"每个人的治理",建立信息自由流通和对称的公共能量场——在"事实与规范之间"建构社会交流与分享的开放性的"民主治理场域",成为人们表达想象力、营构历史空间和推动治理叙事转变的"触角"。

公共场域是公共政策制定和修改的社会话语表演的公共场所,各种话语进行着持续对抗性交流,使得具有不同意向性的政策话语在某一重复性的实践语境中为获取意义而相互论争、沟通,充分彰显公域之治的"公共性",让公共事物在成为公共机构和公众共同关注与处理的对象,在超越公共权力与公民权利之间表面性的冲突之外,全面辩证地实现公共权力与公民权利之间的相辅相成,以此抵制政治统治系统对现实生活世界的扩张与殖民,不断完善相互承认关系的社会结构和社会途径,人们可以自由地直面批判性地关心、讨论和研究公共事务治理绩效与过程。

从延续上看,公共场域可以看作是公民权在"私人领域"之外的非经济性领域和内容的延伸。权利要实现,还必须以透明的方式实现,"公共领域的成败始终都离不开普遍开放的原则,把某个特殊集团完全排除在外的公共领域不仅是不完全的,而且根本就不算是公共领域"[1],因此公共场域必须是透明的、自由的、开放的、不受任何限制的。在传播的载体上,报纸、杂志、广播、电话、网络等媒介给公民提供了日趋宽松的利益诉求环境和表达空间,在具体场域中,主题公园、社区、街道、村民会议、社区委员会、邻里会议是主要的载体,从物质设施、主体建设、文化氛围营造入手,吸引不同群体方便参与公共剧场。佩特曼强调指出,公民参与活动最恰当的领域是与人们生活息息相关的领域,如人们生活的社区或工作的场所,这些是人们最为熟悉、最为了解、最敢表达和最感兴趣的领域,只有当个人有机会直接参与和自己生活相关的决策时,才能真正理解和认识自己日常公共生活的过程。同时,公共领域的形成离不开平等性,真正的公共治理行动过程是平等对话交流。通过基层、社区、工作场所的公共生活的参与,公民个人获得更多的机会实践民主,在民主实践中进一步培养参与和行动能力。因此,建设与民众息息相关的公共生活领域是公共治

---

[1] [德] 尤尔根·哈贝马斯.公共领域的结构转型[M].曹卫东,王晓珏,刘北域,等译.上海:学林出版社,2004:94.

理的基础设施要求。

公共领域是培育公民能力、表达权利诉求的场域,"合作随即被赋予了更广袤的意涵,不只是具体的'行为',同时也是治理主体存在的'状态',在这种状态下合作不需要共同的利益驱动,更不需要依靠强制性的制度保障,而是差异互补的自然导向。这也就决定了合作性秩序对更多具有差异性的他者进入治理领域是持欢迎和鼓励态度的,从而在本源上摆脱了治理系统'由封闭走向开放,又由开放倒向封闭'的周期性循环"[①]。建设多元主体的相互促进与竞争、相互协商与包容的公共场域是目标,在其目标下,鼓励参与和激励自我社会性建构是核心任务,从小范围的诸如社区、街道的公共事务治理的经验共享和升华是主要途径;平等参与和机会资源相对公平是制度设计的核心,在政府权力内容中突出保护的作用,缩小强制与规制的作用是主要保障。同时,防止参与社会主体二元对立的思维模式、喧嚣聒噪的情绪化话语和泛道德化的评价倾向,都是对理性健康的社会舆论的伤害,努力使得公共场域真正成为民众表达诉求、实现自己意志和愿望、公共交往与对话可以依赖的"理想之地",形成良好的自由的对话环境,保持独立性,否则容易形成"沉默的螺旋",遑论实现公民意见的独立性。再者,"参与或不参与政治体的公共政治生活,并不是一个得福或罹祸的结果性判断,而是一个政治体的公共性对其成员是不是具有感召力的问题","凡是那些由政治体领袖或理论人士给定某种图式的'公共'政治生活范式,其公共性都是令人怀疑的"[②]。只有保持公共场域的天然性与独立生成性和公共权力对公共性合法化的打造,才能避免不同利益群体内耗、权力阴谋和市场与权力共谋的侵害,才能防止滋生狭隘的个人利益与小团体利益的偏歧。

3.**形塑公共生活**。本质上,形成良好的公共场域是形成良好社群公共生活的物理条件。但要真正在日常行政中实现自身的权利,则需要建设丰富的社会内容和体系。乔治·弗雷德里克森为形成良好的公共生活提供了

[①] 朴贞子,柳亦博.共在与共生:论社会治理中政府与社会组织的关系[J].天津行政学院学报,2016(4):12-18.

[②] 任剑涛."公共"的政治哲学:理论导向与实践品格[J].哲学研究,2010(7):95-105.

一个可以实践操作化的衡量标准，即"与陌生人之间的交往；解决公共空间和公共关系问题；非人情化关系的有效性；发展当代相互依存的公共关系"①，通过建构人们行为层面上的公共性来形成人们的公共生活内容。他甚至断言式地指出，如果一个政府与公众之间在这四个方面充分互动，那么就会形成真正的公共生活，这种公共生活具有理念上的公共，也是一种能力上的公共，更是自我权利实现的公共。

其中，"与陌生人之间的交往"和"非人情化关系的有效性"的主要目的是营造"信任陌生人"的诚信世界，真正关怀"陌生人"。公共场域的建设提倡异质公共生活的重建，积极促进陌生人之间的普遍交往，"健康的公共生活是围绕着人们无数次分离聚散的场合，与出出进进的人们不断地互动进行的"②，这样的过程也就是社会资本生产和再生产的特征——对社会生活发挥功能，本质上体现出"互惠"的内蕴（在后面的章节中详细论述）。"发展当代相互依存的公共关系"则是实现公共生活的战略途径，更多的是通过实现公民权利来实现不同社群和民众之间彼此依靠、信任，为公共生活和有效治理的成熟架构起桥梁和支柱。

4. 重塑认知偏好。行动主义取向的公共治理中，参与是前提，而不同行动是核心内容，行动的过程是自我利益、自我价值实现的过程——制定公共政策的过程不仅仅是公共治理者履行责任的过程，也是公民自身履行对公共事务治理的过程。行动过程是公民以责任意识和担当精神参与其中，真正以主体的身份参与到公共事务治理中。

公共治理行动中每一人的偏好，无论是理论知识还是意见思想的有限理性与抱残守缺意识都会使得群体的共识难以达就——在理性的个体之间都存在合理分歧，有时候是偶然的、未知的，时常出现在行使理性能力和判断能力公共生活实践中。就算排斥有限理性、个体偏好和抱残守缺的意识，也难以达成一致意见，按照韦伯的理解，一个社会存在秩序并不

---

① [美]乔治·弗雷德里克森.公共行政的精神[M].张成福，刘霞，张璋，等译.北京：中国人民大学出版社，2003：43.
② [美]乔治·弗雷德里克森.公共行政的精神[M].张成福，刘霞，张璋，等译.北京：中国人民大学出版社，2003：44.

是基于私利而是基于文化①。一致性判断要求每一人都有自我证明的机会，凭借自我理解的合理性进行理性的最后判断，形成一个自我认知和意见的判断。这影响着每一个人的理解与知识，进而形成一种可以参与、能够参与和乐于参与的思维体认。按照全钟燮的理解，在现实中公民参与积极性不高，但是一旦参与，就能感受到参与的意义，能够促进进一步更好地参与。但我们认为，这种以"偶尔进入"体验参与来促进公民参与并不能解决公民参与的动力问题。在传统治理中，提高公众对政策的偏好主要意图是为了提高对政策实施感知度和接受度，治理机构通常会采取通过政治动员和社会动员的方式来塑造公众的政策偏好。这种利用政治动员的方式强制性地改变对政策的偏好，只能是"一次性"的效果，收效微乎其微。观念是利益的表达和外在化，因此在现实的社会中，利用公民自身不同利益的诱导和公民自身的发展与兴趣是提高公民参与建构和协商的关键。社会发展中，"政治人"日益向"社会人"转变，"单位人"逐渐向"社区人"转化，居民参与更多是建立在自身利益考量和发展需要及兴趣上，这就要求居民不仅需要接纳现实生活场景中不可改变之处（现实性），而且需要尝试可改变之处（能动性）。这是一种现实建构主义，既不同于建构主义需要以现实条件为前提，也不同于实证主义需要居民的主动参与②。在吸引人们参与之前，公布涉及群体的范围、利益内容和缺席的后果、程序和日期等内容，最大范围吸引民众参与治理，改变公民的选择项和效用函数，不断提高公民与政府同等的话语权与讨价还价的能力和意识，提升参与的可行性能力和寻求行动共识的基础，而不是依靠"偶尔闯入"式的体验后再重塑建构的积极性。

5. 锻造自我认同。社会运动理论表明，参与群体在共同利益达成共识的程度决定了参与者社会网络中能够在多大程度上把意义与知识转化为行动。而由于参与群体身份的不同、自身可行性能力的差异等因素，激发参与群体深层次的潜在的自我身份认同以及由身份认同产生的集体凝聚力和

---

① 刘拥华.社会治理与通道建构[J].天津社会科学，2022（2）：55–63.
② 童敏，杜经国.现实建构主义：基层治理社会工作的实践逻辑及理论依据[J].社会工作，2022（6）：1–15.

团结感就成为个体、组织者共同的使命。按此理解，公民参与社会议题的前提必须建立在身份认同的基础上，公民参与不仅仅能强化公共理性与公共利益，而且也是公民自我认同和对政治认同的过程。在参与主体的平等权利下，公共治理行为就成为一种普通而平常的权利加冕礼和仪式，当公民开始习以为常通过这些仪式参与社会公共问题时，就能增加对公共利益的关切和合理分配社会资源的关怀。

在后工业社会，公民参与公共治理虽然是自愿行为，但本身包含着道德性，"从人权的角度去反观人，看到的是原子化的个人，这个'个人'以自我为中心，把自我之外的一切都作为利益实现的工具。从道德的角度去反观人，所看到的则是人的'他在性'观念及追求，他会把与他人的共生共在看得高于一切，会在与他人间的差异中产生尊重与包容的要求"[1]。反过来，这种道德性又进一步促进了公民实现某些公共性意愿。从行政与政治的关系视角上理解，参与后生成的公共政策在价值和事实上获取了社会成员内心的支持，完善了公众对公共治理的理性认识和价值认同，特别是对自我权利的认同。

同时，治理主体需要创造一个良好的公民权利自我实现的环境，权利的自我认同是一个自我价值实现的过程，也是社会价值实现的一部分。行动的价值在于：虽然参与者的性质不同，身份和地位有所不同，资源禀赋和技能水平等也有差异，但参与者共同在场，彼此依赖或制约，互相交换信息和资源，共同分担治理责任，一起承担治理后果，形成了休戚相关的社会治理共同体。就此而言，频繁的互动构成了社会治理运行的基本样态，是社会治理共同体形成的桥梁，其形式上的特性是，参与者相互接触——包括合作或竞争，分享交流，相互影响，构成了复杂的互动网络[2]。由参与而建构了日常公共治理事务，也建构了自我，发展了自我。

---

[1] 张康之.社会治理建构的反思性阐释[J].行政论坛，2018（2）：23-30.

[2] 韩志明.迈向多元良性互动的治理转型：破解建构社会治理新格局的密码[J].南京社会科学，2022（11）：78-85.

第二节　话语理论的内容与形成

公共治理行动主义为每个现代社会的公民提供了超越不同社会背景参与公共治理过程的机会，民众具有自我表达的机会并在表达中互动、交流中获取新的意义，其中工具层面技术就是话语内容与体系型构，这既是后现代公共治理理论的主要指向，也构成了行动主义取向公共治理的关键词。

一、话语的含义及阐释

后现代化社会的到来引领了公共治理理论的解构与跃进。后现代化社会理论所倡导的多样性、差异性、模糊性等主要特征的理论思潮，极大地解构了公共治理的理论与逻辑。其中最为热门的是话语理论的兴起，以"言语"分析为元素对理性与制度建构起来的组织进行拆解，以反逻各斯、反中心主义、反等级、反权威等后现代话语内容，试图梳理新的思维方式，建立不同主体的对话体系，以此构建话语范式。后现代话语理论指出公共治理理论就是语言，话语民主也被解释为第三种民主范式，是现代公共治理的一种新形式[①]。

话语就是一种权力，语言通过交往行动而得到开发，并在社会化进程中得到释放——以交往的本我和他我在语言上的共同性等来论证主体间互动有效性和合理性，实现人们对共同治理的理解。由话语构成的对话民主甚至被安东尼·吉登斯认为是对暴力的唯一替代，"对话民主是指双方对对方权威的互相认可，准备倾听他们的观点和想法并与之辩论的这样一个过程——是对暴力的唯一替代"[②]。布迪厄则强调了语言与权力的逻辑，他认为语言不仅可被看作是一种"逻各斯"（logos），更是一种行使

[①] 陈建斌，李幸."话语民主"对行政文化范式的解构与建构[J].湖湘公共管理研究，2014（12）：53-66.

[②] [英]安东尼·吉登斯.为社会学辩护[M].北京：社会科学文献出版社，2003：61.

权力的实践活动。话语不只是一种客观的表意性符号，也是一种象征性权力（symbolic power）。语言的运用与权力关系密不可分，语言关系总是符号权力的关系，社会生活中的语言运用，都是说话者的不同权力通过对话而进行的较量。哈贝马斯更是把话语理论推崇到了最高的位置，"首先涉及取得意见一致的状况规定……语言具有特别重要的价值地位"，"交往行动的概念所涉及的是个人之间具有（口头上或外部行动方面）的关系，至少是两个以上的具有语言能力和行动能力的主体的内部活动。行动者试图理解行动状况，以便自己的行动计划和行动得到意见一致的安排"[1]。话语的优先权形成的共识对社会具有一种道德规范作用，它能够纠正个人或组织偏好，实现民主化治理。在公共治理行动过程中，民众直接对话和交往，每一个个体都拥有话语权和表达权，可以在表达自身利益、倾听他人观点、公共政策的制定和公共利益的实现这一过程中得以产生意义的整合、有效聚合和实质性的建构。

那么，如何实现话语的自由表达呢？在哈贝马斯看来，话语的对话必须在一种理想的谈话情境（ideal speech situation）中展开。理想的言谈情境是自由民主的说话空间，是一种宽松、没有压迫、没有强制的话语空间。在公共生活的情境中，理想谈话情境的提出为理解、运行话语民主提供了一种语用学预设，"如果我们预设了所有的人都可以同等参与的不受压抑的对话的可能性，在这对话中只有合理的论证能够被接受，那么在这个原则上，我们就能够区分什么是真正的一致，什么是虚假的一致。这就是他（哈贝马斯）所说的'理想的言谈情境'"[2]。哈贝马斯从他对"交往行为"和"交往合理性"的起点出发，构建"理想的对话情境"，并将其视为实现协商民主的必要条件，根据此情境确定其话语伦理原则，通过对这个情境的设计来规划其话语民主理想，期待理想对话情境内的对话能够带来普遍性共识的可能。

---

[1] [德]尤尔根·哈贝马斯.交往行动理论（第1卷）[M].洪佩郁，蔺青，译.重庆：重庆出版社，1994：121.

[2] [英]威廉姆·奥斯维特.哈贝马斯[M].沈亚生，译.哈尔滨：黑龙江人民出版社，1999：42–43.

在后现代的公共治理理论中，最有代表性的是查尔斯·J.福克斯与休·T.米勒的公共能量场的理论。他们认为，能量场描述了一个由人的意向性控制的现象学的在场，由人在不断变化的当下谋划时的意图、情感、目的和动机构成①。公共能量场作为特有的公共领域，关注问题的真实情境，目的是将不同人群引向建构过程的社会互动之中，参与者的相互依赖以及渗透性构成了显著特征。在公共能量场中，话语是平等自由的，任何人都有资格参与政策对话，这带来了人们讲假话、空话的可能性，导致可能出现无政府主义状态而无法形成有意义的公共政策。真实的话语内容是民主治理最好的前提与期待，但现代公共治理是一个话语霸权的体系，充满了"独白式对话"。要保证对话的真实性，就需要参与者做到："（1）均等的机会来选择并实行言说行为；（2）承担对话角色的有效均等机会……去提出话语并使之永恒化，去提出问题，制造问题，给出对陈述、说明、解释和判断赞成或反对的理由；（3）相同的机会去表达态度、感受、目的等，以及去命令，去反对，允许或禁止等等。"② 基于此，福克斯和米勒根据关于形成真正的政策对话的诉求，确立了4个判断话语正当性的原则。首先是真诚。真诚意味着言说者在公众集会上所作的声明是热情的、诚实的，这是真实对话的基础。因为没有一个真诚的公众话语，就很难指望满足公共利益且为此而付诸行动。其次是切合情境的意向性。切合情境的意向性确保了话语是针对特定事件、特定语境下的行为。具有切合情境的意向性的言说者会考虑问题发生的语境、受到语境影响的人们的生活以及公众的利益等。再次是自主参与。自主参与将使人们自愿去争论、去冒险甚至犯错误。参与精神意味着密切注意那些影响特定政策讨论的事件，同时也意味着在充分尊重他人合理观点的基础上，要学会去听和善于听明白，同时也要学会言说。最后是具有实质意义的贡献。在此基础上，他们指出，在公共能量场的对话中存在3种政策形式：少数人的对话、

---

① [美]查尔斯·J.福克斯，休·T.米勒.后现代公共行政：话语指向[M].楚艳红，曹沁颖，吴巧林，译.北京：中国人民大学出版社，2002：103.

② [美]查尔斯·J.福克斯，休·T.米勒.后现代公共行政：话语指向[M].楚艳红，曹沁颖，吴巧林，译.北京：中国人民大学出版社，2013：86.

多数人的对话和一些人的对话。而参与对话的双方是一种结构性的关系，在实现话语权力上是平等的，在诉求和论辩上又是对抗和相互辩难的。为此，福克斯和米勒设想了一种社区，在那里有大家能普遍理解的话语规则以及参与互动型讨论会，不同的观点可以相互碰撞。显然这种设计具有理想化色彩，但为真实的话语表达提供了借鉴。

这些不同的原则和标准，为话语的真实发挥提供了形式和实质的条件。"公共行政的变革是社会构建和社会助推的结果，在行为的过程或结果中，也将批判性的意见锁定到共同关心的议题上，使'社会构建'途径能够像话语表达一般'实话实说'。"[1] 具有了外在的形式实质性的条件还远远不够，如果没有切实实现形式与实质条件的环境和氛围，参与公共治理的真实话语仍然无法做到内心真实的流露。社会实践的话语意境和公共治理者与公民、公民之间的主体间性和行动呈现，构成了真实话语表达的必要条件。

二、话语真实的型构过程

（一）打破预设立场

公共治理中，人群对话与交流常常会遇到这样的问题——权力性话语的潜在预置和由此衍生的话语霸权无形中支配着话语主体的意识。因此，不同人群参与到公共治理，必须打破"预设立场与成见"，这是话语真实的前提。

打破预设立场，一是必须坚持理性的批判原则，"公共行政的话语是公共行政相关信息的一种排列方式，而这种话语体系是以真实性和平等性为基础"[2]。在理性批判状态下，参与的公民的言说和语境是一种真诚、真实的言说，否则就是失真的语言，缺乏真诚的言语。预设"给定"的说话

---

[1] 何永松.公共行政的话语转型：缘起、原则和途径[J].行政论坛，2015（10）：18-22.
[2] 艾军，刘俊生.后现代公共行政话语理论与我国公共政策研究[J].齐齐哈尔大学学报，2019（5）：65-69.

规则与逻辑，使得话语主体的个人的思想意见、情感意见、自我气质与表达特色被重新格式化，被抹平与扼杀了，造成了人云亦云的话语表达氛围，形成亦步亦趋的做事风格，缺少真正的思想和文化质量及导致个体性话语的缺失。"公众在理解、把握话语意义的基础上，可以对话语意义做出不同的解释，这些解释都是对话语新意义的挖掘、阐释和生成，它们之间并无优劣之分，每种解释都不拥有解释的优先权"[①]。在参与公共治理过程中，民众既是解构者也是建构者，他们在接受不同情境的价值与氛围的过程中所进行的反复的对话与交流，其实就是一个新意义建构的过程，原来的意义被拆解，而不是被强制接受。

二是坚持以公共问题治理为导向。公共问题是诉求和话语展开的起点，公共治理是真诚邀请参与主体一起关切问题和真实解决问题。先有公共事务问题，然后再有公共建构的话题，而不是相反，公共治理过程必须始终面向问题本身。公共问题导向的行政话语是肇始于公共问题、不断阐释问题、剥离认清公共问题、寻求共同解决问题的话语体系，面向公共事务问题本身的精细深入、关切追问、寻求公共之善的话语。

三是遵循价值无涉。话语是一种私人诉求表达，主要源于不同的个体需求和内心诉求，源于激发不同的个体境遇。公共治理中的话语要体现每一个人的价值，私人话语具有个体性与多样化，相应地在价值表现上也具有多样性，"真正的共识绝不会否定差异，取消多元性，而要在多元的价值领域内，对话语论证的形式规则达成主体间认识的合理一致，并将这一前提引入语言交往"[②]。话语是个体对社会民意的冲击和体现，只有按照理性规则，对话才能自由、平等地进行，才能体现真实的社会民意。保持价值的中立是防止话语偏歧分述的条件之一，诚然，无论任何时代和任何社会治理的方式，其中言说的话语都会不同程度地被规约、被规训甚至被屏蔽。现实生活中，参与行动人员往往会自我设置藩篱，故步自封，成了进

---

① 贺芒，张冰河.后现代语境下公共行政话语解构研究：以网络公共事件中的流行话语符号为例[J].中国行政管理，2015（5）：87-91.

② [德]尤尔根·哈贝马斯，米夏埃尔·哈勒.作为未来的过去：与著名哲学家哈贝马斯对话[M].章国锋，译.杭州：浙江人民出版社，2001：126.

入公共治理场域的自我话语的"思想负担",话语质量也必将是游离于自身理性意志之外的痴梦与呓语。因此,话语中的自我与在场中他者主体的关系即主体间性,是自主的、合理的平等交互关系,主体间性中的我和你是对称存在的,对话角色可以转换,但这些角色操演时不能存在任何的指使的权力。

四是保证参与过程的平等性。过程的平等性即"合作行动中的行动者并不全都是身体在场的,还可能是匿名的参与者,这只意味着对话形式的多样性,就对话本身而言,其价值丝毫不会减弱"[1]。话语的平等性需要话语向所有人开放,"任何只要遵守话语规则的人都可以参与到话语场所内表达自己的观点与看法,强调的是一种包容性而不是排他性"[2]。因此,参与公共治理的每一个主体在话语上遵循交流中话语人人平等。用对话式的话语替代强权性独语的话语,平等性话语替代预设性话语,深情抚慰式的话语替代苍白说教教科书式的话语。

五是坚持自我批判。合法性的话语形成是不同"主体间"互动的过程,而坚持自我批判与反思是扫除障碍的个体前提选择。话语是主体间性沟通的方式,是伴随着自我反省的过程,"自我意识和对于我们自身的信仰、欲望、价值取向以及原则,甚至对于我们全部的人生规划所应该接受的反思立场的能力,构成对公众商谈的必然要求"[3]。对话与交流不仅仅是诉说给别人听或者企图说服别人改变立场,而且这个过程也是在对话中说服和发展自己,理性批判的话语模式不是"规训/惩罚"模式,而应是一种"参与/共识"模式,在公共治理中的参与、对话与协商,话语是每一个人思想和价值的体现,公共治理者与公民之间、公民与公民之间、公共治理者自身之间的平等交流与对话的过程,是思想、灵魂和情感互相碰撞、激发火花知识与思想相互启发、增值、升华的过程,不是公共治理者对公民规

---

[1] 张康之.后工业化进程中的伦理与政治[J].北京师范大学学报,2021(4):141-150.

[2] 艾军,刘俊生.后现代公共行政话语理论与我国公共政策研究[J].齐齐哈尔大学学报,2019(5):65-69.

[3] [德]尤尔根·哈贝马斯.对话伦理学与真理的问题[M].沈清楷,译.北京:中国人民大学出版社.2005:11.

训、教化和约束，不是公民对公共治理者的哀求、请愿和诉苦，更不是知识之间、思想之间、情感之间的相互欺压、征服和驭使，坚持双向思维模式，打破以谁为中心的单向性、割裂性的思维方式和争夺话语霸权的现实，使得公共治理话语实践中的"缄默"因素、"畏惧"心理、"不可言说"等潜在内容得以表达。

话语民主理论的逻辑起点在于"对话"。"对话"是其话语民主的构成要素，但不等同于话语民主本身。"对话"是一种正式的、理想化的交往行为，在"对话"中，任何主题都可以讨论，任何观点都可以不受限制地交流，任何人都有机会自由平等地参与。参与者要仔细听、理性思考他人提出的观点和理由，其中最好的观点胜出，任何相互合作以追求真理以外的动机均被排除。"对话"尊重理性的权威而不是权力或者其他物质力量，没有坚持理性的精神和批判的意识对话就失去了意义。在对话中，双方是完全的对称关系，每一个人都要对自身的言语负责，每一个人在言谈的时候，还需要认真倾听和反思自身话语，进行自我知识与思想的批判，"对自己保持诚实"，说自己想说的话，防止"主体中心化的理性"扩张，"每一个有语言和行为能力的主体在自觉放弃权力和暴力使用的前提下，自由、平等地参与话语的论证，并且，在此过程中，人人必须怀着追求真理、服从真理的动机和愿望"[①]。同时，话语的过程也是对他人批判的过程，尊重对方，双方互为前提，在双向建构、相互涵养、彼此兼容、双向转化中实现对问题与知识的理解，在彼此的对话和诚恳批判中融合。同时，对他人的批判也必须基于真理真知，尊重和体谅他人，使得主体之间保持相互理解、相互补充的良好氛围。

（二）倾听与分享

倾听是真实话语的一部分，是分享的端启，也是成本最低的让步，被全钟燮称为社会建构的治疗技能。"主体间真正有效的交往行为能够形成交往主体间的认同，并通过这种认同增进交往主体之间的理解。在缺少倾

---

① [德]尤尔根·哈尔贝斯，米夏埃尔·哈勒.作为未来的过去：与著名哲学家哈贝马斯对话[M].章国锋，译.杭州：浙江人民出版社，2001：126.

听的交往活动中，人们的意见表达能力往往呈现出一种自上而下的权力制约关系，而倾听的参与则代表了交往主体间的主动开放，这种开放是对交往对象的接纳，而不是抗拒与同化。在交往行为中主体之间能做到主动地倾听而不是被动地接受，才是交往行为真正具有公共性的体现"[1]。福克斯和米勒从公共治理者的自我行动的角度思考了改善参与社会建构公共政策的现实可能性，他们特别强调公共治理者"倾听"的意义，倾听是话语理论的一种前提责任。一个不会倾听的公共治理者会被认为是一个传统典型的官僚分子，只忠诚于"行政"而没有"公共"。不会倾听的人就失去了在生活的行为世界中做一名成员的资格，因此，在一定程度上，倾听就是一项工作，也是一种关切的态度，体现了真实话语的一种愿望。对于双方而言，听者有倾听的包容，言者有容辩的肚量。与此同时，他们进一步更深入地定义了在谈话、协商中的"倾听"的功能："倾听也可以减少自我欺骗。言辞并不能自动表示出它的意思，它会随情境的变化而变化，并反过来暗示出语境、历史或背景事件。善于倾听者能探索那些似是而非的东西，而不会倾听的人更多的是猜测。倾听所表现出的关切态度还具有助产士的作用。"[2] 学会倾听，懂得关注，排除冷漠，话语内容就有了主体间的意义，真实的意义也更为饱满和充实。

（三）理解文化背景

人类具有心理认知的特征，同时也具有社会文化的属性。作为社会化的人，人类间建立起特定的关系，形成特定社团，才能保证在共有的社会文化的环境下互相交往，满足其作为社团成员的需要。"任何一种沟通都发生在文化理解的背景上。整个背景知识都是没有问题的；只有互动参与者用于解释而使用并表现出来的部分知识才要接受检验。参与者自身可以通过协商，对语境加以明确，因此，就新语境所展开的每一次协商，同

---

[1] 王子丰.公共领域理论中倾听的缺席与在场[J].天中学刊，2021（5）：53-57.
[2] [美]查尔斯·J.福克斯，休·T.米勒.后现代公共行政：话语指向[M].楚艳红，曹沁颖，吴巧林，译.北京：中国人民大学出版社，2002：151-152.

时也明确了关于生活世界的表现内容"[①]。文化因素也是话语真实的一个变量，理解不同的文化情境，本身就是话语真实性内容的一部分。"多种语言和文化的存在会直接影响到公共项目的运行和服务的提供……地方社会医疗服务也会受到影响，如医疗保健计划就会因不同文化对于健康和医药的看法不同而受影响。另外，文化的不同还可能导致时间观念的不同，批判风格的不同，权威结构的不同"[②]。不同的内心体验、不同的交流方式、不同的分享体悟显示了不同的交流与沟通，参与行动模式显示了文化的不同。

对于如何实现不同文化下的有效对话，不同的人有不同的视角和见地，塞拉·本哈比详细论述了一种"复杂的多元文化对话"的模式，即单个的主体被视为社会内部文化交流与竞争过程的核心内容，每一个人通过竞争获取话语权。塔利则强调了文化间的对话，即在坚持自由与协商、平等尊重和相互认可的原则基础上，参与其中的人们能够从彼此不同的差异性的文化和政治传统中生成、创制一个共同的政体，以此形成社会发展的良性机制。海库·帕瑞克则设想了一种多数与少数之间的对话，这个对话的起点有两种选择，一是社会中"可操作的公共价值"，二是文化间评估的产出过程，借以形成有规则、有成效的话语体系。借鉴这些理论与设计，我们认为在公共治理利益共识的基础上，"基于利益共识的共同行动进而取代了基于强力认同的共同行动，人们的公共行动只有以利益共识为指向才具有正当性与合理性，交往行动者之间也只有形成了利益共识，交往行动才算完成了使命，公共行动才可能真正实现"[③]。利益共识的形成所需要的政治文化能够使得每一个人坚持自己表达话语的权利，并尊重宽容别人的话语权，体现差异性，允许不同的话语得到交流、协商与辩论，从

---

① [德]尤尔根·哈贝马斯.交往行为理论：行为合理性和社会合理化[M].曹卫东，译.上海人民出版社，2004：100.
② [美]菲利普·J.库珀.二十一世纪的公共行政：挑战与改革[M].王巧玲，李文钊，译.北京：中国人民大学出版社，2006：26.
③ 陈付龙.公共行动的生成逻辑：一种共同行动类型的分析[J].内蒙古社会科学，2019(2)：28-34.

而形成人人宽容的、享有话语权的文化氛围。

第三节 行动理论的内容与形成

一、公共治理的行动内涵

在公共治理行动过程中，治理对象本身是没什么意义的，都是人们主体意识和存在的感知，当公共议题制定与执行的变革进入行动的过程中，就需要理解参与其中的人的行为与价值。"技术主义所代表的是崇尚知识的现代性心灵模式，而后现代社会需要的是走向实践的智慧"[1]，"组织行动是广泛的实践，组织的成员、组织的观察者、组织本身都处在一种分布式的社会实践中，归根结底，组织研究是要思考组织现象中的人的问题，建构组织中遵从人的行动的制度"[2]。探索在参与治理活动中人们赋予客观事物价值的主要目的在于，找寻每一个不同行动所聚合的意义结果。

公共治理中，首先，行动以主体复数的多样性为基础。离开了多样性，行动也就失去了特性。每一个个体在具有相同之处外，还具有自身的特殊性和差异性，这就组成了人群的多样性。公共治理活动具有这样的多样性，鼓励人们参与政策。其中，不同的思维和观念组成了行政决策的基础，既是以多样性为出发点的，也是以满足人的多样性需要为目标的。在行动主义治理的公共场域中，让每一个不同背景、知识和个性的人参与其中，通过自身的言行和思想展示自我的特殊性，在场域中实现政策的科学与民主。其次，行动通过语言来诠释和言说世界。按照阿伦特理解，行动与语言密不可分，行动要通过言说、说理和辩驳的方式进行，需要言语的

---

[1] 张康之.公共行政的行动主义[M].南京：江苏人民出版社，2014：66.
[2] 姜宁宁.走向行动主义：互联网社会中的组织哲学[J].南京社会科学，2018（7）：72-78.

支持和补充，行动通过言说才能完成。以此理解公共治理就是一种言辞场，没有了语言作为建构的载体，就失去了公共治理的建构之意。最后，行动具有公共属性。离开了公共场域，行动也就失去了载体，反过来，行动充实和展开了公共场域。行动的公开性和共同性是其本质的特征，公开性是发生在公共场域，参与其中的人都能知晓，接受"公共之光普照"。最重要的一点，行动具有自由特征，这也是公共治理的重要价值理念。

"公共治理者所从事的计划，主要是为了回应社会领域的价值、要求及需要；从主动领域中明显的可能来看，在意识和无意识的层次上，行政行动是由公共治理者的风格来调整的"[1]。行政风格来源于人们的反思性行动和批判意识与精神，参与其中的人通过感知、体验和珍惜不同的意见、文化背景与行为方式，能够对自身行为进行反思和批判，形成了公共治理行动全过程的内容与意蕴。反过来，这个过程又重新培养和形塑了公共治理者的批判与反思意识和能力。作为隐性的组织行为和公共治理者的行为与组织的结构、公共治理者行动的内在旨趣和外部文化情境的影响紧密联系在一起，公共治理人员的行动及其构成的行动理论是公共治理知识的根基点。正如全钟燮教授指出，没有完整的组织维度、组织中的人员和公共性所组成的行动参照系，学者要想构建一个成熟的管理理论是不可能的。全钟燮讨论了3个解释和理解行动的理论视角[2]，即功能主义视角，客观意义—情境；行动的解释学观点，主观意义—情境；行动的辩证法，作为意义—情境的公共领域。三类行动的理论概括了不同组织视角下的公共治理者行动特征。在这一节中，我们侧重从行动的内涵、意向性和行动的辩证法来认识公共治理者的行动意义。

行动是一个人内心意志与观念的外在体现。行动主义中人与人群的行动反映了与先前公共理论与众不同的意义。了解行动者的理性特征与行动者的策略性选择，需要以情景性经验背景为依据。在此基础上，对公共行动主义理论的理解可以从行动的社会性、互动性和个体的理性3个方面来把握。

---

① 颜良恭.公共治理的典范问题[M].台北：五南图书出版公司，1998：58.
② [美]全钟燮.公共行政的社会建构：解释与批判[M].孙柏瑛，张刚，黎洁，译.北京：北京大学出版社，2008：99-105.

（一）行动的社会性

行动的社会性主要是因为人类在面临外部的行动环境时所具有的多变性和复杂性。人们为了克服、适应和改造环境的复杂性，采用集体合作的方式，协作关系本身也成为一种环境的背景，通过制度化、组织化为一套相互依赖、相互配合的机制与设置，发展出"使得时间维度有序的社会机制"，形成一个有序的社会系统。社会系统又由不同子系统组成，每一部分确立和形成不同的功能，发挥不同的作用，每个子系统都必须满足整个行动系统的整体功能中的一种或者几种，使得社会行动成为可能。社会是一个功能性的结构，作为社会系统一个子系统，公共治理系统要受到社会整个系统的动态影响，这对治理系统的主动行动者而言，"既不是脱离社会背景孤立地行动，也不是完全受社会限制，按社会外在的规范行事，而是在具体、动态的社会关系制度中实现自身的多重目标体系"[1]。社会行动被视为社会结构的普适性功能，对公共治理系统而言，行动者并非社会结构的普适性功能体现，而是在行动的社会环境中实现行动的积极性与环境的适应性的统一，通过公共治理行动把公共政策对社会环境的适应与改造、主体赋予行动的意义和不同群体的合意有机结合起来。

（二）行动的互动性

"由于任何社会现象都是主体之间建构的产物，即使是在客观意义脉络中得以运作的过程理想类型，也应随时保持以主观意义脉络的方式被激活的可能性"[2]。社会行动不仅仅是为了应对复杂环境，也不仅仅是行动者被动地接受外部环境刺激，而更多是关注多样行动者与社会环境所进行持续互动以及所产生的意义。不同行动者的行动被视为自我意识的持续展现、对现实对象的构造过程，作为各种社会的实在，是人们之间各自赋予自身行动的意义而相互认可、承认、多样的实在互动和象征性互动的产

---

[1] GRANOVETTER, MARK. Economic action and social structure: the problem of embeddedness[J]. American journal of sociology, 1985, 91（3）: 481-510.

[2] 李钊，赵琦. 公共组织模式的现象学重构[J]. 公共管理与政策评论，2021（2）: 154-168.

物。社会行动的可能性不是源于各种外在的社会事实，而是不同行动者的心智意识、主观认知和相互知识互动的结果。"主体的历史、情感、价值观对人们认识和改造公共行政具有深刻影响，从而在公共行政的主体和客体之间建立起相互连贯的一体化的辩证联系。比如，公共行政的行动主义，首先努力站在（作为对方的）行动者的视角，去理解行动者如何看待他们的世界，注意倾听行动者讲述的故事，注意理解行动者的情感与文化，以及行动如何'在由社会建构的共享的规范、价值观念、实践、规则和期望之网中发生'，由此就将行政世界中的主体和客体或者说将行动与其意向性、境域性作为一个整体予以理解"[1]。主观意识是行动的前提，主体性的行动是个体的自我角色、位置、规范的领会，认知提前进行想象性的预演彩排，在想象性的预演和具体的行动中不断地被调试和改变。作为社会各类组织，因为有着明确的期望和对情景的共同定义而被结构化了。在结构化的社会中，产生社会互动的行动真实意义取决于不同的行动对生活在其中的社会子系统的定义的能力和彼此之间调适的能力。

（三）行动的个体理性

社会行动具有一定的主观意义。但意义产生除了主体外，还需要主体在其中生存并与之互动的整个社会文化环境。在公共政策形成过程中，参与其中行动者的行动是一种自我决策的过程——行动者需要不断地推测、假设与猜测其他人的意见、想法和理念，彼此之间产生一种持续性的互动作用。因此，行动从本质上来说是在认知的、情感的、文化的和意识形态的所有局限性的有限理性驱动下做出的，是一种策略理性。在公共治理中，在分享经验与共同学习的基础上，自我利益的衡量、自我知识的偏好会改变行动者的行动策略，会更大程度地形成自己的意见与知识处于政策的"内核"部分的占优策略。参与其中的公共治理者和公民个人的行动也会因为公共政策本身的因素而发生改变，这说明成功的公共政策离不开公共政策因素和个人理性行动因素二者的紧密结合。影响个人理性行动的

---

[1] 王敬宇.论公共行政的现象学方法[J].湘潭大学学报，2018（1）：36-40.

因素主要取决于个体的价值观、个体资源的拥有量、行动的应变性和个体行动的自由程度。不同个体对各种资源尤其是政治资源的拥有量和社会资本的存量是个体理性在参与治理中的核心因素。参与其中的个体自身对环境的适应性也是一个重要的因素，在变迁的环境中赋予行动不同的意义和不断自我行动反思的过程是个体参与效能感高的标志。个体行动的自由程度能够使得个体充分参与、毫无顾忌地赋予客体意义，与公共政策所指目标与意义相耦合。在公共治理的行动中，个体理性行动对公共政策的影响可以理解为，公共政策的性质、结构会对个体行动产生制约，影响着个体行为的选择和结果，而结果的成败又影响未来个体行动的能动性和积极性。一方面，公共政策与个体理性行动有着互构性。公共治理的性质、结构性使得个体在行动时会进行深入思考，做出理性选择，改变自身行动，使得个体行动愈来愈理性化。另一方面，个体的理性行动不断地改进着公共治理，改变和提升公共政策内涵和质量。因此，公共政策是所有参与个体理性行动的产物。

二、公共治理的行动特征

公共治理的行动所具有的个人实践化和行动的主体间性特征，使得在公共治理领域中呈现出三方面的显著特征。

（一）个体行动是价值合理性与目的合理性的统一

在公共治理中，行动既是目的与意识的行动，也是具有特定指向的价值理性的行为。韦伯曾把行动分为4类：传统的行动（通过习惯而进行的行动）、情感的行动（由于现实的感情冲动和情感状态而引起的行动）、价值合理的行动（表现为对纯粹自身行为本身的绝对价值所持的自觉信仰）和目的合理的行动（这种行动把对外界对象以及他人行为的期待作为达到目的的手段，并以最为有效的途径达到目的和取得成效）。政府组织通过对公共政策的议题进行知识重组，获取意义的建构，满足公民对公共现象的理解和认识，达到满足社会公众需求和成长，实现社会治理的目的。公共治理行动是"价值合理的行动"与"目的合理的行动"的统一——既有政府组织自身的价值的追求，实现社会治理的目的，又有行动目的、意识和现实互动、协商等手段的权衡，在这些行动过程中实现了社会治理、公共治理者、公民个体各自价值（也包括公共价值的增长）。"现象学家主张采取反思的态度，理解和批判自我，将作为主体的自我同时作为客体进行打量和省察，从而在主体和自我之间，抑或在丑陋的自我和美学的自我之间架起桥梁"[1]。价值合理性和目的合理性的统一使得公共治理者的行动从传统组织的依附人格中走出，公共治理者具有了自主性，不再仅仅把目的合理性放在行动的至高位置，行动本身所蕴含的价值主题和内涵就具有了优先性，听取于等级制度下的绝对命令和自身行为的绝对服从已经开始松动。当公共治理者接到上级的决定或命令时，先用自己的专业知识做判断和价值估量，结合具体情境决定是否执行及如何执行，对指令的服从建立在自身知识基础上，相对服从是价值合理性和目的合理性的统一行动性意识选择的结果。

公共治理者的行动主要指涉个体经验，具有在诸种限制条件下对情景的领悟，同时也限制其调整自己行为与情景相适应的认知能力和关系能力，也指涉个体对被整合的公共政策的参与和参与中其相互依存关系结构中所面对的制约力量和机遇。这就意味着，一种社会行动的形成，不应仅仅归因于以往的社会化，而且应该归因于公共治理者对公共政策行动剧场中不同机遇与制约力量的感知，归因于对于治理场域中其他人行为的直觉性预期，归因于他们对治理效果所预期呈现的短期和长远利益的认识和把握。因此，对公共治理者行动的理解，需要理解公共治理者如何在行动的初始结构和外在条件的限制下作出符合组织合乎目的的的合理性行动等。其中，具体的情境、自我的感知、对他人的预期和利益考量是主要因素。

（二）公共治理行动具有为社会服务的意向性

公共组织为了适应某一个场域特定转型现象，其自身的行动具有明确

---

[1] 王敬宇.论公共行政的现象学方法[J].湘潭大学学报，2018（1）：36-40.

的他人指向性和具体行动解决具体问题的意向性。采取的行动具有特定的意义与动机，行动除具有"有目的"的理性外，还具有一种特殊的"动机"。"现象学主张公共行政对他者保持开放，尊重行政过程由于多元主体而产生的差异性，尤其是对弱势群体更加需要多一份关怀，从而在多元主体间建立共生共在的关系"①。实现行动的意向性和行动结果的可能性统一，公共治理者的行动体现了"公共人"的人格假设，公共治理者承载的是公共治理的价值和信念，自身的行动和运作与社会各个成员的利益都息息相关。公共治理者的观念、态度和行为决定了公共利益的实现，同时公共利益的实现和捍卫，在公共治理者个人的行动价值选择中实现了政府组织价值的旨归。

（三）独立的治理人格

行政人格是公共治理者行动的内在属性，是公共治理人员区别于其他社会成员的内在规定性，"现象学家重点挖掘公共行政过程中易于被忽略的各种主体因素，比如主体的历史、情感、价值观，对人们认识和改造公共行政的深刻影响，从而在公共行政的主体和客体之间建立起相互连贯的一体化的辩证联系"②。公共治理者的行政人格是独立的、自主的，具有充分的自律、道德的完善和伦理的自主，是德行、人格的一致与综合，集中表现在对自己在公共治理活动中思想和行为自由的意识，在对自我能力、水平作出判断的基础上，能够理性地对政策认知、选择以及结果独立进行价值判断，并能独立自主地创新，行动是自我的、有意识的。公共治理在自身行动和与其他主体进行的互动交往中，能够独立自主、尊重他者，对自我、对环境、对他人作出正确的判断和认识，能够对自我应当和即将作出的行为选择进行理性思考，生活其中并独立于社会生活、职业活动和公共政策活动之外。

---

① 张康之.为了人的共生共在的正义追求[J].南京工业大学学报（社会科学版），2015（3）：5-12.

② 王敬宇.论公共行政的现象学方法[J].湘潭大学学报，2018（1）：36-40.

三、公共治理的行动主义内容

（一）公共治理行动的意向性

前面提及，行动的意向性是指人的意识对某个对象的关注，公共治理的行动意向性反映了人们解决公共事务的指向性、创造性与生产性。

公共治理的行动理论来源是现象学。现象学注重主客体之间的关系，可以在主观上建构一个相互理解、相互分享、相互认识的世界，实现主客体之间的统一。行政主体对行动赋予的意义世界（意向性）构成了治理中行动意义的核心，每一个有意识、有目的的行动都被赋予了一种意义，融合着知识、价值和能力的多重含义和价值。现象学方法的核心是悬置一切预设和判断，以如实呈现人们的经验世界，这个经验的世界是意向性的，即意向结构与意向对象是一个统一体，所有主体的心理世界中都"在自身意向地含有一个对象"——人们通过这种意向赋予世界意义，利用自我的行动来建构这个世界。所谓"意向性"，是指人的主体的一种能力，这种能力使得一切进入人的意识中的现象能被构成为某种本质性的东西[①]。意向性不仅仅是心理现象所独有的一个基本特征，也成为人们社会认知的基础，人具有意向性，才能赋予客观世界以意义，一个事物只有被我们意识到才具有实质的意义。同时，意向性还意味着人是主动的，我们的行动并不是对某种外在刺激的反应，而是我们自身意识的结果。我们能够以不同的方式与其他人联系，视他们为和我们一样的主体互换认识，从而建构起一种"我们"的关系，进而协调多元主体之间的意向性倾向，这就是主体间意向性内容，"个人定义了现实，但在群体和组织环境中，共享的意义可能会发展，这为理解行动提供了方法"[②]。这包含着一种相互坦诚的成分在内，人们以互为主体的方式相互理解，努力把"我们"之间的理解客观化，分享相同的意识，从而能够进行互动和反省自我，也就能够不断建

[①] [德]埃德蒙德·胡塞尔.逻辑研究[M].倪梁康，译.上海：上海译文出版社，1998：217，239.

[②] 陈永章，娄成武.公共行政现象学研究的历史脉络与拓展空间[J].新视野，2021（6）：122-128.

构共同任务。

意向不仅存在于个体心灵中，而且还存在于人与人之间相互作用的集体过程中，是由动态的社会过程所形成的，是社会相互作用的突现产物，"在很多情况下，意向是个人以及个人与环境之间相互作用的突现产物，因而它们是以分布式的方式存在于个体之间的"[①]。这一点与斯库兹的理解具有异曲同工之处，他指出，行动者在社会行动的意义和日常生活中扮演着重要的角色，在这个角色中，行动基于个体意识来诠释自身行动的意义。故此，可以这样理解，现象学视角下的行动更多关注单独个体的独特经历、经验，个体从人的客体的抽象理论中走出，成为自我行动的支配者，能够诠释自身经历的公共现象的意义，个体通过不断地把自身知识、经验与认识集中到被感知的对象中去，获取对象的真实信息与内容，并进行主观再加工，这个过程也是主体认识的客观化过程。每一个行动都包含了人的意志、目的和意思目标，都有所知和所向，都是对一个现象的认识和改造，"行动总是与两种不同的动机联在一起：一个是'为了什么'，其动机是指行动者希望通过联结行动和项目而带来的一种未来状态；另一个是'因为什么'；其动机联结项目与过去经验（一个前置的因果条件）"[②]。只有公共治理者赋予积极行动的意义，作为客体的公共治理现象的本质才可能得以认识、理解与改造。

在公共治理中，行动的意向性更多地指对公共事务的认识与理解，有针对性地指向某一个公共事务的同时，创造性地解决某一个公共事务问题。公共治理的意向性主要是指个体在公共治理情境中参与治理活动中的内在意向，参与公共场域中的个体的行动的意向性所指涉的是内在于个体的行政活动如何可能发生，它关注的不是一个人在参与行政活动中的形式，而是将治理世界中的主体和客体或者是他们之间行动与所具有的意向性、境域性形成一个整体来理解。公共治理的行动过程并非抽象的个人主

---

① R.W.GIBBS.Intentions as emergent products of social interactions[M]. B.F.MALLE. Intention and intentionality: foundations of social cognition. Massachusetts: the MIT press, 2001: 106.

② [美]全钟燮.公共行政的社会建构：解释与批判[M].孙柏瑛，张刚，黎洁，译.北京：北京大学出版社，2008：101.

体性建构，而是活生生的渴求意义的公共人的意识生成和其中富有意义的公共生活过程，是个体对公共生活的热爱、关注和投入。

在公共治理行动的意向性的内容上，当个体参与到公共治理场域的具体情境中时，从表层看，直接接触的是个体与公共情境之中的场域，面对的是不同的治理情境及其对公共事务的态度构成即时性的行动意向性，涉及的是个体与公共情境中人与事务的关系；从深层次上来看，个体不仅仅是即时性的行动活动者参与到形成情境中，也作为一个历史性的存在参与到公共情境所涉及的公共生活与世界的看法，涉及的个体与公共生活、外部世界的关系，个体看待公共生活的态度，是整体性的公共治理的意向性。从即时性的行动意向性到持续的历史性的行动意向性，是个体参与公共治理持续意义的生成，即个体对具体公共事务的体验而生成的治理意向性转变成为个体对公共生活理解、影响和决定的持续的行动意向性。行动主义的治理表现为灵活、包容、弹性，通过具体的主体之间的互动与合作行动而表现出来，因此行动主义的治理分析范式指向合作治理。"当共识凝固在某种状态时，异见是对共识的否定，当共识是开放的和具有包容性的时候，异见、歧见、异议等都将被包容在共识之中，特别是在人们对共识有着道德承认的条件下，异见、歧见、异议等不仅不是对共识的否定，反而是增强共识的途径，使共识得到优化。从这样一种共识出发，人们之间的关系就是一种合作关系，人们所开展的所有行动都是合作行动，而社会治理也就自然地包含在人们的合作行动之中，是一种真正意义上的合作治理"[①]。

在行动的解释学视域中，公共治理者被视为一个主动的、积极的、有目的性的创新主体。在批判理论中，主体行动的自我意识也放置在了较高的位置，批判理论旨在把理性、言论自由与民主制度的根本目标结合起来，强调行动的社会性，从而赋予个人以自主意识与特定权力，使其自由、公正、理性的实现均具备真正的可能性。每一个人的行动都是基于个体意识来诠释自身的意义，个体是唯一的行动的主体。与功能主义视角相

---

① 张康之.论开放社会中的社会治理[J].四川师范大学学报，2016（1）：5–13.

比，组织并不是个体行动的决定性因素，个体的行动由自身决定并负责任。从动态意义上看，以公共现象为意向对象的特定意识活动与内容，包括对社会公共现象的情感体验、理性反思与价值判断。从相对静态意义来看，公共治理意识是与公共现象的发生构成同构关系的特定意识内容。"公共行政的行动主义，首先努力站在作为对方的行动者的视角，去理解行动者如何看待他们的世界，注意倾听行动者讲述的故事，注意理解行动者的情感与文化，以及行动如何'在由社会建构的共享的规范、价值观念、实践、规则和期望之网中发生'"①。在公共治理中，公共治理者作为对具体社会行政现象的意识、认识、态度的描述者和建构者，是积极行动的主体，在复杂的行动意向性背景中寻找认识与阐释公共治理现象的本质。公共治理行动的意向性呈现是通过情境互动完成的，情境的互动又包括环境的反馈式自我调整和积极的互动自我建构两个部分。环境的反馈式自我调整是"静中有动"的，所谓"静"主要是公共治理者对行政现象的认识，对行政现象的外部环境带来的制约与影响的回应，"动"主要是随着外部环境的不断变化，所作用的行政现象的对象意向性也在不断变化，积极的互动自我建构主要是指公共治理者与公民的互动、协商的政策议题过程。在公共治理中，公共治理者的行动意向性主要表现为行政议题的积极性的自我建构，实现公共治理现象的主体认识与客体实在的统一。

个体行动的有意识和意向性，说明了个体行动是镶嵌在与他人分享的制度、规则、价值与期望的网络中。公共治理者的行动意向性是通过自身的意识来理解自身的行动，每一人都具有这样的动机与行动，决定了社会行动必然是通过互动与协商来进行的。社会互动的过程是公共治理者行动的出发点，构成了行动基础，在社会互动中，公共治理者必须首先认识到自身的价值与责任，关注和实现自身责任，真正考虑和满足民众真正的需求，在与社会互动过程中，增强彼此之间的互依性、位置思考、对象的理解和情感的交流，理解公民的真实想法和公共议题的意向性背景，并在其中增强自身的责任感和促进自我的发展，体现主动社会人的本性。

---

① [美]杰·D.怀特.公共行政研究的叙事基础[M].胡辉华，译.北京：中央编译出版社，2011：93-94.

（二）主动/社会的自我本质

公共治理行动理论的创始者哈蒙基于以互为主体知识论的"面对面的遭遇"作为基本的分析单位，提出了主动/社会的人的分析。

互为知识的主体论认为，客观事实或知识基于人与人之间的合意。受现象学影响，哈蒙认为知识只有在人与人之间社会的互动中产生，又由于任何知识的产生都必须涉及语言运用，语言是人们互为主体创造出来的，因而知识也是互为主体性和相互建构的。在相互性的情境中，个人会考虑到别人预期，彼此互相影响，强化彼此之间的自发性联系，形成一种内部的秩序。在互为主体的认识论中，哈蒙认为社会科学研究的是人与人之间关系的各种形式，因而把这种人与人之间的关系作为分析单位有其合理性。他认为，只有在彼此面对的情况下，参与互动的人才处在相同的时间和空间下，才能够有意识认识、了解和学习他人。参与公共治理的自我建构是主动—社会的自我本质表现在公民权与主权者的矛盾，"当公民已开始主张其自主开展治理行动的权利，而不再仅仅希望作为主权者来旁观国家及其政府代他们而行动了"[①]，人能够对他们自身的行动赋予意义，人以象征的方式想象世界，能够"停下来思考"，反思自己的能力和行动。当公共治理者参与公共议题时，公共治理者自我就被视为一个具有情感判断、善于理性思考和能够负责任的行动主体。

"主动/社会"的人具有意向性，即人的意识能够主动地指向某物，而且意识赋予该物以意义，某物只有被人意识到了才有意义，这体现了人建构世界的过程具有了主动的行政人格。公共治理现象的本质是通过人员行动来体现出来的，而公共治理者行动的本质属性是行动者在意向性上的关联性综合。公共治理者所反思、批判的对象指向和内容构成了行动的意向性，"主体"表明了公共治理者行动的意向性，"社会"则表明了公共治理者的行动属性，是在社会关系中进行的。理性制度的建构是工具，需要的是技术与程序的先进性，而行动则需要智慧与知识重塑。公共治理者的行动具有了社会属性，具有了与别人相互交流、互动的意指，那么公共治理

[①] 张乾友.行动主义视野中的社会治理转型[J].江汉论坛，2016（6）：34–41.

者之间、公共治理者与社会公民之间就在公共治理议题过程中产生了重要的伦理价值，彼此分享、互依、合作治理依赖于道德制度的重构，是一种人的独立性、自主性与能动性能够得到充分发挥的行动主义治理路线。①彼此之间的社会互动突出了公共治理的"过程性"价值，充分考虑到彼此的特殊需要和问题产生所处的社会情境，而这内在地包含了主体的德行。在公共议题建构的过程中，有着共同的面对面的情境，彼此相互认识，进行互动与交流，隐含着真诚性的要求。"在面对面的情境中，负责的行动指一种人与人之间的承诺机能"②。在一起面对面的情境中，能够考虑到每个问题的特殊情境和对方感受，采取的是共识性的决策和社会公正原则，没有强制，没有控制，没有权力的干预，是一种真诚的互动，甚至高于一切原则或者制度，原则与制度成为次要选择。行动主义的公共治理价值选择中，行动以及行动带来的合作是重点，不再那么重视制度的作用、价值与发挥途径。

（三）行动的辩证性

公共治理行动理论关注社会行动，公共治理者作为行动者，研究的是如何行动、行动的过程性及行动所产生的影响。进而言之，行动既关注在行动中定义行动者，又关注从行动者的角度来确定行动的意义，这就是行动的辩证法——试图把人的主观性与组织的本身客观性联结起来，从而将组织的目标、社会价值和组织中个人的成长结合起来。行动内含着的主观和客观现象处在辩证的转换状态之中，而行动则全面反映了人们与社会现实、个体经验知识和个人意愿的价值判断。行动的辩证性通过个人诠释组织义务，参与公共治理议题讨论，在对话、协商、互动过程得以体现，这使得组织更富有民主化和人性化，凸显了公共治理的"过程性"特征。从社会行动来看，这个过程本质上也是生活在公共场域中的人在各种情景

---

① 刘柯.行动主义：基于合作治理的新型制度模式[J].公共管理与政策评论，2018（5）：65-73.
② [美]迈克尔·哈蒙.公共治理的行动理论[M].吴琼恩，张秋杏，张世杰，译.台北：五南图书出版公司，1993：182.

中界定、解读他人姿态并以这种姿态为基础，设身处地地理解他人进而让自身与周围事物相调适的交往的过程。所作出的行动是个体的领会角色和能对可选性方案进行想象性预演的心智能力的产物，是主体间调试性互动构成的现象，也是社会成员角色领会和想象性预演并得以调整和再调整他们反应的可能空间。在辩证的过程中，人们改变和完善着自身的价值偏好和思维方式，把对组织现象的认识、主体间的关系和相互作用以及行动的客观和主观意义与情境联系了起来。

参与公共治理中的行动者需要一种公民意识，通过积极行动创造一种共同解决社会问题的办法。行动辩证的思维模式和方法是公共治理的行动特征，承认个人在组织中的参与意义，通过公共治理者的辩证行动，整合不同意见、分享不同的经验、汲取不同的知识和尊重多元的文化，参与对话的过程与内容都得到了认可与承认，这丰富了公共问题解决的途径和个性成长的空间。行动辩证的思维模式综合了理性组织的特征和解释学主观的意义内容，具有意向性、批判意向、话语的竞争、说服和人性化管理的理论内涵。

现实的公共治理中，主体和客体之间的差异性并不构成对立性，而是具有内在的一体性。行动主义重拾了治理中被忽略的多样主体因素，比如主体来源、社会、情感与价值观等，公共治理的主体和客体形成了相互连贯为整体的辩证关系。例如在公共治理中，治理者需要首先站在行动者位置，去理解其他行动者如何看待他们自身的选择与评价。公共治理行动的辩证不仅仅顾及社会公民的情境与感受，也让主观意义与行动客观的社会情境联系了起来，在立足原来的行动的基础上，用实在的和仪式化的方式来显现和进行彼此的沟通，发展尝试出各种可能性的联系和社会关系的方式，实现公共治理行动主义所孕育的合作治理与民主治理。

第六章　行动过程（二）：知识与自治

第一节　公共治理的地方知识

公共治理的行动主义所具有的实践化与互动性属性，决定了治理模式适用于小范围、小规模的地方，即"治理的在地化和社区化"，其含义是发挥基层组织的力量，进行开放式的交往和对话，发挥每一个人在公共生活领域中的作用，为公共治理发展注入动力、源泉和能量，提倡公民自我治理和小群体自治。

在公共治理行动主义中，"政府的基本任务转向专门为多种多样的社会治理组织提供合作治理的制度环境方面，并通过规划、引导、商谈、协调和服务等方式，为直接从事社会治理活动的非政府组织提供支持，聚合起社会治理的合力"[①]，而作为合力形成的每一个主体，贡献着自己的知识。"他们有能力做出选择，即使他们只能凭借知觉这样做；而且他们能明智地调整自己，使自己适应情境的需要，抑或至少让自己去适应对环境的感知与理解，并且最终能够对行动进行部署"[②]。所有调整自我适应环境都是基于特定空间的行动，在地化行动是显著特性，不同治理空间行动的内容与方式不同，聚合在一起就是所具有的行动知识不同，即公共治理行动在空间中呈现出两个显著特征：在地化环境与地方治理制约。

[①] 张康之.论伦理精神[M].南京：江苏人民出版社，2012：61.

[②] [奥地利]埃哈尔·费埃德伯格.权力与规则：组织行动的动力[M].张月，译.上海：格致出版社，上海人民出版社，2008：219.

一、公共治理的在地化

在现代公共治理的发展中，基于现代治理的复杂性、公民直接参与和社会资本的发展，特别强调地方治理的价值，将权力和资源从中央集中控制向基层管理者、地方民主实体和地方消费者及社区转移。其中，分权理念是其核心，给予地方治理主体和地方社会组织更多的治理权，为地方和基层治理水平提高提供空间。比如在英国近些年兴起的新地方主义，新地方主义被描绘为公民积极参与的地方分权式决策过程，认为这是一种更理想、有助于复兴地方民主和社会的地方决策过程，社会组织、民间协会乃至普通公民都可以参与进来，各参与方均应负起责任[1]。在地方实践中，民主是多层次的实践，从地方治理出发，民主必须植根于地方性的知识和空间，在地方政府进行实践和试验，上级政府仅仅应当扮演一种推动者、规制者以及标准设定者的角色，地方政府直接承担或者决定具体方向、服务内容，鼓励公民参与，以此提供多元化服务。

在我国，社会本位的公共治理价值取向已经成为共识，推动"国家本位"向"社会本位"的重心转移和深度转型，必然要求权力主体对社会发展规律进行客观的认知以及对整体性治理思想的践行和尊重[2]。地方治理引起了更为微观层面的治理创新研究，比如社区治理成为研究的热点问题。何谓"地方"，地方是各要素在特定历史背景下因治理主体间互动合作形成的紧密结合体，边界不仅超越空间地域范畴，而且也超越了正式组织边界范畴，其层次、规模和范围与行为主体、权力资源和相关政治经济文化社会活动相适应[3]。显然这是地方的一个综合性概况的认知，在这里我们认为，"地方"与"地方治理"一方面是从我国层级划分来理解，是指更贴近公共问题性质产生之地或者是公共问题特定场域之中，即指向日常生活公共问题产生之地；另一方面是从公共问题解决层面来讲，公共问

---

[1] 孙宏伟，谭融.论英国"新地方主义"的特征和路径选择[J].国家行政学院学报，2016（6）：115-119.

[2] 陈进华.中国城市风险化：空间与治理[J].中国社会科学，2017（8）：43-60.

[3] 赵楠，张嵩.再论地方治理视角下的"地方"[J].长江论坛，2020（2）：5-7.

题来源于社会，其解决需要不同特定社会领域、场景中资源与人群智慧的结合。从这个界定可以看出，地方治理是公共治理行动的理想场所或有效空间，这也是近些年地方政府治理中多元化治理兴起的缘由。

无论是特定的空间还是资源的地方化实现方式，都表明地方治理没有统一的模式和固定的框架，而是实践化和特色化的空间产物。在治理知识特色上，显然是与治理普遍化和统一性的知识属性不一样，直接指向了局部性、具体的地方知识属性。在有效地方公共治理中需要依靠多种力量，依赖多元知识体系，让不同群体参与其中。多元知识体系包括传统知识、实践经验以及日常化治理经验，可以统称为"地方性知识"。

前面分析过，公共治理行动立足日常公共生活，必然要求治理知识也依赖于人类之"根"，来源于传统知识的承继和总结，接近生活，更具有理性，提倡自下而上地看待问题、"接地气"地研究问题的视角。通过对这一概念的内涵及重要性的阐发，让人类知识更加全面、更加饱满，让人们不要因为与某一种特定知识的关系远近而影响到其社会地位的高低，以进一步消解人类不平等的根源，以从根源上减少公共领域的危机[1]。公共治理行动所需要的地方性知识内在于地方治理之中，或者讲公共治理的成效取决于地方知识可以聚合与发挥作用的程度。地方知识之所以重要，主要是因为任何文化制度、任何语言系统都不能够穷尽"真理"，只有从各个地方知识内部去学习和理解，才能找到文化间的差异，找到我文化与他文化的特殊性，并由此发现"重叠共识"[2]。

地方性知识属于人类学研究范畴，人类学所坚持的对于本土化知识，对人性的知识探索，对普通群体的文化、情感、传统、习俗的知识，对集体行动与不同组织之间的互动关系知识的探求，遵循"本土人性""从当地人视角"的框架进行微观治理，吸引更多人群参与治理过程，改变了过去只有权力主导者所主导的治理，治理开始从"目中无人"走向"目中有

---

[1] 罗国亮.地方性知识与公共危机治理能力现代化研究[J].中共天津市委党校学报，2016（3）：67-73.

[2] [美]克利福德·格尔茨.地方知识：阐释人类学论文集[M].杨德睿，译.北京：商务印书馆，2014：16.

人"。地方治理可以说就是地方性知识发挥作用的空间。过去"目中无人"的公共治理，缺乏人的在场与能动性影响因素的考量，而这种缺乏，既需要研究中主体性的世界"人本主义"的正本清源，也需要在实践公共治理世界中呼唤多群体的回归与行动发声。所谓"公共"是有关"人"的公共性，"治理"也是基于人的"有序"化过程，地方性知识这种把不同群体的行动纳入广泛组织互动这一平行分析框架的独特研究视角，将有助于公共管理科学向更加人性化的方向发展。

从地方性知识出发，一方面有助于我们窥探公共管理在民族国家的不同区域中如何有效得以呈现与表达，也可以窥见不同的主体怎样理解与他们的个体实践、知识生产和国家话语之间的关联，也能够让我们得以用一种生动的方式关照公共管理理论再生产与现实层面生动多样的关联，考察中央与地方、社会与个人互动的现实叙事。另一方面地方性知识所倡导的底层视角与文化观则促使公共管理研究旨趣从传统的组织结构、宪政模式、内部关联等宏大叙事中走了出来，这与当下学界所倡导的"小切口、大问题"的"深描"研究思维吻合，既构成了一种方法论意义的起点性探索，也构成了理论再生产的终点性意义追究。这两者与公共治理的行动内在逻辑高度一致。从地方性知识窥探公共治理建构行为，分权、自治与社区治理以及社会不同影响因素就构成了考察的主要议题。

二、行动主义的治理分权

治理中心的下沉意味着权力弥散化。在公共治理行动中，分权既是提高地方治理水平和公民自治能力、参与水平，也是维护、供给良好的民主化治理营养的保证。平等对待各种群体，享有大致平等的创新权利，使得公民具有了多样化选择机会与空间。

政府项目和计划目标优化是通过考虑到边缘化的群体和贫穷的人群，给他们提供理解地方治理的优劣和赋予他们一系列的责任，每一个参与的群体都会理解其他参与群体的意愿。在公共治理的行动中，分权不是宪法模式主导下的分权思维，而是强调给予公民的"机会"与政府权力的"下放",赋予参与机会和实现参与权利,发挥地方治理的实效。地方治理的最大优势在于他们接近所治理的人民,人们能更好感受到治理带来的程序和绩效。同时分权能够提高政府的责任意识,也能够影响和提高公民的责任意识和能力。在一个多层次治理的国家中,权力越是有效的分散,地方治理的能力也就越强,社会力量对社会治理的贡献和形成良好的治理秩序所产生的机会和发展空间也就越大——通过分权,赋予自治权和创新空间,实施参与式的管理模式,分享每一个人的知识,每一人分享知识,实现民主合作式的治理。

分权下的地方治理,需要做到:(1)承认任务的复杂性;(2)建立可持续的合作关系;(3)理解改革进程的脆弱性;(4)加强管理能力系统。(5)承认建立足够的、可依赖的财税基础的重要性;(6)努力获取市民社会的联合支持;(7)强化地方政府和中央政府的合作;(8)发展有效的公私合作关系;(9)认识建立基础性的预算和计划制度是建立负责的地方政府的核心;(10)认识建立负责和透明的政府对建立和获取公众的信任至关重要;(11)认识和承认长期承诺的重要性[①]。行动中,分权要体现"认识和行动的互相依赖性",强调国家和社会的互相合作,与公民合作,与社会组织合作,守望相助,真正把权力下放到基层社会中去,在不断的合作中实现分权的优势。分权是长期的、可持续性的,需要长时间去探索实践和完善,不断修正和适应新的形势和挑战,突出变化社会中的选择。治理行动中,分权要坚持的标准:(1)宏观的标准。与社会力量一起合作治理,形成共同目标。(2)基层性。通过下放权力,使人们能够自由地参与基层政府的政策制定与执行,同时了解和比较他们的服务。(3)灵活性。坚持视不同区域和情形进行选择性地分权,去除人为机制障碍。(4)选择性。增加公民对政府服务和政策制定的参与方式的选择种类。

在公共治理的行为中,先行政分权,然后再进行民主分权——先在行政权力的内部进行分权,然后再通过民主化方式,赋予社会组织和公民自主权,以此实现政府与社会组织形成共治的伙伴关系。公共治理中的分

---

① [美]阿伦·罗森鲍姆.比较视野中的分权:建立有效的、民主的地方治理的一些经验[J].赵勇,译.上海行政学院学报,2004(3):106–111.

权主要包括以下方面：首先，赋权于基层组织，行动主义中的政府致力于为社会组织和公民充分有序行使政治权利提供宽广平台和畅通途径，让公民有充足的机会、渠道参与公共事务治理的管理，基层底层的公共组织起着组织建构、培育公民参与文化和维护参与秩序的作用。在行政性分权上，重点内容是，应当给予基层组织更多的权力，例如农村基层组织——村委会和自治村庄，城市基层组织——街道办事处和社区更多的自治的权力，政府更多的是充当村民民主自治和社区自治的服务者，进行必要的指导、导引和监督，让公民参与到自身所处的公共事务治理全过程中去，克服政府与社会治理之间的"信息不对称"，纠正基层组织解决公共问题的及时性和准确性不足的问题。其次，还权于市场，行动主义倡导下的公共治理旨在解决公共事务的联合治理问题。在微观经济管理中，发挥市场在资源配置中的决定性作用，依靠市场机制实现对公共事务治理之外的其他资源合理配置。最后，放权于地方非政府组织。向非政府组织放权是典型的从行政系统分权向行政外分权的过渡。非政府组织作为社会自治和服务社会的主要力量之一，政府应给予扩大非政府组织更多的发展空间，提高其组织化程度和参与能力，不断培育社会组织并使之成熟。

第二节　社会力量与基层自治

一、社会组织的兴起

随着公共治理领域的拓展，各种社会组织不断增长，并已经成为治理的主要主体。在内容上，社会组织既反对不顾公共利益的私利追求，又摒弃了正式权力的强制性。在目标上，既追求社会个体的自治和管理，又弥补和担当起政府与市场的不足与责任，社会组织参与公共治理体现了公共性的意志，彰显了公共精神品格的魅力和影响力。因此，在实践中，社会组织的运行展现出一种与政府组织迥然不同的全新姿态、风格和气质。就姿态来看，社会组织采用集体行动和实现公共利益的方式运行，借助集体的力量诉求公共问题并使之成为社会关注的议题，注重和倾向于把社会的公共意志上升为社会的主题话语，主动积极地和其他主体一起寻求社会治理的良策优政。就其风格来看，社会组织关注"公共之善"的实现，利用社会群体行动的力量，发挥公共精神、公民品格和志愿品质，实现公共事务治理的发展。就其气质来看，社会组织是公共空间"自治的、公共的舞台"，在非正式权力和公共性的影响下，利用社会的力量实现自治。扶持和愈来愈关注富有生机的社会力量是政府健康发展的重要举措。

二、社会自治的过程

行动主义倡导的公共治理既是实施民主化的过程，也是提高公民自治能力和社会自治能力的过程。作为社会自治，主要是指作为社会共同体中的成员能够自觉、主动地参与到社会公共事务的治理中去，成为一个具有较强对话能力的群体，维护社会的共同利益，为实现良好的社会治理作出自己的贡献。这一点类似前面我们所提到的行动模式中的一种"公民—公民"的模式和网络平台式模式，一个成熟、强势的自治社会的存在是公共治理更好发展的重要前提。

社会自治是一种自我管理、自我调节、自我教育和自我发展的社会管理自组织形态。在社会自治中，核心问题是培养社会共同体中的自治精神和提升每一个人的自治能力。社会自治以普遍参与为特征，以参与来提升对公共事务治理的认识。作为一种非营利性的民主治理模式，需要以高度的公共精神和成熟的公民文化为前提，同时，社会自治的过程也培养了公共精神和公民文化。

在基层或者生活的公共场域，公民在对身边的公共事务进行自我管理和服务的过程中，强化了公民意识，也只有在具备了自觉的公民意识和参与能力之后，公民才有动力和机会参与到政治生活中去，表达自己的诉求和获取自己的利益，进而改变公共政策的初衷和决定。随着参与的深度和质量的增加，公民对公共事务治理的认识又有了更深层次的把握，有了很多稍微大一些的公共场域中的公共事务治理能力。社会自治作为个体公民自治的延伸和聚合，是公民能力提高和不断发挥作用贯穿其中的一条主线，是对个人权利的保护，始于起点，落于终点，社会自治既是公共治理发展的可靠选择，也是公共治理追求的最终实现目标，民主在此也发挥到了最高程度。

在现代公共治理领域，公民需求足够多彩而丰富，但这仅仅是指向需求"广度"这一视角，随着信息和知识的可及，公民需求产生了混合性进阶变化，需求"深度"视角逐步显现，"第一个层次，公民需要的是回应、数量和质量；第二个层次，公民需要的是参与、分享和平等；第三个层次，公民需要的是自主、掌控和意义"[1]。如果说第一层次政府或社会组织是主导地位，那么第二、第三层次则是公民参与、把握和实现自身需求，是实现社会自治的内容。现有公共治理实践满足需求大多停留在第一层次，也涉及第二层次，但第三层次的公民需求满足还远远不足。公共政策主张必须将公民放置于主导地位，因为只有调动了公民的深度参与，公共治理才能更好识别需求和找到方案从而创造新的公共价值。另外，民众需求的多层次性与动态化、不同性质社会需求问题的交叉性和外部环境的不确定性使得对公共需求问题认知日益复杂，界定需求问题具有"难为"的两面，一面是指对需求主体理解的相对性、界定的主观性和需求内容的多维性会导致客观认知混淆甚至冲突；一面是在需求识别确定之后如何提升政策质量。公共问题呈现出"结构不良"[2]特征，呈现出决策者的多样性、备选方案的无限性、不同价值的冲突性、结果的不可知性和概率的不可计算性等特征，这使得公共需求问题在公共政策议题中甄别的难度越来越大，甚至会导致出现用正确方法解决了一个错误问题。如果公共治理者无法突破这些前提性瓶颈，公共治理发展就难以为继或遭遇现实问题的诘难。

社会自主化程度的高低直接决定了现代民主政治的深度和广度，社会

---

[1] 何艳玲.重建能动社会是当前的核心任务[N].社会科学报，2016-7-21（003）.
[2] [美]威廉·N.邓恩.公共政策分析导论[M].谢明，译.北京：中国人民大学出版社，2002：163.

自治在一定程度上开辟了一个新的民意表达途径，鼓励普遍参与。社会自治的参与比行政参与更加具有开放性和自由性，在内容上是非政治性的，即祛除了权力的影响和各种约束性的规范制度管制，消除了参与过程中支配者与被支配者的限制，表现出很大的社会性。在参与范围上，在地理区域上没有边界的限制，在人数上没有多与少的区分，在所探讨的事情上没有大与小的界定。在形式上，参与是更加直接的形式，参与的程度较大，社会自治是自愿参加的活动，直接表达自我的意志，实现高度的自治，当然也有随时退出的自由和权利。在这些特征中，社会自治的核心是"自己决定权"，而这也是社会自治正当性的基础。依靠社会的自由，公民和公民群体利用自我的决定权，利用直接和间接相结合的形式，积极参与社会公共治理。

在公共治理行动主义中，培育成熟的社会是政府的价值追求和任务之一，社会自治又是成熟社会的标志。政府需要为社会自治的组织成长提供广阔的空间，在培育社会自治精神和体制方面发挥作用。一方面政府需要自我改革，进行自我权力的限制，管好自己该管的事情，自觉肩负其公共治理的职能，给予基层政府更多的权力，让基层的社会自治组织拥有更多的自由度。政府要努力为社会组织的发展创造良好的环境，提供公平正义的社会氛围和优良的公共服务。政府要有根据的退，社会要有选择的进，使得政府权力和社会权力相平衡，让社会自治组织和服务回位。另一方面，政府需要与社会互动，把政府自己的事情放在更大的社会背景中去认识和管理，进行有效合作式治理，让社会自治组织大范围地进入社会治理中。总之，行动主义倡导的积极方式，既是社会自治的方式，也是政府与社会进行相互沟通的途径选择，"社会自治包含对国家、政府所持有的公共权力的回馈型压力。而且，这种回馈型压力会固化为一种客观的管理机制，这种机制中的政治理念和管理理念，都会为服务社会整体的伦理精神所感染"[1]。社会自治中的组织成员的自治特征会通过社区、街道和其他社团的形式扩散到其他成员，逐步会赋予人们以道德主体的性质，促进公共

---

[1] 张康之.公共管理中的社会自治[J].江苏社会科学，2002，(6)：99-100.

治理改善和进步。

三、基层民主和社区自治

"治理重心的移动形态受到多重因素的持续影响,既不能偏狭地将其理解为对已有制度的规范执行,也不能刻意回避主体内部存在的失衡问题,而应更加关注政治制度与公共生活间关联调适的联结机制"[①]。公共治理是特定场域的产物,其生命力在基层,在基层政府中更会切实有效,这种有效性在于基层社会中有着天然的制度与生活的内在联结机制。

公共治理的行动主义中,突出强调社会自治组织成员对于社会事务的自主管理,实现社会基层民主化是理论发展的起点。行动主义所倡导的直接民主途径实现是一个艰难过程,需要以具体的社会情境中公共场域为载体。因此,作为小规模的、群众自治的基层组织是直接民主的对象,基层组织治理的直接民主化推进是唯一可以选择的途径,也是增量民主实现的必经之路。同样,符合行动主义所倡导的小型组织的民主式样,真正的民主始于地方,始于邻里共同体,关注基层治理以及民主化是治理平衡的纵向转移——转移到更广泛的群体,更能回应治理民主化的需求和更能够接近实现民主治理本质的地方。在我国的公共治理现实中,乡镇自治和社区自治是实践直接民主和推动民主发展从基层出发的选择,也是进行公共治理行动主义实践的基础。

(一)基层民主与自治

民主的实现需要一个支点,我国的基层民主是民主生长的起点。城乡基层民主是直接民主的主要形式,基层的治理行为是"草根民主"和"草根政治",是民主的演习场和试验田,可以更好地为公民供给公共物品和服务。同时,在贯彻执行民主决策的时候,基层的民主执行具有更好的优势。基层的民主治理试验具有可持续性的特征,时空的便捷性使得民众、

---

① 夏志强.国家治理现代化的逻辑转换[J].中国社科科学,2020(5):4-27.

组织与治理意图持续互动与产生新的政策意义，使得民主能够较好地"旋转"起来——基层组织和社会力量给予了民主运转的空间和能量，通过社区、自愿结社的团体和社会组织形成了基层的民主结构，这种网络式的结构可以繁荣地方社会，进而为政治上层建筑提供社会发展的支柱和基础性的支撑结构。从民主制度的绩效看，基层组织和普通公民在社会上各类充满活力的草根性基层公共场域中进行活动是至关重要的。

在基层的民主政治中，行动主义模式强调通过自由和开放的对话来制定和实践决策，开展与政策相一致的行动，简化了各级代理之间的链条和责任的界定，这使得在公民与执行人员之间、公民和公共项目的制定与执行之间责任更加直接与清晰，"如果每个个体在情感和理性的平衡之中以'将他人作为目的'为目标，那么整个社会便更加容易实现公共善，从而帮助不同社群的个体去理解彼此"[①]。在持续参与过程中，民主化的综合精神与品格在点滴中形成、积累、历练和淬火成长。公民参与作为一种民主品格和内在价值基础，由参与意识和民主精神所构成的公共精神与公共品格既是政治社会化的结果，更是实践和自我经历的结晶，一旦形成，就成为基层民主自治和民主的社会资本——重复使用并且不断自我增值。

在基层的民主政治中，渐进性的制度变迁所积累的经验与知识奠定了民主化治理的基石，作为公共治理的起点选择，怎样利用基层特征展开民主化的建设和实现社会公共事务的治理就成了问题的关键。一般而言，公共事务治理需要通过利用民主的共性（内涵）并通过个性（外延）来体现，也就是说需要民主的精神，需要民主实现的多种式样。世界上任何国家的民主都与自己的国情相联系，同时由于不同的自然环境、国情、社会舆情和地区文化影响，每一国的地方民主都具有自身的特殊性，这就需要基层民主适应自身实际情况并把民主精神推向最大化。基层民主不仅仅是实现民主的自主参与，更重要的还有培育和参与的精神，公民要从旁观者走向行动者，基层社会是行动的场景，"从理想的状态来说，只有使旁观者与行动者之间的距离不复存在了，作为行政管理者的行为动机才会越来越趋

---

① 张宪丽.协商民主、公共善与辩证行动主义[J].行政论坛，2023（1）：44-51.

于利他"①。基层民主的自发形成需要民主的工程设计、现代治理项目的规划和精心组织，通过组织与社区的选举、商讨治理的方案或者无主题的交流与沟通，使得参与的行为方式逐渐深入人心，成为政治生活的仪式、习俗、思维和生活方式，使得民主成为身边治理的行为方式和心理惯习，形成不同的由亚文化组成的适应不同"民情"的民主治理文化和价值取向。

  基层政府、组织和社区作为多重个体的生活空间，既是人与外部环境的亲近交流的场所，也是社区公共生活空间的载体。基层的公共场域中，生活空间将不同地区中的人和当地的环境融为一个共同体，任何一部分的变化都会引起整体的变化，不同环境中人的行为有很大的差异性，人们对不同环境的认同和满意度的差异，使得人们对于不同地方的归属感也不同，其参与地方治理的行为与价值取向也就不同，一方面因外部条件的变化，共同的行动也具有了变化性，所以需要从动态化视角认识不同情境下的意义建设与合作治理。"从行动的主观性、所嵌入的社会情境以及时间等要素来看，社会情境具有'变易性'，即外部的环境——包括行动的面向对象、行动所嵌入的物理空间等——可能产生出新的变化"②。行动是社会中的行动，行动是特定情境下的动态化行动。另一方面，公共治理要达成集体的行动，移情与共享经验就变成了必须，情境性道德强调"将他人目的作为目的"。如果每个个体都力图实现"将他人目的作为目的"，那么整个社会便更加容易实现共通感，并会帮助不同阶层和文化背景的个体更容易去理解他人。"公共善需要在每个主体的情境中得以展现，同时每个主体同样需要与其他主体之间达成一种移情的共通感"③，通过移情，将个体的意识、地方治理的环境和治理的方式紧密地联系在了一起。另外，在不同的社会情境中，参与社会社区治理行动过程，也要受到不同的"话语性实在"的影响，正如我们在前面所论述的，话语言说者在个人主

---

① 王峰.旁观者与行动者：公共服务动机的视差及其克服[J].浙江学刊，2019（6）：58-68.

② 张力伟.公共行政中的"行动"问题重思：基层治理中"责任陷阱"的化解之道[J].理论月刊，2023（7）：19-28.

③ 张宪丽.协商民主、公共善与辩证行动主义[J].行政论坛，2023（1）：44-51.

观意志的引导下，在特定社会情境中的话语系统的约束和文化背景下，需要遵循特定的话语构成的规则。这就需要我们真正认识不同社会情境和发展背景下的人的状况，回到真实的基层生活"场景"本身，回到活生生的"人"本身，回到生动的公共生活剧场本身，回到当地的地方性知识中（包括民情），回到真实的行动载体（包括技术、社会舆论等）本身，正视人们自身真实的生活情形和人的行动选择和结构，这样才能真正进行基层治理。

因此，在基层治理方式的选择中，要结合地方性知识所在的不同空间与情景来实行。"多元行动者（如政府、企业、非政府组织以及其他治理力量）在不同时空、情境和组合下构成的社会治理网络，也因其承担的具体事务或拟解决的具体问题不同而呈现多样性和差异性"[1]。地方治理需要尊重乡土知识和民众的技术、技能与实践化的经验，让当地人进行调查、设计与分析，并由当地人自我分析、做出计划和采取相应行动。地方公共事务治理中，需要突出特定区域的特殊性和公共性，公共问题要贴近民众生产、生活的需要，在政策的建构过程中，尊重他们的生活方式和民众本身的利益诉求，让民众讨论和决定他们面临的公共问题，政府要协调好各种资源，动员和组织各方力量参与建设。深层次地看，实现基层治理行动的关键是政府要保持自身的开放性态势，以开放胸怀吸引社会力量注入，"政府需要致力于促进行动领域的彼此开放，以此实现不同行动能力与行动的合理配置，避免因为所谓行动能力的不足而导致治理行动的重新封闭化"[2]。不同行动领域都需要开放性，以保障所有行动者各尽其才，而当每一个行动者都充分地发挥他所独具和擅长的行动能力时，整个社会也就实现了合作，生成了民主化治理的价值意蕴。

在地方，民主化治理是一连串的事情，具有试验的可试错性、纠正性，具有更多的空间和时间进行自我的改革完善，这一点符合公共治理空间的成长逻辑。民主政治的实际发育有一个缓慢孕育的过程，"人们可以一周接一周，一月接一月，有时甚至是一年接一年地考察制度的发展，然

---

[1] 唐秋伟.合作治理交往行动网络的行动主义建构[J].深圳大学学报，2021（4）：106-115.
[2] 张乾友.行动主义视野中的社会治理转型[J].江汉论坛，2016（6）：34-41.

而……制度变迁的节奏是缓慢的，要清楚地看到一个新制度对文化和行为产生的显著影响，常常需要几代人的时间……建设新制度的人和想要对此做出评价的人需要耐心"[①]。从基层组织和社会组织进行民主治理的尝试，点滴的增量民主会不断修正改善治理的方式与内容。

（二）社区建设与自治

社区是公共事务治理的原子空间，是治理烟火气的场所，是社会发展的微观基础。从社会学视角看，社区是一个介于初级群体和次级群体的组织，是每一个人从家庭走向社会的第一个接触的空间。滕尼斯认为，社区具有共同价值取向、共同信仰、共同风俗习惯和强烈归属感的亲密无间的人际关系、联系方式以及社会共同体。罗伯特·M.麦基弗也把社区看作一个"精神的联合体"，社区能够有意识地创造出来，实现共同的善或公共利益。萨瓦斯从功能主义出发指出，社区是以面对面协商为基础，以生产和消费半公共物品为主要功能，以追求集体福利最大化为目的的初级公共领域。作为"习俗的""精神的""功能的"有共同命运的共同体，"社区"代表了的自组织和自发展的趋势和过程，表明了社区的自治状态。从组织方式、空间范围和内部的治理结构来看，社区是公共治理行动主义试验的最佳场所。

社区孕育了治理的理念。在参与社区微型的共同政治活动的人，小范围交往使人们感觉到之前从未有过这种情感纽带和精神的影响。作为初级组织，社区往往被赋予了类似故乡一样的眷恋，在现代性碎片化的社会中，社区是人们立足的根基、情感的凭依、心灵的栖息地，常常会成为不在场的、被情感渲染的、可以想象的心灵境域，俨然成为现代人生活的精神栖身之地。"社区是我们形成社会资本和人际互信的基地或中心"，通过邻里交往和社区活动形成的社会互动，"在人与人之间可以形成一定程度的信任、合作和友谊关系——即社会资本形式。这些社会资本形式的力量尽管有限，但一旦形成，就可能会突破地方社区的拘囿而延伸到广大的

---

① [美]罗伯特·D.帕特南.使民主运转起来[M].王列，赖海榕，译.南昌：江西人民出版社，2001：67-69.

社会中去，从而不至于让我们在生活中与陌生人接触时处处采取一种小心提防的态度"①。

社区建设与成长的过程被视为国家权力不断渗透到基层社会的过程，所关切的内容是国家权力向基层社会延伸中存在的问题以及受到的限制。因此，社区治理体系与治理能力现代化是国家治理的重要微观内容和体现。社区面对的公共问题，是社会问题的高度浓缩，展现了人们生活的变化，揭示了公共问题的深层次根源，牵动了权力与权利、政府与民间、管理与民主、规则与伦理等治理的"大问题"。在社区中，公共决策过程被看作一项极其重要的事情，需要经过深思熟虑，通过自由和开放的对话来实践决策，与好政策相一致的行动应在"最基层"展开，从公民到公共项目决策和执行之间的直接责任链清晰②。作为社会治理民主的一面镜子，成功社区的治理模式是成千上万不同社区试验与探索的产物。

良好的社区治理模式更适合行动主义的治理。在社区，通过社会互动，形成具有标志性的地域性社会，以此决定了集体行动的结构和方向以及认同的产生。在互动、开放和为公共利益实现的社区治理政治，是以社区场域为表达空间，以公共问题为表达载体，以形成稳定性的地域性公共福利为主旨，由普通百姓亲自实践和连续互动为亲历形式的邻里街坊的微观政治。社区中治理是以利益相关性、情感共通性、公民的自治性为出发点，以共同面临的公共问题为关注对象，社区活动是多方利益主体多元参与，在正式制度诸如法律、规则等和非正式制度诸如人情、面子等地方性的社会资源约束下，由政府、市场发生复杂关系下的自我管理与他者服务的公共活动。社区的公共治理活动，既是国家整体政治的渗透和形塑，也是邻里不同行动者参与的生活实践，通过不同行动者之间的互动完成。

日常公共生活是社区治理的底色。在社区中，各种各样的非正式组织，诸如合作社、老年娱乐健身队、合唱团、兴趣团体等由此形成的公民

---

① [英]保罗·霍普.个人主义时代之共同体重建[M].沈毅，译.杭州：浙江大学出版社，2010：90.

② [美]理查德·C.博克斯.公民治理：引领21世纪的美国社区[M].孙柏瑛，译.北京：中国人民大学出版社，2005：125.

参与网络，在无缝隙的情感归属的共同体中，彼此的交往越频繁，形成的网络体系越密集，互动越深入，人们之间愿意分享与合作的可能性也就越大。如果地方社区或辖区的数目足够大，同时每个社区都提供着不同的公共产品类型，那么，通过"以脚投票"，个人可以自由地参与到为自我所需要的公共服务的社区，以符合自我的偏好，促进公共部门的资源达到有效配置，建成低成本政府和办成市场做不到的事情。在持续的互惠交往中，人们逐渐会采取有利于社会有利于他人的方式的互惠性双赢链条，关注长远利益和他人利益的实现，彼此之间形成互惠稳定的心理预期，减少了一次性博弈中的机会主义行为。社区是信任与互惠合作的摇篮，那些具有确定的积极价值和使人们联结在一起的社区具有更加有效的普遍互惠和合作规范[1]，社区成员在长期、稳定的共同生活中形成共同的心理认同感、归属感。在充满直接关怀的共同体中，社区帮助公民确立自我身份资格（个体在社区中角色、责任和义务的认知与实现），这种环境容易形成积极公民[2]以及民主化合作所需要的非正式制度的心理契约。总之，在横向联系的网络社区空间中，居民自发建立或社区提供社团的参与渠道，强化了社区本身的社会互动。

社区的建设和营造社区认同。充分利用市场机制所提供的"自由流动资源""自由活动空间"和"自由选择的机会"，可构建起相对独立于国家与社会的"自组织空间"。从整体上看，在社会共同生活及利益之中，凝聚形成社会性团结。横向的社会性团结为社区自主发展注入了动力，辅之以社区本身纵向性的社会性团结，使得社区的自组织能力与行政能力持

---

[1] 埃里克·乌斯拉纳.民主与社会资本[M]//马克·沃伦.民主与信任.吴辉，译.北京：华夏出版社，2004：113.

[2] 在城市社区治理的研究领域，许多研究者开始意识到积极分子（包括政治积极分子、社会精英、关键群体等）的局限性，转而强调"积极公民"的重要性。理查德·博克斯通过对21世纪美国社区的研究，提出了"公民治理"的新型治理模式，强调社区公民作为基层公共事务的中心，应该积极参与治理。国内的研究者认为，积极公民就是积极承担起公共参与、公共性维护以及对他人关心的责任和义务的公民。总的来说，积极公民强调的是一批不仅关心社区事务，且能够发挥积极、稳定作用的公民。（具体参考：刘天文.城市社区治理中的积极公民：机制、基础及保护[J].理论月刊，2023（7）：37-48.）

续互动。社区内部的各类组织和个体组合形成伙伴关系和互惠关系,从整体上形成"自主"与"自为"的社会自我支撑与自我发展的耗散结构系统,形成稳定的社区组织关系和治理秩序,并在宏观上积极地影响和改进国家与社会的关系。社区自组织自身所具有的内在性合作、参与、有序等属性成为提高社区治理绩效的有效工具和为国家输送治理经验与模式的试验载体。

从参与个体来看,巴伯主张个人以更多的心力关注地方社区事务,形塑公民主体性的建构,在社区建设中,主体性建构体现为决策主体性、经营主体性、文化主体性[①]。决策的主体性是在自主社区参与公共决策中,分享自我经验与知识;经营的主体性是对社区发展提供便利服务;文化的主体性是自我作为文化建设一分子,形成共享的社区亚文化。社区的自组织程度越高,三者在社区的微观的公共场域中得到共时性的整合可能性就越大,公民的自我成长和治理的绩效就越明显。其中,参与社区中的公民具有主动性和能动性,"社区主体既是行动的主体,也是意义主体,被赋予了一种主动的情态"[②],他们通过一系列彼此的关联性行动,在主体间性的作用下,形成社区治理的实践价值和意义。在社区自主的"公共空间"里,多种参与社区公共事务治理的主体的各种行为和意义构成了自我权利的试验场——对社区精神的追求推动了个人在集体行动中的定位和追求,使得社区中的公共幸福远远高于各种利益冲突和博弈。在今天的社区中,当公民参与社区对话与交流的时候,社区的自治也就开始了,社区的志愿性团体、民间组织、社区单位等拓展了社区主体的范围,在社区场域中,公民、公共组织和社会组织相互影响,形成了一个基于社区的自助性的群体与组织。社区的价值与社会的价值的充分耦合和高效整合,为社会治理注入新的动力。

"新时期城乡社区治理实际上是一种关于社区行动环境、行动模式、

[①] 沈红.穷人主体建构与社区性制度创新[J].社会学研究,2002(1):40.
[②] 魏智慧.社区参与的拓展与主体建构[J].决策探索.2010(3):36-37.

行动结构、行动者、行动资源等相互作用的社区合作行动的过程"[1]。参与到社区、维护社区的社会资本和制造优质民主生活，并使得社区成为地方政府改革的推动力和提高治理绩效的敏感触角，成为地方治理创新发展的一个突破点。"每一个行动者都要求能够直接参与和开展治理行动，而不接受行动者与主权者、治者与被治者的分离，不接受以牺牲行动的权利为代价而换取对其主权者地位的承认"[2]。作为小型的"社群共同体"，社区的运行更多是建立在自愿的基础上，政府更像一个静静地参与社区的公民，既不是一只全程庇护的手，也不是冷漠的袖手旁观的手，而是轻轻推动和呵护的手，其功能是整合资源、凝聚能量和扶持参与治理。政府参与其中而不是领导全部过程，提供服务、支持、资助而不是包揽管理，以开放性、包容性姿态培育社区的自治力，形成国家与社会的共生社区治理模式。从这一点来看，政府的社区治理是参与和赋权的过程，在鼓励社区内群体参与治理的同时，向社会弱势群体、边缘群体的"他乡"群体进行赋权，向社区中的人和外来者学习，实现社区自助与互助，分享自己的生产、生活经验与个人面对社会问题的风险，意味着各自的态度、知识、意见和价值充分融合和碰撞，形成一种"公共意识"和社区文化。对社区而言，是内在的政治社会过程和公共治理的行动过程、分享社区性治理与价值学习的过程。社区成员分享成果，参与社区行动构成的不仅是一个过程、手段、技术和工具，还是一种理念与价值，继而逐渐形成了彼此合作的能力、合作的理念和平等参与的合作伙伴关系。社区参与就不再是简单现象的重复，而是社区主体的利益需求实现和公共利益实现的责任担当。

---

[1] 苟欢.中国社区治理政策文本：一种行动主义的分析框架[J].武汉科技大学学报，2018（2）：151-157.

[2] 张乾友.社会治理的话语重构[M].北京：中国社会科学出版社，2017：1.

第三节　行动理论与社会资本

无论罗伯特·D.帕特南笔下的"让民主政治运转起来"、汉斯·科曼所称的"社会的黏合剂"、福山所称的"组织运行的润滑剂"、皮埃尔·布迪厄所称的提供信任的"信任状"、林南言之所称的"在市场中期望得到回报的社会关系投资",还是托克维尔所说的"心智习性"(habits of the heart and the mind),都重视了公民间的信任、互惠、合作以及规范与人格网络对政治稳定和社会发展的重要价值,社会资本促进了人们参与、信任与合作,暗合了行动主义的公共治理内在价值取向。

一、参与与合作治理

社会公共问题的日趋复杂,社会治理主体的多元化,形成了政府、企业、社会组织和公民在内的广泛参与群体,换句话说,社会资本本身就蕴含着行动主义公共治理的因子。帕特南强调社会资本的"信任、规范以及网络"元素为公共事务的善治提供了基础,社会、社会组织以及"小群体"之所以能够发挥作用,是因为它们能够通过面对面有组织的参与活动,让公民形成密集的网络关系,产生共享的知识和价值,形成了人们行动以及行动所带来的合作与信任观念。

制度绩效的研究建立在"社会需求、政治互动、政府、政策选择和实施"的治理模型上,一个高效的民主制度是回应性与互动性的结合。在互动中,社会资本以黏合剂的形式使社会成员相互联系成网络,积极参与公共事务的治理。公共治理作为公民潜能的发掘和资源动员能力再生产的一个运作平台,社会资本中公民意识和公共精神得到了发扬,人们从社会道德感低下和共同责任感不强的自私自利的"经济人"的理性算计者变成了分享知识、分享经验与共担责任、具有较强社会公益感的现代公民,无形中形成了一种特有的动员机制与能力,推动了社会资本持续积累。社会资本只能存在于关系之中,没有关系则没有社会资本,而且,只要有两个人的关系，就存在社会资本，亲属关系、邻里关系、朋友关系、同事关系、组织间关系等都适用这个定义条件[①]。参与的不同关系形成了社会资本条件，而社会资本则激发了公民有合作、理解和彼此产生共鸣的倾向，形成了交往网络。

在行动主义倡导的参与式治理中，互相以平等的眼光与心态，以公民的身份而不是陌生人、竞争对手或者敌人来看待，彼此信任与合作，融合了主体公共精神、个体精神的体认与认同并反映在治理中。在多元化社区治理中，关键在于挖掘社区社会资本、拓展社会资本的维度、创建可持续的社会资本转化机制……合作式治理与契约式治理的核心是构建制度性社会资本。[②] 社会资本决定着政治系统的价值趋向和内在精神，日常公共生活的信任决定了美好政治治理的远景，充满民主自由气息的社会资本是社会运转的需要，也为社会治理注入了动力。同时，在社会治理和社会成长的过程中又不断生长出丰裕的社会资本，社会资本与治理进入相互生产的良性循环，进一步降低了治理成本，促进人们参与公共事务治理。社会资本的规范与互惠的网络支撑保障了治理实践，而良好的治理又是社会信任和持续合作的保障。

"社会资本内在的客观和主观内容在分散的个人之间起到了调节性的作用，在自愿的基础上把社会个体凝聚起来，同时增强社会成员的集体行动意识，从而有利于解决社会整体所面临的各式各样社会、经济、政治问题"[③]。社会资本在参与式公共治理中，通过调节作用使人与人之间形成良好的社会关系。在互利与互惠的交换活动中，社会资本培育平等理念和构建信任、互助的规范，为治理提供了价值观和道德基础，使人们形成良好的公共精神和公共意识，最终使得社会资源利益公平分配。社会资本通过其价值的实现，能够有效地建立公民的社会共识，减少了摩擦成本，使原

---

① 张洪武.社会资本视角下的社区治理分析[J].党政干部学刊，2022（12）：56-63.

② 李诗隽，王德新.社会资本视域下新时期多元化社区治理模式研究[J].兰州大学学报，2022（3）：77-86.

③ WUTHNOW, ROBERT. Loose connections: civic involvement in America's fragmented communities[M]. Cambridge: Harvard University Press, 1998.

本处于原子化状态的个人建立起合作互利的关系，社会网络关系中的声望、信任、规范等文化资本以及蕴含在个人身体之中的知识与技术等人力资本得到了增值。人们积极参与公共事务，实现善治愿景，增强了群体网络中行为的可预测性和组织的凝聚力。社会资本通过其凝聚作用，凝聚了社会各种力量，并使之发挥各自作用，形成了一个网络状的公共治理体系，其中制度化的合法性信任背书、"群像"特质认同与扩散、空间与关系维度上的可溯源等方式拓展了多元化信任的共生与发展路径，从而通过提升社会信任水平来构建基层共同体治理的逻辑[1]，由此形成了共同体自主自愿、彼此配合的合作互益行动，形成了良好的治理预期。

社会资本是人们主动投资的结果，这使得参与其中的人们获得利益。在一定程度上，社会资本与行动主义治理理念是相互促进的。

二、信任与民主治理

在参与公共事务治理中，日常关系所形塑的信任、规范和网络，能够通过推动协调的行动来提高社会的效率。共享的规范、价值、信任、态度和网络作为社会资本的核心要素，提供了信息流，促进不同的群体进行价值的整合，个人的信任得到了社会组织的认同，不同信任的交流与增值形成了社会信任，使得人们倾向于采取合作的行为，进而加深了社会的合作，公民参与的网络孕育了一般性交流的牢固准则，促进了社会信任的产生，有利于协调和交流，扩大声誉，解决集体行动的困境。

社会资本内化为一种类似文化一样的模式，使得人们倾向于相互合作、彼此信任、相互理解，能够同情他人，保证合作继续下去，未来的合作在此之上进行。社会资本有助于人们从自我私利中走出，形成公共利益考量。在帕特南看来，社会资本会促进自发的合作，其最重要的影响力是在社会和政治生活中，奠定了人们合作的心理契约，使得人们都能享受到共同的资源和利益。一个依赖信任的社会比没有信任的社会更有效率，信

---

[1] 钟兴菊，苏沛涛.信任转化与共生：社区治理共同体秩序构建的逻辑：基于城市锁匠的信任网络变迁分析[J].重庆社会科学，2022（12）：66-84.

任促成行动者之间的合作,降低了社会交往的成本,为社会生活提供了润滑剂。社会资本诸如信任、规范的要素会随着合作的形成呈现扩散的趋势,一旦社会中的公民参与社会网络的关系,就会活动起网络中蕴藏的大量的社会资本。人们的合作与交流就是彼此交换各自社会资本,"在民主化的治理中也培育公民的公共精神,形成公民共同体。普遍互惠的规范和公民参与网络,鼓励了社会信任与合作,因为它们减少了背信弃义的动力,减少了不确定性,为未来的合作提供了模式"[1]。社会资本的规范执行着调节、选择、评估、稳定、过滤、优化等一系列功能,优化了人与人之间的关系,折射着共同体中的共同意见,维系着共同的价值体系。

在现实合作中,社会资本能够创造价值并使价值创造者获得回报,所有参与竞争的人都进入一个互助互利的网络中,形成信任并使资本增值,重叠的多层次信任又是促进社会进一步交往与互动、社会关系网络扩展乃至整个社区秩序形成的前提,从组织内部信任走向了外部的信任,进而形成"跨越型社会资本(bridging social capital)",产生"范围更广泛的"、超越不同经济及社会背景的认同和互惠互利的道德规范,克服了"紧密型社会资本(bonding social capital)"仅仅对熟人忠诚和只会维护成员圈子里的局部利益的局限性[2],避免了道德风险和逆向选择,实现了更大范围、更大规模和更深入的社会合作和治理。

社会资本促进了合作式的治理,是民主制度稳定运行的必要条件。在社会资本的核心要素中,信任是合作的前提,信任维系人们之间的良好交往;规范确立了权利的地位,规范界定了多样的权利内容——人之所以成为参与治理的法理;互惠是人们参与民主化治理的心理期待和理想成果,既是参与的动力也是民主化进程的产物;网络系统形成了相互依赖的组织关系,促使各个成员通过了解在互动中产生方法。因此,社会资本内在所蕴含的信任关系、心理认同、互惠互利、规范的价值观和态度以及横

---

[1] [美]罗伯特·D.帕特南.使民主运转起来[M].王列,赖海榕,译.南昌:江西人民出版社,2001:202,207-208.

[2] PUTNAM, ROBERT. Bowling alone: collapse and revival of American community[M]. NewYork: Simon & Schuster, 2000: 23.

向交往网络等是民主实现的社会基础。在社会治理中，以分散化和多元化的方式形成对公共产品供应酝酿产生了公民规范和职业伦理，作为公民之间的横向的、信任互惠的社会关系网络的社会资本，在共享规范性观念的群体中，产生共享与默契，优化了治理的绩效，各种自愿组织和市民社会的社会网络在两个不同的方面为民主政治提供帮助：它们对于国家政体发挥"外部效用"；对于参与者本身发挥"内部效用"。在社会中，治理所形成的横向网络关系联络起异质人群，人们能够修正甚至放弃自己的傲慢与偏见，形成自治、宽容、合作与妥协精神，故而民主合作的氛围就容易形成。在自组织中以互惠和信任为基础建立的社会资本的"公民参与网络"具有不可比拟的社会优势，它代表着稠密的和水平的社会联系，而且对整个社会带来极大的有益的社会效益。横向关系网络越密集，公民就越有可能为了共同利益进行合作和提高社会绩效水平。横向的公民联系所支撑的经济和制度绩效水平总体上大大高于社会和政治关系始终被垂直建构的绩效[1]，横向的网络中成员之间通过平等参与、互动协商、相互理解与妥协，逐步实现了信息传递、建立信任、加深理解并达成共识，公民参与网络则随着组织活动在水平运动方向自主扩大，横向的交往结构促使个人之间进行协调和沟通，因此可以从中看到平等的横向关系构成民主化治理的条件。

三、秩序与参与网络

在良好的公共治理中，参与民众能够自由平等地吐露心声，创造公共对话的背景。在参与中的行动具有"外部性"。社会资本为治理提供各种各样的公民参与网络，形构了不同社会行动者之间的关系维度，蕴含着可转移的多重可用的资源，诸如信任关系、权威规则、规范信息网络、多功能组织、互惠关系、正式制度、社会关系网络、社会规范与责任、社会凝聚力、伦理责任等，形成了复杂的社会关系网络。关系网络中"结点"与

---

[1] ROBERT PUTNAM.Making democracy work[M].Princeton：Princeton University Press，1993：83.

"连线"所构成的聚合特征，使横向关系网络传播和影响若越多越深，公民就越有可能参与到公共利益的决策中。每一个互动主体的积极性的发挥决定了社会资本的实现与增值，参与社会互动过程中的每个人主体性得到了释放与绽放，主客体的关系拓展到了主体间性的关系，互动的情感与资源联系了起来，同时社会资本的实现与增值亦反作用于主体性发挥和成长。

在民主社会中，公民参与网络的密集程度决定着公民为共同利益合作的程度，也影响着社会资本的维持与积累。参与治理中的公民参与的密度和参与的频度越高，社会资本在参与网络中的"自强"趋势越明显；参与的网络越密，其中的人们就越具有为公共利益进行合作的可能性，相应地，也就越可能积累更多的社会资本。社会成员之间长期、频繁和密切的交流和沟通，为认知性社会资本的积累奠定了基础。公共治理之中所孕育的社会资本培育公民精神和公民意识，激活社会组织的自治力和独立性，提高公众之间的信任度，促进公民之间、公民与机构之间和公共组织与非营利组织之间的合作，从而扩大公民的参与网络。

研究发现，社区社会网络密度越高，居民的社区参与意愿越强，社区参与水平越高。地方性支持、社区社会组织的数量、楼组长网络的规模都对参与意愿与参与行为有积极的促进作用。社区信任对公共型社区的参与意愿和参与行为具有显著的正向促进作用，互惠规范对社区参与有显著的促进作用[1]。社会资本的内容与行动主义治理意愿与行为内在一致，社会资本的投资过程与个体成员的成长、民主的发育和社会的成熟紧密联系在一起。政府的职责是培育社会资本和民主化生长的环境，不断扩大公民的社会参与范围，建构民主化的治理模式，培育公民的公共意识和自主精神，在优化、分享和提升社会资本的存量的同时，提高治理绩效。

从社会资本的本身来看，社会资本必须在不断地使用、开采中得到增量扩大。从公民个体的视角看，单个个体所拥有社会资本存量的丰富程度决定了在社群生活中的质量和幸福系数。整个社会所拥有的社会资本存量

---

[1] 王若溪，李俊清.社会资本对城市居民社区参与的影响：以宁夏城市社区为例[J].中南民族大学学报，2022（6）：77-84.

决定了社会的良好秩序和美好治理的实现程度。国家、社会与政府之间有足够的自主性和动力去构建有效的合作方式实现善治，这既需要社会资本的润滑剂功能，也需要不断增加社会资本的存量。政府需要给予社会力量诸如社会组织更多的生存和发挥作用的空间，提高社会的认同、协商、信任、互助和合作的水平，用正式制度和非正式制度确定和丰富社会关系和社会结构中孕育的社会资本要素，引导和鼓励新的社会资本的创造，不断提高政府转化社会资本的能力，引导社会力量参与社会共治，保护、转化和促使新的社会资本不断生成，而不是让不同主体"独自打保龄球"。通过社会资本的积累与运行，进而使民主运转起来。

第七章 行动过程（三）：伦理与责任

复杂性是现代公共治理的鲜明特征。行动主义的公共治理沿着复杂性视角，关注组织的主观间的（inter-subjective）维度，聚焦于组织生活（organizational life）如何在行动者的互动中被创设、维系与改变，结构分析除了探讨组织内部的结构和机制，也开始转向分析组织外部的社会与经济等力量如何影响组织成员的行为[1]。其中行动主义对行动者的影响关注是一项重要内容，公共行政各项行为的效度受到行动者主体性的深刻影响[2]。个体的自主性与能动性影响着治理过程，用行动建构一种良好的公共治理。于是，对行动者行动的关注与代入使得政府的行为中包含道德成分，"行政行动就可以被视为履行行政责任的过程"[3]。作为一种新哲学建构的公共治理，需要认真对待行动主义的伦理维度。

行动只有是道德的，它才是公共的。在公共治理行动主义中，组织的开放性、民主化的过程和公共治理者的自主性，公共治理者的伦理与责任呵护、维系和促进着治理的发展。政府组织的公共治理的过程本身内含和蕴含着伦理的气息，在公共治理中，具体治理行动越来越面临多重的外部环境影响，政治的底线、复杂性、多变性、公民需求的多样性等都在考量

---

[1] P. DEGELING, H. K. COLEBATCH. Structure and action as constructs in the practice of public administration[J]. Australian journal of public administration, 1984（4）: 320–331.

[2] M. M. HARMON. Action theory for public administration[M]. New York: Longman, 1981: 4–7.

[3] 张力伟.公共行政中的"行动"问题重思：基层治理中"责任陷阱"的化解之道[J].理论月刊, 2023（7）: 19–28.

具体治理行为中的公共治理者，治理行为方式常常要面对多个指向不同、方式不一，有时候甚至相互矛盾的责任和道德要求，需要在相互冲突的利益、繁杂斑驳的任务、不同行政价值、善恶、公正与不公正等之间进行选择。"风险社会及其高度复杂性和高度不确定性条件下，对承认的理解是需要在道德的维度中展开的，而且不仅是承认，所有与行动相关的事项和观念，都需要在道德的维度上得到理解"[1]。身处"困境"和常常在困境中做出"二律背反抉择"是当今公共政策和政府行为的主要特征之一，这些常常面临难以兼容的伦理价值实现或者面对冲突性的行政责任担当，是治理主体在治理行为中经常遇到的伦理选择。因此，公共治理的伦理困境与其他领域的伦理困境相比，更多是实践问题。走出公共治理在公共实践中的困境，行动主义治理有着自己的方案。

第一节　行动中的伦理困境

当代道德言辞的特征是分歧较大，而分歧争论又难以平息。麦金太曾指出，我们处在一个无法解决争执和无法摆脱困境的道德危机时代，人的认知和道德存在着严重的分歧和不可通约性。在公共治理的领域中也是如此，公共治理人员在对各种治理行为进行判断与选择的时候，总是面对不同行政伦理价值观念、行政伦理规范准则和行为后果的冲突，常常使得公共治理者陷入"两难"——按照其中的一个伦理准则进行选择，又违背了其他的伦理要求；实现一种伦理的价值与实质，却又牺牲了其他价值诉求。参与行动的不同行动者德行程度决定了共同善的内容丰盈程度。在这个问题上，行动主义的治理伦理观与公共组织本身的运转、公共治理者的自主性和行动过程的特征密切相关。

---

[1] 张康之.在风险社会中看行动者的道德[J].东南学术，2022（1）：121-137.

一、个人伦理与组织伦理的冲突

组织伦理要求公共治理者服从组织的决策和任务的划定,在政府组织内部,公共治理者对组织的忠诚与维护是基本的道德规范和不言自明的自我默示行为选择,否则组织的利益与个人利益都无法保护。传统理性设计的内部伦理弱化就在于此,"官僚制在其制度性设置中内在地排除了公共管理者的道德能力,我们对官僚体制本身进行细枝末节的修补,无法有效唤醒公共管理者的道德能力"[①]。行动主义中,公共治理行为的选择伦理冲突一般都是发生在治理活动的过程中,但行政伦理冲突与困境都是由行政主体的选择呈现出来,是在治理主体彼此之间、治理主体与社会主体之间和治理主体处理社会分歧与矛盾中相互碰撞和抵触的情况下发生的,因此组织伦理的冲突都是发生在组织行为的主体行动选择过程中并通过组织的主体行动表现出来,道德意识与能力伴随着治理过程与治理者行动而呈现,具有过程性和行动性特征。

作为公共利益代表与践行者的公共治理者,在公共行动选择中,如果面临着容易辨别的治理外部环境,治理价值分明和涉及利益主体较少,彼此利益分歧不大的情况,则伦理的冲突就会较少。但在后工业社会环境中,治理关系复杂和各种社会利益交叉,公共治理者往往面临着在实现组织义务和维护公共利益之间,遵守法律与规则和执行组织命令之间,完成组织任务与履行责任之间矛盾性显著突出的情况,此时,公共治理者选择中伦理的成分就更加复杂化、模糊化,常常会出现紧张关系和难以两全的选择,因而,个人与组织伦理冲突就会发生了。现时,日常公共生活领域的复杂性影响着公共治理建构,言说与行动需要回归到生活型构,具体生活情境与意义和价值构成了行动主义的指向内容,即公共治理者行动被框定在特定情境中,个性化、多样性的生活以及具体行动都在不同时空内发生,"政策过程生发于生活之中,意味着从技术理性的纯粹空间回归到具体的实践转向中。生活中不仅仅只有技术理性,相反,技术理性只占生活

---

① 王峰.合作治理中的道德能力[J].学海,2017(1):93-101.

的极少部分，生活除了效率和速度的追求之外，还有更多的伦理和道德的内容。因此，政策过程不应只追求技术理性所要求的严谨性、逻辑性，而是应当向实践转向，向价值转向"[1]。这些行为选择的伦理冲突会在行动的不同阶段发生，伦理的时间性与空间性特征凸显了出来，但这些矛盾与冲突又相互缠绕难以分开。

二、公共治理者个体伦理的冲突

道德所指示的无论是对于个人的善还是对于社会的共同善，都引领着人们超越现状[2]。作为追求共同善的"行政为业"的公共治理者，是一个具有道德自主性和判断力的人，行政伦理涉及人与人之间的关系，无论是公共治理者，还是参与的社会主体，按传统将其作为工具化或程序化的观念与行为都是非道德的。除去工具化的伦理冲突，美国著名行政伦理学家库珀总结出3种最常见的行政伦理冲突，即权力冲突、角色冲突和利益冲突。我们把权力的冲突看作是组织伦理问题，把公共治理者的个体伦理冲突分为角色冲突、利益冲突和价值冲突。

社会分工决定了人的角色，这往往决定人的道德品性。行动主义的公共治理中，公共治理者所扮演的角色不再是单一的，而是多重角色的综合。公共治理的本质在于公共性的体现，"从主观与客观的二维角度考察，公众所期待的'公共'最终都指向具有理论合理性与现实合法性的公职人员"[3]。公共治理者要体现的公共性具有多重性，角色的冲突既包括每一个角色之间的要求矛盾，也包括不同角色相互转换所带来的困惑。不同的角色具有不同的期待和义务，各种期待存在着利益的冲突，"那些塑造并指导每个角色行为的价值观将你推向两个不同的方向，并使你面对两种互相

---

[1] 向玉琼.从生活出发：复杂条件下的公共政策建构逻辑[J].学海，2020（6）：154-159.
[2] 张康之.在风险社会中看人的道德及其善的追求[J].河南社会科学，2022（6）：1-11.
[3] 卞桂平.社会公共信任建设中的权力伦理[J].治理研究，2021（3）：104-120.

排斥的选择方法。你得面对那种由我们扮演的角色所引起的道德困境"[①]。行动主义强调公共治理的情境化建构,而不同的情境化对角色的要求不同,其中相互冲突的角色给予了公共治理者完全不同的行为要求,作为承担着实现公共利益责任的公共治理人员,在角色冲突中的选择必然全部或部分涉及公共利益与私人利益之间的矛盾。利益是人的行为动力的全部,作为利益的权威主体分配公共权力,公共治理者如何合理分配资源并能够平衡不同利益诉求群体的需要是主要任务。现代化社会中,利益主体的多元化必然伴随着利益诉求的多样性,社会分享性的公共利益、组织分享性的共同利益与私人独享性的个人利益共存,在满足不同群体的利益实现中会出现伦理利益冲突的一方面,也会使得伦理冲突的原因变得鱼龙混杂。公共治理者也是社会中的一员,也有追求自我最大利益的倾向,但公共治理者又不是普通的社会成员,他们是公共权力的代表,在凝聚不同主体力量实现合作式治理的同时,还要对行动的不同主体的行为后果负责,公共利益的实现、自我利益与参与主体的满足常常会成为伦理抉择的考量。同时,行动主义面向日常公共生活,随着日常公共生活的多元化,价值也呈现多棱性,并难以兼容、难以取舍。比如,实现了效率的目标却在某种程度上耗损了公平的价值内容。

第二节 行动理论过程的伦理内容

行动主义公共治理中,行政责任是多视角产物,承载着复杂的内容,实现着不同群体的公共利益,治理责任与以往不同,治理主体应该关注的不仅仅是治理结果,还应关注结果所形成的过程以及不同主体的意愿、情境价值观、社会舆情等。在行动主义实现责任的方式中,公共治理的伦理

[①] [美]特里·L.库珀.行政伦理学:实现行政责任的途径[M].张秀琴,译.北京:中国人民大学出版社,2001:96.

需要与民主化的治理模式相适应,"后工业社会的公共领域将沿着合作理念去自觉增强社会构成的有机性,在对公共领域的制度、体制和组织模式进行设计和建构时,所看到的既不是个体的人的行动,也不是集体的人的行动,而是它们之间的合作互动。对于行动意义上的合作互动,从个体的意义和集体的意义上都不能做出合理的元解释,只有在行动的规范意义上才能理解合作互动的行为赖以发生的基础"①。行动规范意义所面向的是责任的内容与构成,决定着公共治理者每一个人行动的始终。换句话理解,责任构成了公共治理者行政行为的基础,没有责任感,就没有权利。依据责任作出伦理的判断,是一个公共治理人员自我行为的合理性与合法性的根据,我们称之为责任伦理。

一、传统的责任认知

在一般组织中,责任可以分为客观责任和主观责任,客观责任包括对法律负责,对上级和下级负责,对公民负责。而主观责任是指由于我们的内心情感、良知的驱动所认为应该承担的责任②。

客观责任是基于对人的被动、服从的假设的责任,这一假设认为组织中人是被动的、顺从和接受命令的,他们需要遵守规章制度和组织目标,组织的规定和上级的指示构成了人行为的全部,实现组织规定的利益是公共治理者行为的全部,这一途径被全钟燮称为宏观途径。客观责任更多是来自公共治理者外部的规定和控制,公共治理者忠实履行组织的使命和上级的命令,忽视了更重要的负责任对象——民众。

客观责任是建立在责任的外部有限性的控制上,而主观责任是"我们自己的情感和信任的责任","是将我们自己的需要和习性与角色融合

---

① 张康之.公共行政的伦理把握及其取向[J].中山大学学报,2006(6):94-99.
② [美]特里·L.库珀.行政伦理学:实现行政责任的途径[M].张秀琴,译.北京:中国人民大学出版社,2001:74

在一起的一种方式"①。与客观责任相反，主观责任需要个体奠定反思和判断，是微观方法的假设，认为价值观、态度与信念②以及人们的反思性、道德的自主性、行为的批判性决定了人的行为具有个性身份。人是一个有意识和自我判断的道德主体，人们对伦理的理解、认知与实践来源于自我，每一个公共治理者都能够根据自我的治理实践经验、社会环境的变化和行政理论的变革主动建设自我的道德认同感和实践感，能够认识、省察和解释公共事务从而作出判断，从社会的视角来看公共治理行为是否公正，是否符合社会的需求并克服困难予以实施，而不仅仅是依靠一成不变的法律和规章制度的规定推行。由个体的信念、价值判断和自我认知构成了一个人的行为方式，行政的伦理也就有了个体自我判断的空间。个体的责任是所有规章制度内化的体现，自我对公共事务的判断和裁量构成了主观责任的前提。由于主观责任强调个体的自我道德意识，反对普遍化的道德原则，因此，公共治理者就需要有主观的、批判性的、辩证性的思维进行自我反思与省察，进而更符合伦理的行为和组织的要求，这构成行动主义中公共治理者的伦理考量和选择前提。

二、行动主义治理的责任内容

按照行动主义公共治理中的伦理诉求假设，人是具有能力的行动者，他们能够反思、批判、解释公共治理实践的经历，能够通过沟通、互动和自身实践来进行决策的判断，并且在持续的公共治理活动中更进一步增强自我的反思、批判和解释能力，这些能力会进一步促进在伦理决策中不断形成自我的伦理判断能力并应用到公共治理实践中，形成伦理判断能力自

---

① [美]特里·L.库珀.行政伦理学：实现行政责任的途径[M].张秀琴，译.北京：中国人民大学出版社，2001：63.

② 库珀认为，主观责任是价值观、态度和信念的表现。"如果我们想象出三个同心圆，价值观就是位于最里面的一个圆……信念是位于中间的一个圆；态度是位于最外层的一个圆。"（具体参考：[美]特里·L.库珀.行政伦理学：实现行政责任的途径（第四版）[M].张秀琴，译.北京：中国人民大学出版社，2001：75.）

我增长的良性循环。行动主义认为，组织中的人是在社会化过程中形成的自我，自我的社会建构是通过人与人之间的互动形成的，自我是和其他人一起参与社会进程中的自我，具有面向伦理的未来塑造的可能性，突出强调的是组织中个体的自我超越，形成良好的社会美德和公共精神等伦理内容。而这些内容是通过互动、商谈、交流的过程形成的，主张交往行动，关注彼此之间沟通，建构有效对话机制，形成主体间性的良好关系，相互促进和分享经验与认知，强调不同文化对伦理的影响，每一个自我都是在不同文化下形成的特殊自我，突出强调个体的责任性和个人责任的自我建构过程。

　　行动主义治理的责任归旨，主要内容表现为两个方面，一方面突出了责任的个体性。行动主义强调了行政责任的个体化，其表现是公共治理所蕴含的价值理念不仅仅是对公共治理人员的内在要求，而且还应该成为自觉的追求和担当，责任为公共治理者的价值提供了标准。个人责任由行动的社会建构而成，支持"每个人的治理"的观点，突出强调行动者的行为具有道德标准的考量，自我要独自承担自己应该承担的责任，"伦理判断始于个体对伦理情况的主观理解，并且发展至人际关系和群体关系"[①]。在公共治理中，负责任的行政行动要求个人为自己的行动承担责任以及强调人与人之间的互动关系，决定了责任的确认。"负责任的行动，即谓人的本身乃其行动的源头，与道德感中其亦是责任的定向"[②]。伦理上的责任更多是基于承诺和担当，在公共治理中强调人的行动的意向性和社会性，参与公共决策过程的人处于与他人持续不断的互动、交流之中，人与人之间的主体间性特征使得行动过程中的人们置身于面对面和互动相依的社会情境中。在公共治理面对面的情境遭遇中，人们之间彼此互动、商谈、对话，彼此交流之中就蕴含和隐含着真诚性、正当和承诺的伦理意义。"在

---

① [美]全钟燮.公共行政的社会建构：解释与批判[M].孙柏瑛，张刚，黎洁，译.北京：北京大学出版社，2008：149.

② [美]迈克尔·哈蒙.公共治理的行动理论[M].吴琼恩，张秋杏，张世杰，译.台北：五南图书出版公司，1993：182.

面对面的情境中,负责的行动是指一种人与人之间的承诺机能"[①],面对面的公共治理场域中,能够考虑到每一人的感受和知识的分享,也能够认识到每个问题的不同社会情境。个体要真正负起情境化的责任,发挥主体主动性与能动性,在于行动过程中直接接触的情境,在于认识到每一个问题的特殊性和人们赋予的新的意义。"负责任不仅是遵守规章的问题,而是必须对规则和标准的适用性有所理解,预先派出标准解答的理性应用,并认识到每个问题的独特性质"[②]。只有认清了问题的性质,才能展开真诚的互动,在不断经验积累、知识分享的基础上形成共识。

另一方面突出了行政责任的过程。强调公共治理者的责任是在行政的过程中形成的,以此来调和主观与客观责任的相互对立矛盾。个体责任包括他者意识,其形成关键在行政的过程互依性,突出强调在主体间通过对话、讨论和协商来达成一个伦理选择的决策。互依性和互依的过程能够为"过程"赋予价值,持续的互动过程使人们充分考虑到彼此特殊的需求和问题的社会情境,也能够考虑自己行动的可预见后果。对公共治理者而言,在公共治理行动前就需要对各种价值、他人处境和社会情境作细致的衡量,这种细致的衡量显然要依赖于切实的对话和讨论,使得人们能够对自己行为后果负责并在对话中实现各种价值的平衡与弥合。在这个过程中,个体进行自我批判性思考和行动,从自我的认知和判断出发来建构一个决策。"完全实现由参与者共创和主导的参与式行动研究在实际操作上有难度,重要的是时刻意识到研究过程中的权力关系变化并对其进行及时的反思和调整。这种素质被称为'转化自反性',指在理想状况下研究者和参与者双方通过协商和讨论,反思共创信息背后所蕴含的意味,理解彼此对于研究话题的认识并消除误解,对研究过程中不断变化的主体定位引

---

① [美]迈克尔·哈蒙.公共治理的行动理论[M].吴琼恩,张秋杏,张世杰,译.台北:五南图书出版公司,1993:182.

② [美]迈克尔·哈蒙.公共治理的行动理论[M].吴琼恩,张秋杏,张世杰,译.台北:五南图书出版公司,1993:190.

起重视"①。责任伦理是人们在互动与对社会的认识中增进的，他人的观点以及自我的反思相互交织并相互凝视审视对方，这重塑了责任，即"自反性责任"得以实现。

三、自我伦理责任的建构过程

公共治理者伦理判断能力的提高伴随着行动主义公共治理的过程，不同的人会对相同的行政过程作出不同的认知和判断。其逻辑过程为，伦理责任模式的设定对应着道德生活中公共人格的结构：流动的责任感体现了情感的变化性和力量感，生成的责任观显示了理性的稳定性和生长性，开放的责任精神是对公共精神中公共性和实践性的凝练，情理区分，情理互释，精神在责任主体的实践中完成公共人格的疗愈②。流动、开放与社会实践构成了行动主义治理责任观的主要内容。在这个过程中，社会化的学习与实践，能够和其他人一起探索公共治理的过程和精神要旨，能帮助自己和他人进行选择和认识。公共治理者的伦理责任是通过与他人互动，置身于公共场域的具体社会情境中来理解自己、他人和公共政策，并主动通过自我的努力和其他人建立起相互关注、相互交往和相互理解的关系，促进组织和个人的共同人格建设。

行动主义公共治理过程中，公共治理者的伦理建构主要包括3个方面："第一，伦理责任的含义能够通过个体的理解来形成。第二，伦理责任的含义也能够通过个体与其他个体交流和沟通自己的观点过程来形成，这些个体也许存在或不存在共同的观点。第三，当个体从微观层次的理解转变到中观层次，而不是从宏观层次转变为微观层次时，辩证的和反省

---

① 王怡.参与式行动研究：从概念认识到伦理反思[J].华东理工大学学报（社会科学版），2022（6）：65-74.

② 李凯.公共道德生活中伦理责任模式的三维结构[J].湖南师范大学学报，2021（6）：99-106.

的伦理建构（或是分享共同利益）也是有可能的。"① 行动主义公共治理为个体伦理实现搭建了一座桥梁，实现了客观责任与主观责任的相对有机统一。

在民主化治理的过程中，"一旦决策与行动统一起来，那么道德的因素就没有理由不被引入决策和行动之中了。事实上，也只有当道德的因素引入决策和行动中来，才是致善之路"②。每一个主体都会在公共政策的形成中，利用自我的意识和能力，分享知识与经验，对公共政策作出准确、合理和全面的伦理判断，会被一种力量驱使去思考组织的伦理过程，交换不同的立场、身份去思考可供选择的正确行为与途径，想象着自我选择的行为与途径的可能性结果以及外部期待的自我允许或不允许，在自主性伦理的自我选择与忖量的内心中平衡与决策，在持续的与别人的互动与交往中再次验证、修改和完善，在对他人、对公共政策、对公共事务的治理和外部环境中分享自我的体悟和感知，伦理判断的能力的提高也相应地促进了公共治理者的反思、批判和自我认识的提高，形成了致善之路的主体性要求。

在公共治理政策的制定过程中，共识是通过参与其中的人的共同知识建构而成，在形成政策的同时，也形成了公共治理者自己的伦理认识与判断能力的提高，并且这个过程是长期的、可持续的，公共治理主体的行政实践过程也是一种"终生的道德化过程"③——公共治理者只有在长期的实践中④，才能认识自我的伦理角色和定位。

---

① [美]全钟燮.公共行政的社会建构：解释与批判[M].孙柏瑛，张刚，黎洁，译.北京：北京大学出版社，2008：150.

② 张康之.在风险社会中看人的道德及其善的追求[J].河南社会科学，2022（6）：1-11.

③ [美] 特里·L.库珀.行政伦理学：实现行政责任的途径[M].张秀琴，译.北京：中国人民大学出版社，2001：240.

④ 这与公共治理中人们的行为方式有关。"一个共同体中的人，当他表现为'经济人'的时候，是在一次性支付中获得一次性的收益；当他表现为'公人'的时候，他对于自己的支付行为不是在一次性的行为中完成的，而是一个连续不断的过程，是与他的生命存在共始终的行为。"（具体参考：张康之.寻找公共治理的伦理视角[M].北京：中国人民大学出版社，2002：161.）

行动主义的社会建构性，有助于公共治理者的伦理克服主观与客观责任的不足，形成完整的符合人性的伦理标准与行为。从宏观的客观责任过渡到微观的主体责任，既不是过多地强调法律与规章制度的重要性，也不是过多地相信行政主体的信念、意识与信仰，而是通过公共治理者自身的努力和参与，通过对法律、制度和规章的具体灵活的运用，利用主观的知识、意识与能力来提高对客观外部赋予行政约束力量的理解和认识，并结合社会情境具体使用和落实，从而把客观责任与主观责任有机结合起来，在道德化过程中具有自愿选择和自我改变的倾向。行政伦理代表了公共治理者对公共事务的内心承诺，表明了公共治理的目的和行为选择的性质，既是一种公共生活的智慧隐含能力，也是指挥人们在错综复杂的公共场域中作出恰当判断的能力，"道德不仅仅是个体遵守道德原则的事情，也在于根据自我理解或对某一事件全部事实的认知来创造道德原则"[1]。这个自我理解和认知需要在行政实践中凝练，"要使公共管理者在处理复杂的公共事务时具有相应的道德能力，就必须改变其所赖以生存的生活环境，即通过制度性建构，改变其生活环境，而这是一个生活秩序与心灵秩序同构的过程"[2]。个体在日常公共生活中，在组织与社会中，个体学习与分享不同认知偏差、知识类型、价值观念、象征仪式、文化符号等，在行政参与的社会化中，使得客观的外部力量诸如法律与规则内化于心中和行动中，形成稳定的道德人格，并与自身认识的原则相一致，同时结合社会情境，在不违背客观责任的前提下，提高自我对公共政策伦理的判断能力与认识，实现自我对公共治理认识的超越和伦理的遵守，贯通起外在的规则法令与内心的意识与责任感，并强化了后者。当每一个主体遇到不知道如何做和做的是否正确的时候，与参与过程的其他人进行交流、讨论与商量，就会消除自我的疑虑和形成正确的做事态度、原则与措施，改变自我的心理认知和伦理认识。同时，在提高自我伦理认知与能力的同时，形成了自我道德准则，在不断地感觉和界定自我责任限度与内容的时候，塑造了自

---

[1] [美]全钟燮.公共行政的社会建构：解释与批判[M].孙柏瑛，张刚，黎洁，译.北京：北京大学出版社，2008：152.

[2] 王锋.合作治理中的道德能力[J].学海，2017（1）：93-101.

我伦理身份，形成个体责任的道德品格。这几个方面分别从伦理的主体能力、行动过程性特征和其有机融合伦理责任观念一同构成了公共治理者的责任伦理内容，但这并不一定就能够在实践中提升伦理能力，伦理能力的提升还需要自我的伦理自觉去实现。从某种意义上说，伦理就是自觉履行责任，伦理之所以是伦理，在于人们具有知道自己履行了责任这样一种意识后的结果。具有了伦理的自觉意识，行政个体在具体社会情形中就能很好地处理各种伦理冲突，就能够表现出与社会大众、组织要求和自我证明的一致性的伦理行为。

"在伦理责任的社会构建过程中，行政管理者、社会、文化、组织以及公民之间存在着交互作用"[①]，彼此相互影响，形成了行政管理者合理性和合法性的伦理意识与判断能力，伦理的主体自我能够通过审视别人的价值与思想而形成自我的伦理意识与标准。公共治理者的积极主动性和主观判断起到了重要作用，因此公共治理者的伦理能力与正确行为取决于自身的行动怎么做和如何做以及对之反思的过程，他们愿意变化和适应外部的环境以及愿意接受他人的观点与建议至关重要。他们的伦理判断能力会在治理中得到升华，他们会获得新的经验与知识并在合理判断的基础上采取行动，通过参与公共政策的制定并反思自我，修正自我，通过集体行动向集体层输送观念，以此影响他人和组织认知判断，而公共治理的伦理责任意识提升也就有了可能，这构成了公共治理伦理的发生学。

第三节 公共治理与责任伦理

在一个日益多元的公共生活中，界定行政责任伦理的标准和内容是很困难的，行动主义导向的公共治理者伦理的形成强调社会互动作用，通过

---

① [美]全钟燮.公共行政的社会建构：解释与批判[M].孙柏瑛，张刚，黎洁，译.北京：北京大学出版社，2008：148.

第七章　行动过程（三）：伦理与责任

与其他人一起参与伦理的塑造。作为一种民主化治理模式的治理思想，公共治理中自我伦理的建构深受民主化本身的影响，在自我伦理的建构中，民主深深嵌入自我伦理的建构中。

责任机制在民主制中有着特殊的意义。在民主的形式中，无论是代议制的民主、协商民主、自治民主还是参与民主，没有责任机制的制衡，所有蕴含的价值也就荡然无存。民主化的过程对参与其中的人的伦理素质和涵养提出了很高的要求，发达的民主政治之伦理与我们所定义的官僚制之伦理几乎正好相反。在官僚制下，伦理是依附于技术理性的，传统的以效率至上为价值导向的行政思想的扩张，使得越来越多的群体生活空间理性化，从而削弱了整个社会的自治和民主责任感，伦理的作用往往被忽视或被技术化的过程所淹没[1]。在今天的民主化治理中，个体的责任与伦理判断占据了个体行动的全部。行动主义民主化的治理过程鼓励人们参与并贡献力量，以民主的形式让公民的权利得到了保证和发挥，民主发挥着自我发展的实现机制的作用，公民自我管理自己，实施社会自治，不断地唤起人们的道德感，民主与自我伦理的形成密不可分，民主作为一个过程，不同的行动把客观要求与制度规范转化为行动者的内在规定的过程，这过程本身就蕴含着伦理目标，这个目标是对过去官僚制中权力的反叛。"后现代的伦理态度意味着任何行政活动都应是其计划的实施，但必须以这样一种精神来实施，在那里，行政能力同时要用来否定行政——官僚的权力"[2]。在民主化过程中，一个人需要对公共治理中的道德标准按照自我要求和内容进行排序和衡量，在不损害他人利益的同时进行自我反省，思考如何完善自我的道德和认识，让自我良知得到升华。于是，伦理也就具有了辩证性，组织、社会、群体、他人就能够通过准则与管理过程来影响个体，同样个体也以自我知识、价值来影响组织与社会。在民主化的过程中，对公共政策、社会需求和社会情境的具体性判断难免会产生不一致的

---

[1] [美]罗伯特·B.登哈特.公共组织理论[M].扶松茂，丁力，译.北京：中国人民大学出版社，2003：69.

[2] [美]戴维·约翰·法默尔.公共行政的语言：官僚制、现代性和后现代性[M].吴琼，译.北京：中国人民大学出版社，2005：309.

道德判断，以民主方式的协商、讨论与批判来解决其分歧成了最佳的方式，民主过程有效地稀释了彼此的分歧和不一致，促进人们改变自我和趋于意见与伦理判断的统一。

批判性与反省式的自我拷问与思考是个体伦理形成的一部分，人们的责任、合作意识、彼此尊重、相互理解、信任关系等伦理道德不是自然生成的，而需要一种行使权利的载体来完成，在合作治理的过程中，这些伦理道德的意识才能够以不同的形式出现并发挥作用。"当我们从道德维度去思考合作治理以及治理能力时，就要求一方面治理体系以及治理制度安排本身要为道德保留足够的空间，另一方面则要求合作治理体系中的多元治理主体能够就社会中的道德问题进行积极治理，甚至在某种程度上，道德能力意味着合作治理主体在展开治理的过程中道德问题的持续减少，整个社会道德水平的不断提升"[1]。合作治理的形式与伦理的精神相互嵌入成就了民主化治理模式，在相互促进的同时也延伸与完善了自己，两者的结合成就了治理的精神，成为治理精神的一个统一体。因此，我们可以说，民主化的社会治理过程，相互交流与互动构成了个人自我伦理构建的基点，民主化本身作为一种途径，使得人们的积极性和自主的意识得到了塑造，使得伦理有一种意识的感知，在人与人之间的关系中促进了自我的伦理意识和判断能力。同时，民主化过程使得参与治理中的人的伦理获得了大致相同的增长，其内容、意识和观念具有了一致性。

第四节　公共精神与主体美德

现代行动主义合作治理的健康和治理绩效不仅仅依赖完善制度的正义，而且依赖于公民的素质和态度，即身份美德，指"与'公民心'相联

---

[1] 王峰.合作治理中的道德能力[J].学海，2017（1）：93-101.

系的政治美德，也包括公民在社会交往中所具有的美德，即与'公民性'相联系的社会美德"[1]。现代社会中，罗伯特·D.帕特南在意大利的调研就说明了这一点，"公共精神发达的地区有这样一些特征：地方组织网络密集，公民积极参与共同体事务，政治模式是平等的，人们相互信任，遵纪守法"[2]，地方治理绩效很高。公共精神、个体美德和彼此的信任是公共生活中的精神力量，人们能够保持旺盛的激情并积极地参与其中，在实现自我利益的同时实现公共利益的最大化。

公共精神、行政美德和彼此的信任关系与行动主义治理紧密联系在一起，构成了公共治理者和公民对公共治理的深层次道德取向和品格质量。在民主化治理的社会中，负责任的公共治理者需要公共精神与高尚的行政伦理的滋养与呵护。公共治理者伦理的自我实现往往会演变为一种连续性和内心自我控制的力量，他们以一种相对可试验与可预测的方式来履行职责，公共治理者需要连续保持组织的价值观内容，也需要时刻以信任为基础和途径来进行与别人的联系与交流。公共治理者对公民的关心、信任和鼓励公民的积极参与，使得公共治理的精神诸如透明公开、正义公平、关注公共利益和体恤民意等通过公共治理者得到了体现，并成为其内在意义的道德实践的必要成分，在实践中体现并完善，公共场域之善得到张扬和传播，并影响参与其中的人。对于其他人，参与到公共治理的支撑仅仅凭借自我利益的考虑是不够的，关注他人的利益与公共利益的实现才是深度和具有实质意义的参与，在这些互动与交往的实践中，很多社会共享的规范、规则在不同公民与组织的交换中得到了解释，人们之间的交往就成为主体间的体验，暗含了信任的内在应用性，产生了彼此的信任。当人们关注公共事务、关心公共利益的时候，信任、信心也就随着产生了，正如卢曼所言，信任只能在人际关系中产生和发展，故此"行政者必须力求增加公众直接参与治理的机会，这样公众才能增长实践才智，这是好的行政信

---

[1] 孙国东.从身份美德到公民美德：社会治理现代化视角下家庭与社会关系的重塑[J].武汉科技大学学报，2020（2）：172-178.
[2] [美]罗伯特·D.帕特南.使民主运转起来[M].王列，赖海榕，译.南昌：江西人民出版社，2001：214.

念中信任的最终基础"①。主体间性的政策下，默契、责任心、公共意识、关心他人和彼此相互理解、依存与信任具有相一致的共享的价值理念②，人们在互动中，不同层次的信任和关系得到了新的诠释，人们获得了公共治理中角色的认识，信任也不断地渗透到人们参与的过程中和自我角色的理解中，并得到了延续，参与的双方都意识到需要对方的时候，将会建立具有类似信任的关系或联结。互惠的关系和彼此的认同创造了公共治理新的价值，可以说公共精神的体现之地往往是产生和强化信任之地。同时，公共精神作为一项心理资源，具有自我强化功能，越是经常使用，它的供给越是丰富；利用得越多，其价值越大。

积极公民的付出是一种无偿和主动奉献资源的行为，是自我行动进行社会建构的一个过程，任何强制性和货币化激励形式都是对公众本身社会性生成的一种压抑和破坏。毕竟公众的积极公共行为在很多时候也是一种自身理性行为——不管是短期利益的直接获取，还是长期利益的预期获取，公众自身有自身的判断，公众治理者应该相信并支持这种判断。如果一个治理者具有公民意识，就必须创造性地在伦理责任与良好公民美德之间进行权衡。作为公共治理者需要减少官僚主义的行为和形式主义的作风，走到公民身边和他们一道工作，与他人一起商讨公共之事，"坐到一条板凳上"，体察他们的认识与理解，保持对社会整体民意与民情的把握，既对良好的治理充满激情，也对社会的自治与公民的热情给予支持。对正义、公平保持激情，意味着一种对公民广泛的和问心无愧的热爱，弗雷德里克森称之为"乐善好施"。让公众以公开、公正、自由、平等的方式表达自己的偏好和价值，在公共意识与分享价值的政策制定中形成公共治理者自我的美德与公共精神，在一定意义上，对别人的认知、

---

① [美]万斯莱.公共治理与治理过程：转变美国的政治对话[J].中国行政管理，2002（2）：26-29.

② 按照福山的理解，共享的价值是信任的前提，"人们互相联系的能力又取决于共享规范和价值观的程度的高低，以及社团能否将个人利益融进群体利益，从这些共享的价值中产生了信任"（具体参考：[美]弗朗西斯·福山.信任：社会美德与创造经济繁荣[M].彭志华，译.海口：海南出版社，2001：12.）。

尊重与省察是一种良好的美德，相互认知、尊重与省察也有了行动的意义，对伦理的内容与判断都是一种实践。而作为公民，当参与与介入公共生活，愿意和别人交流与共处的时候，也就有了公共意识。在社区和地方治理中，公民基于公共的认同发生情感和利益上的联系，通过个人的理性分析与共同的讨论来形成共识，逐渐重视与他人的交往与交流，彼此信任与关照，也就具有了道德生长的普遍意义，公民美德融合了个人利益与公共利益，在参与公共事务过程中，能认识到自我是公众的一员，为公众利益付出就是出于本身利益的考量。人关注他人就是关心自己，为他人服务就是为自己服务。在生成机制上，公共精神、主体的美德与信任还需要制度的力量去建设，这些因素的生成是嵌入在社会制度的设置和运行之中的，只有在组织和制度的联动和关怀下，公众的公共精神、美德才能够更加清晰地表达。

第八章　公共治理行动理论的实践

我国的公共治理理论研究，在借鉴与学习西方公共管理理论的基础上，尤其是进入社会经济发展的新阶段，涌现出不同的本土化理论知识如行政发包制、平台治理等治理思维，也提出了基于实践抽象出来的如精准治理、韧性治理、界面治理等治理模式，理论研究的深度、广度的提升表明了公共治理研究质量的提高。

第一节　公共治理行动理论的适用性

公共治理既是一种公民参与治理的结构，又是一种过程的展现；既是对人们行动的制约，也是对人们行动的塑造和保护；既是对理念的不断修缮，也是对公共价值的凝练和发展。

一、平衡多元社会价值的诉求

在当今利益多元化、文化多元化的社会，如何协调不同的利益方，形成合理的利益格局是公共治理的关键问题。人们发现，各种相互冲突的价值观彼此往往都存在一定的合理性，加上它们之间的不可化约性，缺乏"可公度性"（麦金太尔语），从而引发了现代社会中的价值冲突。

因此，整合利益的机制和梳理价值的机制成为社会发展、公共治理作用发挥的重要前提。无论是从历时态还是共时态来看，公共治理以及公共治理发挥作用的载体——政府及其他社会组织都在社会利益与价值的整合中发挥着中流砥柱的作用。新时期的政府，其职能和角色并不会减少，变化的仅仅是政府作用的方式和方法。在多个治理主体中，政府仍然担当着不可替代的重要职责。行动中的政府能够较好地发挥自身优势，有效地发挥价值和利益整合的功能——能够全方位地促进政府与社会、政府与社会组织、公共治理者与民众在管理过程中的全方位互动，能够建立有效防止冲突的一片"缓冲地"，治理过程应是各种不同价值的辩护与伸张的过程。公共治理的行动主义体现了价值辩护与伸张的政府过程性，是各类价值和利益冲突解决的又一新的途径。通过政府与社会、政府与民众之间关系的调整，公共治理行动主义能够较好解决各类价值冲突的问题。

二、实现国家治理现代化的需要

我国社会全方位发展对治理体系现代化和能力现代化提出了更多更高的要求。现阶段治理现代化实现是公共治理研究的重点，如何实现与怎样实现构成了治理现代化研究的内容。行动主义具有很强的逻辑上的契合性、相向性和实践上的指导性。传统公共治理，政府是当然的唯一主体，在学派的理论建构中，行动主义把所有人都纳入公共领域的广义行动范畴，行动主义应与具体的社会形态和政府模式联系起来[1]。后工业化正是行动主义勃兴的最佳契机，行动主义对治理者提出了合作的要求，此时的政府扮演着服务者的角色，也就是转变为服务型政府，而社会自治将成为主旋律，政府的存在无非是出于引导社会自治的需要[2]。传统公共治理单一知识的失败和普遍知识的兴起与发挥作用，使得公共治理理论基础发生了变化。在此基础上，原有的政府职能及其职能实现的方式也需要随之

---

[1] 柳亦博，玛尔哈巴·肖开提.论行动主义治理：一种新的集体行动进路[J].中国行政管理，2018（1）：81-91.

[2] 张康之.公共行政的行动主义[M].南京：江苏人民出版社，2014.

变化。

政府职能的转变尤为重要。在历时态的社会发展中，社会对主体的角色期待增加了新的内容或形式。在现代社会中，政府需要不断弱化自身的角色固着，认真对待和认可转型社会对自身的角色期待，并作出相应的反应。如何克服政府角色的固着化，避免政府认知与社会期待之间的角色差距或角色冲突，一个可行的措施是加强政府与公众之间的互动与会话，"建构人们的公共话语是合作性的哲学思维方式，在更高物质基础上和共产主义觉悟下的合作成为一种整合人的力量的新型方式，公共行动会在基于公共责任默契的共同行动基础上由合作编码建构起来并和谐发展"[①]，并在实践中调整和改变自身行为，实现自身角色转变。

在理论和逻辑上，行动主义所倡导的公共治理本身具有开放性，能够容纳不同的群体声音，并且作出合理有意义的决策。治理现代化更多不是定位在制定什么样的政策，而是如何在协商、交流和协作中完成政策的研究与制定，是对社会现实和事实本身的客观化和主观化的建构，并赋予积极的有针对性的意义，并转化为客观化的外在制度和符号，这些制度和符号成为推动社会问题解决的基础。行动主义所倡导的公共治理是解决转型期各种现实问题的需要，是转型期民众参与公共生活的需要，也是建设主体性公共治理的需要。公共治理行动主义者制定公共政策的过程，也是一个就公共问题对民众进行类似培训或者潜移默化的教育的过程，在这样的一个建构过程中，不仅仅对解决公共问题出台了更加切合实际的政策，更重要的是，提高了民众对公共问题的认知与配合解决问题的能力，使之逐步地承担起在公共治理社会化中的主体职责，而这也是提升治理能力现代化的重要向度。

三、满足社会利益的需求

行动主义的公共治理更多强调了社会利益，能够在一定程度上遏制不

---

① 陈付龙.公共行动的生成逻辑：一种共同行动类型的分析[J].内蒙古社会科学，2019（2）：28-34.

合理的政府利益。现实中，由于各类监督和制约制度的滞后，政府追求自身利益的动力比较强烈，这样社会利益就易受吞噬和侵蚀，因而使公共领域沦为"塔西佗陷阱"。而行动主义的公共治理是平衡行政，既要监督政府利益合法合理，又要充分保护和使之实现。行动主义中，公共治理不仅表现为行政领域公共利益与个人利益的平衡，不仅仅是行政权力与公民权利具有对等关系和同样重要，而且两者之间具有对话和合法对抗、辩难和合作的机制。随着"行动主义运动在各国兴起，社会不再满足于继续作为旁观的主权者，而要求成为行动者，直接地参与或独立地开展治理行动。这要求政府抛弃传统的治理导向，转而通过对社会主体治理行动的促进来开展一种促进型的治理。促进型治理承认社会主体的行动者地位，同时也强调政府通过促进性的行动来培育社会主体行动能力的责任"[1]。弗雷德里克森称此为"乐善好施的公共治理"，这里称之为具有价值底蕴、精神濡化、利益关切和注重人的自我发展的公共治理。最终，在限制政府利益膨胀的同时，社会分享性的公共利益、组织分享的共同利益、具有私人独享的个人利益能够保持在必要的水平，从而避免了社会利益结构的过度失衡。

当然，在我国语境和当下公共治理发展情势下，公共治理的行动主义思维的最终确立需要更长的时间，这就需要我们从公共治理和社会发展过程中的本质与现象、主体与客体、理论与政策、惯习与规则、观念与技术、内容与形式、制度与过程、历史与未来、认知与理解等多维相结合角度研究，不断梳理、厘清、辩证、矫正和确认。而行动主义所倡导的公共治理，需要从多样视角进行理解，即公共治理不仅是一种事务，还是一种特定的情景、目标与愿景；公共治理不仅是一种过程，还是一种特定的结构、状态与理念；公共治理不仅是一种体系，还是一种特定的话语、能力与关系；公共治理不仅是一种趋势，还是一种特定的历史、现实和未来。

---

[1] 张乾友.行动主义视野中的社会治理转型[J].江汉论坛，2016（6）：34-41.

第二节　公共治理行动理论的实践命题

本节以官员直播行为为例[①]，进一步阐释公共治理行动主义。

一、一个案例探索：官员直播行为的行动分析

随着时代发展，网络平台作为一种新型技术治理工具而横空出世。实践中，网络平台已渗透到国家治理的多个领域，成为政府官员不可或缺的工作助手。2019年4月以来，我国有超过24个省份的500多名县长、副县长走进直播间[②]，开启了以直播带货、政务宣传、旅游推介等内容为主的官员直播模式。网络世界中的政策也成为重点关注的内容，公共治理的行动主义阐释进入新的空间与场域，公共治理者的角色与职能在新的时空中也发生了很多转变，形成了行动主义特定的形塑空间。

平台拓展了政府治理空间，促使公共管理研究的焦点发生了相应变化，平台中的官员直播行为也日益为学界关注。官员直播行为本质上属于基层政府的一种技术治理，借助"助营式直播"把治理知识应用到网络空间并以此实现地方政府治理组织创新和治理政策创新。作为模式，官员直播通过公众与政府之间的双向赋权，促进了官民之间深度互动，彰显出一种多元主体合作共治的参与式治理[③]。作为特征，官员作为网络在场主体的叙事者以带风景、带土特产等直播形式而产生的"景观连接"而更具可塑性和延展性[④]，进而以技术配置构建出一种经济驱动的亲密关系，激发

[①] 在此案例分析中，研究生丁瑶做了前期资料收集工作。

[②] 宋锴业.中国平台组织发展与政府组织转型：基于政务平台运作的分析[J].管理世界，2020（11）：172-193.

[③] 沈霄，王国华.网络直播+政务的发生机制、问题及其对策：基于参与式治理的视角[J].情报杂志，2018（1）：100-104.

[④] 陈笑春，唐瑞蔓.乡村振兴语境中公益直播带货的叙事意义考察[J].西南民族大学学报（人文社会科学版），2021（11）：156-161.

出一套更加符合主流价值观的算法推荐系统，凸显出公益性和情感性[1] 特征。作为职能，官员直播在赋能脱贫、促进乡村振兴方面日益发挥着不可替代的优越性。深入审视，现有研究缺乏对官员直播行为中主体性特征和角色基于情境化调整及内在运行逻辑的关注，进而遮蔽了官员直播行为的发生和演化过程，毕竟平台所呈现出来的政府行为需要置于基层官员的微观个体水平进行理解，即更深层次的是官员行为演变[2]。理性建构的传统官员行为与社会的关系若即若离，以自己的行为履行政策传递，官员行为游离民众之外。但随着平台治理兴起，技术的力量与便捷把官员与民众紧密地结合在了一起，行动的场域从物理的有形空间走向了虚拟的无形空间，这一转变，使得治理者与社会的互动、协调与协商更加紧密。

（一）能动官员：积极履职的行为画像

基于平台网络空间的信息传播逻辑和权力变迁逻辑，塑造了地方政府行为运作的网络空间与现实空间的"双重空间"，推动了公共治理环境变革进而将地方政府行为放置到"双重空间"的"平行治理"之中。地方官员行为动机开始深深地镶嵌在平台治理的创新实践以及地方资源禀赋条件之中，地方治理实践成功与否的重点也开始转移到通过官员行为推动治理能力建设及持续推进的创新动力，而能力建设，则更多地将眼光投向技术知识的介入使用和官员自身职责的情景化实现。在此语境下，地方官员开始走向线上，通过直播行为积极发挥自身公共性角色与主体性能量，呈现出"能动官员"特征，在平台治理中主动作为，塑造了鲜明的行为影像。

能动逻辑：具身化实现社会需求与治理创新。地方官员行为有着自身的行为逻辑，受特定的行为动机驱使[3]和特定时空条件限制。首先，社会

---

[1] 谢小芹.平台劳动的新转向：官员直播带货的机理、机制与方向[J].深圳大学学报（人文社会科学版），2022（3）：15-22.

[2] 钱先航，曹廷求，李维安.晋升压力、官员任期与城市商业银行的贷款行为[J].经济研究，2011（12）：72-85.

[3] 陈鹏.新担当和新作为：新时期地方官员激励与约束问题研究[J].安徽行政学院学报，2019（1）.

需求维度。公共伦理学将行政责任划分为主观责任和客观责任，前者指忠诚、良心以及认同；后者则是指法律以及上级交付的义务责任[①]。当公民需求日益多样化而且难以折中实现时，传统治理理念与模式就因难以适应社会变迁而出现"治理赤字"，消除"治理赤字"需要新的治理理念、方式、技术等所型构的新治理模式，于是，在社会需求的"倒逼"下，地方官员开始利用平台主动进行公共服务供给与治理行为的创新。如长顺县某副县长被问及为何走向直播时，她曾这样回答："疫情防控期间看到老百姓家里鸡蛋越堆越多，我内心确实不是滋味。希望通过线上销售方式，帮助老百姓把家里的鸡蛋销售出去。"实践中，"助农促销""宣传家乡""促进就业"等是推动官员开启直播的主要动机，而这些恰恰是基层地方社会需求的集中体现。与传统压力型体制激励相比，官员直播"自带流量"所构建出的"好物""好景""好品牌"等链接内容，纾解了因语言不通、物理距离、平台区隔等带来的生产生活、产品销售、旅游宣传等地方情境化需求的内在困境，实现了公共服务的供给侧改革。平台治理中官员行为在社会需求的驱动下，"为地方谋发展""为群众谋利益"的公共价值与精神使得官员内在主观责任伦理感被充分调动，提升政务与服务绩效，进而将社会需求、治理任务与自身发展充分结合起来，促使了多重目标实现的内在统一。详见表3。

表3　官员直播行为动机描述

官员名称	行为动机的相关描述	行为动机
长顺县某副县长	帮助老百姓把家里鸡蛋销售出去	主观责任动机
太湖县某副县长	县领导提议做直播	主观责任动机
金寨县某副县长	利用短视频来推广金寨县的旅游资源	主观责任动机
信阳市光山县某网红副县长	帮助农户解决农产品滞销问题	主观责任动机
益阳市安化县某副县长	解决安化全县黑茶滞销问题	主观责任动机

---

① [美]特里·L.库珀.行政伦理学：实现行政责任的途径[M].张秀琴，译.北京：中国人民大学出版社，2001：74.

续表

官员名称	行为动机的相关描述	行为动机
岚皋县某副县长	解决农产品线下销量大幅锐减问题	主观责任动机
黎平县盖宝村扶贫某第一书记	促进贫困地区特色产业发展	主观责任动机
内蒙古某县县长	宣传家乡风景	主观责任动机
新疆尉犁县某副县长、文旅局副局长	作为分管电子商务的领导，推动电商发展是我的应尽之责	主观责任动机
济南市商河县某副县长	借助新媒体手段宣传家乡品牌	主观责任动机
伊犁哈萨克自治州昭苏县某副县长	县政府开展电商营销活动时领到的直播带货任务	主观责任动机
四川某县县长	克服疫情影响经济恢复的现实需要	主观责任动机
四川某文旅局局长	宣传家乡风景	主观责任动机
山阳县某副县长	放下身段，亲身带货，把收益切切实实给到农民	主观责任动机
上海闵行区某居委会主任	疫情防控期间直播进行封控工作经验分享	主观责任动机
山东某县县长	宣传家乡品牌，促进地方就业增收	主观责任动机
山东某县县委书记	宣传家乡农产品主动报名直播带货活动	主观责任动机
河南某市市委书记	开拓更多就业岗位和就业机会	主观责任动机

其次，治理工具维度。在国家治理现代化的政治话语推动下，地方政府进行了一系列增量化创新，治理议题与内容逐步从"生产力政治"转向"民生政治"①，民生类公共事务实践创新构成了基层官员新的履职转向与面向，网络性公共空间成了地方官员创新的新场域。实践证明，平台治理作为虚拟空间，能够为社会治理效率提升与公共服务供给能力注入活力，有助于地区内老百姓紧要问题的有效解决，进一步激发了官员履职的动机与动力。在官员直播行为中，内在逻辑为，官员作为实现公共利益的代表入场，其官方立场与公信力的内在"护身"能够为社会提供可以监督的各

---

① 范逢春.多重逻辑下的制度变迁：十八大以来我国地方治理创新的审视与展望[J].上海行政学院学报，2017（02）：4-13.

类产品与服务，形成了社会层面别具优势的信任感与支持率，而官员自身则通过网络流量、带货数量等方式完成了自身所承担的指标化绩效，实现了履职的岗位职责与分工任务。

最后，创新驱动维度。在组织层面，地方政府治理创新开始"脱实向虚"，将大量精力聚焦在治理工具的设计与创新平台的构建上，形成了技术治理的自我强化机制和"自我扩张"特征[1]，利用平台创新成为地方政府推动社会治理的主要内容。四川某县县长在访谈中表示走进直播间是为了顺应电商发展、地方治理发展趋势的客观需要。在个人层面，网络平台兴起使得"流动空间凌驾于地方空间之上"[2]，民众的偏好不断渗入其中并动态变化，信息流量的多少与民众需求偏好的聚合构成政策议题建构的逻辑遵循。官员直播通过直播间"瞬间际遇"实现"群体共在"，融合了信息技术创新扩散效应、信息知识的溢出效应和数字技术释放的普惠效应，以"数据流量"方式把"代理人"的动机和"委托人"的偏好充分地结合起来，重塑了地方政府治理的新议题进而丰富了基层政府的政策工具箱，促使一系列创新政策议题的开启与完成。

平台治理通过点对点的销售、面对面的沟通，所形成的可视化、效率化与个体绩效"看得见""摸得着"的特点契合地方官员履职的角色调整与期待，他们以"具身化"的自我直播行为达到自我发展和地方发展的双重目标，最大程度地发挥地方政府创新行为的平台治理价值和拓展个体功能的公共性限度。

能动效应：以需求为导向的精准治理。官员直播通过"需求－识别－供给"的过程逻辑，实现管理与服务网格体系任务内容的功能性转化，即平台并联起社会治理日益增多的自下而上的需求反馈功能和传统自上而下的服务供给功能的联合与统一，进而实现了以需求导向为目标的精准治理。

---

[1] 付建军.当代中国社会治理创新的发生机制与内在张力：兼论社会治理创新的技术治理逻辑[J].当代世界与社会主义，2018（6）：181-190.

[2] K.JANC. Visibility and connections among cities in digital space[J]. Journal of urban technology, 2015, 22（4）：321.

在政策执行上，从"命令—执行"模式到适宜创新模式。尽管官僚体制下自上而下的"命令—执行"政策执行模式能够清晰实现组织意志，但由于公共需求表达与公共权力配置向度的冲突可能会弱化其执行效果，因而需要地方官员根据地方政策环境、资源禀赋程度、政策目标群体等因素做出相应调整。以某网红副县长为例，作为负责电商扶贫工作的副县长，他通过走访乡镇以及实地考察当地企业掌握地方产业优势信息，深知茶产业不仅是支柱产业也是产业扶贫的重要抓手，因而采取直播带茶的方式执行脱贫攻坚的政策。地方官员基于社会需求变化，不拘泥于传统治理模式"分配性效率"，而是根据地方经济发展的实际情况，围绕政策要求进行灵活变通，采用较为模糊的政策工具与灵活策略满足地方发展，而平台治理作为策略性的组织机制创新，官员直播将市场、政府与社会场景共同转移与资源重新配置，实现了地方官员行为满足的"在地之需"的"适应性效率"。

在回应方式上，从基于"结果"的被动反馈到满足"需求"的主动回应。传统行政沟通实行自上而下的单向信息沟通，民众和政府互动程度不够，政治沟通的交互性阙如，容易引发政府与民众之间的误解。平台直播作为一种信息传播手段，具有双向互动的便利，公众利用直播间连麦、评论等操作进行民意表达，官员也能够根据实时诉求作出"即时化"回应，形成了沟通的回路闭环机制，打破了传统治理政府是唯一的"元语言"独白式沟通的困境。同时，平台通过对信息传递的流程再造，整合所具有的"呈现景观、连接记忆、整合资源"功能，为官员提供了民意收集的新渠道并便捷化解决问题。如内蒙古某县县长借助直播平台开启"新媒体问政"，在直播中宣讲县里政策，讲解分管业务，谈及工作情况，同时也关注和收集了民众关心较多的高考志愿填报、城市环境治理等民生问题。平台治理将"算法化"和"模块化"的技术内容与特征镶嵌在社会关系的运行中，生成了各类主体间可互动、可协商的行动框架和联络机制，互动与回应了多样化、差异性和复杂性社会诉求，由"被动性处理问题"转变为"能动性回应问题"。

在官员关系上，从相互竞争到战略性合作。受晋升激励的影响，地方官员倾向于采取"非合作"方式以维护自身在经济竞争与职级竞争中的优势位次[1]。而官员直播行为，出于互惠互利、共同的利益目标等因素考虑，地方官员往往会能动性地选择与其他官员合作的方式推动地方经济发展。如作为直播带货的吃螃蟹者，某网红县长跳出地域局限为扶贫全局探索新路，主动联系37位各地县长、局长，组建了"全国基层官员带货"微信群，每天晚上与带货基层干部连麦，相互推广农特产品，抱团助农。官员直播是政府官员基于特殊的现实情景下通过平台发展地方经济的"共赢性"能动行为，协作共赢超越了竞争。同时，平台技术打破了因条块分割导致的横向壁垒，为跨部门官员之间战略性合作实现提供了可能性。如某县公安局某民警、人民法院某法官共同出席针对老年人"婚恋交友诈骗"主题的直播，揭示老年人婚恋交友诈骗案件的典型套路，交流老年人的"情感陪伴"问题。在此过程中，司法官员通过平台牵线搭桥共同履行普法教育、执法宣传等职能，传统的职责、职权界限分明的科层化运作转化为平台治理中各职能部门的协同合作治理，合作共治胜过了九龙治水。

（二）数字劳工：公共服务的身份转向

官员依托平台治理——新型人机网络"万物互联"的新劳动领域，扮演着技术的使用者与生产活动的劳动者的双重身份，体现了"数字劳工"的身份特征并表现出直播涉及领域特有的角色调适与场景适应。

形成机理：技术变革与领导注意力转化。信息化时代，数字化场景的知识生产改变了政府与公众之间的互动模式，一种动态、去中心、互动的合作关系得以形成，权力开始扩散至网络平台各个角落，社会权力配置进一步扁平化和交互化。政府致力于利用大数据、网络平台等数字技术打破政府与民众不同层级的互动壁垒，为数字空间中分散的个体提供协作平台，处于平台治理中的官员存在于被技术包围的环境中，以自主的主导逻辑来链接工作与生活。正如某县县长所说，"干部直播有一个重要作用，就是利用新媒体为群众服务"。平台劳动、数字办公成为现代官员的常态

---

[1] 周黎安.晋升博弈中政府官员的激励与合作：兼论我国地方保护主义和重复建设问题长期存在的原因[J].经济研究，2004（6）：33-40.

化行为选择，利用网络平台履行服务职能的"数字劳工"应运而生，正是汇聚信息化时代官员行动逻辑的角色模板[①]。技术能够"再造组织"，为行政祛魅，但也会受到既有组织和制度安排的反向影响甚至被形塑。在中国行政体制中，上级的关注度与支持度是影响技术创新的主要因素。因此，上级对官员直播议题的重视程度是对官员"数字劳工"身份形塑的关键。如内蒙古自治区锡林郭勒盟某县县长在盟领导的鼓励下开创了"新媒体问政"直播模式。安化县某政府官员在接受采访时曾表示："我也算是很幸运，县委、县政府，县委书记和县长都很支持，所以当时才能做起来。"进一步探究，政府官员能够以数字身份出镜并获得显著效果，得益于不同层面的多重支持。中央与地方分别作为委托人和代理者，两者关注的目标在价值导向上存在差异[②]，中央层面对官员直播的注意力分配呈现出公共性导向的特征，官员直播作为政务服务情景中被赋予高权重和高关注度的现象，事关数字政府建设与社会民生保障，正如习近平总书记在决战决胜脱贫攻坚座谈会上强调："开展消费扶贫行动，利用互联网拓宽销售渠道，多渠道解决农产品卖难问题。"相较于中央层面，地方政府对官员直播的重视则倾向于实现新形势下"晋升锦标赛"的行动逻辑，作为一种社会治理的泛在化创新，官员直播行为彰显了官员在机遇把握、数字思维、危机应对等方面的个人能力，凸显数字政绩而形成绩效叠加，有助于官员在集权型竞争体制中实现政治晋升的弯道超车，超越竞争对手。由此，多层"组织重视"的注意力转移使得大多数地方官员为了实现政治偏好与施政意志而走入直播间，以"数字劳工"身份的直播行为集中涌现。

数字行政：政务服务的能力重塑。由平台技术和官员"数字劳工"驱动的平台化服务已呈现出明显的组织优势和服务优势，集中体现在服务深度、服务精度、服务宽度等方面。

在服务深度方面，官员直播利用数字平台将职能范围逐步延伸到社会

---

① 李云新，吕明煜."互联网+政务服务"平台建设的特征、动因与绩效：一个多案例分析[J].电子政务，2017（5）：118-125.

② 张程.数字治理下的"风险压力-组织协同"逻辑与领导注意力分配：以A市"市长信箱"为例[J].公共行政评论，2020（1）：79-98，197-198.

治理的重点业务领域和不同场景的应用层[①]，界面治理的"横切"属性满足了民众更便捷地享受差异化的资源和公共服务的社会需求，其开放性、多主体协商特征也展示了治理体系发展的"纵深"特征。现时流行的官员直播案例一般包含直播带货、文旅推介、政务宣传、直播带岗四种类型，内容涉及助农增收、民生解答、行政执法、市场监管、旅游推介、人才引进、政策普及等多项职能活动，它们承载了社会公共服务与政府公共部门的各类服务内容与职能，切中肯綮地回应了社会不同群体的真实需要。如安徽省某县县长的直播间除具备带货功能外，还从卖风景到招商再到政务公开政策宣传，做了许多尝试，如连线知识产权专家普及商标专利知识、联合黄梅戏演员推广戏曲文化、邀请名师指导高考志愿填报等。这种丰富化的服务模式和层级结构重塑了"数字劳工"官员与传统官员行为的重要差别，平台组织的"数字劳工"能够根据民众的具体需求在创新性地吸纳社会力量的基础上开展全新的政务服务，通过职能业务的重新组合来处理专业化分工和社会需求之间的矛盾，从而实现公共服务的多元化供给。

在服务精度方面，数字平台立足技术数字化与连接性的特征，把资本、信息、服务、数据等主要资源与生产要素融合起来，通过多方互动、交流与交易，满足了不同主体多样化的商品与服务。如几年前新冠疫情暴发初期，某县民众每天都通过直播平台向县长发问，县长实时从评论数据中心了解公众疑惑并及时作出回应，对网友提出的"××小区是不是有确诊患者了？""××道路是不是封闭了？"等问题第一时间予以答复。同时通过人工智能、大数据、算法等"富信息"数字技术深层挖掘、采集与分析，精准识别网民显在到潜在的多元需求，解决由需求识别手段阙如所引发的服务供给滞后的矛盾，继而畅通信息渠道、快捷回应社会需求、共建共享治理效果。如安徽省太湖县某副县长总结出的直播心得指出："大数据能根据视频不同内容的关键词，自动推送到相应的兴趣人群。我每次写文案也注意选择不同的主题，用不同的思路来全方位地推介，这样也会让推送更加精准。"官员在平台技术的助力下能够有效预测网络数据流中

[①] 关爽.平台驱动与治理变革：数字平台助力城市治理现代化[J].城市问题，2022（7）：84-93.

的个体预期偏好，客观地获取地方发展中的信息和分析影响民众深层次需求的信息变量，绘制民众的社交内容倾向、惯常行为痕迹和动态的利益诉求所形成的"用户画像"，民众"表达的权利""被听到的权利"和"回应的权利"——呈现，进而形成清晰的社会需求清单和针对性服务的供给内容和方式，从而提高供需匹配的靶向能力，针对性解决社会需求的"痛点""难点"与"顽疾"问题。

在服务宽度方面，作为"数字劳工"的劳动场域，数字平台结构打破了"面对面的在场维持机制"[①]，使得信息流动和个体协作跳出"共同在场"的空间窠臼，通过平台进行跨领域、跨地域、跨行业地实现社会领域的需求的满足，扩大了管理幅度，拓展了社会治理与公共服务的边界。精准扶贫的官员通过平台直播农产品经营方式，现场"连线"大市场与小农户、田间地头和消费者餐桌，创造供给者亲自出镜和客户体验的亲历感，促进了农户生产端、市场供应端、公众需求端的服务业务的合理分配与对接，推动线上政务服务与线下激活市场的相互融合。此外，平台场景的去中心化与去权威化重新配置了公民权利，释放了民众的话语权力与活力，拓宽了影响政策议程建构的表达场所与生成模式，如内蒙古某县居民在县长的直播间，反映老城改造、建筑垃圾清理不及时、广场舞扰民等问题，使问题迅速得到重视并妥善解决。官员直播间俨然一个"公共能量场"，在政策议题建构与提供公共服务的过程中，多样的意向性矢量的注入继而融合为一种主体间性的力量，官员与民众处于一种平等化和结构化的关系，由此生成一种信息分享与合作共享的平台治理模式，激励民众自我发展填补"治理空白"，从而增强了社会的"自治基因"。

行动取向：工具理性与价值理性的融合。作为一种技术治理，官员直播的工具性逻辑注重平台技术嵌入社会治理过程的实际治理效率，强调技术嵌入对治理程序和流程的再造[②]。一方面，官员利用直播平台赋权官民

---

① [法]埃米尔·涂尔干.社会分工论[M].渠东，译.北京：生活·读书·新知三联书店，2000：27.

② 张福磊，曹现强.城市基层社会"技术治理"的运作逻辑及其限度[J].当代世界社会主义问题，2019（3）：87-95.

互动，将原本属于后台的场景推向前台，使得官员和民众共同沉浸于信息共享、信息流动的平台空间中，生产出更多附加功能进而超越了平台媒介技术本身的意义。官员直播所嵌入的数字化模块与运作凸显出强大的"连接"属性，衍生、延伸和增强了不同场景化的多元需求与服务的"功能"属性。正如多伦县某县长所说，"直播平台互动性较强，实时沟通，有的问题可以当场解决，有的可以告知解决渠道，效率比较高"。另一方面，官员直播中，平台算法将所需的理念与规范进行组装，随着场景运用领域的扩大而嵌入更为丰富的"价值"属性，官员直播行为具有实质合理性底色，集中体现了公益性、社会责任、移情投入等公共伦理与价值关怀。实践中（见表4），官员直播行为往往出于"优化地方产业结构""解决农产品积压问题""把收益给到农民"等贴地气的社会急需解决的问题，对接人民群众的内生需求。就公益性而言，官员直播坚持无提成、无收益的原则，在政府有关部门的严格监督下，将直播收入通过"资助贫困学生""用于公益事业""用于贫困学校或图书室的建设"等方式进行慈善捐赠，确保收入去向的公益化与透明化，体现出强烈的价值倾向与奉献精神。同时，技术治理过程的情感化与人文性嵌入，提升了治理温度和民众可接受性。如此，官员直播可认为是行政人员职业敏感性与想象力、对公民需求研判、对地方社会资源整合、对服务供给方式创新等融合进而创造公共价值的过程。官员"数字劳工"身份的平台化治理不仅凸显地方政府治理的创新之"术"，也体现了回应与创造公共价值之"道"：技术性逻辑和公共性逻辑的相互映照，技术嵌入和人文价值深度融合。

表4 官员直播目的与收入去向举例

官员名称	直播目的描述	直播收入去向
金寨县某副县长	利用短视频来推广金寨县的旅游资源	向纪委提交直播数据；直播收入用于支持贫困大学生
太湖县某副县长	优化地方产业结构，旅游推介	直播带货所得，用于资助太湖籍的贫困学生
岚皋县某副县长	解决农产品线下销量大幅锐减问题	将直播收入用于贫困学校的图书室建设

续表

官员名称	直播目的描述	直播收入去向
昭苏县某副县长	解决农产品积压问题，宣传家乡美景	打赏收入用于公益和慈善事业，由纪委和审计等单位进行监督，资金去向透明化
山阳县某副县长	放下身架，亲自带货，把收益切切实实给到农民	直播收入透明公开上缴，全部投入公益事业
湖南益阳市安化县某副县长	解决安化全县黑茶滞销问题	从来不统计、不体现打赏收入，向县委常委、书记和纪委书记报告

（三）意见领袖：信息传播"中间人"的身份特征

虚拟现实技术提供了一种用"活"的形式表达"活"的知识系统[①]。平台不仅是一种依流量和数据技术构建劳动管理的结果，也是与现实公共生活相互镶嵌的产物，具有生产性特征，即平台内部结构性的嵌套通过交互机制促进了"多对多"关系的产生，带来了社会关系再生产。官员直播行为作为平台场域多元传递模式下的一种技术赋能和公共性重塑的实践，在成为嫁接平台治理中政府主体与社会大众之间的中介时，也生成了官员本身"意见领袖"的角色样态。

生成逻辑：政治信任与民意诉求。平台信息传递是一种基于"数字信任"的传递。内容上，平台技术实现了信息共享机制与资源网络机制的深度嵌套，能够提供识别、存储、记忆、复现信息和快捷匹配资源的一体化供给，官员能够较为便捷地观察、收集、研判、传播信息和数据并通过平台无数不定向的多边互动体系发布与发挥，实现信息精准性、内容完整性和"全景敞视主义"监督。形式上，官员直播中本真的表演、情感行为与民众的沉浸式体验，形成了深度互动链和强关系特征，两者聚合了"仪式优势""信息优势""反馈优势"，进而形成对官员的"主体信任"，促使了消费者、民众与官员形成了类似鲍曼所称谓的临时聚集"衣帽间式共同体"（cloakroom community），使得社会公众愿意将资源与精力投入可以感知的直播行为中并满足自身需求。正如网友给予太湖县某副县长的

---

① 郭文革，唐秀忠，王亚菲.元宇宙的兴起与哲学二元认识论的反思：对互联网哲学本质的思考[J].云南师范大学学报，2022（4）：84-92.

评价:"我会买县长带的货,因为这是用他自己的政治信誉和政治前途背书"。站在公民角度,这种政治信誉更多源于官员直播的实际绩效。新疆伊犁州昭苏县某副县长荣获全国"2022年度三农人物"奖,由她直播带货农副产品所产生的销售额高达2.1亿元,带动当地直接就业2300多人,因获得网友的支持与信任,平台粉丝数量也突破四百万。直播带货的创新行为及治理成效为当地乡村振兴目标的实现提供了合法化权力的信任基础,通过荣誉证书、带货量、粉丝量等提升了民众信任指数和持久的用户黏性,有效地实现了促进就业等社会功能并以此转化为官员直播内在的"数字信任"。同时,网民会依照直播官员对产品属性、地域文化、专业术语等地方性知识的熟悉与运用给予他们相应的认可与支持,如其"网红局长"通过对当地交通、国土、历史、人文等领域的深入学习,以极具地方文化特色的武侠风格进行旅游推介直播,吸引了大量游客来访,粉丝数量也高达170多万。某"网红县长"在工作之余花费大量时间了解"黑茶"信息,在直播带货中以"黑茶达人"的身份为观众讲解产品专业知识,为当地黑茶树立品牌形象。另外,改革开放以来,社会的急剧变迁不仅带来了经济的快速发展,也催生了多样化的社会矛盾与问题,激发了公民的表达意愿与参政意识。官员直播将散点式、离散式的点赞与评论等行为聚合成为动态性数据,便于随时发布信息,使得消费者进行即时化、可视化和选择性参与。官员通过平台能够有效地引导公民进行有序"脱域"与"脱嵌"的网络参与,消弭了层级化带来的治理"参与距离",使越来越多的民众通过平台直接向政府持续表达偏好与诉求并期待回应。正如某县长所说,"与带货相比,直播间更是一个非常好的政民互动的窗口"。官员直播行为的开放性、直面性特征能够吸纳不同社会主体,促进作为"供给侧"的官员与"需求侧"的社会主体互动与合作,强化了需求端响应的敏捷性和服务的能级,以"意见领袖"的职能承担上情下达和下情上达的桥梁功能。

传播特点:去中心化与再中心化的结合。平台技术应用改变了信息的时空条件以及信息交互的频次、形态与内容,去中心化与再中心化是"意见领袖"身份生成的对立两面。一方面,对于去中心化,意味着信息传播多样化、弹性化，再中心化则代表着强大的社会整合、共识达成、身份认同[1]以及话语主导权。在传统媒体时代，公民"无处发声"而处于弱势地位。官员直播行为中，让民众发声、听民众心声，官员利用直播平台的快速、便捷的聚合资源的能力以及所引起的多边网络效应的特征，以网络"意见领袖"的身份进行自下而上的民意收集与自上而下的意见输送，扮演着"信息壁垒打破者、重构者和发布者"的三重角色。正如某县长所说，"只有直播可以随时启动并快速地传递权威信息，了解民情民意"。在"意见领袖"的带动下，民众实现了话语权、知情权和表达权的持续提升，使得治理协商和政策制定跳出了政治精英范畴，一种基于多主体共同参与、共同协商的平等、互动、开放的信息传递和治理格局得以构建。另一方面，面对"去中心化"网络空间中铺天盖地的信息浪潮，官员需要筛选过滤、研判事实、辨别真伪来获取所需的信息。在官员直播带货中，由于存在民众对市场、产品、技术等不对称信息的认知限度，掌握更多商品信息、技术信息、市场信息、平台信息等信息优势的直播官员成为媒介与公众之间的重要"向导"和"指南"，他们对产品的倾向与态度，很大程度上影响着公众的购买意愿和实际选择。新疆尉犁县某副县长曾在直播间推介尉犁县特产的香梨膏，实现3个小时成交额11万元的佳绩，"我每发一条微博，每做一场直播，就能带动几千到上万元的农产品销售"。无论是信息资源的集中化还是强大的舆论引导力，事实上都体现着一种官员直播中信息再中心化的嵌入。在直播中，信息传播的离散与集中、差异与趋同、多样与共识，其深度互动与灵活转换的传播特征重塑了官员"意见领袖""中间人"的角色内容，促使了角色功能发挥。

传播效应：社会动员的功能实践。官员直播行为在内容上，通过灵活资源、互嵌关系和结构重组所形成的新组织形态，成为共享性网络、协议式模块化关系、临时性的联盟合作的后科层制的产物。在方式上，通过直播的网络效应有效地激活基层政府的社会联结要素，在拓展治理空间与服务边界的同时并联起有效的社会资源，利用多样和深度的整合机制嫁接起

---

[1] 韩云杰.去中心化与再中心化：网络传播基本特征与秩序构建[J].中国出版，2020(21)：31-35.

以民众体验为核心的内容联结机制进而实现组织关系重塑。换言之，官员直播在平台中对社会的需求与满足进行跨边界、多层次的深度匹配和耦合来实现，内在传播效应"意见领袖"的社会动员功能也逐次显现，较多地集中在以下几个方面。

首先，实现社会资源整合。在社会治理中，政府通过对国家资源进行有效调配来促进经济发展是社会动员的重要内容。在脱贫攻坚议题的网络直播中，直播官员重视舆论场中的情感动员，在互动中增进用户的情感体验，从而使受众产生心理认同，激发消费者购买意愿。如80后博士某副县长在为商河县特产扒鸡代言时，通过网络语言的巧妙运用加强了舆论场中的情感互动，吸引大量网友围观下单，创造了半个月卖5万只扒鸡的优异销量。官员直播针对贫困地区特色产品，嫁接消费市场主体开展消费扶贫，以动员社会力量的方式攻克农产品滞销难题，克服了市场失灵，实现了对扶贫资源的灵活性配置。

其次，应对公共性危机。官员通过平台对公共危机进行宣传，动员全体社会组织与个体行动起来，汇集社会资源与社会力量进而克服传统行政力量的不足来解除危机。2020年新冠疫情流行期间，某县县长利用直播部署各项防疫工作，从普及防疫知识、发布政令和监督，到在线答疑，这样没日没夜投身工作的举动潜移默化地感染着民众，最大程度地动员了当地民众参与全民战"疫"。在这一过程中，作为疫情"意见领袖"的县长以直播为手段，基于信息扩散和情绪感染的传播行为形成了对群众的动员，并激发公众参与到治理之中，使民众实现了从围观到行动的转变。

最后，促进社会治理参与。社会动员本质在于"意见领袖"通过传播的价值与主张来引导社会有序参与。如某民警直播抓捕现场的正义执法行为感染了不少当地百姓，之后他们自发地组成"粉丝天眼"，以民间举报的形式为民警提供了不少情报和线索。"粉丝天眼"仅一年就处置了51个有效警情，帮助抓获嫌疑人71名。群众参与使得民警具有显著的信息资源优势，从而提高了办案效率，网民也在这一过程中感受到了自我效能感。官员直播行为的"意见领袖"的传播手段与功能在彰显官员和民众之间良性互动治理优势的同时，也催生了政府与社会"嵌入式"无距离的协作式治理。

　　大数据的兴起使得人类进入数智时代，无处不在的传感器与微处理器处理着与社会行为相关的庞大数据，算法重塑了人们的时空传播与话语结构[①]。数据以及由数据所推理形成的算法在重塑话语结构的同时，也重塑了公共治理的空间结构，就像话语构型一样，数据本身也在建构一种独立的秩序，链接数据收集者和提供者，形成一种新的主体间性及可被思考言说的关系[②]，进一步拓展了公共治理中行动者的话语与行动空间，公共治理的行动主义放置了虚拟空间的社会建构，呈现了新的行动意义。一方面，网络空间天生所具有的平等意识打破了过去权力的支配关系以及由支配关系所形成的政府与社会的距离，缩短了民众与治理主体、行为的距离，民众可以自由地、畅通地参与治理过程，作为大数据载体的网络新型媒介技术，能够创设一个去中心化的、平等的、和谐的、自由的理想社会[③]，不同言说与行动构成了一个网络行动者空间，数据流动使得参与与协商进入"时空压缩"时代，数据传输推动了行动者信息的平等以及使得权力支配弥散化，权力可以走向社会，走向每一个人。另一方面，数据所形成的民众意见进行了算法演绎，通过平台向治理者传导了社会偏好，我们可以实时观察数以百万计的个体基于真实影响的行为选择，计算机技术也可以使我们模仿和处理海量的社会网络中的个体行为[④]。算法所计算的行为留下的痕迹，对每一个行动者来说都会形成一定程度的自省，参与的"去时空化"容易激发积极性，极大地开发了每个行动者的言说与行动能力。

　　以瞄准和实现官员自身行动的网络直播的不断涌现，在一定程度上回应了技术治理时代地方政府创新的现实问题。将官员观念与角色的转变放

---

① 孙萍，刘瑞生.算法革命：传播空间与话语关系的重构[J].社会科学战线，2018（10）：183-190.

② 张宇.走向更有序的公共行动：数智时代公众政策参与的质态变迁[J].行政论坛，2022（3）：67-74.

③ [美]弗雷德·特纳.数字乌托邦：从反主流文化到赛博文化[M].张行舟，王芳，叶富华，译.北京：电子工业出版社，2013：4.

④ WATTS D J.A Twenty-first century science[J]. Nature，2007，445（2）：489.

置在平台化治理背景中，即指这样一种事实：地方政府官员直播行为既是官员发挥自身多重功能的情景化尝试，也是新时期提升政府治理在地化探索，更是技术发展的比较优势和政府创新方式深层次结合的结果。从上面列举的大量案例可以看出，官员直播行为的领域在地方政府治理中不断扩大，产生了良好的治理成效和广泛的社会影响。与物理空间的行动主义不同，网络时代的行动主义将互动、协商、对话发挥到了极致，实施了更多畅达、多元的联络与协商，这值得进一步深入研究和分析。

二、公共治理行动主义的实践化特征

在具体的社会实践中，公共治理的行动主义实践化特征可以概括如下。

第一，公共治理的社会现实和对公共问题认识的形成是通过人类思想与实践的互动过程来构建的。公共治理与民众之间、公共治理与个体之间、公共治理与现实社会之间的互动关系越紧密，对公共问题理解就越具有意义，就越能把握社会现实，就越有利于提高公共治理政策的质量。这突出表现在以下方面：（1）行动主义所倡导的公共治理是一个透明开放的公共体系，同时也是一个制度健全、规则明确和运转顺畅的程序机制，能够使民众的参与和意见通畅表达。（2）"真理"是通过反复讨论而达成的"共识"来界定，所有的真理都是相对的。但"真理是赢来的，不是发现的"[1]，"个体互动越多，他们之间越可能共享情感，越可能参加集体活动"[2]。在解决集体行动的问题的时候，以民众本身的聚合来解决公共问题也就具有了很大的可能性。（3）解决存在的问题和推动社会转型是在行政与社会互动的过程中进行的，互动的过程保证了公共治理的有效性，"我们认为一个人远离公共生活不是'稳重'，而是'无用'，我们认真并亲自对政策的每一个细节予以决定和辩论，我们并不排除讨论和行动一起有

---

[1] [美]查尔斯·J.福克斯，休·T.米勒.后现代公共行政：话语指向[J].楚艳红，曹沁颖，吴巧玲，等译，中国人民大学出版社，2002：110.

[2] 林南.社会资本：关于社会结构与行动的理论[M].上海：上海人民出版社，2005：38.

错讹之处的可能性，但我们确信，未经讨论过的行动注定要失败的"[1]。这个过程也是公共治理者社会知识积累和完善的过程，而社会知识构成了整个公共治理行动主义的基础。（4）在行动过程中，言说与协商，并不一定能够达成共识，但这个过程本身蕴含着深刻的价值底蕴，为相互宽容、相互理解、决策奠定了基础。在多元主义者看来，讨价还价的过程本身就是公共价值生产的一部分。民众与政府互动、交往的紧密，不仅是行政活动和事实建构和重新认识的过程，也是政府各类政策、议程和执行提前统一认识、思维和思想内容的过程，不仅认识了问题本身，也在一定程度上提前为问题解决奠定顺利实践的基础。（5）现代公共治理生活由于人的先天天赋条件、后天锤炼和生活阅历，使得人们彼此认知、感悟的能力各异，每一个人都以自己特有的方式对社会存在的客观现实进行判断、选择、研判、想象和思考，多样性认知共同参与到治理中，凝聚、提炼、聚合共识，寻找差异区域，在达成共识与产生差异的过程中，实现共识价值，因此意见的差异是反思和共识的前提。"唯有当意识流超越瞬息万变的直接情景，从而凝聚成在面对面处境中主体之间共享的间接经验时，公共事务的对象才会以性格理想类型的方式被建构出来。尽管由性格理想类型所建构的对象在双方或多方面对面的话语以及互动中不可避免地具有一定程度的匿名性，但自然经验与直接话语的运作又能够不断降低这种匿名性或抽象性"[2]。因此可以说，行动主义公共治理过程涵化和培育了人的成长、纠偏和饱满了人的认知、完善和补充了政策完整性，实现了政策过程中人的个性认知、要求和政策正确、合法性的统一。同时，转换视角就会对问题有新的认识，解决问题的方法和取得效果也会改变。公共治理行动主义通过无约束互动、沟通与协商，实现对公共治理事务的新知识、新视角或者新方式综合后的整合与升华。"行动者运用背景性观念能力（background ideational abilities）去创设和维持制度，或运用前景性观念能

---

[1] [美]西奥多·A.哥伦比斯，杰姆斯·H.沃尔夫.权力与正义[M].白希，译.北京：华夏出版社，1990：4.

[2] 李钊，赵琦.公共组织模式的现象学重构[J].公共管理与政策评论，2021（2）：154-168.

力（foreground ideational abilities）去改变和维持制度的过程"[1]。行动者通过这两种能力，将观念化为话语，话语又有了生成行动的可能。多样化的群体与人员积极互动，双赢局面能够更真切地把握社会公共问题的客观现实。（6）合作已成为日常公共行政生活的一种重要方式。日常公共治理生活合作的实践是建立在与公民的沟通之上的，而沟通是通过人本身的各种能力积极、正确使用并结合实践理性而形成的结果。行政决策中的相互辩论、互相辩难、磋商互动是行为合作的前提，政府本身与其他社会力量协商的能力决定了合作的程度。

第二，作为具体的社会，参与行动过程中的异质性的群体和个体越多，越能全面理解对社会事实本身的认识，越有利于公共治理问题与政策的正确建构和作用发挥。这就意味着有以下特征：（1）公共治理行动主义打破了公共治理者与民众思想与行动以及个体与社会互动之间的边界。在具体的行动中，重要的不是个体与环境之间关系的限制，重要的是他们各自在行动中扮演的功能角色，"在开放性话语系统中，话语意义对于公众是开放的。公众在理解、把握话语意义的基础上，可以对话语意义做出不同的解释，这些解释都是对话语新意义的挖掘、阐释和生成，它们之间并无优劣之分，每种解释都不拥有解释的优先权"[2]。让专家与民众共同参与讨论参与公共治理，使得不同的主体不断跨越"边界"和结构的宰制，使得他们在一起发挥作用，而不管他们自身是什么样的。（2）参与社会群体的规模不仅取决于集团中的人，也取决于某一集团对集团中每个人的价值。在一个集体中，个体的价值（即异质性）的差距较大或者多样性较多，就使得参与的群体价值优越性成倍增加。"保留话语异质性是从话语的整体出发来进行分析，可以帮助政府与公众双方从整体上认识和理解话

---

[1] 丁煌，梁健.话语与公共行政：话语制度主义及其公共行政价值评析[J].上海行政学院学报，2022（1）：4-15.

[2] 贺芒，张冰河.后现代语境下公共行政话语解构研究：以网络公共事件中的流行话语符号为例[J].中国行政管理，2015（5）：87-91.

语，纠正过于偏激的认识"[1]。行为经济学的研究同样表明，相同但分散的利益都具有组织化趋势，不同的群体和个体扮演不同的角色，发挥着不同作用，代表着不同的意见，意见本身的呈现就是一个话语体系，代表一个群体或个人的价值观，对公共治理者本身代表的知识体系和价值观既是冲击，也是补充。"现代社会的分工特性，当会扩大个人的必然无知的范畴"[2]，公共治理者的专业局限性对社会事实的认识也只是一个方面，群体和个体的参与能够弥补这个缺陷。公共治理提倡参与群体的异质性，认为不同群体的知识和认知的差异构成了个体或群体之间知识与意见的错位竞争的条件和依据，对"差异"的论述、对"他在"的关注构成了公共治理异质性个体的内容。当然，有差异的不同个体也不是一定要在同一空间内博弈和对垒，不同的群体或阶层也可以在自己能力所及的范围，对公共政策贡献知识和意见。故此，尊重彼此的差异性就愈显得重要而突出。

（3）"对任何一种情境来说，都有多种社会构建可能"[3]。参与公共治理的人群不一样，所建构的议题结果也可能不一样，"在多元化的后工业社会中，价值总是可以得到清晰表达的，也总会对不同价值进行排序，进而决定在特定时间内何种价值具有优先性，尽管我们一再说明从总体上来讲不同价值之间不存在一种词典式的优先次序"[4]。根据协商民意测验的创始人斯坦福大学教授詹姆斯所作的多项调查，在得到更多的信息并进行协商之后，三分之二的人的观点和投票意向会发生改变。改变的过程也就是行动后取得实质性效果的过程。同时，对公共治理行动主义而言，在自身能力范围内，尽可能允许、吸引更多的社会力量参与，尤其是社会弱势、边缘群体参与，充分尊重他们的权利，使得他们不用担心会被社会所冷落和成为"排斥社会之外"，也能够使得建构议题更加客观反映、适应现实情形，

---

[1] 贺芒, 张冰河. 后现代语境下公共行政话语解构研究：以网络公共事件中的流行话语符号为例[J]. 中国行政管理, 2015（5）：87-91.

[2] [英]弗里德利希·冯·哈耶克. 自由秩序原理[M]. 邓正来, 译. 上海：生活·读书·新知三联书店, 1997：26.

[3] [美]肯尼思·格根. 社会构建的邀请[M]. 许婧, 译. 北京：北京大学出版社, 2011：11.

[4] 王锋. 论行政精神[J]. 中共天津市委党校学报, 2020（2）：62-69.

防止他们怀疑政治系统并减少对整个政治系统的"忠诚投入"和"合法支持"。不同的参与者之间将产生更多的政治支持、正当性与信任，较好地将政府与公民黏合在一起，促使彼此之间的良性互动，达到思想的统一。（4）公共治理中政策和意见的建设过程的深度、广度、方向和过程取决于参与群体和个体的异质性和多样性程度，而这些又取决于其他条件诸如公共治理制度、组织和现代化的保障程度。"行动主义治理是无分'自治'与'他治'的，或者说，此时自治与他治发生了融合。无论他者在场与否都要使整个治理系统保持开放性、宽容、鼓励并保护参与者之间差异性的存在，因为异质的合作往往是高效的"[①]。（5）行动本身的成效在于异质性民众的知识存量、辩证思维的程度、社会想象力和公共精神的成熟度，民众的知识存量越多、辩证思维越敏锐，就越能更好地促进公共治理过程建设，进而更好促进问题的解决。当不同的参与公共治理的主体初始条件和力量对比不同时，对一个涉及公共治理的公共问题的认识过程也将在广度、深度和实效性等方面显示出差异性，表现出不同的特点和情况，有着不同的最有实效性的广度、深度，真实性与虚假性。参与群体的差异导致意义本身的不同，且这些意义赋予的客观化实体内容也大不相同。另外公共治理的效果，取决于行为主体之间的实际和预期的力量对比及其变动情况。如果这种力量的对比关系的未来情况是高度不确定的、不明朗的，那么未来的公共治理成效程度也是不确定的、不明朗的。不同的群体造成了不同的客观化后不同的政策取舍和执行。再者，在不同时期、不同阶段的公共组织与民众、公共组织与社会之间，不同力量的行为主体能力和知识的认可及变动趋势是不同的，由此决定了不同时期不同阶段公共问题认知实质的差异性和多样性，在客观化和主观化的行动之间摇摆。

第三，社会中不同民众价值实现的过程和公共治理的行动过程具有同一性、同步性。公共治理行动的过程既是民众价值的体现，也是解决公共问题过程中价值冲突的一个类型和过程。由此可以看出，（1）公共治理行动主义过程是紧紧围绕价值偏好的转换过程，而不是价值的聚集、整合的

[①] 王锋.公共管理中的他者[J].中国行政管理，2016（1）：63-67.

过程。作为意义的体现，人表现为不同的价值存在，参与是自我动机与价值的体现，价值是隐性知识创造的行动，公共治理通过公民参与，利用现有知识，激发新知识、新思想和新创意，通过公开批判性地检视每个人的不同价值观与认知假设，参与的主体就能够理解其他人的思想内容、思维特征、经验形式、行为取向等内在特征，理解不同的人性、道德理念与信仰等，并能够更好理解不同主体的期望、需求和偏好，能够缓解不同主体之间价值冲突的张力，确定大致的共享价值和在人与人之间建立一种没有统治的交往关系和取得一种普遍的、没有压制的共识[1]。作为自由、平等参与协商的公共治理，不同行为主体为了公共利益能够做出妥协。从长远来看，就一定程度上能够化解不同类型知识和道德的不可通约性，为达成共识提供了认知基础。因此，倡导行动主义的公共治理下解决不同类型的价值冲突过程是低成本的、可持续的。(2)公共政策作为政府对社会进行价值分配的工具，要尊重和顾及社会的不同层面。没有各类共同体的参与，参与就成了隔离的参与，就会不理解"公共"这一概念演变中的含义，也就不会关心自我责任培养。当每一个公民优先考虑公共利益的实现，群体普遍性的选择就形成了互惠的社会资本，理顺了公共利益的实现机制。(3)价值观的多元性或多样化状况，是现代社会的客观事实，也是导致价值观冲突的主要根源。解决价值观冲突的途径有很多种，例如意识形态的强化、政治文明的建设、思维方式的转变、制度设计，等等，行动主义的公共治理是转型期各类价值冲突解决的又一个新的途径。这个新的途径是在平等交流、互动与商谈的过程中解决的，参与者在讨论之中互利互惠，相互给予平等权利。在这一条件下，人们如果希望说服他人，那么他支持或者反对特定观点必须是公开的，这样其主张也能够为他人所检视和挑战。(4)公民参与会强烈地影响价值和其标准的形成。现代社会的发展是以结构分化和亚系统的自主化为鲜明特征的，公共与私人的行动者在政策议题制定与执行的过程中产生了功能上的相互依赖性，作为治理性的政策网络，政府更多地依靠意见的协商、意义的交换、横向的水平合作的

---

[1] [德] 尤尔根·哈贝马斯.认识与兴趣[M].郭官义，李黎，译.上海：上海学林出版社，1999：201.

政策网络机制进行治理。在治理型的政策网络中,通过平等、协调、自我统合、认知的耦合的议题建构过程,容易酝酿与生出一套共同的价值与信任并形成互利共赢的问题解决水平协调机制。可以说,民众具有互动的能力与价值实现促进了公共治理的发展。(5)行动主义的公共治理过程是群体或个体不同价值的实现过程。这些价值本身并没有高低优劣之分,是一律平等和受尊重的。行动主义导向的公共治理,更加关注价值(而不只是关注事实),更加关注主观的人类意义(而不是只关注客观的行为),并且更加关注现实中人们之间的关系所蕴含的各种情感[①]。这些情感没有太多的排序,否则公共治理行动也失去了应有的价值,失去了整合的意味。另外,不同群体或个体的行为主体的价值差异来源于不同主体的偏好差异,不同的偏好差异又源于不同的文化差异。治理的边界并不构成文化的边界,行动的形式多样性是鼓励不同群体或个体利用文化多样性,产生组织和制度安排的多样性的结果。公共治理者、不同群体或个体与社会之间的文化差异,使得行动过程中认知公共问题呈现出多面性、丰富性、生动性、全面性等。

第四,通过行动主义的社会建构,吸引和保障公民参与、互动,协商治理公共问题,能够赋予社会现实和事实新的意义,产生新意义的政策结果,社会问题的解决和公共事务治理的创新由此产生。这表现在以下方面:(1)我们生活在一个体验民主治理的社会中,面对着不断重组的新的社会关系和社会力量,整合、分享这些不同关系和力量所带来的知识、能量,充分利用各种不同社会关系和社会力量,怎样利用和利用的程度如何决定了公共事务解决的效度,是政府面对的新问题。组织能够吸引不同知识背景的人,组织本身的创造性也就提高了。公共政策议程的建构过程使得具有不同的视角和有限能力的人能够在一起共同协商,在解决社会问题的时候,彼此之间相互依赖,相互补充。一个组织或群体要想有所创新与发展,必须打破单一群体封闭网络的界限,不断与外部发生信息交流,或者通过社会流动加入新的群体,在边界的消解与重新生成中,公共治理成

---

① 珍妮特·V.登哈特,罗伯特·B.登哈特.新公共服务:服务,而不是掌舵[M].丁煌,译.北京:中国人民大学出版社,2004:38.

为更加面向社会的游戏,"人们在决策过程中采取合作行动,在合作中生成或者终结公共政策,决策随时向变迁开放,成为可以'迅速结束和重新开始'的游戏"[①]。通过不同群体和个体的互动与对话,实现公共政策的科学性和民主性的统一,在分歧中求得协调,在差异中寻找一致,在对立中学会妥协,在冲突中理解共存,整合每个决策个体知识的独特性。(2)当人们参与决策的时候,他们的创造性思维就会得到绽放和几何级的累积。一旦参与公共治理的行动,就好像拥有了打开许多扇门的钥匙,当这些门打开后,就会进入一个累积变化的发展过程。公共治理者与公民一起参与公共治理过程,其过程就是对特定的人具有知识上的"唤醒"作用,唤醒了以往对同样事务的不一样理解,"在一个特定的与他人互动的模式下,思想可以通过互动'广为流传'。因为参与者的互动而在他们中流传的观念,以及在先前的过程中产生的观念,都会吸引人加入"[②]。"唤醒"作用不仅仅唤起了人们对事物的重新认识,也唤起了人们把参与过程的注意力引入思想意境,包括活生生的社会事件中,吸引人们参与理解公共事务过程的互动中和建设。"唤醒"的过程是新知识融合与生成的过程,也必然是创造新思想、新方法的过程。(3)在公共政策的制定过程中,不同的目标群体参与,所获得认知的结果也不一样。在传统管理模式,公共政策的制定过程仅仅限制在政府官员、官方媒体和政策目标群体本身。真正的民众参与,打破了这种平衡,人们对一个问题的认知会因为共同认识而发生改变。由于不同认识的改变带来建构结果的改变,创新也就有了可能,至于创新的结果,也许不够理想,这就需要深思熟虑的甄别和选择。(4)分享能够带来创新,互动能够带来创新,共治也能够带来创新。"在组织内部,在领导者、管理者、专家和其他组织成员之间分享知识,组织创新就会发生;在组织外部,人们通过正式和非正式制度网络分享知识,进行互

---

① 向玉琼,张旭霞.论边界产生与消解过程中的公共政策[J].公共管理与政策评论,2016(5):50-59.

② [美]查尔斯·J.福克斯,休·T.米勒.后现代公共治理:话语指向[M].楚艳红,曹沁颖,吴巧林,译.北京:中国人民大学出版社,2002:104.

动和沟通，这时，社会创新就会发生"①。政府的创新是组织内部知识和外部知识的互动、分享和相得益彰的结果，也是政府创新的一个重要突破口。另外，创新能不能出现，关键在于政府及其公共治理者，在于思想的解放和行动的开放。创新需要一系列的制度保障，行动主义的公共治理对政府组织和公共治理者都提出了很高的要求。（5）在现代社会中，面对越来越难以预料的新情况、新问题、新挑战和必然的不确定性，人们需要进行选择和决定，并在风险与收益、预期目标与非预期后果的对比与验证中调整自己的策略与手段。作为治理社会的一种有效工具，公共治理的过程也是一个不断选择、决定、调整的过程。日常公共生活的对话与交流，形成了多重领域情境，"人穿行于不同领域之中，将生活体验带入政策过程中，或者在日常生活中影响和建构政策问题，这大大扩展了政策过程的场域"②，行动主义的公共治理为人的联合创新提供了可能，公共治理的更好发展也就有了可能。（6）对于日常公共生活的管理工作而言，创造性作为一种价值始终贯穿始终。创新是建立在大量社会现实的基础上的，在公共治理的实践中，对民众而言，在坚持自我的意见和价值观的同时，积极参与公共决策过程，提高创新的可能性，反之，人们大量地参与公共治理决策，也能够提高参与公共生活的积极性，"当人们参与决策时，就可以增强内心的主动性"③。当创新与参与决策都成为一种自觉行为的时候，通过公共治理的行动主义来完善、实施公共决策，也就成为行政决策的常态行为，公共决策科学化与民主化也就日臻成熟。

第五，行动主义的公共治理体现了前瞻式公共治理的特征，具有了未来导向的行政意蕴。主要包括以下方面：（1）行动主义公共治理之所以是前瞻性的公共治理，在很大程度上是因为能满足社会需求。"公共治理是指为谋求实现公众的社会价值而对社会变革过程的管理"，"如果公共组

---

① [美]全钟燮.公共行政的社会建构：解释与批判[M].孙柏瑛，张刚，黎洁，译.北京：北京大学出版社，2008：56.
② 向玉琼.从生活出发：复杂条件下的公共政策建构逻辑[J].学海，2020（6）：154-159.
③ 罗伯特·B.登哈特，珍妮特·V.登哈特，玛丽亚·P.阿里斯蒂格塔.公共组织行为学[M].赵丽江，译.北京：中国人民大学出版社，2007：4.

织被界定为试图表达社会价值,那么其成员就承担着尽其所能审视、理解和解释公共价值的责任。除此之外,还有人认为公共组织成员还有责任去帮助公众了解自己的需求,找出通常被隐藏起来的重要的要求,并表达自己满足这些需求的愿望"①。公共治理的行动主义在持续地了解并满足公众的社会需求,不仅回应当下,也回应了未来。(2)在行动主义的公共治理中,识别、建构和制定一项决策需先掌握信息、了解动态、把握实质,清楚决策中的利益动向和各行为的相关者。这是认识公共议题的首要条件。公共治理的行动过程是政府掌握多方面的信息的过程,在此过程中,政府拥有不断地改变民众偏好的信息,可以与社会进行持续不断的有效互动沟通,也就能够进一步拥有动态的社会意识和民众意愿。

第六,在公共治理的行动主义中,个体对公共问题的认知和处理能力提高的重要性大于政府公共治理者处理公共问题能力提升的重要性。这个命题本身是传统公共治理认识的一个挑战,在传统的行政认识中,公共治理者处理公共事务的能力是政府绩效的核心要素。但从主体之间的关系来看,公共治理良好的程度是公民能力提高的基础,政府组织对公民的尊重、认可和充分发挥其能力构成了公共治理人员能力的一部分。民众能力的提高会自行解决更多的公共事务,政府也就能减少很多问题所产生的次生问题。

在传统的公共治理知识体系假设中,公共治理主体是万能的,信息是基本对称的,政府可以根据较为完备的信息做出令人满意的决策。但在现代社会,信息呈几何级增长而难以识别,公共治理主体的有限理性常常带来理性无知,政府想用一己之力制定决策解决社会问题已非常困难。在公共治理中,政府鼓励公民参与,而民众对公共事务的感知、判断和处理的增多,利用自我的知识和能力处理自己身边的公共问题,也会减少私人事务向公共事务治理的转移和过渡。同时,由公民联合组织的各种非正式组织,能够解决一些准公共事务的治理,也能够为公共事务的治理提供有益的建议。故此在行动主义导向公共治理中,公民能力提升优先,其重要性

---

① [美]罗伯特·B.登哈特.公共组织理论[M].扶松茂,丁力,译.北京:中国人民大学出版社,2003:19,143.

要高于公共治理者。

第七，在公共治理行动主义中，当一个群体公开透明时，每一个个体都面临同样的问题时，每个人的单独行动的"试错"成本（包括机会成本）的总和要远远大于群体成员共同协商、共同"试错"的成本（包括机会成本）。在现代社会，"由于'全能专家'的不可能存在，对专业知识局限性的意识正在不断扩散"[1]。自我在面对公共事务的治理中，必然有无法应对的事情和不能认知与理解的领域，"从头再来"的学习方式势必是高成本的选择，行动主义公共治理主张采用透明的方式，用参与互动与交流来赋予治理公共事务新的意义。同时，在公共治理中，一个人的知识的不足，其他人可以有效弥补，一个人的错误想法或者逻辑，其他人可以鉴别与指正。在行动主义的决策中，一方面公民的参与能提高自我发展激情，且不以损害组织的目标和功能性的义务为代价。另一方面持续的协调、互动与沟通形成了固定的社会预期，能够降低社会成本。早发现决策中存在的问题并及时解决也是提高政策执行效率的保证，因为提前"改错"与改正比在行动中"犯错"再改正的成本要少得多。同时，稳定的预期让人们觉得当下的行动拥有未来的意义，因此当预期进一步增强时也就降低了社会的成本。

第八，公民参与公共治理的行动过程是改变自身心智的过程，是实现自我价值的需求的过程。"作为治理，必须解决复合维度的多层次心理满足问题"[2]。现实公共治理中，人们期待通过合作和对话在促进社会团结的同时能够告知、激发和增进社会成员的自尊。于是，自我认同、自我肯定和自我决断的社会就会经由理论与实践的结合而出现。按照卢梭的理解，在参与公共政策核心过程中，参与群体的持续思考，不仅仅是一套民主制度安排中所产生的保护性附属物，也会让参与者产生一种心理效应，能够确保在政治制度运行和在这种制度下互动的个人的心理品质和态度之间具有连续的关联性，持续的心理联系和效应使得参与过程的行动与话语都要求参与者对自己的观点"给出理由"和对自我的行动"作出说明"。自反

---

[1] [英]安东尼·吉登斯.现代性的后果[M].田禾，译.南京：译林出版社.2000：9-10.
[2] 何哲."善治"的复合维度[J].公共管理与政策评论，2018（5）：43-54.

性的批判是质疑其他人所持观点的前提，听取不同事实的描述，站在各种不同角度思考问题，就能够质疑已经理解和接受的事情，包括各类已经认定的事实、真理和正确的事情。批判的自反性，使得公民参与的过程是集体学习的过程，反思自我、对照他人、改变自己，促进了社会价值的选择、补充和自我身份认同，在观点、意见和话语的碰撞中弥补了自身知识的缺陷，改变了对事物的认识，完善自身的知识存量与结构，改造了自我价值和知识结构。在社会政策的实现过程中，公共利益和私人利益有机结合在一起，参与治理的内在逻辑是，每个人都会"被迫"根据自我的正义感和公平视角来参与，按照卢梭倡导的"恒常的意志"来思考事务，因为参与治理中的其他公民总会抵制所有不平等的自私诉求。参与决策活动的结果是，个人接受了教育而学会区分他自己的冲动和欲望，既学会了如何成为一个私人（个体）公民，也学会了如何成为一个公众人物（公共公民）[①]。

"行动化则要求实现对制度至上主义的'祛魅'，当行动与制度发生冲突时，不是刻板地套用制度框架去限定甚至终止行动，而是让行动在实践中试错从而找到重塑制度的可能"[②]。社会民主化程度的提高，有助于培养公民的积极参与精神、自主自律意识和乐于为善的公共精神。

公民在相互交往之中形成共同体感，从而加强对共同体的认同。实现以公共的善为依归，通过行动过程，人们形成了一种良好的心态，为现代公民素质提升奠定一定的基础。行动的过程具有教育公民的效果，通过参与过程的政治教育，修改和纠偏了公民的自私利益和狭隘观念，从而形成全社会的统一"共识"。政治协商中的"参与可以提高参与者的道德、实践和知识水平，不仅使他们成为更好的公民——这点是至关重要

---

① [美]卡罗尔·佩特曼.参与和民主理论[M].陈尧,译.上海：上海人民出版社，2006：24.

② 柳亦博，李倩，孙璐璐.合作治理系统的演化逻辑研究[J].山东行政学院学报，2017（4）：77-83.

的——而且成为更好的人"①。培养公民参与政策建构议题的技巧、方法和美德，掌握参与公共政策的途径与渠道，在参与中积累了信任、互惠、尊重与谅解，实现了自我的价值。公民自我能力的提升和参与治理能力的提高，为公共治理的民主化培植了精良的土壤。

第九，参与公共治理的行动过程是自我责任意识生成和实现的过程。公开协商与分享的建构过程中，每一个参与其中的人都希望更充分、更详细、更有理由地展示自我在政策认识论方面的特殊正当性及可欲性后果，这既是个体自我认同提高的过程，也是个体责任感生成的过程。因此，在行动过程中，参与的个体不仅要表明是什么样的意识形态和知识体系约束和限制了政策选择，而且还要知道，为什么要接受那种意识形态、知识体系和其背景假设，以及支持相关的合法性辩护解释，甚至也要想到未参与者的利益。参与协商之中的公民仍会思考并内化那些未参与者的利益，这样，那些未参与者的利益仍能"进入"参与政策的议程中。这不仅仅是对他者的关怀，也是自我责任感的延伸，因而在行动的过程中能形成公共治理中的成员的集体责任感。民主化的过程使得个体清晰地认识到，政治共同体的每个人都是更大社会共同体的一部分，其福利、价值实现都有赖于其承担属于自身的那份集体责任的意愿、能力和行动。在过程中，"个人主义应该被更准确地理解为社会反思性的扩大"②，个人行动的自主性和高度反思性是对社会发展的一种担当，并以此作为构建自己生活的前提。从个体自我责任的意义上说，参与的集体行动在培养公民意识、加强人们彼此合作的角度上，联系并整合着社会发展中不同的责任个体和责任的实现。

第十，公共治理的行动主义具有聚合和整合功能。行动主义的公共治理能促进不同利益和观念群体之间的沟通与交流，增进不同群体之间的相互理解，拓展公共生活的空间，加强群体之间的交流，有助于消除群体之间的刻板印象，缓和群体之间的紧张关系，防止出现社会碎片化和断裂倾

---

① [美]阿米·古特曼，丹尼斯·汤普森.民主与分歧[M].杨立峰，葛水林，应奇，译.北京：东方出版社，2007.

② [英]安东尼·吉登斯.超越左与右[M].李惠斌，杨冬雪，译，北京：社会科学文献出版社，2000：13.

向，维护社会稳定。行动主义多层次协商与互动，弥补了社会不同阶层之间的关系罅隙，联系了社会不同的群体和阶层，凝聚了社会的意志，整合了不同的社会力量。"公共价值须覆盖个人价值的目标追求使其更具复杂性，尤其是在强调多元治理的现代社会，治理主体多元化必定导向多元价值释放，公共价值需要对相容性和冲突性并存的个人诉求进行整合，这使其成为蕴含多种价值的共同体"[①]。

公共治理行动主义具有很大的可能性和适应性，可以在不同学派的理论模式中实施，只要具备了民主化治理的社会环境和行政文化环境，公共治理就具有了实施的现实土壤。当然，也不是说"任何一个政策议题都能用行动主义的途径来解释，或者以辩证的方式来解决。因为任何一种理论或范式都建立在一套对现实世界假定的基础上，即便可能，理论的整合也十分困难"[②]。与先前单一的学术框架相比，行动主义的治理模式采用了复合的分析框架或批判性的综合思考模式而且有了理论分析的优势。

---

① 常莉，胡晨寒.公共价值与公共服务：逻辑内化与现实偏离[J].行政论坛，2020（5）：39-45.

② [美]全钟燮.公共行政的社会建构：解释与批判[M].孙柏瑛，张刚，黎洁，译.北京：北京大学出版社，2008：26.

第九章 公共治理行动理论的发展

第一节 公共治理实践与发展

一、公共治理实践的特征

一切公共治理理论的知识都根源于人的生活实践，同时都需要回到人的生活本身而获得自身的理解和阐释。只有将治理主体与客体放到公共场域实践中考察，才能获得参与治理活动完整性的理解。公共治理活动的实践本真性需要回到日常交往的治理生活去阐释和理解。任何一个治理实践的过程都是一种极复杂的过程，受制于社会客观规约性条件和行动者主观因素。这就是前面强调的公共治理行动主义方案中从日常生活出发的深层次内涵。

在政府组织中，"组织实践就是个体试图转换组织和个人实在并创造新的主体间实在的行动，这些新的主体间实在'不仅包括新客体，而且也包括新的需要和潜能'"，"通过自我反思和推理过程，个体能够批判地评价知识和利益，并能够通过对有意义的替代途径的探索而转换他们"[①]。在公共治理中，参与治理的每一个人用批判与反思的方式与其他行动者合作，不断改变自我的意识和认知，不断投身组织再造的实践过程之中。如果说前面论述的关于话语和行动是公共治理行动主义取向的基本手段，那

---

① [美]全钟燮.公共行政的社会建构：解释与批判[M].孙柏瑛，张刚，黎洁，译.北京：北京大学出版社，2008：106-107.

么实践则是行动的实验地和集合体，是公共治理组织的重构和公共政策认识的具体体现，由行动到促进和变革公共治理的实践，是社会实在的有效行动。在我国场景中，一种理论需要漫长的适应过程，"对我国实践经验的理论总结缺位与我国发展现实所具有的国际影响极不相称。当然，这既有源自前文所指出的对外生理论的教条化理解，也有西方中心主义的研究者在个案比较研究过程中对我国现实变化缺乏适应性所致。前者导致我国发展现实容易被描述成'不合（西方）常理的被异化的个案'，后者则形成自我封闭的'被隔离的研究孤岛'，进而在研究中容易忽略从个案抽象普遍原理可能性的深层次思考，也就难以将对我国治理实践的提炼纳入政治学的核心议题中来"[1]。

人是一切社会关系的总和。作为人的本质的存在方式，实践既具有主观性，又具有客观性。在公共治理领域中，实践是指对社会情境加以批判的、具体的、有意识的本体论含义。实践作为一种生活方式，通过语言交往与行动而达到一种共识或默契，而不仅仅是所指的对象化活动。在以知识为旨归的自我反省与自主和责任的兴趣达成一致的行动主义前提下，批判理论和社会实践的充分结合，才能导向自我的社会性生成。在传统组织中，公共治理人员是在沿袭工作惯例中的行动与实践的，他们不需要太多思考和反思，掌握既定的程序、标准和工作思路是他们关注的重点。在层级节制组织中，信息是单向流动的，交流与对话仅仅是信息流动的固定的中间环节而已，没有反馈和互动，效率和绩效是追求的目标。他们常常假定，组织的新技术、新知识或者组织领导的高超领导水平或日益完美的制度设计一定能够提高效率。

在公共治理中，实践被赋予了新的意义和目标，一些公共治理者并不满足常规与惯例的日常行为，开始渐渐反思自我的行为，批判组织中的不合理行动选择，比如在一个公共政策的制定与执行中会评价和感受自我与别人的行动，对决策中的各种行为负责，思考个人、别人与组织的不足并加以修改。具有实践导向的公共治理人员所关注的不再仅仅是绩效的提高

---

[1] 臧雷振.国家治理实践的政治学解释：中国治理经验和分析范式[J].江苏行政学院学报，2018（5）：119-128.

和对执行标准的把握、运用,而更多是关注自我实践的伦理考量、参与政策过程中其他人的感受、组织的健康发展和公共利益的道德性。在自我与他人、自我与组织之间存在矛盾的时候,公共治理者就担当起了现实矛盾的解决者和改造者的角色,自我的反思与批判的行动满足彼此共享经验、制定政策、组织发展和公共利益实现的需要,并成为这些变革与发展的推动者。

在公共治理实践中,表现出的总体性特征包含了诸如主体与客体、主观与客观、理性与非理性、物质与精神、可以言说与不可言说等一系列相关联的辩证特征,使得具体实践可以还原到可体验的社会情境中。联结这些行动的实践,处理个体与组织、自我与公民的关系,人们能够通过实践结成人与人的主体间的关系,积极推动公共治理变革。公共治理的行动主义实践过程可以描述为具有多元兴趣和需求的主体能够在一个共同的生活世界中通过提议、质疑、批判和论证,就共同关心的问题达成普遍共识的实践活动。当然在公共治理的实践中,各种问题是情境性、开放性的,行政主体既无法事先准确预知具体情形,也很难在行动的时候进行充分观察与深入思考,因此公共治理的实践行动具有一定的策略性:既不能一成不变地执行现成规则或方案,也不是没有任何预测,更不是完全凭借在具体的社会情境中随性发挥。应事先根据普遍性的规律、原则和对实践情境的一般了解,形成大致的行动策略,然后根据具体的实践情境予以创造性展开和发挥。这既是策略性体现,也是行动主义的内容。

公共治理的实践与社会情境相联系,就会产生好于组织内部决定的实际效果,这也是公共治理实践的特性之一。对行动者起建构作用的主要有两方面。一方面是在集体的行动中,会出现集体的无意识,每个个体行动是有意识的,他们之间也并没有经过共谋,但当众多个体行动汇集在一起时,会产生集体的无意识与"无行动",随之形成了谁也未预料到的后果并对个体下一步的行动产生建构作用。另一方面公众参与既能形成一致的结果,也能出现意外的后果。意外后果的出现,是公共治理人员灵活应对实践的过程,其中有反思,也有批判,反思与批判的对象主要是组织的现状与问题以及优化组织目标的手段、途径等,之后进行的理性选择使得自我发展、组织变革和公共利益的实现内在地相结合。

二、公共治理实践的表现

首先,公共治理的实践是政治实践和生活世界联系的纽带。人类参与政治实践是为了实现利益和自我发展的需要,具有工具特性,也具有社会价值特性。在行动过程中,每一个人利益与诉求的实现,使得每一个想法、意见中有意义的内容都得到呈现,个人生活方式和行为方式得以形成,由此公共意识也得以提升。

其次,公共治理的实践是公共治理价值实现的前提。作为社会生活中的人参与公共治理生活的价值追求,是推动行政实践发展的原生动力。反之,公共治理价值作为公共治理实践形成的积淀内涵在丰富公共治理发展内涵的同时,助推着公共治理实践的不断发展与跃迁。在公共治理行动主义中,在不同主体所形成的主体间性形式对行政价值的自觉追求下,行政实践活动才具有在一定的目标牵引下自觉能动的社会实践活动。所蕴含的治理目标价值的内在要求,不断引导着主体治理活动的实践向着理性前进。同时公共治理的实践过程是不同实践主体不断实现其治理价值的过程,是所有主体活动理想价值的现实化运动,也是个体价值实现与升华的过程。

从公共治理行动主义深层次的逻辑来看,公共治理实践是公共治理价值现实化的核心因素。在公共治理多样实践中,公共治理价值也在不断地成长,从具体的治理生态中汲取营养,不断提升和丰富其内涵。对于参与治理的主体而言,其在公共治理多种多样的实践活动中,会进一步加深对公共治理生活的内在本质认识,该认识不断从自发阶段走向自觉认识阶段,并内化于主体的精神资本之中,反过来指导治理的实践科学和民主的进程,进而增强参与治理的主体性和优化主体间性。

最后,公共治理的实践是不同主体间性的统一。公共治理的实践中的参与主体具有互为主体的主体间性的特征。公共治理实践的过程实现了人与人之间的相互参照与理解,并结合着人们的自由意志,形成独立的主体性。在行动主义中,治理主体的关系属性只有在治理实践中才能得到全面的体现和把握,也只有在治理的实践中才会实现与形成彼此的主体间性。

公共治理行动实践本身就包含着分享公共利益的过程,体现了主体之间的实践,不同的嵌入者的话语、行动方式。行动主义导向下的公共政策作为治理社会的一种方式,通过民主化方式使得不同的行动者自愿地聚集到一起,进行话语的分享、行动的呈现和知识的分享,对公共事务赋予新的意义,在推动治理民主化中获取了实践的新感知。作为一种民主化的治理方式,公共政策既是一种指向、目标和期许,更是人们的亲身实践和经验积累。当下,基于民主性质的各类恳谈会、听证会,以及网络论坛、社区论坛、官员直播等提升公民参与能力的地方创新实践不断涌现,促进了社会中公民的合作,形塑了公民宽容厚德的公共精神,激发了公民参与的热情以及乐观主义心态,而这反过来又更好地促进了民主化进程。按照全钟燮认识,社会建构途径通常通过以下方式来实践:一是社会建构过程的初始点是考虑参与者以及那些受到协商和问题解决结果影响的民众的多样性价值。不同行动者的观念势必被讨论、争辩和评价。二是参与过程必须超越利益集团的政治。因为掌握权力的集团普遍关心他们自己的利益,而不是公众的利益。三是行政管理者和政策制定者的责任是设计建构过程和推进互动,在那里,各种各样的行动者在一起发挥作用。但很有可能,现存的制度并不能推进弱势团体或公民的参与。四是各种可供选择的方案必须依据政治、经济、社会的可行性而进行批判性检视。五是未来的政策设计和决定不仅需要分析的和社会的知识,而且更需要通过对话和话语对它们进行批判性检视。六是弱势群体的声音必须被整合到社会问题的解决之中[①]。正式的、非正式的权威与权力关系构成了行动实践的基础,不同话语的交融、不同的知识分享和不同行动意蕴构成了行动主义导向的公共治理实践的内容,吸引更多的群体参与公共政策的分析与建设过程,批判地检视和互动式的民主过程是公共治理行动主义实践的思想基础和实践方法。

---

① [美]全钟燮.公共行政的社会建构:解释与批判[M].孙柏瑛,张刚,黎洁,译.北京:北京大学出版社,2008:81.

三、公共治理的发展

（一）政府组织的积极行动

作为一种主动的公共治理行为与动态建设性的概念，行动的含义和过程本身就把政府置于主动建设的地位，内含了政府主动创新和变革公共治理的旨意。从公共政策行动的组织、议题的设置和分享的过程来看，政府组织的行为和意识决定了公共政策目标的实现。政府行动主义的"治理自觉"，既能高效地执行公共政策和理解行政风格，又对行政发展的过程和未来发展的趋势有着深刻的了解和把握。

行动主义中的政府自觉，是指政府组织对公共事务治理的过程有清晰的认识并能明确把握其规律，是建立在政府组织具有远见性和预期性的基础上，并在此基础上具有相应的意识和采用相应行动的过程。要实现公共政策不同意见、不同知识的分享与重构，政府组织的自觉行为和意识必须建立在组织的开放性、对社会负责、公共精神的成熟和自我意识感知熟悉的基础上。因此，政府自觉性能够对民主化的高效实现发挥助推器作用，但是这种助推作用的大小和作用力程度，取决于政府自觉性在整个民主过程中的坚决性程度。

行动主义取向的政策建构又可以分为内部和外部建构两种方式，外部的建构也就是前面讨论的公民参与政策的过程，内部的建构过程是指政府组织内部就某项公共政策进行互动、分享和重构的过程。无论是外部的还是内部的政策建构，政府都是参与的主体，是过程的一分子。与外部公民参与的政策形成不同，组织内部的政策建构过程中更多依靠的是行政风格和行政文化的开明性、开放性和民主化，因此可以说组织内部政策的建构成效主要取决于组织内部的行政文化自觉。因此，对政府而言，在内部应塑造和形成开明、平等、民主和内部积极参与的行政文化，淡化等级、层次和权力影响，唤起个体自身的公民意识。在外部则需要弘扬政府的公共精神，积极回应社会和承担责任，并不断提高自我治理能力。在公共治理的过程中，政府需要在意识上是自觉的，在理念上保持对社会力量的敬畏，在实践上也应领先一步。

（二）公共治理者的角色转换

全钟燮指出，公共治理者是实践导向的公共治理者，公共治理者只有实质性地参与公共治理实践活动，才算是真正意义上的公共治理的实践主体，"公共管理者经常被看成是最关心满足基本组织需要的'实践'结果的人"，"他或她个人的实践是一种来自自我反思和自我决定的自觉行动"[①]。公共治理者关注着组织新知识产生的绩效和改进绩效，政策的制定中，作为有意识的他们，不是仅仅按部就班地完成自我的任务和日常的杂碎的管理事务，而是会对自身的行为和他人的行动进行反思和批判，在具体的行政实践活动中评价人们的行动，改进自我的不足，修正程序，这就是以实践行动为导向的意义。

行动实践中公共治理人员在具体行动中形成了复杂的关系结构，在内部建构政策的过程中，形成了不同层次公共治理者的纵向关系，既有高层的实践主体，也有中层和底层的实践主体，在这些关系中，既有统属的关系，也有分享合作的关系，更有主体间性的统一属性。在外部建构政策的过程中，形成了复杂的横向网状的关系格局，使得不同参与人员相互影响和学习。除去这些组织内外的复杂的关系外，参与治理的人都不是一种静止的、纯理性的自我存在，而是一种带有情感、带有意志、受他者影响的非理性因素存在的复杂性关系。可以把这两类复杂的关系划分为组织因素形成的关系和参与行政心理因素形成的关系，两个方面的因素使得作为实践导向的公共治理者处在一个网状的关系格子中，并与具体的行政环境一起构成了行动主义的社会情境。

在组织实践与变革中，公共治理者既是设计者，也是实现理念的转换者，"在变革组织的情境中，当他或她认识到个人自由与组织控制之间的矛盾，并设法解决这些矛盾的时候，实践导向的管理者就成为现实的转

---

① [美]全钟燮.公共行政的社会建构：解释与批判[M].孙柏瑛，张刚，黎洁，译.北京：北京大学出版社，2008：107.

换者"①。他把理想理性的设计付诸具体实践，提高组织的绩效和政策的质量。公共治理者在具体的公共政策实践中，经历一个自我解放的过程：在对话语与行动的反思中，分享了社会力量对政策的认识与知识的理解，感受了对方同时对方也感知了自我，使得每个个体都在实践中完成了重新认识政策、重构政策、促进政府组织改革和提高服务绩效以满足共享需要、促进各自发展和社会自治的可能性。

"转换者"的角色决定了政策建构的实现，也促成了公共治理者的"促进者"特征。公共治理者要鼓励社会公民积极参与日常公共生活社区，支持他们的言语和行为，宽容其不足，激发不同参与者的责任感和自律精神，培养他们的判断能力、参与能力，培养他们的民主精神、批判精神、理性精神、宽容精神、妥协精神和建设精神，在共同沟通中使得民主精神得到培养，民主治理氛围得以形成。

（三）提升有效的行动技能

"在行动研究的活动中，人人都像领导者、学习者和贡献者那样行动"②。传统的组织的工具理性和技术理性的倾向，更多地重视的是组织的绩效，忽视了教育和培训的很多内在的价值。通过公共治理的教育课程思维的设计、行动的设计和公共项目的设计，引导和塑造良好行动设计。

行动的技能不同于官僚体制下的技术技能，行政技能按照罗伯特·登哈特理解，主要是指能够引导也能够促使目的的行动，让人们在既定的环境下保持完整而一致的行动目的。技术技能是在工具功能的指引下，寻求科学的完美的决策方法。行动技能使得社会化行动过程中的公共治理充满意义并且能够广泛地运用到实践中去。这主要是因为行动的技能来源于治理主体间性，受行动过程驱动，是相互之间承诺的行动，"行动技能立足于解释性的认识论，它强调通过关注某一特定文化所独一无二的语言、符

---

① [美]全钟燮.公共行政的社会建构：解释与批判[M].孙柏瑛，张刚，黎洁，译.北京：北京大学出版社，2008：107.
② [美]全钟燮.公共行政的社会建构：解释与批判[M].孙柏瑛，张刚，黎洁，译.北京：北京大学出版社，2008：191.

号、历史故事和价值，理解地方条件下的主题现实和隐性方面。解释需要理解构成我们社会现实所共享的规范、规则、涵义和期望。当我们面对超出常规的事情，面对背离我们关于真理或善的信仰的事情，或者面对我们不能理解的事情，我们就必须使用解释。从组织变革角度看，一个重要的假设是，源自于主体和主体间承诺的行动能为更好地理解、解决问题和变革提供各种各样的可能性"[1]。按照全钟燮的理解，行动技能能够促进行动者之间进行互动，主要有反思内省技能、人际关系和对话技能、说服技能、治疗（或者聆听）技能和行动研究技能。这里主要研究移情的技能和不断改善自我的心智模式。

参与治理过程的人们，是生活在主体之间的，主体间的相互影响，会使得参与主体考虑对方诉求，体验感知并理解对方的生活环境与状态及其所作出的对同一公共事务的理解和认识，互换角色并不断地认同彼此角色，相互理解并不断地形成共识，相互学习并不断地增进彼此的信任和合作。这种能力，在心理学上被称为移情能力，对他人的理解被称为移情性的理解，即能够设身处地从对方出发考虑问题，"参与分享的公民，通过对他人价值的认同和移情的过程，富有想象力地把自己的各种价值重构为公共规范"[2]。在人们的一般思维模式中，思维总是从自己有利的预设和自我的知识体系与认识出发来考虑问题，带有自我的偏好倾向。在行动主义中，从对方的角度和立场理解思想、情感和态度，才能在彼此同情、理解和尊重中感知对方，"只有从移情和共通感的角度出发，更多从他者的角度来思考共同体的利益才能更加接近这种公共善的目标"[3]。公共利益实现需要在相互承认和移情中实现。参与社会多重互动本身就是在个人与集体之间发挥微调作用从而使个人与集体利益保持一致，对于真正的参与治理的公民来说，移情和富有想象力地重建那种民主化下的对待他人就像对待自己一样的自我激励的健全意识就是：我们知道现在应当做什么、将来应

---

[1] [美]全钟燮.公共行政的社会建构：解释与批判[M].孙柏瑛，张刚，黎洁，译.北京：北京大学出版社，2008：190.
[2] [美]本杰明·巴伯.强势民主[M].彭斌，吴润州，译.长春：吉林人民出版社，2006：165.
[3] 张宪丽.协商民主、公共善与辩证行动主义[J].行政论坛，2023（1）：44-51.

该做什么和为他人做什么。在行动主义所提倡的互动过程中，培养移情的能力就成为参与其中人们的技能，通过体验和相互交流，主体间逐渐认识和发现谋求互惠才是公共利益实现的途径。他们愿意通过话语交往，共同学习打破僵局、斡旋冲突、化解矛盾、解决危机，使得公共之善从特殊性角色扩展到公民，其中理性与情感都发挥着作用，内在地表现为相互承认，这凸显了辩证行动主义旨趣，即在持续的参与与社会学习中，公民内在的能量不断地被激发出来。

第二节 公共治理行动理论的演替

任何公共治理的思想从提出到落地生根，都需要理论的渐进性调整和大量的实践推动。

任何理论都是实践的产物，是对具体社会情形的抽象与再适应、再改造。公共治理行动主义在我国的发展，是一个增量式的发展，不会一蹴而就，必须强调公共治理行动实践的有序性、平稳性、连续性和基层性，在此基础上突出强调探索前进。通过边际的改进，如采取典型案例推荐与扩散、边探索边总结的方式，在大致遵循先前公共治理模式与理念基础上，对相关模式和理念进行费边式调试——对原来不符合社会变革的要求进行有益的探索。对政府、社会和其中的人群而言，无论在心理上还是在具体的行政行为上，把公共治理的社会过程视为一个可以观察、可以接受和愿意改革的共同对象，要对未来的公共治理发展方向有一个大致的目标，在适时的调整中改革原有的行政理论和发展中的治理，从而使得公共治理达到一个正当性的方向和目标。这个过程实现着行动的过程，包括民主化的过程治理、基层试验、个体的行政伦理与责任、话语实现与行动的担当。当然，任何理论都有一定的适用范围，都不是无限定的，既不能盲目地扩展，也不能简单地化约，需要在原有的基础上有所节制地推进，保持适当的弹性，在颠覆性和变革性中求得平衡，探索适应当下特定区域、特定问题的公共治理行动主义的新方案与新模式。

在增量式发展的基础上，行动主义治理思想与行为需要不断巩固。公共治理要尽快从适应转型向不断促进完善和巩固发展——实现人们从行动主义理念到实践的突破，从小范围的商谈到大面积的参与突破，从典型案例的分析到政策建构的突破，从人们接受行动意义的政策模式到认为是政策制定与实施的规范与价值的突破，从公共治理者的倡导实施到铸就崭新政治文化突破。总之，行动主义的治理文化与价值必须渗入整个社会，确保参与和民主化的质量，使具有政策建构意义的行政过程不因为社会变迁而改变，而使其具有不变的建构政策的价值意念、观念动机和行为特征并深植于人们心里。当人们具有了这些意识与行为，并使其成为政治文化的主要内容，行动主义意义上的行政就得到了巩固。现阶段，行动主义公共治理的巩固与发展需要从以下方面着手。

一是充分发挥现有的具有治理性质的政策影响力。二是行动主义的内容从行政管理方面向社会生活领域深入，走向人们关注较多、利益冲突较多、热心参与的转型时期的社会问题领域之中。三是重塑治理文化。通过改革组织形式与结构、领导方式、人力资源配置、治理风格等重塑行政文化，不断优化内部人员与外部人员之间、行政与社会之间的关系，形成人人热爱公共事业、乐于参与公共事业、愿意为公共事业付出的良好公共治理文化氛围。

余 论

世界唯一不变的是变,变化构成了人类社会演变的规律。公共治理的世界也是如此,需要在动态变化的世界中认识和发展自身。"治理从不会没有情境、没有过去,以及没有对未来的期望。它总是被情境化,总是在运动、在变化"[①]。作为对变化公共世界的阐释,公共治理的行动主义庞杂多样,我们的阐释还处在认知的初步阶段。

公共治理的行动理论产生于社会生活,能够利用社会本身的力量更好诠释和界定公共治理,但毕竟无法代替社会生活本身的具体事实过程和跨越无限的生活时空,毕竟"治理是一个过程,这意味着治理过程中知识更新与再行动的可能性,故而治理过程中的知识协同也需要伴随'学习'的过程。不同领域的知识主体在治理过程中不断监控政策执行的过程,反思政策流程中出现的问题,并更新治理所需要的知识,进而在相互协同中涌现出新的功能,以适应和回应治理过程中产生的新问题"[②]。公共治理的行动主义阐释或许仅能提供一种"药引子"的功能,至于能不能熬制出适应社会发展的公共治理和改革的良药,治疗各种各样的社会疾病,则需要公共治理理论本身的不断实践和向纵深探索。但这恰恰说明了理论研究和探索的重要价值,任何一个理论的成长、成熟都要经过时间、空间和实践的验证,艰难的过程本身也是理论不断修正、适用和发展到最后成为典范的

---

① K.VAN ASSCHE, R. BEUNEN, M. DUINEVELD. Evolutionary governance theory: an introduction[J].New York: Springer, 2014: 14, 65.

② 张贤明,张力伟.复杂性:大变局时代的公共行政研究范式[J].学海,2022(2):121-130.

过程，反映了理论本身的实践品质和成长的长期性特征。

治理过程既承认宏观行为的微观基础，同时也认识到有能力将一个层次链接到另一个层次的看似魔幻的转变。并不是任何社会事项都能通过公共治理者与民众的互动式建构来治理。在具体实践中，有时候采用征求民众意见和反馈的形式来对社会公共事项进行治理，但这种程序性的意见收集、修改有很大的局限性，无法反映民众的真实想法和出发点，行动导向本身的意义也很难发挥作用。因此，公共治理行动主义更多地适应于地方自治，适应于社区、街道和民众自身的集中地。易言之，行动主义的民主治理模式适合于小群体、小集体和小规模的活动，适应原子化单位的治理。同时，公共治理还需要公共治理者和民众有强烈的公共意识和公民精神，需要一个成熟的社会。再者，双方的对话、商谈和最终的意义赋予都需要时间和成本，需要大量的资源，行动主义式的公共治理模式也概莫能外。因此，繁荣话语理论和促进行动内容实现，是公共治理行动主义的主要内容。

我们至少需要从五个方面推动公共治理现代化进程。

一是强化时序性思维，推进公共治理现代化的时代性。面对新挑战，需要把不同区域与领域有效地从传统静态的社会构成适时地转化为一种动态性社会构成进行治理，进而让不同层次的公共主体都通过积极参与而从中获益。公共治理现代化需要在变动的社会中理解公共问题的发生过程并在动态中把握公共社会变化进而提出有针对性的治理之道。新时期公共治理的时空转换在治理理念与方式上需要动态化治理，即公共治理从传统的固定内部视野转向更为广阔的散点式的道路拓展、区域跨越与文化互动，不断融入国家的新发展格局之中，无论是治理内容还是治理方式，都需要注重不同公共区域所处的阶段性与发展的变化性，进而把公共治理内容、理念、方式的过程性演变纳入公共治理结构中并根据变化的规律提出动态化调整，凸显公共治理行动过程在社会矛盾转变和国家发展中的内容面向和政策选择。

二是突出空间性特征，推进公共治理现代化的创新性。传统公共治理空间性思维阙如，即时间（历史）消解了空间，公共治理呈现出明显的去空间化特征。公共治理现代化既需要更好地在不同区域、与域外的联结中建构自身治理的主体性选择,也需要在这一过程中充分认知国家利益外溢的空间以及涌现出来的新型公共形态对公共区域冲击的认识与回应,促进落后区域与内地一体化发展。比如在边疆区域,公共治理立足地缘政治、公共区域、与周边国家的交流交往,发挥公共主体性功能进而贯通国家治理与全球治理,通过内与外联系的视角阐释公共在国家发展中的多重职能、结构性角色继而提升公共治理行动主义的创新性。

三是注重外部性因素,推进公共治理现代化的整体性。公共治理的新空间意义凸显,作为公共问题存在的稳定状态的环境不复存在,公共治理方式越来越突出区域化和不同主体合作,理解公共问题性质与特征需要在广阔的开放情境中把握。其过程表现为:公共治理需要将一个国家的内部因素、区域间关系、区域发展的动力与全球性行为体互动等联系起来,通过国家、市场和公民各种行动主体之间的互动重塑公共治理的角色与治理结构,将公共治理置于多元主体参与的"多中心"位置进行思考,进而形成多层次区域功能空间、网络化治理决策模式、多元参与合作机制和多重价值目标综合平衡的治理模式与特征。

四是把握差异性现状,推进公共治理现代化的精准化。不同区域在国家层面既有统一发展的整体性要求,也有不同区位层面的发展要求与内在诉求,要完成的任务和解决的问题的理念与途径也不尽相同,这就决定了不同区域必须有适合自身的发展目标与措施。因此,公共治理要从不同区域的发展过程、发展与治理目标、发展与治理方式的差异性出发,因地制宜,精准施策,遵循区域任务的不同和治理方式的多元继而体现出差异化治理理念;立足不同区域的历时与现实,直面公共问题,根据不同区情特征、内在功能和内容类型,明确治理的程序与方式,有针对性地优化不同区域的治理政策,提升公共治理行动主义取向的精准性。

五是强调过程性内容,推进公共治理现代化的有效性。传统公共治理社会的特征表现为可控的不确定性和复杂性,公共问题认知脉络清晰,治理结构简单,公共问题的规律也比较好把握并能够通过"目标—组织—制度"的一般性治理措施取得良好绩效。当公共问题复杂性和不确定性增加，公共问题认知难度增加时，传统的治理政策对公共治理的边际效用就在降低。当公共治理需要满足国家治理体系与治理能力现代化时，必须要对特定时空下公共问题的性质、模式和未来走向之间的关系加以全部权衡，即需要从公共治理的具体过程来理解，治理过程性应立足对不同公共区域在新时期空间变化中所呈现出的新内涵、新要求与新特征进行描述与分析，对时空转换带来的公共问题的一般性治理规律与实践经验进行总结与提炼，进而清晰地认识公共问题性质的变化规律与演变特征，进而通过去粗取精、去伪存真、由此及彼、由表及里来探索公共治理行动主义的普遍性内容，不断构建公共治理体系科学化和治理现代化的实践框架，提升治理效能。

在公共治理的行动过程中，解决问题和发挥公共治理的功效，则需要根据具体情况和每一次行动与话语探索所积累的适应性知识进行再探索和再分析，"解毒化瘀和以毒攻毒是两个辨证施治的方法，本质上是从不同角度看的结果而并非治疗方法本身所具有的天然属性。无论是哪种施治方法，只要用药得当、选药准、用药巧、药引灵，实践证明确实医治好了顽症，那就是一种好的方法。至于下次用药是否会从这次卓有疗效的解毒化瘀之法重新转向传统的以毒攻毒之术，似乎需要根据具体的病情来定夺了，孰优孰劣确实是无法贸然断定的"[①]。公共治理行动主义理论作为探索公共治理现代化的理论创新尝试，需要在实践中不断探索发展。

从工具导向的意义来看，"如果公共行政学是一门治国之学，它就必须有自己的更高层次的规范理论，而不仅仅是目前被行政哲学锁定的那些'哲学问题'。而且，在思考这些更高层面的问题时，我国公共行政学必须批判性地审视各种流行的思潮，不管它是新自由主义还是新左派。最重要的是，我国公共行政学必须努力成为价值讨论的贡献者"[②]。公共治理行动主义阐释体现了超前的、未来导向的前瞻性公共治理理念，无论对该领域理论的发展还是日益成熟的实践，都是一个有益探索。

公共治理的行动主义阐释既洋溢着全民共商共治的理想愿景，又是治

---

① 古雪.公共治理新的典则规范研究述评[J].内蒙古社会科学，2001（4）：21-25.
② 马骏.公共行政学的想象力[J].中国社会科学评价，2015（1）：17-35.

理现实主义的务实选择。良好治理作为人们对美好生活的需求,需要走进更为生动的社会生活中,这一点,公共治理的行动主义阐释已经走在路上,期待行稳致远。

参考文献

著作

[1][德]马克斯·韦伯.学术与政治[M].钱永祥,译.桂林:广西师范大学出版社,2010.

[2][英]卡尔·波兰尼.巨变:当代政治与经济的起源[M].黄树民,译.北京:社会科学文献出版社,2013.

[3][英]安东尼·吉登斯.现代性的后果[M].田禾,译.南京:译林出版社,2000.

[4][美]C.赖特·米尔斯.社会学的想象力[M].陈强,张永强,译.上海:生活·读书·新知三联书店,2005.

[5][美]戴维·约翰·法默尔.公共行政的语言:官僚制、现代性和后现代性[M].吴琼,译.北京:中国人民大学出版社,2005.

[6]王治河.扑朔迷离的游戏[M].北京:社会科学文献出版社,1998.

[7][美]罗伯·希尔兹.空间问题:文化拓扑学和社会空间化[M].谢文娟,张顺生,译.南京:江苏凤凰教育出版社,2017.

[8]恩格斯.自然辩证法[M].北京:人民出版社,1984.

[9]董礼胜.西方公共行政学理论评析:工具理性与价值理性的分野与整合[M].北京:社会科学文献出版社,2015.

[10][美]罗伯特·达尔.公共行政科学:三个问题[M].颜昌武,马骏,编译.公共行政学百年争论.北京:中国人民大学出版社,2010.

[11][美]乔尔·S.米格代尔.强社会与弱国家:第三世界的国家社会关

系及国家能力[M].张长东,朱海雷,隋春波,等译.南京:江苏人民出版社,2012.

[12][美]尼古拉斯·亨利.公共行政与公共事务(第8版)[M].张昕,译.北京:中国人民大学出版社,2002.

[13][英]查尔斯·J.福克斯,休·T.米勒.后现代公共行政:话语指向[M].楚艳红,营沁颖,吴巧林,译.北京:中国人民大学出版社,2013.

[14]张康之.合作的社会及其治理[M].上海:上海人民出版社,2014.

[15][德]米歇尔·哈蒙.公共行政的行动理论[M].吴琼恩,等译.台北:五南图书出版公司,1992.

[16]胡塞尔.纯粹现象学通论[M].李幼蒸,译.北京:中国人民大学出版社,2013.

[17][美]全钟燮.公共行政的社会建构:解释与批判[M].孙柏瑛,张刚,黎洁,译.北京:北京大学出版社,2008.

[18][美]珍妮特·V.登哈特,罗伯特·B.登哈特.新公共服务:服务,而不是掌舵[M].丁煌,译.北京:中国人民大学出版社,2010.

[19]段永朝,姜奇平:新物种起源——互联网的思想基石[M].北京:商务印书馆,2012.

[20]张康之.公共行政的行动主义[M].南京:江苏人民出版社,2014.

[21]马克思.青年在选择职业时的考虑[M]//马克思恩格斯全集:第40卷.北京:人民出版社,1982.

[22][英]吉尔德·德兰逖.社会科学:超越建构论和实在论[M].张茂元,译.长春:吉林人民出版社,2005.

[23][美]彼得·伯格,托马斯·卢克曼.现实的社会构建[M].汪涌,译.北京:北京大学出版社,2009.

[24][美]W.理查德·斯科特.制度与组织:思想观念与物质利益[M].姚伟,王黎芳,译.北京:中国人民大学出版社,2010.

[25]童世骏.批判与实践:论哈贝马斯的批判理论[M].北京:生活·读书·新知三联书店,2007.

[26][英]安东尼·吉登斯.社会的构成:结构化理论纲要[M].李康,李

猛，译.北京：生活·读书·新知三联书店，1998.

[27][美]肯尼思·格根.社会构建的邀请[M].许婧，译.北京：北京大学出版社，2011.

[28][德]尤尔根·哈贝马斯.交往与社会进化[M].张博树，译.重庆：重庆出版社，1993.

[29]张康之.为了人的共生共在[M].北京：人民出版社，2016.

[30]赵汀阳.每个人的政治[M].北京：社会科学文献出版社，2010.

[31][美]詹姆斯·博曼，威廉·雷吉.协商民主：论理性与政治[M].陈家刚，译.北京：中央编译出版社，2006.

[32][美]B.盖伊·彼得斯.政府未来的治理模式[M].吴爱明，译.北京：中国人民大学出版社，2001.

[33][美]本杰明·巴伯.强势民主[M].彭斌，吴润洲，译.长春：吉林人民出版社，2006.

[34][德]尤尔根·哈贝马斯.在事实与规范之间：关于法律和民主法治国的商谈理论[M].童世骏，译.北京：生活·读书·新知三联书店，2003.

[35][德]尤尔根·哈贝马斯.公共领域的结构转型[M].曹卫东，王晓珏，刘北城，等译.上海：学林出版社，2004.

[36][美]雷·库兹韦尔.人工智能的未来[M].盛杨燕，译.杭州：浙江人民出版社，2016.

[37][美]弗朗西斯·福山.历史的终结及其最后之人[M].黄胜强，许铭原，译.北京：社会科学文献出版社，1998.

[38][美]珍妮特·V.登哈特，罗伯特·B.登哈特.新公共服务：服务，而不是掌舵[M].丁煌，译.北京：中国人民大学出版社，2016.

[39][美]约翰·罗尔斯.政治自由主义[M].万俊人，译.南京：译林出版社，2000.

[40][古希腊]修昔底德.伯罗奔尼撒战争史[M].徐松岩，译.桂林：广西师范大学出版社，2004.

[41][美]汉娜·阿伦特.人的条件[M].竺乾威，译.上海：上海人民出版社，1999.

[42][美]乔·萨托利.民主新论[M].冯克利, 阎克文, 译.北京：东方出版社, 1998.

[43][美]简.E.芳汀.构建虚拟政府：信息技术与制度创新[M].邵国松, 译.北京：中国人民大学出版社, 2010.

[44][法]米歇尔·克罗齐耶.法令不能改变社会[M].张月, 译.上海：格致出版社, 上海人民出版社, 2007.

[45][英]安东尼·吉登斯.社会理论与现代社会学[M].文军, 赵勇, 译.北京：社会科学文献出版社, 2003.

[46]汉娜·阿伦特.极权主义的起源[M].林骧华, 译.上海：生活·读书·新知三联书店, 2008.

[47][英]安东尼·吉登斯.社会学（第4版）[M].赵旭东, 齐心, 王兵, 等译.北京：北京大学出版社, 2003.

[48][英]约翰·基恩.公共生活与晚期资本主义[M].刘利圭, 译.北京：社会科学文献出版社, 1999.

[49][美]查尔斯·J.福克斯, 休·T.米勒.后现代公共治理：话语指向[M].楚艳红, 曹沁颖, 吴巧林, 译.北京：中国人民大学出版社, 2002.

[50]张康之.寻找公共行政的伦理视角[M].北京：中国人民大学出版社, 2012.

[51]赵汀阳.坏世界研究：作为第一哲学的政治哲学[M].北京：中国人民大学出版社, 2009.

[52]刘祖云.行政伦理关系研究[M].北京：人民出版社, 2007.

[53][法]卢梭.论人类不平等的起源和基础[M].李常山, 译.上海：商务印书馆, 1962.

[54][古希腊]亚里士多德.政治学[M].吴寿彭, 译.北京：商务印书馆, 1956.

[55][美]戴维·奥斯本, 特德·盖布勒.改革政府：企业家精神如何改革着公共部门[M].周敦仁, 译.上海：上海译文出版社, 2006.

[56][加]威尔·金里卡.当代政治哲学（下册）[M].刘莘, 译.上海：生活·读书·新知三联书店, 2004.

[57][法]孟德斯鸠.论法的精神（上册）[M].张雁深,译.北京:商务印书馆,1961.

[58][美]罗伯特·B.登哈特,珍妮特·V.登哈特,玛丽亚·P.阿里斯蒂格塔.公共组织行为学[M].赵丽江,译.北京:中国人民大学出版社,2007.

[59][德]尤尔根·哈贝马斯.现代性的地平线:哈贝马斯访谈录[M].李安东,段怀清,译.上海:上海人民出版社,1997.

[60][美]全钟燮.公共治理:设计与问题解决[M].黄曙曜,译.台北:五南图书出版公司,1994.

[61][法]皮埃尔·布迪厄,[美]华康德.实践与反思:反思社会学导引[M].李猛,李康,译.北京:中央编译出版社,1998.

[62][法]E.迪尔凯姆.社会学方法的准则[M].狄玉明,译.北京:商务印书馆,2006.

[63][法]布尔迪厄.国家精英:名牌大学与群体精神[M].杨亚平,译.北京:商务印书馆,2004.

[64][法]米歇尔·福柯.规训与惩罚[M].刘北成,杨远婴,译.北京:生活·读书·新知三联书店,2007.

[65][美]马克·波斯特.第二媒介时代[M].范静晔,译.南京:南京大学出版社,2001.

[66][美]约翰·克莱顿·托马斯.公共决策中的公民参与:公共管理者的新技能与新策略[M].孙柏瑛,译.北京:中国人民大学出版社,2005.

[67][德]尤尔根·哈贝马斯.后民族结构[M].曹卫东,译.上海:上海人民出版社,2002.

[68]张康之,张乾友.共同体的进化[M].北京:中国社会科学出版社,2012.

[69][美]乔治·赫伯特·米德.心灵、自我与社会[M].霍桂恒,译.北京:华夏出版社,2005.

[70][美]乔尔·查农.社会学与十大问题[M].汪丽华,译.北京:北京大学出版社,2009.

[71]马克思,恩格斯.马克思恩格斯选集(第42卷)[M].北京:人民出版社,1995.

[72][德]于尔根·哈贝马斯.后形而上学思想[M].曹卫东,付德根,译.南京:译林出版社,2001.

[73][美]乔治·弗雷德里克森.公共行政的精神[M].张成福,刘霞,张璋,等译.北京:中国人民大学出版社,2003.

[74][美]杜威.哲学的改造[M].许崇清,译.北京:商务印书馆,2004.

[75][英]安东尼·吉登斯.现代性与自我认同[M].赵旭东,方文,王铭铭,译.北京:生活·读书·新知三联书店,1998.

[76][奥地利]卡尔·波普尔.猜想与反驳:科学知识的增长[M].傅季重,纪树立,周昌忠,等译.上海:上海译文出版社,2015.

[77][美]拉尔夫·P.赫梅尔.官僚经验:后现代主义的挑战[M].韩红,译.北京:中国人民大学出版社,2013.

[78][德]马克斯·韦伯.经济与社会(上卷)[M].林荣远,译.北京:商务印书馆,1997.

[79]张康之,向玉琼.政策问题建构权的历史演进[M].上海:上海人民出版社,2016.

[80][美]斯蒂芬·霍尔姆斯,凯斯·R.桑斯坦.权利的成本:为什么自由依赖于税[M].毕竞悦,译.北京:北京大学出版社,2004.

[81][印]阿马蒂亚·森.以自由看待发展[M].任赜,于真,译.北京:中国人民大学出版社,2002.

[82][美]约翰·罗尔斯.政治自由主义[M].万俊人,译.南京:译林出版社,2001.

[83][英]德里克·希特.何谓公民身份[M].郭忠华,译.长春:吉林出版集团有限责任公司,2007.

[84][美]凯斯·R.孙斯坦.设计民主:论宪法的作用[M].金朝武,刘会春,译.北京:法律出版社,2006.

[85][德]尤尔根·哈贝马斯.交往行动理论(第1卷)[M].洪佩郁,蔺青,译.重庆:重庆出版社,1994.

[86][英]威廉姆·奥斯威特.哈贝马斯[M].沈亚,译.哈尔滨:黑龙江人民出版社,1999.

[87][德]尤尔根·哈贝马斯,米夏埃尔·哈勒.作为未来的过去:与著名哲学家哈贝马斯对话[M].章国锋,译.杭州:浙江人民出版社,2001.

[88][德]尤尔根·哈贝马斯.对话伦理学与真理的问题[M].沈清楷,译.北京:中国人民大学出版社,2005.

[89][德]尤尔根·哈贝马斯.交往行为理论:行为合理性和社会合理化[M].曹卫东,译,上海人民出版社,2004.

[90][美]菲利普·J.库珀.二十一世纪的公共治理:挑战与改革[M].王巧玲,李文钊,译.北京:中国人民大学出版社,2006.

[91]颜良恭.公共治理的典范问题[M].台北:五南图书出版公司,1998.

[92][德]埃德蒙德·胡塞尔.逻辑研究[M].倪梁康,译.上海:上海译文出版社,1998.

[93][美]杰·D.怀特.公共行政研究的叙事基础[M].胡辉华,译.北京:中央编译出版社,2011.

[94]张康之.论伦理精神[M].南京:江苏人民出版社,2012.

[95][奥地利]埃哈尔·费埃德伯格.权力与规则:组织行动的动力[M].张月,译.上海:格致出版社,上海人民出版社,2008.

[96][美]克利福德·格尔茨.地方知识:阐释人类学论文集[M].杨德睿,译.北京:商务印书馆,2014.

[97][法]托克维尔.论美国的民主[M].董果良,译.北京:商务印书馆,1988.

[98][美]威廉·N.邓恩.公共政策分析导论[M].谢明,译.北京:中国人民大学出版社,2002.

[99][美]文森特·奥斯特洛姆.复合共和制的政治理论[M].毛寿龙,译.上海:生活·读书·新知三联书店,1999.

[100]费孝通.乡土中国[M].上海:上海世纪出版集团,上海人民出版社,2007.

[101][美]罗伯特·D.帕特南.使民主运转起来[M].王列，赖海榕，译.南昌：江西人民出版社，2001.

[102][英]保罗·霍普.个人主义时代之共同体重建[M].沈毅，译.杭州：浙江大学出版社，2010.

[103][美]理查德·C.博克斯.公民治理：引领21世纪的美国社区[M].孙柏瑛，译.北京：中国人民大学出版社，2005.

[104]埃里克·乌斯拉纳.民主与社会资本[M]//马克·沃伦.民主与信任.吴辉，译.北京：华夏出版社，2004.

[105]张乾友.社会治理的话语重构[M].北京：中国社会科学出版社，2017.

[106][美]特里·L.库柏.行政伦理学：实现行政责任的途径[M].张秀琴，译.北京：中国人民大学出版社，2001.

[107][美]罗伯特·B.登哈特.公共组织理论[M].扶松茂，丁力，译.北京：中国人民大学出版社，2003.

[108][美]萨拜因.政治学说史[M].刘山，译.北京：商务印书馆，1982.

[109][美]弗朗西斯·福山.信任：社会美德与创造经济繁荣[M].彭志华，译.海口：海南出版社，2001.

[110][法]埃米尔·涂尔干.社会分工论[M].渠东，译，北京：生活·读书·新知三联书店，2000.

[111]林南.社会资本：关于社会结构与行动的理论[M].上海：上海人民出版社，2005.

[112][美]西奥多·A.哥伦比斯，杰姆斯·H.沃尔夫.权力与正义[M].白希，译.北京：华夏出版社，1990.

[113][英]弗里德利希·冯·哈耶克.自由秩序原理[M].邓正来，译.上海：生活·读书·新知三联书店，1997.

[114][美]卡罗尔·佩特曼.参与和民主理论[M].陈尧，译.上海：上海人民出版社，2006.

[115][美]阿米·古特曼，丹尼斯·汤普森.民主与分歧[M].杨立峰，

葛水林，应奇，译.北京：东方出版社，2007.

[116][英]安东尼·吉登斯.超越左与右[M].李惠斌，杨冬雪，译.北京：社会科学文献出版社，2000.

[117]WALDO, D. The study of public administration[M]. New York: Random House, 1955.

[118]LYOTARD J F. The postmodern condition: a report on knowledge[M]. Twin Cities: University of Minnesota Press, 1984.

[119]SERGIO S. Science without myth: on constructions, reality, and social knowledge [M]. New York: State University of New York Press, 1996.

[120]IANH. The social construction of what? [M]. Cambridge: Harvard University Press, 1999.

[121]M. M. HARMON. Action theory for public administration[M]. New York: Longman, 1981.

[122]KORSGAARD C M. Self-constitution: agency, identity, and integrity [M].New York: Oxford University Press, 2009.

[123]JAMES BOWMAN. Public deliberation: pluralism, complexity and democracy[M]. Cambridge: The MIT Press, 1997.

[124]JAN, KOOIMAN. Governance and governability: using, complexity, dynamics and diversity[M]. London: SAGE Publications, 1993.

[125]ROBERT DENHARDT, THOMAS CATLAW. Theories of public organization(7th)[M]. New York: Cengage Learning, 2015.

[126]NEEDHAM C, MANGAN C. The 21st century public servant[M]. Birmingham: University of Birmingham Press, 2014.

[127]TERRY L. COOPER, An ethic of citizenship for public administration[M]. New Jersey: Prentice-Hal, l Inc., 1992.

[128]KEMMIS S, MC TAGGART R, NIXON R. The action research planner: doing critical participatory action research[M]. Springer Science & Business Media, 2013.

[129]HINDY L. SCHACHER. Reinventing government or reinventing

ourselves[M]. Albany: State University of New York Press, 1997.

[130]GIOVANNA PROCACCI. Poor citizens: social citizenship versus individualization of welfare [M]//COLIN CROUCH, KLAUS EDER, DAMIAN TAMBINI. Citizenship, markets, and the state. Oxford: Oxford University Press, 2001.

[131]RICHARD DAGGER. Civic virtues[M]. Oxford: Oxford University Press, 1997.

[132]CRAIG JENKINS. Social movements, political representation, and the state: an agenda and comparative framework[M]//ED. JENKINS, KLANDERMANS. Politics and social movements. Paul: University of Minnesota Press, 1995.

[133]R. W. GIBBS. Intentions as emergent products of social interactions[M]// B.F. MALLE. Intention and intentionality: foundations of social cognition. Massachusetts: the MIT press, 2001.

[134]WUTHNOW, ROBERT. Loose connections: civic involvement in America's fragmented communities[M]. Cambridge: Harvard University Press, 1998.

[135]PUTNAM, ROBERT. Bowling alone: collapse and revival of American community[M]. New York: Simon & Schuster, 2000.

[136]ROBERT PUTNAM. Making democracy work[M].Princeton: Princeton University Press, 1993.

报刊与其他文献

[1]何艳玲.公共行政学研究是我们与这个时代肝胆相照的方式[J].国家行政学院学报，2014（5）：39-43.

[2]杨黎婧.从单数公共价值到复数公共价值："乌卡"时代的治理视角转换[J].中国行政管理，2021（2）：107-115.

[3]王冰，樊梅.当代公共管理的社会学转向[J].中国科技论坛，2015

（1）：22-26.

[4]颜昌武.公共行政学是一门科学吗？[J].中国行政管理，2020（4）：64-69.

[5]何艳玲，张雪帆.危机即新纪元：基于本体论反思的公共行政理论重构[J].政治学研究，2019（5）：82-96.

[6]郁建兴，高翔，王诗宗，等.数字时代的公共管理研究范式革命[J].管理世界，2023（1）：104-115.

[7]向玉琼.论技术治理的民主化：基于对风险治理技术化的反思[J].学术界，2020（12）：88-96.

[8]张乾友.朝向他在性：公共行政的演进逻辑[J].中国人民大学学报，2013（6）：107-114.

[9]马骏.公共行政学的想象力[J].中国社会科学评价，2015（1）：17-35.

[10]孙志建.想象力、知识使命与中国公共管理学的理论创新[J].探索，2018（6）：17-35.

[11]冯仕政，魏钦恭.中国社会学的想象力、本土化与话语权[J].江苏行政学院学报，2019（5）：61-69.

[12]安树伟，李瑞鹏.东西差距还是南北差距：1978年以来中国区域差距的演变与机理分析[J].中国软科学，2023（4）：109-120.

[13]段宇波，石玲荣.公共治理的空间变迁、驱动整合与制度重塑[J].甘肃行政学院学报，2021（4）：60-71.

[14]宋道雷，丛炳登.空间政治学：基于空间转向分析框架的空间政治[J].东岳论坛，2021（7）：175-182.

[15]陈振明.公共治理知识体系建构的方法论自觉[N].中国社会科学报，2023-3-21.

[16]何艳玲，张雪帆.公共行政学说史的认识论传统及其辩论[J].中国行政管理，2014（6）：73-82.

[17]张敏.从面向政府到面向社会：西方公共行政学发展的一个基本分期：兼论公共行政公共性的发现[J].江海学刊，2019（6）：149-156.

[18]竺乾威.理解公共行政的新维度：政府与社会的互动[J].中国行政管理，2020（3）：45-51.

[19]顾昕.走向互动式治理：国家治理体系创新中"国家—市场—社会关系"的变革[J].学术月刊，2019（1）：77-86.

[20]尚平虎，罗菁.公共行政120：从"双螺旋演化"到"治理的绩效管理理论"[J].北京行政学院学报，2010（4）：40-45.

[21]孙珠峰，胡伟.公共行政的发展趋势：西方的预测与中国的逻辑[J].上海交通大学学报，2014（6）：74-83.

[22]叶林，王兆丁，彭显耿.面向公共行政事实本身：批判继承、回归现象与逻辑准备[J].江苏行政学院学报，2019（6）：95-103.

[23][美]卡米拉·斯蒂弗斯.公共行政的西西弗斯神话[J].特区理论与实践，2019（3）：57-59.

[24]刘家明.平台型治理：一种新的公共治理范式[J].甘肃行政学院学报，2021（6）：15-27.

[25]李文钊.界面政府理论：理解互联网时代中国政府改革的新视角[J].中国人民大学学报，2021（4）：11-18.

[26]杨艳，贾璇，谢新水.公共行政行动主义转向的学理阐释：基于组织的视角[J].学习论坛，2020（1）：46-54.

[27]程倩.公共行政行动主义的知识论考察[J].学海，2019（3）：132-138.

[28]陈永章，娄成武.公共行政现象学研究的历史脉络与拓展空间[J].新视野，2021（6）：122-128.

[29]王敬宇.论公共行政的现象学方法[J].湘潭大学学报，2018（1）：36-40.

[30]向玉琼.走向行动主义：建构风险社会中的政策分析范式[J].理论与改革，2022（2）：135-152.

[31]苟欢.中国社区治理政策文本：一种行动主义的分析框架[J].武汉科技大学学报，2018（2）：151-157.

[32]周军.在社会网络结构生成中变革政府模式[J].行政论坛，2016

（2）：53-58.

[33]唐秋伟.合作治理交往行动网络的行动主义建构[J].深圳大学学报，2021（4）：106-115.

[34]孙正聿.注重理论研究的系统性、专业性[J].中国共青团，2017（2）：30-40.

[35]尹文嘉，唐兴霖.迈向共同治理：社会建构下的公共参与及模式转换[J].经济社会体制比较，2014，(3)：151-156.

[36]周利敏.社会建构主义与灾害治理：一项自然灾害的社会学研究[J].武汉大学学报，2015（2）：51-57.

[37]苏国勋.社会学与社会建构论[J].国外社会科学，2002（1）：4-13.

[38]安维复.社会建构主义：后现代知识论的终结[J].哲学研究，2005（9）：60-67.

[39]方竹兰.论硅谷的超常型默示知识管理制度及其对中国的启示[J].首都师范大学大学学报，2012，（2）：41-49.

[40]郭荣茂.社会建构主义开启理解科学新视角[N].中国社会科学报，2023-1-10.

[41]蓝志勇.行动理论在我国新时期行政改革中的重要意涵[J].中国行政管理，2021（1）：6-12.

[42]汪志明.试论解放思想社会工程的社会建构[J].广东社会科学，2009（1）：67-71.

[43]鉴博言."行动"与"自我构成"：科尔斯戈德对主体的建构主义阐发[J].吉首大学学报，2023（3）：146-147.

[44]徐国冲，杨语嫣.社会建构：一种新的公共行政话语体系：评《公共行政的社会建构：解释与批判》[J].领导科学论坛，2018（9）：78-86.

[45]刘焕明，张祖辽."康德式"建构主义：基于"程序"和"契约"的解读[J].北京大学学报，2023（3）：19-28.

[46]孙绍勇.交往理性的主体间性向度解析及当代审思：以哈贝马斯交往范式与交往实践旨趣为论域[J].山东社会科学，2022（7）：57-66，143.

[47]何修良.公共行政的生长：社会建构的公共行政理论研究[D].北京：中央民族大学，2012.

[48]孙柏瑛.反思公共行政的行动逻辑：理性建构与社会建构[J].江苏行政学院学报，2010（3）：107-111.

[49]孙柏瑛.走向民主治理：公共行政精神再思考[J].公共行政评论，2008：191-197.

[50]丁煌，肖涵.行政与社会：变革中的公共行政建构逻辑[J].公共行政评论，2017（2）：106-117.

[51]陈付龙.公共行动的生成逻辑：一种共同行动类型的分析[J].内蒙古社会科学，2019（2）：28-34.

[52]张乾友.行动主义视野中的社会治理转型[J].江汉论坛，2016（6）：34-41.

[53]王遐见，陈云云.正确把握新时期政府公共治理向度：纪念改革开放40周年[J].长白学刊，2018（6）：8-15.

[54]郑红娜.从建构主义到社会实在：知识教学的反思与重构[J].当代教育科学，2022（2）：33-40.

[55]郭忠华.社会科学概念建构中的"复合单数"机制：兼论"知识建构社会"[J].广东社会科学，2021（6）：179-189.

[56]郭忠华.日常知识与专业知识的互构：社会科学概念的双重建构模式[J].天津社会科学，2020（1）：55-60.

[57]张力伟.走向日常生活：社会主义协商民主的特质探源[J].社会主义研究，2023（3）：103-110.

[58]杨炳超.协商民主：内涵、背景及意义[J].东岳论丛，2010（2）：178-182.

[59]周光辉.推进国家治理现代化的有效路径：决策民主化[J].理论探索，2014（5）：5-10.

[60]陈华文.现代政治与治理能力的民主化[J].中国人民大学学报，2015（2）：31-38.

[61]廖加林.公共治理视域下公民参与的伦理思考[J].求索，2015

（10）：4-8.

[62]邬家峰.数字协商民主与基层治理民主化：基于江苏淮安"码上议"协商平台的实践考察[J].新疆社会科学，2022（5）：1-9.

[63]徐勇.国家根本性议程与中国式治理民主[J].学术月刊，2022（3）：101-109.

[64]刘海龙，何修良.精准治理：内涵界定、基本特征与运行模式[J].中共福建省委党校（福建行政学院）学报，2021（1）：109-116.

[65]何艳玲.重建能动社会是当前的核心任务[N].社会科学报，2016-7-21（3）.

[66]张成福，杨崇祺.重建公共治理的价值[J].教学与研究，2023（1）：66-77.

[67]罗贵榕.公共领域的构成及其在中国的发生与发展[J].学术界，2007（3）：271-275.

[68]谢安民.哈贝马斯公共领域理论的交往转向及当下意义[J].中共杭州市委党校学报，2021（65）：54-62.

[69]董山民.数据、平台媒介与公共领域的危机[J].广州大学学报，2023（3）：16-25.

[70]王子丰.公共领域理论中倾听的缺席与在场[J].天中学刊，2021（5）：53-57.

[71]王超.主体·方式·源泉：论中国公共行政精神的社会建构[J].山东行政学院学报，2015（3）：17-21.

[72]袁传旭.论社会自治[J].书屋，2010（1）：8-11.

[73]孙柏瑛.开放性、社会建构与基层政府社会治理创新[J].行政科学论坛，2014（4）：10-15.

[74]周庆智.论基层社会自治[J].华中师范大学学报（人文社会科学版），2017（1）：1-11.

[75]韩志明.迈向多元良性互动的治理转型：破解建构社会治理新格局的密码[J].南京社会科学，2022（11）：78-85.

[76]孙秋芬.从主体性、主体间性到他在性：现代社会治理的演进逻

辑[J].华中科技大学学报,2017(6):20-26.

[77]柳亦博,玛尔哈巴·肖开提.论行动主义治理:一种新的集体行动进路[J].中国行政管理,2018(1):81-91.

[78]丁煌,梁健.探寻公共性:从钟摆到整合:基于公共性视角的公共行政学研究范式分析[J].江苏行政学院学报,2022(1):96-103.

[79]张康之.论合作治理中行动者的独立性[J].学术月刊,2017(7):68-77.

[80]刘耀东,宋茜培.公共行政中的现代性:历史逻辑、发展趋势与策略选择[J].兰州大学学报,2019(3):34-39.

[81]李瑞昌.共识生产:公共治理中的知识民主[J].学术月刊,2010(5):10-16.

[82]付建军.模态、张力与调适:数字化转型中的场景治理[J].探索与争鸣,2023(1):113-121.

[83]张康之.论主体多元化条件下的社会治理[J].中国人民大学学报,2014(2):2-13.

[84]张成福.论公共行政的"公共精神"[J].中国行政管理,1995(5):15-20.

[85]刘亚平.公共行政学与美好社会[J].广西民族大学学报,2011(4):137-144.

[86]姜宁宁.走向行动主义:互联网社会中的组织哲学[J].南京社会科学,2018(7):72-78.

[87]张康之.对合作行动出发点的逻辑梳理[J].学海,2016(1):5-15.

[88]汪涛,肖潇,聂春艳.如何通过政府营销推动地方创业活动:基于武汉市政府创业营销的案例研究[J].管理世界,2017(12):158-171.

[89]祁志伟.行动研究在公共管理学研究中的实践面向[J].宁夏社会科学,2022(1):178-186.

[90]陈天祥,黄宝强.沉寂与复兴:公共行政中的公共利益理论[J].中山大学学报,2019(4):160-172.

[91]赵吉.复杂性与公共行政的重构[J].学术月刊,2023(2):80-91.

[92]张康之.论行政人员的自主性[J].南京社会科学,2002(3):58-63.

[93]陈永章,娄成武.后现代公共行政理论:缘起及其流变[J].中共福建省委党校学报,2018(5):49-57.

[94]程倩.变革时代基于行动主义的合作治理:兼评张康之《为了人的共生共在》[J].行政论坛,2017(6):94-102.

[95]张康之.论风险社会中的人及其行动方式[J].内蒙古社会科学,2020(4):14-23.

[96]史军,夏志强.从组织到行动:行政改革的社会建构转向[J].四川大学学报,2023(2):166-176.

[97]毕瑞峰.论公共管理者的角色转换:诉求与发展[J].中国行政管理,2011(9):178-186.

[98]何艳玲,张雪帆.公共行政学思想危机的回应与超越[J].实证社会科学,2017(6):33-46.

[99]张乾友.行动主义:合作治理的神髓:兼评张康之教授的《公共行政的行动主义》[J].河北学刊,2017(3):189-194.

[100]刘晶.话语·意义·行动:公共关系的修辞学溯源[J].海南大学学报,2011(2):79-85.

[101]孙斐.理解公共管理者的公共价值选择:一个整合的理论分析框架[J].南京社会科学,2022(5):56-65.

[102]王锋.行动者:治理转型中的行政主体[J].行政论坛,2018(5):66-72.

[103]于小强.新公共服务理论的三重困惑分析[J].四川行政学院学报,2019(4):26-35.

[104]王嘉丽,秦龙.试论后现代公共行政理论中的"他在性"[J].党政研究,2018(5):92-97.

[105]徐善登.社区公民治理的新视阈:基于强势民主理论[J].云南社会科学,2010(6):91-95.

[106]张康之,张乾友.产生于国家现代化进程中的公共生活[J].浙江

社会科学，2008（2）：37-43.

[107]褚松燕.消解社会浮躁：在不确定性中探究确定性——以制度建设和公共治理构筑社会发展稳定之锚[J].人民论坛，2014（7）：22-23，129.

[108]王敬宇.中国特色善治进程中的主体间性逻辑：一个伦理现象学阐释[J].公共管理与政策评论，2022（5）：5-30.

[109]廖和平，邢硕.由主客二分到主体间性：网络治理模式的演进逻辑[J].河南师范大学学报，2023（2）：23-29.

[110]谢新水.协同治理中"合作不成"的理论缘由：以"他在性"为视角[J].学术界，2023（2）：76-90.

[111]吴畏.公共性的认识论逻辑及其治理意蕴：从哈贝马斯的Öffentlichkeit概念谈起[J].江苏行政学院学报，2022（2）：96-103.

[112]张振波，金太军.论国家治理能力的社会建构[J].社会科学研究，2017（6）：1-6.

[113]刘拥华.社会治理与通道建构[J].天津社会科学，2022（2）：55-63.

[114]邹其昌."设计治理"：概念、体系与战略："社会设计学"基本问题研究论纲[J].文化艺术研究，2021（5）：53-62.

[115]颜如春，周海健.美向行政：关于行政的美学思考[J].探索，2013（3）：76-80.

[116]徐聪.社会设计理论视角下社区治理思路创新及原则遵循[J].重庆社会科学，2020（7）：110-120.

[117]李叶，李杰.彭圣芳：社会设计以建设性的行动对现实世界进行着结构性的批评[J].设计，2023（8）：55-58.

[118]张康之.论共同行动中的合作行为模式[J].社会学评论，2013（6）：3-19.

[119]张康之.论合作行动的条件：历史背景与人的追求[J].行政论坛，2016（1）：1-9.

[120]郑永年.中国为什么没有自己的知识体系?[N].联合早报，2011-

9-20（12）.

[121]苏万寿.行政场域及其权利实现[J].行政与法，2010（4）：1-5.

[122]张康之.论流动性提出的社会治理变革要求[J].西北大学学报，2019（3）：23-32.

[123][英]格里·斯托克.新地方主义、参与及网络化社区治理[J].游祥斌，译.国家行政学院学报，2006（3）：92-95.

[124]陶鹏."共景监狱"场域下的虚拟社会治理[J].井冈山大学学报，2015（3）：89-94.

[125]张跣.公共性、对话与阐释[J].东南学术，2023（3）：94-105.

[126]刘柯.行动主义：基于合作治理的新型制度模式[J].公共管理与政策评论，2018（5）：56-73.

[127][美]林德布鲁姆."竭力对付"的科学[C]//彭和平，竹立家，译.国外公共治理理论精选.北京：中共中央党校出版社，1997：219-237.

[128]李钊，赵琦.公共组织模式的现象学重构[J].公共管理与政策评论，2021（2）：154-168.

[129]周作宇.大学治理的心理基础：心智模式与集体思维[J].北京师范大学学报，2019（2）：23-37.

[130]王维超，赵玉芳，肖子伦，等.自我建构对群体参照效应的影响[J].心理科学，2022（6）：1407-1413.

[131]张康之.论人的互惠互利、相互依存与共生共在[J].天津社会科学，2019（4）：55-63.

[132]张康之.论高度复杂性条件下的行动方针[J].南京师大学报，2016（4）：52-60.

[133]王锋.功利主义视野中公共行政的行动逻辑[J].浙江学刊，2020（5）：84-93.

[134]向玉琼.论政策过程中的言说与行动[J].长白学刊，2019（2）：58-65.

[135]向玉琼.论"他在性"导向中生成的服务型政府[J].江苏行政学院学报，2015（5）：106-112.

[136]刘晶.复杂情境中公共行政实践的三个基本行动逻辑[J].理论探讨，2014（3）：158-162.

[137]靳永翥，赵远跃.辐射型多元诉求与前瞻性权威介入：公共政策如何在公共价值冲突中实现"软着陆"[J].行政论坛，2020（6）：74-82.

[138]张康之.公共管理职业活动的伦理基础[J].中共中央党校学报，2005，（4）：30-34.

[139]张康之.在"百年未有之大变局"中思考社会建构[J].中共杭州市委党校学报，2022（4）：4-15.

[140]张银岳.从结构、心灵到体系：社会行动的逻辑演进[J].西南大学学报，2009（5）：122-127.

[141]李翠玲.从发展到生活：当代城市社区治理的价值转向[J].新视野，2019（5）：72-78.

[142]向玉琼.从生活出发：复杂条件下的公共政策建构逻辑[J].学海，2020（6）：154-159.

[143]向玉琼.社会加速化中的生活与治理：兼论美好生活的提出和建构[J].浙江学刊，2022（6）：36-44.

[144]包涵川，熊珂.基于生活方式的参与：一个理解参与式治理有效运转的分析视角[J].东北大学学报，2022（3）：71-86.

[145]张敏，赵娟.美好生活与良好治理：社会主要矛盾转换及其治理蕴意[J].南京社会科学，2018（12）：58-65.

[146]唐晓琦.从技术治理到生活治理：中国城市社区治理的范式转向与经验嬗变：基于S市漕街的实证研究[J].城市发展研究，2022（2）：93-98.

[147]王春光.社会治理"共同体化"的日常生活实践机制和路径[J].社会学研究，2021（4）：1-10.

[148]王建斌，张丽芬.行政层级制的行动逻辑及伦理困境[J].中南大学学报，2015（1）：140-145.

[149]王晓升.重新理解权力[J].南京：江苏社会科学，2010（2）：7-12.

[150]张宪丽.协商民主、公共善与辩证行动主义[J].行政论坛，2023

（1）：44-51.

[151]杨盛军.公民正义与公共治理[J].齐鲁学刊，2015（6）：100-104.

[152]朴贞子，柳亦博.共在与共生：论社会治理中政府与社会组织的关系[J].天津行政学院学报，2016（4）：12-18.

[153]任剑涛."公共"的政治哲学：理论导向与实践品格[J].哲学研究，2010（7）：95-105.

[154]童敏，杜经国.现实建构主义：基层治理社会工作的实践逻辑及理论依据[J].社会工作，2022（6）：1-15.

[155]张康之.社会治理建构的反思性阐释[J].行政论坛，2018（2）：23-30.

[156]陈建斌，李幸."话语民主"对行政文化范式的解构与建构[J].湖湘公共管理研究，2014（12）：53-66.

[157]何永松.公共行政的话语转型：缘起、原则和途径[J].行政论坛，2015（10）：18-22.

[158]艾军，刘俊生.后现代公共行政话语理论与我国公共政策研究[J].齐齐哈尔大学学报，2019（5）：65-69.

[159]贺芒，张冰河.后现代语境下公共行政话语解构研究：以网络公共事件中的流行话语符号为例[J].中国行政管理，2015（5）：87-91.

[160]张康之.后工业化进程中的伦理与政治[J].北京师范大学学报，2021（4）：141-150.

[161]张康之.为了人的共生共在的正义追求[J].南京工业大学学报（社会科学版），2015（3）：5-12.

[162]张康之.论开放社会中的社会治理[J].四川师范大学学报，2016（1）：5-13.

[163]孙宏伟，谭融.论英国"新地方主义"的特征和路径选择[J].国家行政学院学报，2016（6）：115-119.

[164]陈进华.中国城市风险化：空间与治理[J].中国社会科学，2017（8）：43-60.

[165]赵楠,张嵩.再论地方治理视角下的"地方"[J].长江论坛,2022（2）：5-7.

[166]罗国亮.地方性知识与公共危机治理能力现代化研究[J].中共天津市委党校学报,2016（3）：67-73.

[167][美]阿伦·罗森鲍姆."比较视野中的分权：建立有效的、民主的地方治理的一些经验[J].赵勇,译.上海行政学院学报,2004（3）：106-111.

[168]张康之.公共管理中的社会自治[J].江苏社会科学,2002,（6）：99-100.

[169]夏志强.国家治理现代化的逻辑转换[J].中国社会科学,2020（5）：4-27.

[170]王峰.旁观者与行动者：公共服务动机的视差及其克服[J].浙江学刊,2019（6）：58-68.

[171]张力伟.公共行政中的"行动"问题重思：基层治理中"责任陷阱"的化解之道[J].理论月刊,2023（7）：19-28.

[172]徐琴.乡村社会的行政化整合：表征、根源与效应——基于社会行动理论的分析[J].求实,2022（6）：75-90.

[173]刘天文.城市社区治理中的积极公民：机制、基础及保护[J].理论月刊,2023（7）：37-48.

[174]沈红.穷人主体建构与社区性制度创新[J].社会学研究,2002（1）：40.

[175]魏智慧.社区参与的拓展与主体建构[J].决策探索,2010（3）：36-37.

[176]张洪武.社会资本视角下的社区治理分析[J].党政干部学刊,2022（12）：56-63.

[177]李诗隽,王德新.社会资本视域下新时期多元化社区治理模式研究[J].兰州大学学报,2022（3）：77-86.

[178]钟兴菊,苏沛涛.信任转化与共生：社区治理共同体秩序构建的逻辑：基于城市锁匠的信任网络变迁分析[J].重庆社会科学,2022（12）：

66-84.

[179]王若溪,李俊清.社会资本对城市居民社区参与的影响:以宁夏城市社区为例[J].中南民族大学学报,2022（6）:77-84.

[180]张康之.在风险社会中看行动者的道德[J].东南学术,2022（1）:121-137.

[181]王峰.合作治理中的道德能力[J].学海,2017（1）:93-101.

[182]张康之.在风险社会中看人的道德及其善的追求[J].河南社会科学,2022（6）:1-11.

[183]卞桂平.社会公共信任建设中的权力伦理[J].治理研究,2021（3）:104-120.

[184]张康之.公共行政的伦理把握及其取向[J].中山大学学报,2006（6）:94-99.

[185]王怡.参与式行动研究:从概念认识到伦理反思[J].华东理工大学学报（社会科学版）,2022（6）:65-74.

[186]李凯.公共道德生活中伦理责任模式的三维结构[J].湖南师范大学学报,2021（6）:99-106.

[187]孙国东.从身份美德到公民美德:社会治理现代化视角下家庭与社会关系的重塑[J].武汉科技大学学报,2020（2）:172-178.

[188][美]万斯莱.公共治理与治理过程:转变美国的政治对话[J].中国行政管理,2002（2）:26-29.

[189]郭佳良.找回行动主义:技术理性失灵背景下公共价值管理研究的展开逻辑[J].公共管理与政策评论,2019（3）:52-61.

[190]宋锴业.中国平台组织发展与政府组织转型:基于政务平台运作的分析[J].管理世界,2020（11）:172-193.

[191]沈霄,王国华.网络直播+政务的发生机制、问题及其对策:基于参与式治理的视角[J].情报杂志,2018（1）:100-104.

[192]陈笑春,唐瑞蔓.乡村振兴语境中公益直播带货的叙事意义考察[J].西南民族大学学报（人文社会科学版）,2021（11）:156-161.

[193]谢小芹.平台劳动的新转向:官员直播带货的机理、机制与方向

[J].深圳大学学报（人文社会科学版），2022（3）：15-22.

[194]钱先航，曹廷求，李维安.晋升压力、官员任期与城市商业银行的贷款行为[J].经济研究，2011（12）：72-85.

[195]陈鹏.新担当和新作为：新时期地方官员激励与约束问题研究[J].安徽行政学院学报，2019（1）.

[196]范逢春.多重逻辑下的制度变迁：十八大以来我国地方治理创新的审视与展望[J].上海行政学院学报，2017（2）：4-13.

[197]渠敬东，周飞舟，应星.从总体支配到技术治理：基于中国30年改革经验的社会学分析[J].中国社会科学，2009（6）：104-127.

[198]付建军.当代中国社会治理创新的发生机制与内在张力：兼论社会治理创新的技术治理逻辑[J].当代世界与社会主义，2018（6）：181-190.

[199]周黎安.晋升博弈中政府官员的激励与合作：兼论我国地方保护主义和重复建设问题长期存在的原因[J].经济研究，2004（6）：33-40.

[200]李云新，吕明煜."互联网＋政务服务"平台建设的特征、动因与绩效：一个多案例分析[J].电子政务，2017（5）：118-125.

[201]张程.数字治理下的"风险压力–组织协同"逻辑与领导注意力分配：以A市"市长信箱"为例[J].公共行政评论，2020（1）：79-98，197-198.

[202]关爽.平台驱动与治理变革：数字平台助力城市治理现代化[J].城市问题，2022（7）：84-93.

[203]张福磊，曹现强.城市基层社会"技术治理"的运作逻辑及其限度[J].当代世界社会主义问题，2019（3）：87-95.

[204]郭文革，唐秀忠，王亚菲.元宇宙的兴起与哲学二元认识论的反思：对互联网哲学本质的思考[J].云南师范大学学报，2022（4）：84-92.

[205]韩云杰.去中心化与再中心化：网络传播基本特征与秩序构建[J].中国出版，2020（21）：31-35.

[206]孙萍，刘瑞生.算法革命：传播空间与话语关系的重构[J].社会科学战线，2018（10）：183-190.

[207]张宇.走向更有序的公共行动：数智时代公众政策参与的质态变迁[J].行政论坛，2022（3）：67-74.

[208][美]查尔斯·J.福克斯，休·T.米勒.后现代公共行政：话语指向[J].楚艳红，曹沁颖，吴巧玲，等译，中国人民大学出版社，2002：110.

[209]王敬宇.认真对待他者：公共行政的良知视域[J].湘潭大学学报，2020（5）：48-52.

[210]丁煌，梁健.话语与公共行政：话语制度主义及其公共行政价值评析[J].上海行政学院学报，2022（1）：4-15.

[211]王锋.论行政精神[J].中共天津市委党校学报，2020（2）：62-69.

[212]王锋.公共管理中的他者[J].中国行政管理，2016（1）：63-67.

[213]向玉琼，张旭霞.论边界产生与消解过程中的公共政策[J].公共管理与政策评论，2016（5）：50-59.

[214]何哲."善治"的复合维度[J].公共管理与政策评论，2018（5）：43-54.

[215]柳亦博，李倩，孙璐璐.合作治理系统的演化逻辑研究[J].山东行政学院学报，2017（4）：77-83.

[216]常莉，胡晨寒.公共价值与公共服务：逻辑内化与现实偏离[J].行政论坛，2020（5）：39-45.

[217]臧雷振.国家治理实践的政治学解释：中国治理经验和分析范式[J].江苏行政学院学报，2018（5）：119-128.

[218]张贤明，张力伟.复杂性：大变局时代的公共行政研究范式[J].学海，2022（2）：121-130.

[219]古雪.公共治理新的典则规范研究述评[J].内蒙古社会科学，2001（4）：21-25.

[220]夏志强，谭毅.公共性：中国公共行政学的建构基础[J].中国社科科学，2018（08）：88-107，206.

[221]WHITE, J. D. Taking language seriously: toward a narrative theory

of knowledge for administrative research[J]. The American review of public administration, 1992, 22(2): 75-88.

[222]LUTON, L. Deconstructing public administration empiricism[J]. Administration & society, 2007, 39(4): 537-544.

[223]S. OSPINA, J. DODGE. It's about time: catching method up to meaning: the usefulness of narrative inquiry in public administration research[J]. Public administration review, 2005(65): 2.

[224]N. ZINGALE, J. PICCORELLI. Introduction: phenomenology and governance the administrative situation[J]. Administrative theory & praxis, 2018(40): 3.

[225]J.S.JUN. The self in the social construction of organizational reality: eastern and western views[J]. Administrative theory & praxis, 2005(27): 1.

[226]PIERCE J J, SIDDIKI S, JONES M D, et al. Social construction and policy design: a review of past applications[J]. Policy studies journal, 2014, 42(1): 1-29.

[227]ELINOR OSTROM. Why do we need to protect institutional diversity? [J]. European political science, 2012(11): 1.

[228]OSTROM E. Crossing the great divide: coproduction, synergy, and development[J]. World development, 1996, 24(6): 1073-1087.

[229]GLENDON SCHUBERT. "The public interest" in administrative decision-making: theorem, theosophy, or theory?[J]. The American political science review, 1957, 51(2): 346-368.

[230]ROBERT B., DENHARDT, JANET VINZANT. The new public service: serving rather than steering[J]. Public administration review, 2000, 60(11/12): 6.

[231]R. ARNSTEIN. A ladder of citizen participation [J]. Journal of the American institute of planners, 1969(35): 216-224.

[232]NICHOLAS GANE, The governmentalities of neoliberalism: panopticism, post-panopticism[J]. The sociological review, 2012, 60(4): 611-

634.

[233]SHOTTER, J. The social construction of our inner selves[J].Journal of constructivist, psychology, 1997(10): 7-24.

[234]GRANOVETTER, MARK. Economic action and social structure: the problem of embeddedness[J]. American journal of sociology, 1985, 91(3): 481-510.

[235]WALLIS, J. & B. DOLLERY. Social capital and local government capacity[J]. Australian journal of public administration, 2002, 61(3): 76-85.

[236]P. DEGELING, H. K. COLEBATCH. Structure and action as constructs in the practice of public administration[J]. Australian journal of public administration, 1984(4): 320-331.

[237]K. JANC. Visibility and connections among cities in digital space[J]. Journal of urban technology, 2015, 22(4): 321.

[238]WATTS D J.A twenty-first century science[J]. Nature, 2007, 445(2): 489.

后 记

一晃眼,从上一本书《公共行政的生长——社会建构的公共行政理论研究》到这一本书《每个人的治理——公共治理的社会建构研究》,前后整整相隔十年时间,两者属于公共治理哲学研究的姊妹篇,后者是前者研究的拓展。在内容上,后者突出了从公共治理的行动主义视角拓展和延伸公共治理的社会建构研究,但总感觉里面所彰显的公共治理的行动主义研究很不成熟,甚至可以说是涂鸦之作,有很多瑕疵,还有很多内容亟需完善。

从博士研究生期间进入公共治理哲学研究领域,就一直是"一知半解"地前行,再加上这些年开始转向边疆治理研究,原来的学术兴趣搁置了太久。重拾"嚼不烂"的学术剩菜需要动力,恰好这个空档期的暑假又给了重新思考的时空。从社会建构内容看,公共治理的行动主义方案并不是一个热点问题,但其本身蕴含的先进公共治理理念令人着迷,虽然很多内容是"旧酒",但放置在今天这个变化万千的世界中,尤其是技术引领的数字化治理的这个"新瓶"里,依旧生机勃勃。重拾公共治理的行动主义研究这一哲学命题,本身包含着对公共治理社会建构研究的知识增进,两者内在知识体系的有效贯通,既是探索公共治理知识的需求,也是对自我学术的总结与前进。公共治理研究在兹念兹的初心未变,不断打磨自我学术进步的使命未变。这,既是慰藉,也是动力。

感谢天堂之中的父亲,他一直护佑我前行,感谢我的母亲、我的岳父岳母,他们勤劳朴实,无微不至的关心、叮嘱和呵护是我生活的后盾,更是我前进路上源源不断的动力。感谢我的妻子周田,她一直用宽容与理解支持我的写作，一人承担起工作与家务的多重任务，从无怨言，并不时鼓励我多走出去、走到田野中、多看外面世界，这样，学术才能从"坐而论道"走向"行而践道"。感谢我的双胞胎儿子，他们是我奋斗的动力，这一本书也是送给他们的第一份礼物，祝愿他们永远健康快乐。

  感谢袁剑教授。对这个题目的重新思考是袁教授给予的鼓励，他敏锐的洞察力以及对学术视角的把握令人叹为观止。不仅如此，他还在百忙之中审阅初稿并给予中肯意见，并欣然作序提携，令我感激不尽。

  感谢管理学院的资助。还有一同工作过的同事的帮助和支持，在此一并感谢。

何修良

2023年9月10日于北京